U0000640

Les Filles de noce

misère sexuelle et prostitution au XIXᵉ siècle

歡場女孩

慾望、歡愉與性苦悶，
近代法國性產業的形式與管制

Alain Corbin

阿蘭・柯爾本———著 謝珮琪———譯

目次

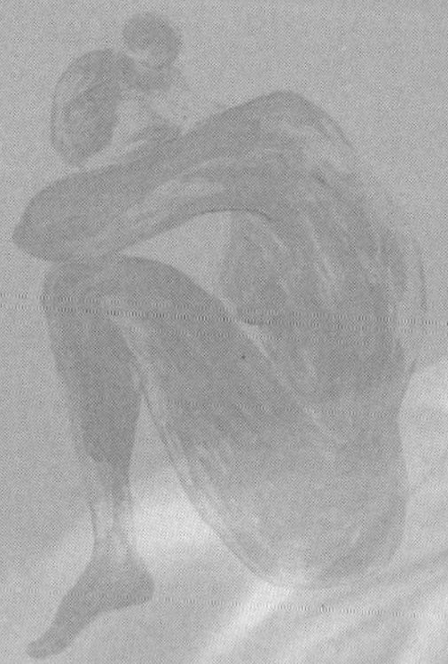

前言

一九一二年，前往歐洲調查賣淫程度的美國學者亞伯拉罕・弗萊克斯納（Abraham Flexner）寫道：「在我們這個時代，來自男性的需求……極為尋常，甚至可說相當普遍。」[1]只消閱讀當時的小說或行政、警政、司法文獻，都能印證這個說法，也能充分證明性交易行為是當時人們最關注的問題。然而，當代法國的大學歷史課程卻忽略了這個社會心理學（psychologie sociale）的重要面向，[2]此一缺憾也造成了關鍵問題。「歷史學家與娼妓」（l'historien et la prostituée）是我提出來讓同事思考的主題。他們隨之而來的沉默不語，是否點出這個主題的禁忌性？我不能妄下斷語。無論事實如何，這個沉默都是基於他們相信賣淫現象不具歷史性。「世上最古老的行業」也許是唯一不被史書記載的行業。法國近來幾本罕見且討論昔日賣淫問題的專書，[3]呈現出對「時間的飢渴」（boulimie de temps），就像限制選舉君主制時期（la monarchie censitaire，一八一五年至一八四八年）慈善家的著作一樣，都貪婪地想涵蓋最大研究斷限，而本書研究的中程賣淫，確切來說，是從一八七一年到一九一四年，或許會顯得反常，因此需要做些說明。

首先，本書討論主題的方式不訴諸優雅修辭，不強調賣淫的苦難，也不賣弄矯揉造作；也就是說，我認為有必要研究性病之外的性苦悶（la misère sexuelle）與買賣歡愉，[4]而非試圖以歷史人口學的道德外衣來包裝主題。當代法國的歷史學家早該研究合法伴侶以外的閨房之事，但迄今卻只留下社會心理學家處理的十九世紀性學史，但這段歷史應該是一部關於慾望、歡愉與性苦悶的歷史，不摻雜道德、生育與優生學考量。

對於此一未經探討的空前領域，我們只能盡力拓展視野範疇。本書並非學術論文，而是一篇隨筆，試圖辨析性苦悶與賣淫的結構、行為、論述及政策面向之間存在的連貫性。因此，我所選擇研究的時期，是執政府(Consulat)建立的獄政制度(le système carcéral)逐漸分崩離析的時期；亞歷山大・帕宏－杜夏特雷（Alexandre Parent-Duchâtelet）所建立的管制主義理論（réglementarisme théorisé）當時正搖搖欲墜，而以優生學為名的行為監控制度則方興未艾。從第二帝國（Second Empire）末期到第一次世界大戰這段時間，正是管制程序（procédures）轉為技術（techniques）的過渡時期，前者至少植根於十八世紀的啟蒙時代，[5]後者則為執著於健康社會之夢的二十世紀揭開序幕。

十九世紀的賣淫史是特別有利於理解那個時代的門徑，這份確信亦是編寫本書的濫觴，於是乎，關於賣淫的論述不只是社會集體錯覺的匯聚點，也是社會所有焦慮的交匯點。

最後，我希望能為那些質問淫樂意義何在的人，提供一些思考材料：當然，淫樂是性苦悶的產物，是一種異化形式，這是無庸置疑的；但同時也是一種抗議、一種顛覆體制的威脅，非被遏止不可，因為女性淫樂尤其不容於當時的男性社會，是集體「施虐受虐癖」（sado-masochisme）的受害者。本書最後特別探討當代（一九一四年至一九七八年）的賣淫情形，除了填補歷史書寫的空白，也希望釐清娼妓活動與當今社會心態之中，有哪些部分純屬食古不化的反應；哪些部分又是不言自明的接受正在醞釀的結構，由此反映出革命意志，以及對新型態肉體經濟的拒斥。

第一部

封閉環境與管制主義計畫

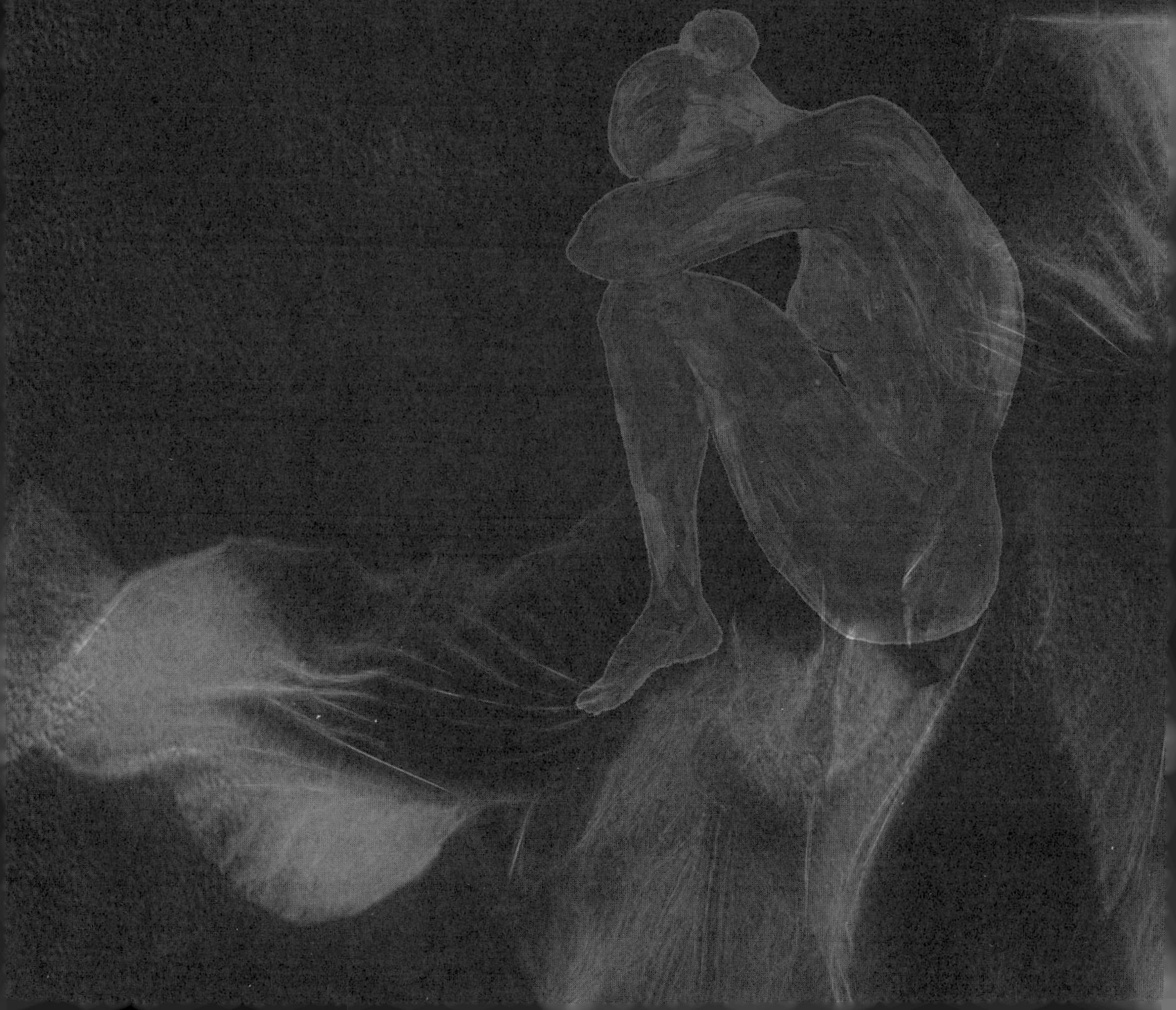

第一章　管制主義論述

帕宏—杜夏特雷與管制主義

雖然帕宏—杜夏特雷[1]的書比本書研究的時期早了幾十年，但忽略他的書就會使我們完全誤解，十九世紀最後三分之一時間所展開的辯證。事實上，七月王朝（Monarchie de Juillet）*初期推行執政府時代擬定的管制主義體系時，帕宏—杜夏特雷醫生不只是管制主義最具威信的理論家，也是該主義的使徒，甚至可說是代言人。

帕宏—杜夏特雷將帝國與復辟時期或多或少意識到的賣淫問題之行政指導原則，都彙集成一個結構緊密的整體，並以精湛的社會人類學研究，為整個管制體系奠定基礎。整體架構協調一致、研究範圍廣泛，以及方法論的創新，都說明了他的著作何以能在知識論上產生重大影響，並在將近半個世紀中成為一套約束了賣淫文獻的樣板。[2]作者的人格特質已經引起當代史學家的關注，[3]所以我在此只簡單回顧他的思想概要，用意在於協助讀者理解第三共和（IIIe République）時期發生的辯論：當時管制體系受到社會及精神結構多方衝擊，正在分崩離析。

一、賣淫與娼妓

帕宏—杜夏特雷的著作僅涉及「公開賣淫」（la prostitution publique），因為在作者眼中，性交易並不足以列入公開賣淫這一範疇，因此被包養的女孩（fille entretenue）、交際花（femme galante）、高級私娼均不在此列。與貝侯（F. F. A. Béraud）[4]相同，但與他在第三共和初期的門生不同，帕宏—杜夏特雷的研究對象不包含具有固定居所、需要納稅、享有公民權利、出門在外行為端正得體，也因而不被行政當局任意對待的性交易女子（femme vénale）。對他而言，這些女子對統治階層不構成實質的危險，事實上她們反而融合於其中。

雖然帕宏—杜夏特雷在相當多章節[5]中強調賣淫具有持續性，甚至永久性，但他不認為賣淫是不可改變的現象，因此他更斷然地否認賣淫能擺脫整體時間性（temporalité）。[6]他應用實證方法和當時蔚為主流的歷史主義，使他在這方面有別於許多管制主義者、甚至有別於當今大多數歷史學家，因為後者認為賣淫結構與賣淫行為的永久性，讓他們有理由對這種現象不感興趣。

賣淫是種極為古老的社會禍患，卻也是必要之惡：[7]「在男人的群居地不免會有娼妓，一如下水

* 譯註：法國在一八三〇年至一八四八年間的政體。

道、道路及垃圾堆」，[8]因為「她們有助於維護社會秩序與安寧」[9]。帕宏—杜夏特雷這位研究「巴黎道路與下水道」[10]的男人，在此採取了最純粹的聖奧思定（Saint Augustin）*傳統，[11]其關注焦點也忠實反映了當時對垃圾與惡臭高度發展的執迷程度。他寫道：如果沒有妓女（fille publique），「慾火焚身」的男人，「會染指你們的女兒及女僕……會讓家裡大亂」。[12]帕宏—杜夏特雷的觀點與當時盛行的有機體論（organicisme）所見略同，認為賣淫是種必要的排泄現象，可以保護社會主體（corps social）免於疾病侵害。[13]

最讓他耿耿於懷的事情，並不是他認為可以管控的公開賣淫，也不是他關注較少的私娼（貝侯[14]與其門生在「**道德秩序**」〔ordre moral〕時期對私娼著墨較多），而是妓女賣淫「生涯」（carrière）的暫時性，而這件事卻很少被提及。她們「**回到我們的世界**」，他非常不安地寫道：「她們包圍我們……進入我們的家庭和內心。」[15]從這個角度而言，賣淫與工人階級的存在帶給當時上流社會如出一轍的焦慮不安，歐諾黑・弗雷傑（Honoré Antoine Frégier）甚至將工人看作「邪惡階級」與「危險階級」。[16]也因此必須好好地了解妓女，才能盡力防止她們染上惡習，以免她們在放棄妓女「生涯」後傳染給別人。最重要的是必須自我保護，預防「女陰摩擦」（tribadisme）**這種同性性行為直接傷害女性的性道德。

我們還必須注意，帕宏—杜夏特雷也大力疾呼生物傳染的威脅。我們可以順理成章地認為，他是十九世紀末那些大力宣揚梅毒恐懼和性病憂慮的醫生之先驅。他也的確在書中提到這個主題：「在所有能夠傳染給人類，並對社會造成最大危害的疾病中，最嚴重、最危險、最令人擔憂的莫過於梅毒」，[17]這是比瘟疫更可怕的禍患。不過，他也因為必須保持客觀，而不得不同時強調，整個社會主體的性病發病率實際上正在下降。[18]

正是根據這份對賣淫及其所構成威脅的理解，讓帕宏─杜夏特雷醫生建構了研究「公開賣淫階級」女性的精妙人類學。該階級通常處於社會邊緣，也就是一群將自己置身於社會之外的女性所形成的「自成一格的族群」，[19]她們「與同胞在道德、品味及社會習慣上的天壤之別，猶如同胞與另一半球的國家之別」。[20]帕宏─杜夏特雷醫生認為，正是這種群體中的單獨個體所產生的邊緣性，形成了管制主義方案的基礎，因為這些個體先前的實質邊緣地位，成了政策專斷地將其邊緣化的正當理由。[21]如同犯罪，賣淫也形成一種地下的反社會組織，一種對道德、社會、健康和政治同時構成威脅的社會底層。[22]還有誰比這位下水道研究專家更適合研究賣淫？

這個社會底層並不是一團毫無區別的岩漿。同時代的人因為恐懼不安導致觀察能力減弱，對工人階級僅剩下不精確的偏見，但帕宏─杜夏特雷醫生與他們相反，他以長期置身下水道的覺悟，盡心對「公開賣淫階級」進行解析、判斷、分類。他對該階級的各個類別進行了極為精密的研究，使他的論述直到二十世紀仍不斷被傳誦學習；[23]但也因為他的論述極為權威，以至遮蔽了日後研究者的視野，讓他們無法充分掌握正在進行的變化。我們也可以說，在這個地下社會中，每一個類別都對應著表層社會的一個階層，「最常見的情況是，最高階層的妓女在法律系學生、醫學生和年輕律師中挑選入幕之賓……而中

---

* 譯註：羅馬帝國末期北非的柏柏爾人，是位多產的神學家，其著名的作品為《懺悔錄》（*Confessions*）。

** 譯註：「女陰摩擦」一詞常用於女女性行為的情景，源自希臘語 τριβ（tribas）。在二十世紀，tribade 一詞被 sapphist、lesbian（女同性戀）、invert 以及homosexual（兩者皆指同性戀）取代。

間階級的妓女則從各種店員和職員當中招攬情人，裁縫尤為上選。另外假髮匠學徒、流浪音樂家和露天酒館駐唱樂師、珠寶商或金銀匠也不錯。其餘階層低下的妓女則流連於形形色色的工人之間」。[24]這種基於不同身價所形成的階層之分，表現於層出不窮的輕蔑之中。

帕宏—杜夏特雷醫生說，這是一種有趣的社會擬態（mimétisme），每個類別的娼妓，都由顧客身分來定義其自身地位。「由於每一個這類場所都有一個特定的男人階級來捧場，這些女人因而耳濡目染其習慣、語調及舉止，使得原本接待工匠、體力工及石匠的妓女，接待軍官時會自慚形穢不夠得體……已經習慣與知書達禮的階級一起生活的妓女也是一樣，她們不再願意與粗魯的人為伍。」[25]這種區分的存在，有助於祛除社會傳染風險帶來的焦慮，因此與其說資產階級害怕看到管制法規的堤壩被沖毀，不如說是他們感覺到了這種區分由於資產階級行為方式的擴散而被破壞，從而引起第三共和初期最後一批管制主義支持者憂心忡忡的吶喊。

帕宏—杜夏特雷醫生堪稱賣淫研究學界的卡爾・林奈（Carl von Linné），他當時致力於精確地刻畫種種被視為墮落無恥、只能在暗處活動、甚至「不配登記在賣淫名冊上」[26]的妓女：好比「妓院公娼」*（filles en numéro）、[27]「獨自賣淫的有照公娼」（filles en carte）、**「軍人的妓女」（filles à soldats）、***「阻街娼妓」（filles de barrière）****或「下等娼妓」（pierreuses ou femmes de terrain）。*****

管制主義者專注於分析賣淫的原因，並描述其步入賣淫的歷程，除了清楚呈現管制主義論述的先決條件，背後也存在著譴責性行為自由的深刻意念。因為只有「生活不檢點」而「放蕩」[28]一陣子之後，才會淪為「公開賣淫」的妓女，而最終「公開賣淫」可能會導致下流可恥到極點的女陰摩擦同性性行為。

[29]這個歷程結合了個人性情與社會機制的影響。縱慾與懶惰的初始傾向是一種邪惡的情慾，將女人推入這個致命的迴圈，因此賣淫本質上只與「某一類型女性」[30]有關。第二個基本假設則是，行為放蕩而後下海賣淫的習性與家庭出身有關：擁有「卑賤出身」，[31]目睹直系「家庭不檢點」[32]的人，會導致生活墮落沉迷惡習。[33]不過帕宏—杜夏特雷醫生也提到赤貧與低廉工資所產生的影響。路易—勒內・維勒梅醫師（Louis-René Villermé）曾多次強調製造業中心的工人階級女性兼差賣淫或不定期賣淫的嚴重性，他也與社會主義者以及本書引述的所有作者想法一樣，痛斥工坊和工廠中男女雜處的現象。因此我們可以理解，對所有研究賣淫問題的人來說，失業、女性工資不足以及更普遍的工人階級貧困現象，都是非常重要的議題。[34]

帕宏—杜夏特雷醫生所描繪的妓女形象反覆出現於賣淫相關文獻中，也激發了眾多小說家的靈感，我們可以認為，它不僅如我前文所述已曲解了日後研究者的觀點，更在相當程度上決定了妓女本身的行為。因此我們有必要列舉在帕宏—杜夏特雷醫生建立之前，由他整合歸類的一切成見，以更易於辨識其對後世的影響。

---

* 譯註：法文原意為「有號碼的妓女」。

** 譯註：向警方登記賣淫，但不在妓院工作而是自立門戶單獨賣淫的妓女。法文原意為「有（賣淫登記）卡的妓女」。

*** 譯註：與軍妓不同，她們是集結在軍營附近專門向軍人賣春的妓女。

**** 譯註：法文原意為「在城牆圍欄邊（賣淫）的妓女」。

***** 譯註：法文原意為「在採石場等工地拉客的妓女」。

他對妓女的描繪圍繞著一個中心思想展開，即妓女擁有與當時認可價值相反的所有特徵。部分原因來自妓女依然近似孩子氣，因此還無法領會這些價值。我們都非常清楚，妓女**不成熟**的刻板印象在後來流傳了很長一段時間，[35]因為人們刻意將「成熟」指稱為「接受社會整體價值觀」。妓女首先是好逸惡勞的人：[36]從她們的懶散、喜歡無所事事、還有日常作息都能看出端倪；即使入獄後也只願意躺在床上工作，任意糟蹋各種工作活兒。妓女同時也是那種逃避安定生活的人，當然也逃避固定工作的需求，[37]她們代表著變動、無常、「騷亂」、「躁動」。在帕宏—杜夏特雷醫生眼中，這已經奠定「禁閉」妓女的必要和監獄的實用價值。妓女對於「變化無常」無招架之力，也表現在調動、搬遷的頻率，或是對舞蹈的熱愛，不然就是情緒反覆、無法專注，甚至也顯現在社會地位的流動。雖然帕宏—杜夏特雷醫生在最後一點上自我矛盾，因為他認為與資產階級一樣，[38]搬遷也代表妓女從一個「階級」轉移到另一個階級。

妓女還象徵著無序、放縱和輕率，總之就是拒絕秩序與節約。觀察其內在即能察覺，妓女的不潔本身就是見證。至於行為放縱方面，更是五花八門：輕易屈服於「狂熱」和「激情」，毫不節制地迷戀酒精與利口甜酒，愛吃甚至貪吃，喋喋不休，暴躁易怒。妓女大都不擅理財，只有極少數例外，[39]她們極為愛好增加不必要的開支，尤其熱愛買花；她們也很容易沉迷賭博遊戲，打牌還是彩票都來者不拒。

最重要的是，人們會想說，妓女很可能有一天會成為「女同性戀」（tribade）；因此，妓女雖然對性秩序構成可怕的威脅，但她們在其他情況下也是性秩序最可靠的後盾。在帕宏—杜夏特雷醫生眼中，女同性戀的危險性更大，因為它是一種無法治癒的罪惡，而且很難根據外在特徵的客觀觀察來辨別，[40]

至少他不認為陰蒂的大小能構成肯定的線索。帕宏—杜夏特雷醫生投入大量時間精力分析這種罪惡，而其中發人深省的是，對於嚴格定義的妓女性行為，他的研究明顯僅限於同性戀，其他則以影射的方式來探討。在這方面，調查者認為監獄是唯一的觀察場所，監獄一方面是有用的，另一方面也是有害的，因為監獄有利於違反自然道德的行為大肆傳播。[41]帕宏—杜夏特雷醫生建議，需極其謹慎地監督在囚妓女的品行，將淫蕩的女孩與其情人分開，並將她們與年輕女囚隔離安置。

因此，管制主義者們日後一致用來為妓女定性的這份性質目錄（catalogue des qualités），其實幾乎已由帕宏—杜夏特雷完整編纂出來。整個十九世紀，人們都持續讚揚墮落女孩對宗教情感的堅持，強調她們對小孩的依戀，或是提及她們對鄉村的思念。[42]她們的愛表現為對「心上人」（amant de cœur）*或情婦的強烈眷戀。她們的羞恥心則表現為她們拒絕在警局或在其他婦女面前寬衣解帶。最後，邊緣性激發了她們團結和仁慈的深層意識。總之，這些也都是正直的妻子和虔誠的母親所具備的品德，但這些女孩的可恥生活方式妨礙了品德發展。上述種種品德的列舉，也鞏固了資產階級對婦女的看法。

另一方面，在帕宏—杜夏特雷醫生的著作中，他對妓女身體特徵的空洞描述也很引人注目。鑑於顱相學（Phrénologie）和面相學（Physiognomonie）理論的流行，人們可能會期望有個精確的妓女典型得以忠實地映現道德成見，然而情況並非如此。[43]帕宏—杜夏特雷醫生進行了大量的研究，例如：眼睛的大小、眼睛與頭髮的顏色，由於這種觀察的客觀性，得出了妓女的外貌具有極大多樣性的結論。最後，

* 譯註：靠妓女維生的吃軟飯男人。

雖然妓女自成一個社會，但她們看來和其他女人一樣，這使得她們在帕宏—杜夏特雷醫生眼裡更加危險，別忘了！他深信賣淫是一種暫時性質的職業。

帕宏—杜夏特雷醫生的結論與當時普遍的偏見背道而馳，他認為妓女的陰蒂、小陰唇、陰道和肛門都沒有任何特別的特徵，因此在他看來，她們的受孕能力，甚至生育能力，也略低於平均標準。此外，他還注意到妓女難得歇斯底里。更令人欽佩的是，他運用的調查方式一絲不苟，使他與當時認為過度縱慾會縮短壽命的主流思想大唱反調。總而言之，在他看來，賣淫並不是一個特別不健康的職業：「儘管有這麼多偏激過度的行為、有這麼多的疾病誘因，但比起那些有孩子和在家裡工作的普通婦女，她們的身體更健康、更有抵抗力」。[44]

只有兩種生理外貌的刻板印象會不厭其煩地被重複，甚至不斷強調：一個是體態豐腴，這很容易理解，因為妓女都貪嘴又懶散，嫖客也性好此味；另一個是聲音沙啞，[45]帕宏—杜夏特雷醫生認為，這更有可能是社會出身、酗酒和長期待在寒冷環境所致，而非大眾偏見以為的口交所致。

二、容許與監督之必要

賣淫是必要的，但也是危險的，必須予以容許，但為了防止過度無節制的行為，亦須嚴格監督。[46]事實上，帕宏—杜夏特雷醫生聲稱自己反對禁止賣淫，他認為歷史已經證明禁制無效。同樣地，他也批評自由主義的主張：過度的自由只是放肆，許多人無法真正享受自由，是因為自己不夠成熟，妓女就屬於這一類。

自執政府時期以來，為了容許和監督賣淫之所需，形成以三大原則為基礎的管制體系，至今仍被稱為法國體系（système français）：

(1)首要之務是創造一個封閉賣淫環境（milieu clos），遠離孩童、女孩和良家婦女的視線。封閉的特質能將婚外性行為極度邊緣化，進而加以**遏制**，形同一道防止氾濫的堤防。[47]

(2)這種封閉環境必須永遠處於行政部門監督之下。[48]它對社會其他人是隱形的，但對監控者卻必須完全透明。米歇爾・傅柯（Michel Foucault）針對監獄問題所強調的全景敞視主義（panoptisme），[49]由管制主義以近乎強迫症的方式呈現於此。

(3)為了達到有效管理，這一環境必須嚴格分層和隔間，盡可能避免混雜不同年齡與「階級」，以便觀察，同時也利於行政部門控管。

這個體系很顯然植根於啟蒙運動時期的理性主義，因為其志在消弭學校、劇院、醫院和墓園等場所出現的社會混亂。事實上，管制主義的歷史，即是努力不懈地**約束**妓女的歷史，因為其理想是建立「妓女—修女」的類別，不只是培養勤奮而唯命是從的「勞動者」，更重要的是讓她們完全摒棄追求享樂。

妓女終其一生的賣淫生涯，都在根據管制主義原則建立的監禁體系中活動。這個體系要求組織四個封閉空間：妓院、醫院、監獄，以及必要時的收容所、懺悔院（établissement de repentance）或從良中途之家（établissement de relèvement）。妓女從一個空間移動到另一個空間時，被裝載於新式封閉車輛中，帕宏—杜夏特雷醫生認為這個步驟至關重要；應當指出，這個新式封閉車輛比一般的囚車[50]還早出現。正如被鎖鏈綑綁的苦役犯既吸引、又提高了整個社會的犯罪行為，妓女從警局拘留室移送到監獄的過程，也曾引起民眾自發性的抗議活動，從某種意義上來說，這些活動旨在聲援非法性行為。「在這場引起眾人注目的遊行中，大批街頭無賴尾隨其後，妓女恬不知恥地賣弄風騷，與士兵一同旁若無人地縱聲大笑，肆無忌憚。」[51]

「**寬容妓院**」（maison de tolérance）*是整個管制體系的主軸，最好只能開設在特定區域（quartiers réservés），便於加強其封閉性，一來讓妓院建築本身避開女性公眾的視線，二來有利於實施「全景敞視主義」，因為「在集聚狀態下，人們一眼就能看到全部藏汙納垢的地方」。[52]遺憾的是，根據帕宏－杜夏特雷的說法，經驗證明這樣的嘗試徒勞無功，因為巴黎設立的賣淫特定區，其實只助長了祕密賣淫；不過，比起路邊隨處可見的賣淫活動，帕宏－杜夏特雷更害怕看到的是賣淫活動逃過政府的監管。

妓院的功能是集中管理賣淫的惡習，同時淨化鄰里社區，因此妓院必須配合所處街區的風格，例如：在巴黎商業區的阿奇斯區（quartier des Arcis），妓院可能不會引人注意，但在貴族群集的費多街（rue Feydeau）卻可能引起**群情公憤**。當一個街區開設寬容妓院時，「人們發現，擾亂公共秩序的情況立即停止或減少；妓女也會自我遏制而不再到處流竄；監控變得更有效，取締也更容易」。[53]

妓院房屋應該是封閉式的，通過雙重門系統才能進入，因此窗戶將裝設柵欄和毛玻璃。[54]也應儘量避免將妓院設立在地面樓，或是地面樓與二樓之間的夾層，以便利用高度增強隔離效果。只有在極少數情況下，妓女才會被允許外出，健康檢查也會在妓院中進行。

另一方面，行政人員可以隨時進入寬容妓院；妓女和顧客見面的房間不得配鎖，門上會裝設玻璃；

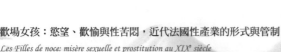

妓院女老闆或副手持續對妓女進行監督，避免讓妓女獨處，以利妓女隨時監視彼此。

妓院必須是個等級森嚴的環境，由權威的代表，即**妓院女主人**（la dame de maison）管理。從帕宏—杜夏特雷所要求的條件，即能清楚了解妓院女老闆必須具備的職能，而這些條件也是夫婿位居公司高層的資產階級之妻所必備的。妓院女老闆必須是妓院動產的持有人，才不至於依賴裝潢家居的織毯商（tapissiers）。**妓院應儘量維持生意興隆，以保障妓院女老闆經濟獨立自主。妓院女老闆的舉止最好具有男子氣概，才能讓妓女肅然起敬，並服從其某種程度上經由行政授權所行使的權力。「才幹、魄力、道德和體能、統帥的習性，再加上一些男性氣概和威嚴，是妓院女老闆需要的特質。」[55]妓院女老闆不可以將丈夫或情人帶到妓院，因為男人的影響力確實有可能抵消警方的權威。容許下的賣淫環境必須是女性社會，以滿足男性性慾為目的，並接受行政部門的直接管理；如果有既非嫖客、也非掃黃員警的男性存在，只會導致角色的混亂。帕宏—杜夏特雷指出，妓院女老闆的孩子都在最優秀的寄宿學校長大，一旦她們退休，往往成為慈善工作者。

簡而言之，妓院女老闆與性行業操控者（proxénète）或掮客（souteneur）***截然對立，因為後者是不道德而且有害社會的，這些人通常是一些面目模糊、難以定義、無從捉摸的**荒淫無道之徒**，也因而是種可怕的威脅，更何況他們不受行政部門的控管，還全力阻礙警方監督賣淫環境。

* 譯註：受政府寬容而成立的妓院。

** 譯註：十八世紀的法國壁毯地毯製造商也負責整體家居裝飾及家具修復。

*** 譯註：性行業操控者與掮客性質類似，後者有靠妓女維生的意思。

因此，鼓勵建造妓院，特別是在「下等」地區擴增妓院極為合情合理。[56]不過帕宏—杜夏特雷也相當明理，他承認有些妓女希望獨立作業，而人們也莫可奈何。在這種情況下，按照慣例，最好是允許她們繼續從事賣淫，同時規定她們向警方登記。

不過很可惜，寬容妓院並非理想的研究觀察場所，帕宏—杜夏特雷醫生能夠不論日夜都前往妓院考察，是因為有員警陪同。我們也因而更了解醫院或監獄在管制主義體系中所扮演的角色。巴黎警察總署成立的同一時間，衛生管理機構也旋即建立。兩者的同時建立值得注意，因為第三共和政權初期，這兩個同性質的機構即雙雙受到質疑。在帕宏—杜夏特雷醫生眼中，為妓女檢查身體的診療所是「自政府順民所求並推動醫學為民所用以來，最崇高的衛生機構」。[57]我們不要忘記帕宏—杜夏特雷本人是醫生，其實對他來說，醫療的功能，首先是控制病情；至於治療，則必須生理與心理並重。事實也證明，在醫生的醫療結果中，比起性病，帕宏—杜夏特雷醫生更注重妓女的道德問題。在他眼裡，曾以「為病患醫身，不如醫心」[58]為準則行醫的艾蒂安・雅克曼（Étienne Joseph Jacquemin）醫生，足為醫界楷模。

這些原則充斥於帕宏—杜夏特雷醫生對於醫院的論述。首先，他在這一點上同意醫學界最初的立場，而不同意警察部門的意見，他要求建立一個專門醫院，以治療感染性病的妓女。他不只批判綜合醫院的性病治療機構，也批判在同一醫院內將染病妓女和「平民女孩」混在一起看診的做法。收治染病妓女的醫院，同時也是觀察妓女及妓女為懺悔做準備的場所，必須專門保留給妓女。整體計畫也產生了**封閉**的必要，因此理想的醫院以監獄為範本，而聖拉札監獄醫護所（infirmerie-prison de Saint-Lazare）即於此情況下建立。醫院也必須像監獄一樣，避免在院內將各類女孩混在一起：染病妓女的社會，也必須反映妓女業界的階級多元性。帕宏—杜夏特雷醫生以社會階級、地域出身和性行為作為標準，要求將「女同性戀」、「下等娼妓」、「普通妓女」、「妓女新手」與來自外省的婦女區分和隔離開來。

管制主義體系的邏輯，要求將治療性病的醫生置於掃黃部門（service des mœurs）管理之下。「掃黃警隊醫生」（médecin des moeurs）、員警、妓院女主人或女慈善家（la dame patronnesse）*，全都是管制體系的要素，而其中對帕宏—杜夏特雷醫生而言，掃黃警隊醫生必備的品格，與掃黃員警雷同，道德操守為優先考量。掃黃警隊醫生必須是剛直不阿、德高望重且「無懈可擊」[59]的成熟男人，至少已經承擔婚姻的責任；他的矜持、沉默，「他在問診時的穩重」，他的溫和、「絲毫不放肆」，將有助於增加他的道德影響力；而且還應該放大「嚴肅與尊嚴」。簡而言之，他的態度應該明確強調他所代表的政府部門與其客戶的劣行之**區別**，也藉此避免與妓女有任何交流，不至牴觸政府試圖將妓女社會邊緣化的總體政策。

儘管如此，這似乎與當時實證社會學家的慈善情懷是一致的，帕宏—杜夏特雷醫生呼籲，對性病患者的治療要人性化。他敵視任何對「大病」（gros mal）受害者的懲罰，因而使他成為新管制主義的先驅。[60]監管系統的精確性，使得某些被視為野蠻的程序再無用武之地。我們正在見證此領域與監獄系統內部平行發生的演變，而傅柯對後者做了相當精闢的描述。

另一方面，在帕宏—杜夏特雷醫生的書中，監獄被視為管制體系中不可缺少的要素：它的首要目標

* 譯註：懺悔院裡安排妓女從事慈善工作的女性。

是讓妓女**產生長期恐懼**，因為只有恐懼才能遏制荒淫過度的行為，並防止賣淫過度發展。因此也彰顯了這一體系不只專屬於管制主義，根本上更具有壓制性質。賣淫並未被刑法承認為犯罪，但這無關緊要，因為公眾輿論認為賣淫是犯罪，如此認知「符合文明的原則，符合道德和家庭的利益，符合社會的呼聲，符合母親的驚恐」。[61]

監禁妓女的監獄具有多元功能：

(1)由於監獄對妓女構成長期威脅，因此能保障家庭、診療所和醫院的秩序。

(2)由於行政部門的任意裁奪，每個妓女都會被帶往監獄，監獄因而成為研究賣淫的特殊實驗室，同時也能更有效地監管賣淫環境。觀察妓女後所掌握的知識，將能用來限制賣淫持續擴張，尤其防範「違反自然」的性行為發展。別忘了，賣淫是雖下賤卻必要的活動，規範賣淫場所的主要目的，是疏導婚外性行為，最重要的是確保性行為符合自然法則。

(3)妓女專屬監獄（管制體系的邏輯確實帶有特殊機構的意涵）也具有一般監獄必備的功能。在這方面，監獄感化的論述汗牛充棟，帕宏—杜夏特雷的書只是其中一個部分，在此我們不可能也不需要全部分析。帕宏—杜夏特雷醫生認為，監獄可以激發人性的深層衝動，從而迷途知返，潛心悔改。流放到農村、辛勞工作、肌肉疲勞和長途步行，也都能促進懺悔的過程；此外，這些也是降低妓女性慾表現的最好方法，因為妓女是出類拔萃的肉慾生物，即使她們執業時確實顯得冷淡無情。帕宏—杜夏特雷此時的論述，也預告了在十九世紀末由醫生和衛生學家所發起，認為是有效禁慾所必須的體育鍛鍊活動。

然而，賣淫需求本身在這方面也構成一個特別的問題。懺悔過程應該導致什麼樣的結果？要讓那些

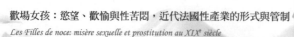

有助於維持性行為秩序的妓女回歸正道，豈不荒謬？在這方面，賣淫似乎與犯罪大相逕庭，而這顯然是這兩種環境有所區隔的理由。帕宏—杜夏特雷醫生意識到這項難題，也不得不承認系統的正常運作比個人的道德化進程更重要。監獄體制必須首先讓公娼遵守規則。應受譴責的是無秩序的亂象，而不是從事賣淫。帕宏—杜夏特雷醫生表述得再清楚不過：「拘留必須達到的成效，也就是讓犯人有所進步，對妓女而言，只要能被動服從警方規定就可以了。」[62]

從這一觀點來看，重整妓女道德的收容過程，以及敦促妓女從事慈善事業的女慈善家，其作用仍然出奇受限。女慈善家若不想連累整個管制政策，就只能拯救一小部分妓女，從而向教會證明這個系統的功能。女慈善家是管制主義存在本身不可或缺的最後一個角色，她們也減輕了輿論對管制主義的冷嘲熱諷。懺悔過程讓罪孽仍有得到赦免的可能，如同懺悔院和收容所的設立，雖然大家都知道其中收容人數很少，但此更有利於腦中充滿福音教義的收容人接受體系。實際上，我們必須注意，懺悔並不能真正使妓女走出管制主義者建立的封閉環境。因為與「消失」（disparue）的妓女重返塵俗不同，懺悔的妓女將被終身監禁，剪去頭髮，穿上粗呢衣袍，通常住在如修道院般的房屋裡。

女慈善家與妓女囚犯面對面互動的場景，值得有系統地詳加分析，但這不是本書研究的重點。帕宏—杜夏特雷醫生打算提供給妓女囚犯的女性典型，就是女慈善家這種因虔誠信仰與年老體衰，而讓性衝動銷聲匿跡的妻子與母親類型。為了使女慈善家能對妓女施展影響力，應防止妓女與她們的家人或朋友保持關係。只有妓院女老闆、員警、掃黃警隊醫生與女慈善家，才獲准與被監禁的妓女聯繫。[63]

帕宏—杜夏特雷醫生所定義的管制主義體系正當性，由其本身的結果得到佐證，因此在很多時候，他的論述成了頌揚管控的真實讚美詩。自革命時期結束以來，難道管制主義沒有透過懷柔的手段，深刻地改善了賣淫環境嗎？「令人作嘔的淫穢場景……如今在巴黎市內已經難得一見」；[64]至於壓制無產階級在性問題上的放縱行為，按照帕宏—杜夏特雷醫生所言，也表現於人們喪失談論與從事性行為的本能自發性。在我看來，這種性行為的馴化在根本上十分重要，因為它與政府試圖削弱無產階級漫無目的暴力傾向的過程同時發生（甚至可能更早），正如我們所知，這一過程涵蓋了整個十九世紀。[65]賣淫界態度不變無庸置疑，很可能導致了整體社會性行為的變化。正如資產階級家庭的某些價值觀念逐漸流傳開來，由工人階級學習並接受一部分；[66]無產階級的性行為也逐漸被小資產階級（petite bourgeoisie）及其私生活觀念的進步所影響，尤其在賣淫問題方面。

但是，當時帕宏—杜夏特雷醫生所察覺的變化究竟是什麼？實施監管規則、住院和坐牢、強制勞動都使「妓女階級」內部產生真正的蛻變，讓「所有造訪巴黎的外國人」[67]感到震驚。「再也看不到那些傲慢無禮又惱人的眼神、那些不雅的服飾、那些淫蕩的手勢和姿勢、那些反覆不斷的爭吵；再也聽不到那些淫穢下流的對話，以及那些嚇人的喧嘩和叫罵聲」。[68]最重要的是，妓女喪失了一些「喧鬧」、「躁動」的特徵。與此同時，衛生習慣也逐漸改善。當然，這一切都有助於妓女進行懺悔，也成功推動龐巴斯特收容所（maisons du Bon-Pasteur）的任務。

然而，民間祕密賣淫的存在仍令人惴惴不安。但帕宏—杜夏特雷醫生對這方面的焦慮，倒是遠不如貝侯、弗雷傑或波頓醫生（Potton）那般強烈，這是因為對他來說，私下賣淫的現象終究有限。儘管應召站（maison de passe）*與他設想的寬容妓院相去甚遠，他仍然忠於他的經驗主義原則，建議行政部門妥協，將應召站*納入管制體系。其餘的威脅還有歌舞酒館和酒吧內暗藏春色的黑房間（cabinet noir）。**[69]雖然帕宏—杜夏特雷醫生對此表示譴責，但他對管制主義的樂觀之心，仍然超越擔憂之情。

三、認識論（épistémologie）影響

雖然認識論的影響與本書並不直接相關，但帕宏—杜夏特雷醫生的管制主義論述，以及十九世紀的其他賣淫研究對認識論的影響仍值得探討。再沒有哪個領域像社會科學這樣，從草創之初就與行政當局對監督和懲罰的關注密不可分。帕宏—杜夏特雷醫生的漫長研究過程，最終目標是積累知識，使行政部門更易於行使權力，因此他一開始就明確地指出這一點：「關於治人，需先知其短，繼而藉以操控。」[70]還記得嗎，帕宏—杜夏特雷醫生之所以倡導創立封閉的賣淫環境，是為了更易於觀察與試驗。監禁以利觀察，觀察以利了解，了解俾能全力監督與掌控，這就是帕宏—杜夏特雷醫生的全盤計畫；也正是這種觀察至上的精神，使本書成為實證社會學的首批傑作之一，與烏托邦式的學說大相逕庭。

對數量的執著和對系列的關注，一直是帕宏—杜夏特雷醫生研究方法的特色：他自己承認，「能在我著手處理的所有要點上得出數字結果」，[71]是他在方法論上最關心的事項。他又寫道：「這種我稱之

* 譯註：指提供妓女接客的地方，並通常抽取費用。

** 譯註：法文原意指政府的情治單位。

為統計學的方法，不久之後，將被普遍採用」；[72]他特別希望醫學能盡快採用，因為他認為：「醫學尚不足以成為一門科學，但它可以將所有與之相關的事物數字化，即能成為自然科學中最具實證主義精神的科學。」[73]帕宏—杜夏特雷醫生所制訂的現代性調查技術也有令人敬佩之處，以下幾點均可強力證明：制定調查問卷，讓妓女向警局登記時填寫；不斷改良獨自賣淫妓女的登記系統；個人檔案的建立與改良；以及最重要的，持續用心查核自己的發現。[74]他的研究結果甚至以圖形顯示，反映出他極欲創新的企圖，統計學研究中的第一張柱狀圖很可能要歸功於他。[75]

更耐人尋味的是，他審視賣淫環境的角度極為多元，他以人類學、民族學、語言學、社會文化、社會地理和醫學輪流加以分析，不遺漏任何一絲可能性。他還利用觀察妓女簽名來研究識字率的發展，比學者法蘭索瓦・馬焦羅（François Maggiolo）的研究更早，而且也完全符合晚近歷史學家的關注焦點。[76]唯一美中不足之處，是對妓女與其恩客在嚴格定義上的性行為缺乏研究，這也能輕易從當時禁令了解箇中緣由，若因此責怪帕宏—杜夏特雷醫生不夠盡力，豈非時空錯置？

我們因而可以理解，有了這樣的範本讓後世描寫賣淫的作者加以應用，並進一步寫出大部頭的著作，其規模可能會讓不太熟悉限制選舉君主制時期文獻的現代讀者大吃一驚。也因此，只有參照帕宏—杜夏特雷醫生的著作，才得以解讀奧斯卡・柯孟莒（Oscar Commenge）醫生於一八七六年至一八八六年間研究祕密賣淫的巨著。[77]帕宏—杜夏特雷醫生建立的研究範本太具約束力，以至於賣淫社會學繼續沿用這些最初的研究方法，忽視了例如：勒・普雷（Le Play）學派*的專題研究（monographiques）技術。

帕宏—杜夏特雷與後來的貝侯所闡述的管制主義計畫，是希望在任何司法干預之外，以專斷行政權的有效方式阻擋、遏制、疏導放縱行為。這個體系受到行政、警政和軍方的支持及教會的默許，當然會受到批評，正如監獄理論起初遭受某些自由派批判。然而，在發展這套體系的機構和維持它的社會力量動搖之前，也就是在共和制勝利之前，管制主義並未遭受強烈質疑。最終導致嚴厲管制政策在二十世紀初趨向緩和的關鍵，則是因為整體社會的性行為有所改變。

焦慮升高與管制主義體系日趨嚴厲

普法戰爭戰敗及巴黎公社（Commune）**事件後，管制主義論述也改頭換面。雖然帕宏—杜夏特雷醫生的研究三十多年來一直是唯一參考書，且在他逝世後，一八五七年的學者專家也仍受其影響，[78]不敢對這一主題提出新見解，只是訂正更新他的著作而已。直到一八七一年至一八七七年期間，[79]大量重要著作的出版帶動了理論的重大演變。無論是保守派或自由派資產階級，都為了帝國盛宴（la fête

* 譯註：法國的著名礦務工程師暨西方社會科學的奠基者之一，弗雷德里克・勒・普雷（Frédéric Le Play）創立的勒・普雷學派，是法國人類學和社會學學術團體。

** 譯註：全名為la Commune de Paris，由工人階級揭竿起義而組成的政府。在一八七一年三月至五月期間統治了首都。主要源於一八七〇年普法戰爭導致的巴黎愛國主義情緒，也呈現出社會運動的面貌。

impériale）*和巴黎公社大屠殺所產生的贖罪情緒備受煎熬，整體社會瀰漫著一股悲觀氛圍，即使事實上已可預見管制體系的失敗，但管制主義計畫仍變本加厲。當時視性行為如洪水猛獸，不再是潛藏的地下威脅，因此嚴厲壓制成為了宗旨。對賣淫的焦慮升高，既反映也延續了當時正在發生的社會及政治變革，更在「道德秩序」（l'ordre moral）**信奉者之中引發的焦慮。雖然管制主義論述仍忠於帝國時期及限制選舉君主制時期所開展的基本分析及成見，但這個事實本身已經讓它發展出不同的層面。賣淫文獻成了這個時代焦慮的最顯著症狀之一。

一、論述的持久性

即使管制主義最忠實的信徒本身已經意識到，管制主義有一部份是失敗的，但管制主義措施其實變得愈來愈精確；既然監控方法不斷進步，他們認為失敗的原因不在於制度本身，而在於它最初實施不夠完善。因此基本上，管制主義與新管制主義在思想上並未斷裂。只是帕宏—杜夏特雷醫生的著作對其追隨者反而形成束縛，直到依夫・古約（Yves Guyot）的作品問世，[80]才深入修改了問題與思考架構。路易・赫斯醫生（Louis Reuss）於一八八九年編寫其著作時，仍受制於帕宏—杜夏特雷醫生已流傳五十多年的範本，而他的著作也為帕宏—杜夏特雷醫生開創的一系列精彩人類學研究畫上句點。

在所有的管制主義文獻中，賣淫持續被描述為一種不可避免也難以矯正的罪惡。文獻中提及古希伯來人、古羅馬或中世紀的歷史敘述，仍持續反映著七月王朝時期著作對「時間的飢渴」，極力擴大時間斷限的特色，藉以呈現賣淫現象不具歷史性，其中更必須引用聖奧思定和聖保羅（Saint Paul）[81]的論述，以資證明教堂支持管制主義系統。賣淫人類學的研究絕非日趨式微，醫院、警方和監獄檔案管理，乃至研究方法的改進，總能使研究更加精確。

對賣淫原因的分析[82]既精細卻又貧乏，總是認為**人性本能優先於**貧困、失業或其他社會結構原因，也認為「性慾荒淫無度」、「渴望夜夜笙歌」、遺傳性的放蕩傾向才是決定因素，而懶惰與閒散則是淫樂惡習的另一主要淵藪。當研究思考聚焦於社會現象時，很少會提到無產階級或婦女地位被剝削的不良損害，而飢餓難耐也不能成為賣淫的首要原因。第三共和時期的管制主義者研究賣淫現象的態度，不僅與限制選舉君主制時期的慈善家有所不同，與作家雨果（Hugo）一派的「痛苦有益論」（Dolorisme）***也相去甚遠。「社會變遷」才是眾矢之的，賣淫的論述於是呼應了十九世紀中葉達官顯貴在無盡抱怨時流露的一切成見，最常被提到的社會變遷如下述幾項：家庭中父權的衰落、無神論及自由思想的發展、教會影響力的下降、對政治當局的不滿、自由主義的進步（使警方更難鎮壓），以及新的輿論寬容度。社會流動性過大，會增加無產階級蔓延的風險，衣著服裝的平等則將從此阻礙身分辨識，並加劇工人階級

* 譯註：巴黎嘉尼葉歌劇院（Opéra Garnier）落成後，拿破崙三世（Napoléon III）鼓勵民眾廣開宴會享樂，一八六七年歐洲各皇室群集巴黎，展開盛大宴會。

** 譯註：「道德秩序」是拿破崙三世和臨時共和國政府相繼倒臺後形成的右翼聯盟。

*** 譯註：痛苦有益論是種哲學、精神或宗教學說，它崇尚身體的痛苦，因為身體的痛苦被賦予道德價值。在某些情況下，它也稱為痛苦崇拜（culte de la douleur）。

的奢華慾望及大眾階級的矯揉造作，瞬息萬變的政治動盪更促進「及時享樂」的心態發展；這一切現象都受到強烈譴責，由此顯露出時代演變侵蝕了十九世紀上半葉精心構築的防堵策略，令這些作者深感焦慮。[83]工業化的弊端也經常提及，但通常是在斥責工廠作業間的男女雜處現象。

很長一段時間裡，對妓女的描述多少還保留十九世紀上半葉的樣貌。許多作者都令人吃驚地一致指出，妓女反覆無常、喋喋不休、好杯中物（特別是苦艾酒）、口腹之欲、熱愛賭博、懶惰成性、滿口謊言和脾氣暴躁的傾向。當然，他們也很樂於強調妓女極少數的道德品質：具有團結意識、疼愛孩童、面對醫療人員時懷有羞恥心，更重要的是她們的宗教信仰。另外，妓女不僅對鮮花情有獨鍾，也喜歡動物，尤其是鳥和狗。

最近一代管制主義者堅持提出的極少數變化，則是妓女的刺青愈來愈罕見，身體衛生清潔也逐步改善。同性戀的發生率雖被反覆提及，但通常是引述帕宏－杜夏特雷醫生的紀錄，而同性戀也似乎並不像過去那樣引起太多焦慮。

唯一的重要創新是「愛國妓女」的主題突然興起。眾所周知，愛國妓女在文學上的前途無量，從莫泊桑（Maupassant）的《脂肪球》（*Boule de Suif*）或美麗的伊瑪（Irma），[84]到萊昂・布洛伊（Léon Bloy）筆下聖加萊妓院的英勇妓女布洛特（Boulotte）都是明證。[85]奧森維爾伯爵（Comte d'Haussonville）在調查研究巴黎兒童的過程中，可能是最先強調這種情感力量的人。[86]也許我們必須知道，這主題多多少少有意識地渴望美化公娼，將她們塑造成鞏固道德的後盾，以及防杜通姦與色情行為在資產階級女性之間孳生的屏障。這也可能反映了人們希望展示愛國情操的深度，它和宗教情感一樣，仍由墮落者完整保持。

管制主義論述持之以恆地提倡接受管理的寬容妓院，並強調其存在的必要性。隨著妓院日漸衰落，對妓院的讚美變得更加頻繁。伊伯利特・歐摩醫生（Hippolyte Homo）強烈反對「年輕人拋棄妓院」；[87]約瑟夫・加翰醫生（Joseph Garin）則希望增強妓院女老闆的權威，並限制妓女脫離妓院的自由。[88]夏爾—傑閎・樂庫賀（Charles-Jerôme Lecour）重申「管制體系下的妓院，是所有賣淫管理規章的基礎，使警方能更有效率地鎖定罪惡之地，並得以監督及取締，從而打擊祕密賣淫」。[89]伊伯利特・米賀醫生（Hippolyte Mireur）則取材於馬賽模式，希望管制體系下的妓女成為官方唯一認可的妓女，[90]因為他認為此舉能吸引那些希望得到衛生保障的嫖客。[91]五年之後，赫斯醫生再次要求政府採取措施，增加寬容妓院的數量。[92]

我們又看到了第一代管制主義者對於封閉環境和不被大眾看見的那種執念。加翰醫生非常滿意地指出，在里昂，人們正努力避免妓女前往診療所時引人注目：「甚至謹慎到了為妓女規劃一條固定不變的路線，並規定她們穿上暗色衣服」[93]。

馬克西姆・杜剛（Maxime Du Camp）[94]對聖拉札監獄醫護所的描述猶如田園詩歌，對收容所的成立也讚不絕口，在在反映了管制主義論述的持久不變。當時保守派的特徵是渴求贖罪，這也能解釋為何讓妓女悔改是當務之急。管制主義日益強調迷失妓女悔改的必要性，奧森維爾伯爵對此的論述即是明證。行政部門的監督其實會讓慈善事業得以施展，否則收容所的女慈善家對於妓女的淫樂惡習只能束手無策，因為她們能在醫院、醫護所，尤其是在監獄裡接觸到妓女，否則平常只能在人行道上，或一些附家具的長租套房（garni）*裡才有機會與其相遇。應當補充，常被妓女戲稱為「修道院式」的收容所，其相關敘述更是前所未有地完全借鑑於修道院模式。

二、賣淫主題的擴充

但除了永久延續性之外，更需強調的是前文所述的管制主義思維之擴充。為了全面理解賣淫主題在時人關注中的普遍存在，以及某些人亟欲建立超管制主義（hyper-réglementarisme）的要求，我們必須追溯至一八七一年的巴黎公社起義。

事實上，巴黎公社在賣淫領域的措施極為模稜兩可，因為巴黎公社在原則上反對管制主義，但市政當局一方面禁止賣淫，同時又將自由至上主義（libertaire）付諸實行。儘管如此，巴黎公社起義期間發放的道路通行證（la licence des rues）、聖拉札監獄醫護所的「縱情狂歡」或是皇家路（rue Royale）上的路障、以火油縱火焚燒巴黎警察總署的妓女「火災女虔婆」（ces entremetteuses de l'Incendie）奇案、[95]關押巴黎公社成員的薩托希集中營（camp de Satory）的描寫，以上種種事件在管制體系鼓吹者的眼中，都凸顯了行政監督的好處。就他們看來，巴黎公社的經驗反而為警方管控奠定了基礎。掃黃警隊在五月底「可說立即改組且毫無爭議」的倉促成軍，正透露了箇中內情。[96]樂庫賀意識到行政管理可以從巴黎公社的經驗得益，於是趕緊在帝國末期寫成的書中增補數章。夏爾・莫里亞克醫生（Charles Mauriac）則喜歡在他的「梅毒學」課程中，強調巴黎公社對巴黎梅毒發病率的影響。[97]

總體而言，人們認為賣淫的影響力比以前大很多。自一八七一年起，早在一八七〇年代末的大規模輿論戰之前，就能覺察到娼妓主題的能見度提升。杜剛的分析近乎妄斷，誇大了當時管制主義者的思維。[98]他認為在第二帝國時期，賣淫猶如社會底層的壞疽，逐漸腐蝕社會主體，[99]十九世紀上半葉對勞工階級腐化的古老恐懼，在此根深蒂固。交際女子，尤其是交際女孩的崛起，以及放蕩惡習在社會有機體內的流竄，都造成「社會脫序」（dérèglement social）。杜剛遵循著資產階級思想中揮之不去的悲觀主義傳統，憂心地向讀者暗示這是一股驚濤駭浪，而這股不可抗拒的浪潮已經衝破了堤壩。不穩定的體制和過度發展的自由主義，導致社會主體萎靡不振，由此產生並正當化「天譴」的說法，而這種說法進而奠定人們亟於享受生活的慾望，得利於此的妓女也因而成為死亡威脅的化身和象徵，對社會主體造成莫大影響。只有恢復秩序，尤其是道德秩序，也就是在賣淫領域執行法規，才能根除病灶。

此時我們與帕宏—杜夏特雷醫生樂觀的管制主義相去甚遠。賣淫的威脅似乎不再侷限於「社會底層」，僅需監督就能多少取得成效，因此後來的管制主義者認為應順理成章地擴大警方的監控範圍。在賣淫文獻中，祕密賣淫主題的興起，清楚彰顯了「賣淫惡習流傳於社會」所產生的焦慮。法蘭索瓦・卡利耶（François Carlier）的著作顯示，這種恐懼在帕宏—杜夏特雷醫生的輕微焦慮之後出現，第二帝國時期已經感受得到。[100]別忘了，這種恐懼顯示人們意識到管制主義的失敗，但在其捍衛者看來，這不代表管制主義體系也必須受到譴責。不受管制的娼妓**入侵**這一印象，[101]清楚表現出任何性慾自由思想在資

* 譯註：指附家具出租的公寓或旅館房間，通常提供給妓女租用賣淫，有時一個房間的不同時段會有不同的妓女使用。

產階級內部所激起的恐懼。通姦、風化自由、淫蕩、惡習和賣淫之間的界限從未如此模糊。[102]也因此杜剛提出，僅巴黎市就有十二萬名妓女，[103]赫斯醫生則估計巴黎在一八八九年有十萬多名妓女。正如保羅・迪代醫生（Paul Diday）所述，管制主義與新管制主義文獻的重點主題，仍是針對祕密賣淫這個「抗拒任何制度化的群體」[104]及其危害的分析研究，主張廢除寬容妓院者，則將重點放在其弊端上。

被第一代管制主義者忽略的被包養女子（femme entretenue），也在此時同樣成為被關注的對象。在研究貢捷堡（Château-Gontier）問題的歐摩醫生看來，被包養的女子在小城鎮特別具有危險性：她們通常是「當地的孩子」，與當地社會保有一定關聯，而「當她們身旁無人在場，其童年玩伴不會害怕跟她們搭話；她們在家裡也雇用女工」，[105]並建立一套奢華與遊手好閒的生活模式。在貢捷堡的年輕人則自此被祕密賣淫的女子啟蒙了性知識，他們不再光顧寬容妓院，除非只是去參與「肉慾淫褻的場合」。[106]享樂和婚外性活動走出被管控的賣淫隔離區，這才是最可怕的威脅。再說一次，被包養的女子和私娼並沒有明顯區別，她們完美體現了閒散、奢華和享樂的三部曲，與工作─儲蓄─幸福的價值觀截然相對。

這些最近的管制主義作者們，運用新獲得的精準和力道，描述賣淫這個社會主體的壞疽，帶給整個社會有機體的各種威脅。健康危害（毋寧說是衛生危害）的主題更常被運用，也比以前更仰賴醫學權威。[107]樂庫賀大量引用醫生的著作，即是這種催生新管制主義之發展趨勢的明證。梅毒取代了霍亂，性病也從此象徵著危險階級帶來的傳染風險。

因此，賣淫對於種族的未來是個可怕的威脅。種族退化的想法隨之出現，它在十九世紀末的反性病危險運動中達到高峰。比起遺傳性梅毒，當時的社會更擔心的是對結婚率與出生率的威脅，因為這不僅會造成人口驟減，[108]也會讓國家國防能力下降；更何況賣淫及其引起的性病發病率，會直接威脅軍隊的實力。穆玖醫生（Mougeot）認為：「一個國家如果由於該死的輕率，而不顧人民身體和道德的敗壞，任由子女的數量減少且體力衰退，那麼，這個國家必然會成為那些努力保持更多人口、更強國力的國家之獵物。」[109]由此可見，來自德國人的威脅引發一連串恐懼，導致十九世紀末大規模的再生育（repopulationnistes）運動興起。

當然，傷風敗俗的行為——特別是賣淫——加上都市化加快，才是導致結婚率和出生率降低，以及據稱性病發病率上升的根本原因。歡場之愛讓年輕人遠離婚姻，「由於他們可以如此輕易滿足性的快感，也由於他們不願停止荒淫的生活，這種生活對他們來說更為愜意，也能免除身為一家之主的種種煩惱」。[110]此外，賣淫也會讓「年輕人染上有害的惡習，並遲早帶進家庭私生活中，破壞夫妻間的相互尊重」。[111]最後，祕密賣淫的暗娼讓年輕男性提早縱情淫樂，根據歐摩醫生的說法，這種現象並未出現在第二帝國時期的貢捷堡，而這不僅會削弱年輕男性日後的生育能力，甚至可能使他們受到不育的打擊。杜剛「以瀕臨滅絕……且似乎在生命源頭便已遭到毒害的種族之名」，要求巴黎警察總署必須擁有自由裁量權，以「保護上層階級」。[112]

資產階級不僅健康受到賣淫活動威脅，資產亦然。「狼吞虎嚥女」（mangeardes）、*[113]「雌性米諾陶」

* 譯註：形容專事誘惑年輕財主的女子。

（minotaures femelles）、*[114]「八爪章魚」（pieuvre）、**[115]股市賣弄風騷女（allumeuses boursières）或吸取資金女（draîneuses de capitaux），還有投資妓女行業的「食人魔」老鴇，都已經不僅滿足於毀掉年輕貴族，她們現在被說成是資產階級母親心頭的恐懼，這些母親甚至開始懷念她們的兒子單純出沒寬容妓院的時代。在某種程度上，交際花和所有暗娼決定了這種「金錢」[116]的「不尋常流動」，挑戰了看似最穩定的社會地位。而且，「有限公司和合夥公司已經延伸到愛情領域」，[117]情人們湊錢包養共同的「八爪章魚」，「可以看到貴族公子、百貨行店員、蹩腳演員，在各自的日子，使用同一張床，毫不爭風吃醋」。[118]**放縱淫樂的惡習**既是社會脫序的原因也是象徵，根本上是管制主義者的夢魘。

若不留神戒備，祕密賣淫可能會導致色情行為在社會整體遍地開花。資產階級婦女的性操守，是「道德秩序」政權時期的管制主義者心頭最深層的憂慮，而這也說明了超管制主義出線的理由，因為其主張甚至不限於管制公開或祕密賣淫，而是管制所有婚外性活動，這也是管制主義計畫理所當然的結果，但就在管制主義變本加厲之際，激進廢娼主義也即將爆發。不得不說，巴黎公社事件後的形勢相當利於實施超管制主義，因為它是清算第二帝國的其中一個面向，因為半上流風月女（demi-mondaine）和交際花在社會上發達的情況，日後被視為第二帝國的象徵。

帕宏—杜夏特雷醫生時期攻無不克的管制主義論述，於是成為當時資產階級一切執念的反映和交會點，其中充滿了對新事物的焦慮，對改變的憎惡，而歸根究底，就是「性」問題作祟。性慾解放被刻意指稱為風化自由、放蕩和賣淫，對家庭、婦女的貞潔、女孩的童貞、血統和種族的純淨構成威脅。放棄管制主義規章，即代表終止監控無產階級的性慾，也會增加資產階級家庭被感染的風險。

因此，與人民接觸——尤其與娼妓接觸——會為統治階級帶來危險，這樣的認知從限制選舉君主制以來歷經了深刻改變。當然，對生物傳染病的恐懼，仍然是顯而易見的；此外，對資產和婦女性操守蒙受威脅的意識，也取代了對工人階級犯罪暴力程度的生理恐懼。自十九世紀中葉以來，民眾暴力的減少和大規模非法行為的逐漸消亡，有助於解釋這種演變。

管制主義計畫因這樣的感受而被強化，也就不足為奇了。但管理規章的適用，涉及了行政部門和警方的任意裁決權，並在一八七四年與一八七七年五月十六日之後行使於政治領域。因此，關於賣淫問題的爭論，自然會導致管制主義保守派和廢娼主義激進派的激烈對抗。

三、極端的補救措施

在一個自覺遭受顛覆威脅的社會中，有許多補救措施可以克服焦慮或昏亂，而甫自審查制度脫身的小說文學，正剛剛開始演繹並承擔這種焦慮。

里昂的加翰醫生、[119]波爾多的朱利安・珍奈醫生（Julien Jeannel）[120]和馬賽的米賀醫生，[121]始終拒絕司法部門干預賣淫問題，並考慮到立法權是警方依法行事的唯一保障，而要求在全國統一立法，其中

* 譯註：希臘神話中的牛頭怪。

** 譯註：腳踏多條船的吸金暗娼。

珍奈醫生與米賀醫生甚至希望能制定國際衛生條例。他們在這方面接續了尚—約瑟夫・克羅醫生（Jean-Joseph Crocq）和約瑟夫・羅萊醫生（Joseph Rollet）在一八六七年向巴黎國際醫學大會提交的報告中表達的期望，[122]以及一八七三年維也納醫學大會成員所提出的建議；米賀醫生曾為維也納醫學大會撰寫長篇巨著《梅毒和賣淫與衛生、道德和法律的關係》（*La syphilis et la prostitution dans leursrapports avec l'hygiène, la morale et la loi*）。[123]

我們從這些著作，乃至稍後的赫斯醫生的著作中，也能看到他們希望負責監督賣淫的各行政部門之間聯繫更為緊密。這種管制主義機構的集中模式於里昂實施：「衛生部門位於呂澤恩街（rue Luizerne）原警察總署二樓，該處還設有保安警察哨。這層樓以樓梯平臺分成兩部分：一邊是督察辦公室，與其相鄰的辦公室是會計部門，以及臨時拘留所，用來留置被捕、被認定染病或被處罰的妓女；另一邊是專用於醫療檢查的附屬建築。」

「頂樓還有一間俗稱『小提琴』（拘留室）*或『釘子』的警務室，裡面有張行軍床，被逮捕的女犯可以在這裡留置四天之久。」[124]

米賀醫生則呼籲若有可能，在馬賽賣淫特定區附近建立一個「特別醫護所」（maison-infirmerie spéciale），在那裡「集中提供處理賣淫的所有服務，例如：看病的診療室、『小提琴』和治療室」。[125]鑑於米賀醫生是賣淫特定區和寬容妓院壟斷賣淫活動的擁護者，他建議的是近乎烏托邦的隱修院模式。「特別醫護所」的住民按年齡劃分，不管是犯人還是病人，都要在醫護所的工坊裡工作。[126]

一八八七年，法蘭索瓦・德拉博斯特醫生（François Merry Delabost）建議將塞納河下游（Seine-

Inférieure）地區**的一所監獄、診療所和公娼專門醫院集合在一起，整體構成「一種庇護所」，因為「這樣的集中管理……可以在一個僅需花少許費用整治的荒廢舊工廠裡，以較低的成本執行」。[127]

一八八九年，赫斯醫生再次要求賣淫的登記、監控和制裁應該由同一個單位管理，他寫道：「方向和觀點的一致，在賣淫問題上確實至關重要。」[128]

所有這些專家都考慮擴張管制主義體系。一八七一年至一八七三年間在普羅旺斯部署的警方行動卓有成效，讓米賀醫生深受啟發，呼籲當局採取「最強勁的壓制」措施。[129]事實上，一八七一年和一八七三年實施的兩項市政法規，幾乎成功地將馬賽的賣淫活動限定於寬容妓院內部。由於這種「圈禁」促使妓女往城外遷徙，鄰近各省的地方議會和省長紛紛跟進，例如：瓦爾省（Var）就在一八七三年八月採取類似的措施。

最激烈的爭辯，是關於水手、士兵、乞丐、旅人、工人、公職人員的嫖宿現象，以及他們可能遭到禁閉以防傳染性病的問題。歐摩醫生、加翰醫生和珍奈醫生關於禁閉性病患者的主張，[130]其實是個舊觀念，一八四六年即由蓋潘醫生（A. Guépin）推廣，[131]繼由迪代醫生於一八五〇年在《醫學公報》（*La Gazette médicale*）上提倡，[132]第二帝國時期也有許多人同聲附和，[133]並在一八六七年由赫醫生（J. L.

* 譯註：mettre au violon 原意是「玩小提琴」，後來指「被短暫扣押」。典故來自 mettre au psaltérion，但此處的 psaltérion 不是指樂器薩泰里琴，而是 psautier（聖詩集）的轉義。戲稱被扣留的期間是沉思、冥想、懺悔的最佳時刻。所以戲稱居留室為 le violon。

** 譯註：現稱濱海塞納省（Seine-Maritime）。

Rey）在巴黎醫學大會提出，[134]後來又在一八七三年的維也納醫學會議以更堅定的態度重申。珍奈醫生確實並未考慮將工人或旅人納入其中，但是他建議創辦「禁閉和治療性病男患者的檢疫醫院」。[135]一八七二年，歐摩醫生提出一個更加雄心勃勃的計畫，他主張為所有「隸屬國家陸軍、海軍和各種軍事化組織的工人團體」的人，以及商船船員、「浪人、囚犯、被拘留人」進行健康檢查。[136]但他考慮後，仍然否定了讓「大型工業（加工廠、廠房、鐵路、礦業等）的民間雇員」納入其中的想法。[137]這類來自社會醫學的方案，表面看來是想要控制梅毒在工人階級中的傳播，但在當時其實基本上是為了防止社會其他成員受到傳染。

更能顯示第三共和初期管制主義本質的是，以監督賣淫為藉口，試圖壓制或盡力控制一切婚外性行為形式的決策。一八七二年，歐摩醫生認為被包養的女性構成變相賣淫，要求她們全部進行登記。[138]這個想法誠然並非新鮮，但那些曾考慮此一措施的人，如史特拉斯堡（Strasburg）的斯特羅爾醫生（Strohl），往往後來轉而抗拒。歐摩醫生認為社會必須抵禦被包養女子帶來的禍害：「難道我們沒有看到，這股惡勢力在今時今日奪走年輕人的婚姻，在家庭中製造麻煩，還吞噬了財富？」[139]此外，按照波頓醫生所言「切勿剝奪惡習之恥」[140]而建立的管制主義原則，也讓歐摩醫生認為這種措施的道德正當性不證自明。

事實上，當時所發展的超管制主義決策，主張必須以打擊賣淫的名義，壓制或監督個人在婚前的所有性活動，尤其是女性。對於想預防自己的女兒陷入性交易之愛的父母，米賀醫生提出一些建議：最好從四或五歲「真正產生初步印象的年齡」開始，[141]便日夜監控她，注意她的舉止與言語……。[142]米賀醫生在討論馬賽賣淫問題的著作中寫道：「無論小女孩的社會地位如何，更確切地說，是無論她父母的社會地位如何，在我們看來，仍然有必要讓她盡早開始從事體力勞動……勞動女性很少有機會接觸到行為不端的思想。」[143]至於在學校，則要對女孩進行德育教導。米賀醫生還要求社會新興階級的母親「克制您的小女兒的奢華品味」。[144]但最難跨過的難關，將是年輕女孩開始在商店或作業間工作的時候，因為她將在那裡遇到她的敵人：男人。[145]接下來就不需要多做說明了，這種意識型態眾所周知，而管制主義文獻在此只是呼應醫學科學當時正極力追求壓制婚前性行為措施。雅克・貝蒂永醫生（Jacques Bertillon）為譴責二十一歲以前使用生殖器官的可怕危險而進行的改革運動，就足以證明這一點。[146]

迪代教授的管制主義觀點更為新穎：他似乎是當時唯一清晰洞見賣淫功能，並以社會學的嚴密分析為基礎來建立觀點的專家。雖然他是卓越的梅毒學專家，但他不再認為賣淫的發展與人性低等本能的滿足或惡習的誘惑有關，而是與一夫一妻婚姻的晚婚有關。也因此，他自然而然地呼籲停止抨擊賣淫，並讓性交易更容易取得。他公正客觀的灼見使他被孤立，被廢娼主義者批判，也被管制主義者否定。他不憚於發展自己對於性交易發揮「保護社會」作用的觀點。「賣淫在道德的名義下備受譴責，我們的社會組織建立了障礙，使得人性中最難克制的需求之一無法滿足，也造成了失序、不和、醜聞、不法和犯罪，容許賣淫正是文明國家防止上述問題的唯一手段」。[147]因此，應當將賣淫活動組織化，以確保其順利運作，得以「約束那些需要尋歡並喜愛買春的人，也就是必須讓他們離開有害家庭安寧的性色關係」。[148]他的論述無疾而終，而管制主義的生存基礎仍會建立在看似不那麼憤世嫉俗的論點上。

***

除了迪代教授外，管制主義論述仍然忠於對賣淫現象根源的傳統分析，而且前所未見地強調天性至上。對妓女的描繪刻畫，仍然符合限制選舉君主制以來的刻板印象，因此提出的解決之道，總是脫離不了規範及監控。不過，帕宏—杜夏特雷醫生自稱只是在處理一個道路清潔問題、補救一個特別需要遏制和疏導的地下威脅；相較之下，「道德秩序」時期的管制主義者，如今處理的卻是涉及整個社會群體的性問題。因此，賣淫已受到重大關注，此時的管制主義論述揭示了其深層目標，那就是全面壓制性慾。

很顯然地，正是這種可從技術專家論著中察覺到的焦慮——痛苦更不在話下——引發小說文學的賣淫主題驟然興起，在很多方面，左拉（Zola）筆下的《娜娜》（*Nana*），正是後巴黎公社時代管制主義者執念的產物。149

第二章　管制主義下的封閉環境

引言　被「授予墮落之權」的女孩[1]

一、流程

女人透過登記後，就能進入官方容許的封閉型賣淫世界，她也因而成為**公娼**（fille soumise），無論是決定加入妓院，或是獨自營業。在第一種情況下，她的名字會被妓院女老闆載入名冊，成為有編號的「妓院公娼」；在第二種情況下，她會收到賣淫執照，被當局認定為「獨自賣淫的有照公娼」。這種登記並非職業登記，因為賣淫不能被當成一種職業，某些管制主義者甚至不憚於認為妓女與軍人一樣是種身分。這種區分很重要，因為它替行政處罰的專斷提供了部分依據。

各個城鎮的登記流程各不相同。但不論是何種情況，都必須區分自願登記的妓女和被行政部門強迫登記的妓女。在巴黎，自願登記的流程很簡單：申請人帶著出生證明副本，到巴黎警察總署第一局第二處申請登記，接著該處副處長會負責訊問，申請人需說明自己的婚姻狀況和父母的職業，以及是否仍與父母同住；若不與父母同住，則必須解釋分開居住的原因。申請人還必須說明自己從何時開始居住在首都；還會被問及是否有孩子，以及孩子是否帶在身邊。最後則必須說明決定申請登記的理由。

接下來，妓女在警察總署的診療所進行健檢。若有必要，也會向妓女出生地的行政首長提出調查，以便釐清妓女的陳述並建立檔案。若妓女已婚，掃黃警隊將召見其夫婿。以上手續一旦完成，申請人就有權選擇想去工作的妓院，或開始獨力營業；在此應當提及，巴黎的妓院女老闆不能再像過去那樣，自己帶著妓女到警察局去登記。

強迫登記的流程則較為複雜，特別是從一八七八年十月十五日《基格條例》（*Règlement Gigot*）生效後。正在拉客的私娼被當成現行犯逮捕後，該轄區的警察局長會「毫不延遲地」[2]展開訊問，然而這也意味著，萬一私娼是晚上被逮捕，就必須在警局過夜。警察局長可以決定釋放私娼，或送到值班室，然後再送到警察總署拘留室，將其關押在單人牢房。掃黃警隊副隊長在對私娼進行訊問後，讓她在員警繕寫的筆錄上簽字，再將她送到診療所進行健康檢查。

如果私娼得了性病，就會被送到聖拉札監獄醫護所。如果她身體健康，又是初犯，一般都會被釋放；反之若是累犯，就會徵得她同意當場予以登記，私娼若膽敢有任何抗議，或拒絕遵守登記後的行政義務，都會被送回警局拘留所，等待最後裁決。負責做出最後裁決的，不再像過去那樣是負責訊問的警長（**commissaire interrogateur**），而是審訊委員會，理論上由「警察總監（**préfet**）或其代理人、第一局局長和訊問警長」組成，但在實際上是由第二處處長在兩名警長參與下組成。若私娼已經成年，審訊委員會其實就會聽從訊問警長的意見；若是未成年的私娼，則由審訊委員會全權裁定，然後由掃黃警隊透過地方首長與家屬連繫，進行調查並建立檔案；[3]只有在這冗長的流程結束後，未成年私娼才能被視為「服從」（soumise）的公娼。

當然，一旦掃黃警隊判斷錯誤，可能會引起軒然大波：某個夜晚在巴黎某條街道被誤捕的「良家婦女」（femme honnête），將被迫與同街區的罪犯和流浪漢，徹夜共處於俗稱「小提琴」的拘留室。如果警長認可了掃黃員警的報告，「良家婦女」也會被帶到值班室和拘留所，並被迫接受性器官檢查。這類的錯誤正是引發大規模廢娼運動的導火線。[4]

此外還應當指出，任何被視為「失蹤」並從賣淫登記冊中除名的妓女，若在拉客時被當場逮捕，都必須重新強制登記並予以處罰。

在馬賽，[5]根據一八七八年的規定，註冊程序有些不同，因為申請註冊的女孩要填寫一份至少有二十四個問題的表格，再接受健康檢查。妓女的檔案被轉給中央警察局長（commissaire central），然後再轉給市長。檔案被批准並發回掃黃警隊後，妓女會收到一張健康檢查卡，上面詳細列出她必須接受檢查的時間。[6]如果妓女未成年，申請的流程也一樣，只是會訊問得更仔細。因拉客而被當場逮捕的私娼，由掃黃警隊督察（inspecteur）進行訊問，督察根據報告及訊問結果，決定是否讓私娼登記。如果是已婚的私娼，只有在丈夫拒絕領回其妻子後，才會做出決定。而在馬賽並沒有陪審團或審訊委員會。

中小型城鎮的登記流程就更簡單。古約在一八八二年進行的調查顯示，[7]在大多數城鎮，凡是被抓到與陌生男子在一起的婦女，男子若不願為她抗辯，就會在當天將她登記為妓女。這項調查的結果也強調了告發的重要性，因為這些告發來自士兵、鄰居、當地居民，或純粹是已登記的公娼眼紅私娼搶生意所致。

根據費利西安・恩爾湼（Félicien Hennequin）[8]對一九〇四年時四百四十五項現行法規的分析，有兩百七十九個城鎮規定自願登記流程，四百零三個市鎮則強制登記。雖然大多數法規都明定必須是慣於從事賣淫活動的妓女才能登記入冊，[9]但其實很少設立保障條款，藉以防止行政部門任意裁罰。超過兩百個市鎮的強制登記權力歸屬並不明確，而它們其實屬於各階層的行政主管：警察局長、副局長，甚至保安隊長（brigadiers de police）。在五十項法規中，三十四項規定的行使權是由城鎮首長授權警察局長，十六項則未明確指定代理人；而在一百五十個城市中，「此權力之行使保留給城鎮首長」。[10]根據恩爾湼的說法，只有六十三項法規試圖列入強制登記前的保障措施。在四十個市鎮中，只有鄰居或當地居民提出申訴時，才會強制執行登記；有十七項法規要求調查妓女的背景、家庭以及她回歸正途的可能性。在當時，只有馬賽和納博訥（Narbonne）的現行法令，設有向違警法庭（tribunaux de police）上訴的程序。還需指出，二十五個城鎮法規規定，已婚婦女在辦理賣淫登記前，必須知會丈夫並請其行使權力。在利穆贊（Limoges），妻子只有在「確認丈夫缺席、縱容或無法阻止妻子的不當行為」[11]的情況下才可登記賣淫。而在瑟堡（Cherbourg），當局會讓丈夫簽署「棄權書」（abandon）。

直到一八八〇年左右，自願登記賣淫的人數，顯然遠超過強制登記的人數。在波爾多，從一八五五年到一八六一年，「共有一千兩百一十六人登記在案，一千零五人自願，兩百一十一人是強制登記」。[12]米賀醫生在一八八二年時寫道：「近十年來，馬賽有兩千五百一十個妓女採取自願登記，一千零七十四人強制登記。」[13]相反地，強制登記隨後大占上風，正如一九〇二年對五個省分抽樣調查的結果所顯示（參見表一）。[14]另一方面，比起羅亞爾河（Loire）以北地區，自願登記賣淫的人數在法國南部（Midi de la France）似乎更多。[15]

已登記的公娼，可以結束她選擇或被強加的賣淫狀態，而要做到這一點，理論上她必須進行除名手續。事實上，最常見的做法就是她們乾脆徹底地「失蹤」。巴黎當時的法規明定，除了死亡，還有幾種能正式除名的理由：結婚，出示結婚證書後可從賣淫登記冊除名；或是由情人申請，在仔細調查這位男士的財產和兩人交往時間長短後，認證其誠信，妓女即能被除名。由妓女的家人提出要求也能除名，前提是父母必須生活優渥，且證明當初並未鼓勵女兒賣淫。最後，身患殘疾的妓女可以立即被除名，不過要注意的是，年老未必是從賣淫名

表一：一八八六年至一九〇一年間的賣淫登記和除名，在五個省分的採樣

	強制登記		自願登記		登記總數	除名	除名占登記百分比
	人數	百分比	人數	百分比			
菲尼斯泰爾省	1,759	99.7	6	0.3	1,765	1,688	95
塞納—瓦茲省	365	93	28	7	393	97	25
夏朗德下游省	788	74	278	26	1,066	407	38
埃羅省	2,781	59	1,890	40	4,671	2,468	52
默爾特—摩澤爾省	1,072	79	279	21	1,351	453	33.5
總計	6,765	73	2,481	26	9,246	5,113	55

冊除名的充分理由。一九〇四年時，巴黎年紀最大的自營公娼已經七十三歲，她在一八四八年就登記賣淫；年紀「第二大」（sous-doyenne）[16]的則是六十五歲，她在一八六六年註冊成為公娼。

某些情況下，妓女必須經過三至九個月的考核期才會被正式除名。[17]在考核期間，有些妓女會被女慈善家引薦，進入專門收容失足女孩的作業間兼庇護所，有些則繼續工作，但兩者都持續受到掃黃警隊的監督。另外，已自行設立寬容妓院的公娼、違反普通法被定罪的公娼，或是沒有通行證即前往外省的公娼，尤其是「失蹤」的公娼，都會暫時從名冊中被刪除。

在馬賽，[18]事實上只有掃黃警隊的督察才有權將妓女除名。除此之外的流程幾乎相同，但在這裡，想和情人共享婚姻生活的妓女不會被除名。想離開馬賽這座城市的公娼，只要說明目的地並接受健康檢查，就能自動被除名。

根據恩爾淦的說法，[19]在一九〇四年時，幾乎所有城鎮法規都註明賣淫除名的手續，大多數情況下，是由城鎮市長根據申請的妓女或其擔保人的書面請求做出決定，不過，約有二十多個城鎮要求三個月左右的考核期。各種法規條例都提及四種申請除名的理由：表現良好、擁有工作或可靠的人可以安身立命（兩百二十一項法規）；婚姻（五十五項法規）；回歸家庭（三十三項法規）；年老和疾病（十九項法規）；只有十一項法規同時提及上述所有理由。

事實上，因為找到另一種謀生手段、結婚或重新工作而除名的情況非常罕見。在一八八〇年到一八八六年的巴黎，只有兩百三十三位公娼受益於上述規定。同一時期，有兩百六十二名登記在冊的公娼死亡，還有四百九十名公娼在監服刑，一萬一千五百一十名公娼「失蹤」或無通行許可即前往外省，而被暫時除名。[20]掃黃警隊對於將公娼除名的不情願，此後也沒有什麼改善：從一八八八年到一九〇三年，巴黎有三百一十四名公娼死亡，三百七十八名因結婚而除名，五百四十五名則因行政決定被除名，同時還有兩萬零三百九十七名「失蹤」。[21]因此，「失蹤」顯然是逃避警方控制最有效的方法。不過別忘了，失蹤的公娼只是暫時除名。最後更應該提到（參見表一），一九〇二年採樣的五個省中，賣淫登記的人數仍遠遠超過被除名的人數。

上述情況在在證明公娼的流動性非常大，因為對大多數公娼來說，登記賣淫只是一種暫時狀態。儘管重新登記的頻率很高，但失蹤人數眾多，以及嚴苛登記流程與實際賣淫行為之間的失調，皆已清楚昭告管制主義計畫終將失敗。這種流動性也使我們難以準確統計在某一特定日期從事賣淫活動的公娼人數。樂庫賀稱為「活躍的娼妓」（filles actives）、[22]加翰醫生稱為「在職娼妓」（filles en exercice）、[23]艾彌爾・希莎（Emile Richard）則稱「流通娼妓」（filles en circulation）[24]的人數總和，實際上包含了：已登記的娼妓加上重新登記的娼妓人數，減去被除名的娼妓、失蹤娼妓、正接受治療的娼妓、正受刑罰的娼妓人數之後得到的總數。本書試圖全面研究的娼妓群體，以及政府法規為她們建立的各種封閉式賣淫（prostitution close）環境。我為此掌握了掃黃警隊的大量歷史檔案，以及最新的管制主義重要文獻研究；應當謹記，管制主義計畫的內容之一，是將這個娼妓群體邊緣化，從而更有效地予以研究及管控。但我們也不能忘記，公娼的賣淫遠遠不能代表整個賣淫行業。雖然公娼多半來自暗娼，也注定要重操暗娼舊業，但公娼受規章制度的約束，被局限在封閉系統中，她們已是行政管轄對象。公娼的生活方式和態度，畢竟與其競爭對手暗娼相去甚遠。

二、被「授予墮落之權」的女孩：地理分布狀況

要了解一八五一年至一八七九年間官方容許的娼妓人數相當容易。事實上，在一八五一年、一八五六年和一八七二年的三次人口普查中，行政部門都為公娼預留了專屬的欄目。一八七九年，內政部因應阿爾芒．德沛醫生（Armand Després）的要求，[25]在路德傑．呂尼葉醫生（Ludger Lunier）的指導下，對一八七八年底登記在案的賣淫人數進行了一次全國性調查，而調查結果刊載於德沛醫生的書裡。[26]

三年後，古約在撰寫著作時，對全國主要城市的市長進行了一次調查。他得到三十五個市鎮的答覆，其中二十八個市鎮提供了一八七六年至一八八一年間的年度數字，其他市鎮只提供了一八八〇年或一八八一年的人數。不幸的是，這項調查的結果與德沛公布的結果不全然一致。坦白說，後者似乎更符合實際情況，而且調查範圍為全國。一八七九年的調查由行政部門人員執行，並具有官方性質；而古約的調查極為片面，似乎主要是為了支持作者自身的論點。不同城市對古約擬定的調查問卷各有不同解讀；最後，諸多計算錯誤和逐年數字的差異甚大，都讓人質疑其調查結果的有效性。

一八七九年後，公娼賣淫的人數不詳，因為在人口普查中，公娼不再被視為就業人口的一部分，因此也就不被計算。幸好我們還有一九〇二年一月二十日為了研議改善妓女狀況的行政措施，而下令進行大規模調查的資料。[27]我們知道這些調查報告集中到了巴黎，交由一九〇三年成立的國會外道德制度委員會（extra-parlementaire du régime des moeurs）運用。我希望今後能對這些調查資料進行徹底分析，這將是項艱巨的任務。截至目前，我只分析了全國各地七個省分的結果。

此外，還有一些零散的資料：一八八一年向堤歐菲・胡塞爾（Théophile Roussel）主持的參議院委員會提供的未成年人賣淫問題資料，[29]或是一九〇四年監獄總會（Société générale des prisons）下令進行的調查資料。[30]至於巴黎與馬賽，警方檔案也能建立一系列數據。

一八五一年至一八七八年間，如果將取得和丟失的省分納入考量，*全國各地公娼的數量保持相對穩定。我們注意到一八五一年至一八七二年間確實略有下降，但一八七二年至一八七八年間的回升又幾乎平衡了先前的下降；但由於資料來源的出入，對上述回升須持保留態度。一八七九年時諮詢的掃黃警隊總是高估公娼的規模。正如亨利・雅彥（Henri Hayem）於一九〇四年指出，在某些城市，「警方紀錄上仍記載著銷聲匿跡許久的公娼」。[31]

因此正如我們所見，這種相對穩定的局面裡其實隱藏著妓院公娼減少，與獨自賣淫娼妓增加的狀況。在這方面也該注意，一八七八年時被關在寬容妓院的公娼總數（參見表四），甚至比獨自賣淫的公娼人數還要多。

* 譯註：例如阿爾薩斯與洛林兩省於一八七一年被併入德意志帝國。

表二[28]

年份	公娼數目	在十五歲至四十九歲女性中之比例（每10,000人）
1851	16,239	17.35
1856	14,413	15.21
1872	11,875	12.83
1878	15,047	16.01

種種跡象顯示，儘管廢娼運動興起，管制主義體系也遭受挑戰，但從一八八〇年代中期開始，直到一八九〇年代，公娼的人數仍然增加。公娼數目膨脹的情況，在首都巴黎非常明顯（參見圖一）：**道德秩序**政府時期維持不變，隨後在一八七六年至一八八三年間顯著下降，也就是共和派取得勝利和廢娼主義者第一次大舉行動的時候；接著公娼人數在一八八四年至一九〇二年期間又大幅成長，但妓院公娼的人數下降。

如表三所示，這一趨勢在其他賣淫中心城鎮不太明顯。[32]但在埃羅（Hérault）、默爾特—摩澤爾（Meurthe-et-Moselle）和夏朗德下游省（Charente-Inférieure），妓女人數大幅增長。馬賽的人數成長較為保守。另一方面，在布列斯特（Brest）、土倫（Toulon）和塞納—瓦茲省（Seine-et-Oise），人數略有減少，但不影響人數上升的整體趨勢。一九〇二年，無論是何種情況，[33]獨自賣淫的公娼人數，幾乎

圖一：巴黎公娼數量的變化：一八七二年至一九〇三年（警察總署檔案）

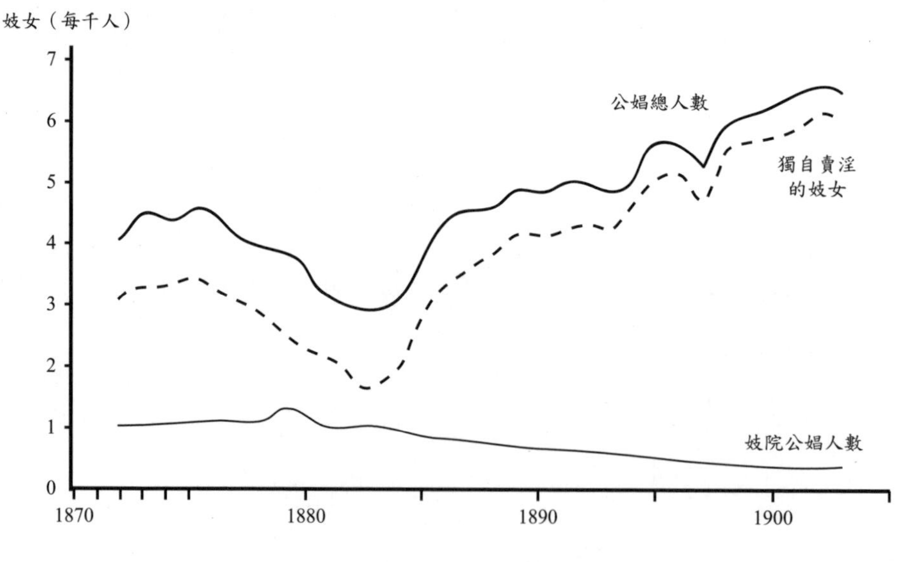

表三：一八七八年至一九〇二年間賣淫人數的變化情況，以前述各省及巴黎、馬賽、土倫為例

地區	公娼		獨自賣淫的公娼		總數		變化百分比
	1878年	1902年	1878年	1902年	1878年	1902年	
菲尼斯泰爾省（布列斯特）	152	76	112	164	264	240	減少9%
塞納—瓦茲省	165	125	32	38	197	163	減少17%
夏朗德下游省	136	125	43	148	179	273	增加52.5%
埃羅省	234	85	14	371	248	456	增加84%
默爾特—摩澤爾省	92	161	183	255	275	416	增加51%
上述總計	779	572	384	976	1,163	1,548	增加33%
馬賽	448	87	216	700	664	787	增加18.5%
土倫	246	236	29	16	275	252	減少8%
巴黎	1,343	382	2,648	6,257	3,991	6,639	增加66%

都比妓院公娼更多，所以我們不得不回頭談談這個對管制主義體系的未來至關重要的現象。

登記賣淫活動的地理分布（參見圖二），突顯了長期以來一直受到強調的影響因素。[34]官方允許的賣淫很顯然是種城市現象，而且會隨著城市人口增加的數量而成長。原因很簡單：大都市是一個分化的社會，其組成類別繁多，也產生了多層次的賣淫。此外，大城市的匿名性讓人容易隱姓埋名，也是公娼人數倍增的有利因

素。這裡值得注意的是，出於同樣的原因，「獨自賣淫的公娼」的比例，也隨著人口增加數量而成長；在所有專區（sous-préfectures）裡，寬容妓院公娼的數量，幾乎是獨自賣淫公娼的兩倍，

圖二：一八七二年的公娼數量（根據人口普查結果）

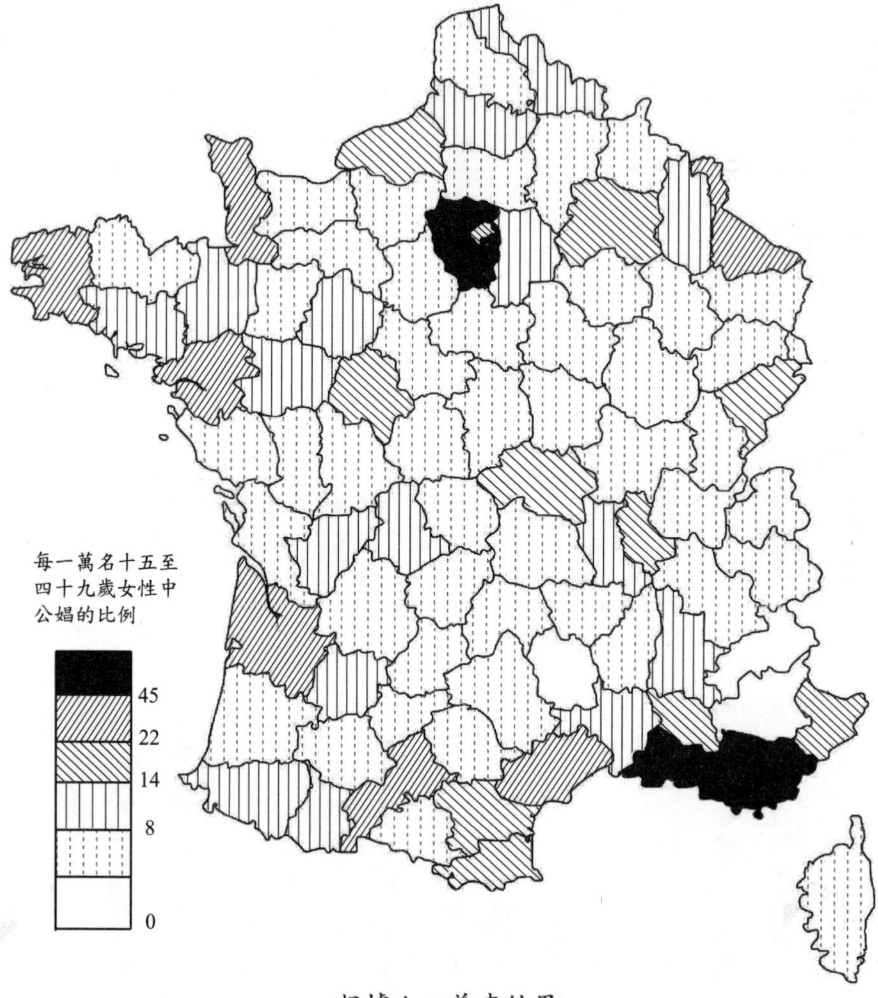

根據人口普查結果

而在巴黎，妓院公娼的數量只有其競爭對手的一半。

一八七八年調查的詳細結果，顯示了另外三個決定性因素（見圖三）：

(1)城市與交通要道的關係：港口和主要鐵路或公路樞

圖三：一八七八年的妓院公娼與獨自賣淫的公娼

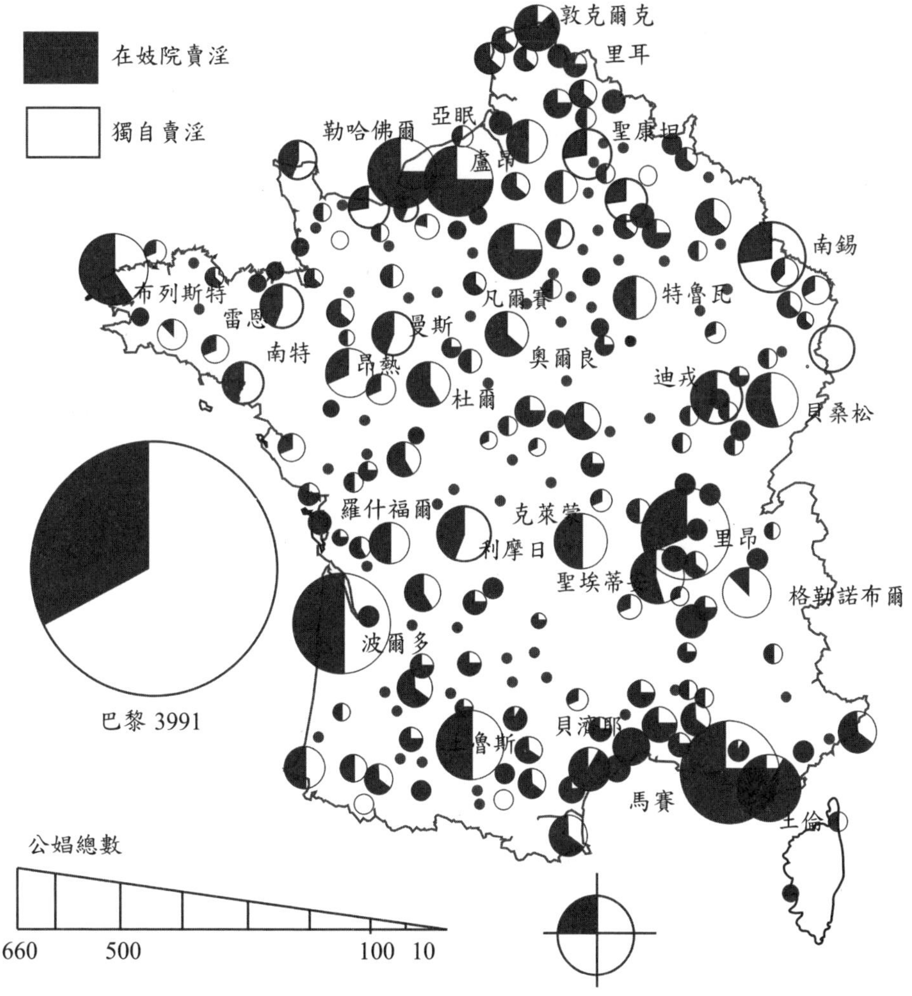

圖四：公娼的年齡分布狀況

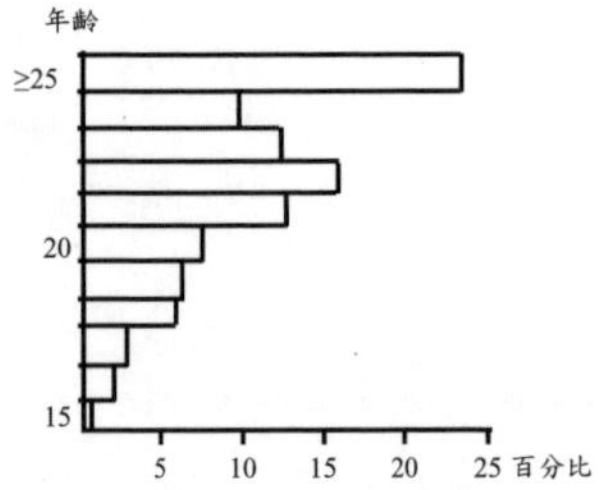

1886年至1901年間，菲尼斯泰爾省、塞納－瓦茲省、默爾特－摩澤爾省、夏朗德下游省、埃羅省登記的9,689名公娼的年齡（百分比）（省檔案）。

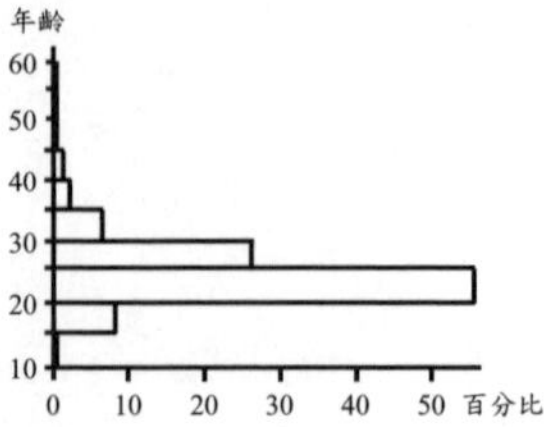

1872年至1882年間，在馬賽登記的3,584名公娼年齡（根據米賀醫生的資料）。

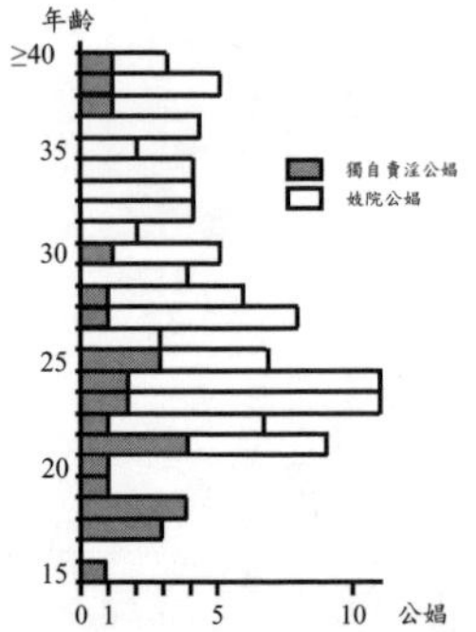

1902年，塞納－瓦茲省的110名公娼的年齡分布情況（省檔案）。

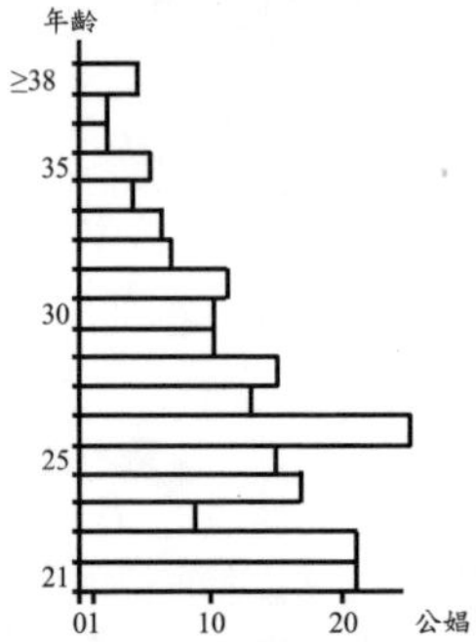

1902年，拉塞訥的199名獨自賣淫公娼的年齡分布情況（省檔案）。

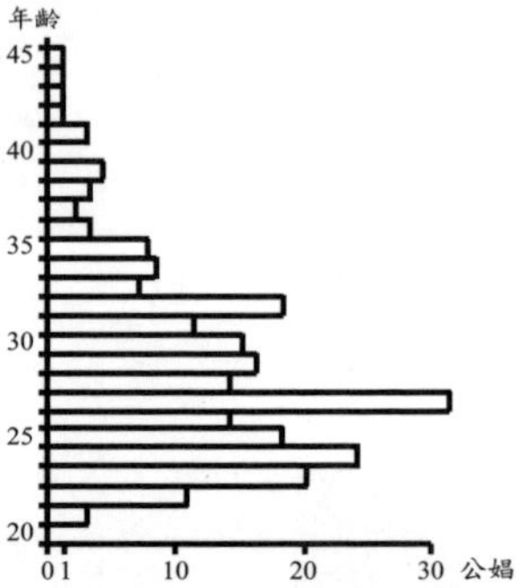

1902年，土倫的236名妓院公娼的年齡分布情況（省檔案）。*

*由於是按出生年分登記，所以是1902年的足歲年齡。

表四：一八七八年登記賣淫狀況[35]

	妓院	妓院公娼		獨自賣淫公娼		公娼總人數
		人數	百分比	人數	百分比	
巴黎	128	1,340	33%	2,648	66%	3,988
其他省分	698	3,764	54%	3,153	45%	6,917
專區	414	2,313	65%	1,228	34%	3,541
地方首府	79	396	75%	129	25%	525
其他鄉鎮	9	46	60%	30	39%	76
總數	**1,328**	**7,859**	**52%**	**7,188**	**47%**	**1,5047**

紐的公娼賣淫率很高，如敦克爾克（Dunkerque）、勒哈佛爾（Le Havre）、瑟堡、布列斯特、南特（Nantes）、羅什福爾（Rochefort）、波爾多、馬賽和土倫。

(2) 城市的特定功能：駐軍城市、朝聖地、溫泉勝地，以及一般來說，只要是旅遊勝地，都有可能出現允許賣淫的情況。在貝爾福特（Belfort）、南錫（Nancy）、凡爾登（Verdun）、圖勒（Toul）、凡爾賽（Versailles）、索米爾（Saumur）、維希（Vichy）、伊蘇丹（Issoudun）和科特雷特（Cauterets），甚至在穆爾默隆（Mourmelon）、聖麥克桑（Saint-Maixent）或塞普坦地區法爾熱（Farges-en-Septaine）的軍營附近，賣淫的狀況都能證明這一點。

實力雄厚的工業區，會形成由新移民組成的工人無產階級，並有利於公娼及私娼的賣淫活動（北方城市）。同樣的情況有時也會出現在大學城，雖然通常是暗娼人數較多。

(3) 一些與特定性別結構有關的地區傳統，也是促成賣淫人數成長的原因。因此，在朗格多克（Languedoc）和地中海沿岸城市（土魯斯〔Toulouse〕、貝濟耶〔Béziers〕、蒙佩利爾〔Montpellier〕），[36]妓院很明顯地特別興盛，而在下諾曼第區則是獨自賣淫的公娼人數較多。

另一方面，某些地區幾乎不存在公娼，而這些地區的普遍特點，是城市化程度低，交通不便，工業規模也小。因此，中央山地的中心地帶如克勒茲（Creuse）、科雷茲（Corrèze）、上羅亞爾（Haute-Loire）、康塔爾（Cantal）、阿韋隆（Aveyron）、洛澤爾（Lozère）、阿爾代什（Ardèche），庇里牛斯山（阿列日〔Ariège〕）、阿爾卑斯山以及一般的山區都不利於賣淫活動的發展。

總之，對妓女的地理分布進行研究，已經可以看出其顧客的性質，以及她們在群體的性生活中承擔的多樣功能。[37]

三、被「授予墮落之權」的女孩：社會人類學草圖

大部分公娼的登記年齡介於二十一歲到二十五歲之間。一八八〇年至一八八六年間，在巴黎登記的五千四百四十名妓女中，[38]登記時已成年者占百分之七三・九一，十八歲至二十一歲占百分之二十三・七三，十六歲至十八歲僅占百分之二・三五。一八七二年至一八八二年間，在馬賽登記的三千五百八十四名婦女中，[39]百分之三未滿十八歲，百分之八年齡在十八歲至二十一歲間，百分之八十九的人聲稱已達到成年年齡（參見圖四）。不過應當注意，登記時未成年的妓女人數不容忽視。

妓女很早就失去童貞，這意味著絕大多數公娼在申請登記時，已經有幾個月、甚至好幾年的性經驗。事實上，也有人在登記當天仍保有處女之身，但也不難想見這只是非常罕見的例外。一八九一年至一八九九年間，杜桑・巴特雷米教授（Toussaint Barthélemy）在聖拉札監獄醫護所進行的研究證實了這一假設，[40]他得出的結論是妓女平均在十六歲時就失去童貞。他研究了一百九十五名妓女的過去，其中有六十六人是在賣淫的第一年登記，四十七人在第二年登記，六十三人是在第三年到第六年間登記，十九人是在賣身超過五年後登記。巴特雷米教授補充說明：因此可以假定，公娼在登記賣淫前，平均從事了三年九個月的賣淫活動。[41]在這方面，十九世紀末工會大會上一再重述的一個刻板印象，[42]似乎已被事實推翻：就是年輕處女工人受到資產階級富二代誘惑，或被她的老闆奪去童貞的負面形象。絕大多數情況下，妓女都是被她周遭的男人奪去貞操。路易・樂琵略醫生（Louis Le Pileur）調查五百八十二名被關押在聖拉札監獄醫護所的妓女，[43]結果也證實了馬提諾醫生（Martineau）關於暗娼的結論。[44]奪去妓女童貞的人有百分之三十八是工人，百分之十七是「匠人」（gens de métiers），百分之五是妓女的丈夫，百分之十一是從事「大致上自由」職業者，只有百分之三是妓女的主人、老闆或他們的兒子，還有百分之一・三是妓女自己的家人。其他的人則宣稱不清楚引誘者的情況，只有十九人（百分之三）聲稱受到強姦。

一九〇二年拉塞訥（La Seyne）、土倫和塞納－瓦茲省的妓女年齡分布狀況，[45]證明了公娼人口的年輕特性，而這是因為官方容許的賣淫活動具有臨時性質。而且也必須強調，當時警方還不願意讓未成年人登記。從圖四中可以看出，獨自賣淫的公娼平均年齡比妓院公娼還要低。而與一般看法相反，在比例上，三十歲以上的妓院公娼人數，多過人行道上的公娼。

認為公娼幾乎都是私生子的成見，則經不起分析：[46]在馬賽登記的三千五百八十四名妓女中，百分之九十・三是婚生子，只有百分之九・七是非婚生子。[47]但在此也必須說明，百分之六・五的人父母身分不明。歐摩醫生十年前已在貢捷堡的公娼身上發現類似的比率：只有不到百分之十是私生子。[48]一八八二年在馬恩省（Marne）登記的兩百三十四名公娼中，二十三名（百分之九）是私生子；兩百零四名在原生家庭長大，一百九十七名由雙親或雙親之一撫養，只有七名由其他家人撫養。其餘三十人中，有十四人在「善牧」（Bon Pasteur）協會收容所度過童年，九人在孤兒院，七人具有棄兒或孤兒（enfant assisté）*身分。[49]這些比率與全國平均數字大致相同，而且似乎也很難建立非法私生子與登記賣淫傾向之間的關聯。[50]

當然，妓女在登記時幾乎都是單身，已婚婦女甚至是寡婦都屬例外。貢捷堡的一百五十一名妓女中只有七人已婚。[51]在馬賽登記的三千五百八十四名公娼中，只有兩百三十九名（百分之六）是已婚婦女，其中六十七名是寡婦。[52]一八八〇年至一八八六年在巴黎登記的妓女中，已婚婦女比例為百分之五・八八。[53]一九〇二年馬賽「封閉式妓院」（maisons fermées）的八十七名公娼中，有八十四人是單身，只有三人已婚。[54]而在同一時期，凡爾賽百分之九十六的妓院公娼和百分之八十九的獨自賣淫公娼是單身，布列斯特的比例則分別是百分之九十二和百分之八十四。[55]這裡又可注意到，即使在不同的城市環境中，比例也幾乎是相同的。

公娼的原籍地區與其從事賣淫的城市之遠近，多少取決於城市規模的大小。一八八〇年至一八八六年間，在首都巴黎登記的五千四百四十名妓女當中，[56]百分之四・七四出生在國外，百分之六十五・三九來自外省，百分之二・九二來自巴黎郊區，而只有百分之二十六・九五在巴黎出生。馬賽的外國人比例較高：[57]在該市登記的三千五百八十四名公娼中，八百七十八人（百分之二十四）出生在境外，[58]其中來自義大利（三百四十二人）、西班牙（兩百一十九人）、瑞士（一百二十八人）和德國（九十三人）的人數最多。

需要特別注意的是（參見圖五），馬賽招聘妓女的地理範圍也非常廣闊，遍及法國所有省分。只有兩百七十個妓女（百分之九）來自馬賽所屬的隆河口省（Bouches-du-Rhône），並不比隆河省（兩百一十二個）多，而阿爾卑斯山地區雖然妓女數量很少，卻大多前往馬賽的妓院。其他重要的妓女人口來源，是地中海沿岸各省、隆河谷（rhodanien）各省和國內主要港口所在的省分，這說明妓女在各港口城市間流動的情況。而大量妓女來自阿爾薩斯—洛林（Alsace-Lorraine）的原因仍有待解釋，因為很可能是妓女在這些領土被割讓時撤退的結果。與一九〇二年執業公娼的調查結果相比，證明了妓女招聘地區分布相對穩定。[59]

另一方面，一八六二年至一八六九年間，在貢捷堡登記的公娼基本上來自鄰近省分，除了少數來自緊鄰的北部省分芒什（Manche）和奧恩（Orne）。不過，在這個小城附近出生的妓女也很少，只有百分之十六・五的人出生在馬耶納省（Mayenne），百分之二・六的人出生在貢捷堡地區。[60]

* 譯註：一八五八年前稱為 enfant trouvés。

表五：一八七二年至一八八二年間，在馬賽登記賣淫者之父親職業

（根據審訊紀錄的結果）

房東	207人	352人（11.3%）
自由業者、法官、教師	43人	
藝術家	47人	
官員	17人	
製造商及企業主	38人	
批發商	34人	353人（11.3%）
商人—店主	125人	
咖啡館老闆、客棧老闆、餐館老闆、菸草零售商	97人	
街頭小販	97人	
手工業老闆與工匠：		
建築	126人	855人（27.5%）
金屬	127人	
木材	113人	
皮革	107人	
紡織	119人	
書籍	23人	
食品	88人	
交通	65人	
其他	87人	

中階行政主管	3人	58人（1.8%）
低階主管或行政部門雇員 （郵差、員警、海關、鄉警）	55人	
鐵路職工	60人	（1.9%）
退伍軍人	42人	（1.3%）
工業低階主管（工頭）	14人	（0.4%）
中間商及旅行推銷員	28人	（0.9%）
辦公室職員及代書	67人	（2.1%）
旅店及咖啡館服務生	38人	（1.2%）
工廠工人及鑄造工人	22人	（0.7%）
農村短工、挖土工、馬路清潔工、搬運工	562人	642人（20.7%）
傭人及門房	60人	
乞丐、盲人、角力者、流動樂手	19人	
徒刑犯、囚犯	2人	
海上漁民	44人	（1.4%）
農民、農場主、佃農、酒農	467人	（15%）
園丁、苗圃工作人員	37人	（1.1%）
牧羊人	4人	（0.1%）
樵夫、煤炭商	18人	（0.5%）
總數	3,102人	

因此，帕宏—杜夏特雷醫生曾經觀察到的巴黎妓女相關情況，其實並非首都甚至大城市所特有的，即使到小城鎮從事賣淫的妓女不會離家鄉太遠，但登記的公娼幾乎仍都是背井離鄉的人。寬容妓院招聘妓女的方式[61]和妓女經常表現出希望匿名的意願，都可以說明這種現象。

妓女的社會出身是個微妙的問題，這一領域存在著兩種對立的傳說：一種是貴族或資產階級出身的妓女，由妓院女老闆和皮條客精心地供養著，以提高其賣淫身價並挑動顧客的慾望；另一種是貧困與賣淫之間必然的關係，出自十九世紀上半葉的慈善家與民粹主義作家之手，隨後由社會主義分析強化。坦白說，米賀醫生關於馬賽三千一百零二名註冊妓女的研究，[62]讓這兩個傳說無疾而終，該研究結果與帕宏—杜夏特雷醫生於半個世紀前在巴黎獲得的結果並無顯著差別（參見表五）。雖然他的調查參考的是妓女登記時針對提問所給予的回覆，並非絕對具有參考價值，但公娼很明顯來自所有社會階層，即使每個階層的人數不太相當。

但與總人口的社會職業分布情況相比，可以看出來自城市的妓女屬於多數，而農村工作者出身的人數偏低。[63]工廠也顯見並非賣淫的主要來源。大多數妓女來自手工業者、農村短工、小店主和社會邊緣人等無產階級。因此以下這些人在表五中具有重要位置並不足為奇：咖啡館老闆—客棧老闆、街頭小販、旅行推銷員、旅店服務生、歌劇演員和戲劇演員。

與整體社會相比，妓女來自自由業和房東家庭的比例更高。當然，這些都是以城市為主的類別。儘管如此，在馬賽公娼的家庭社會地位當中，分別有十三名、六名、四名、四名和一名分別來自教授或教師、執達員、律師、司法官和掃黃警隊督察家庭，仍然出人意表。看到妓女的直系至親中，有很多是退

表六：一八七一年至一八八一年間，在馬賽登記的公娼之前從事的職業

妓女	1,822
無業	213
「幫傭」	61
學徒	203
總數	2,299

申報的職業：		
「食利者」*	13人	115人
教師、家庭教師	7人	
歌劇與戲劇女演員	40人	
咖啡館及小酒店服務生	58人	
花商及街頭小販	34人	
其他商業雇員	23人	
縫衣工、醫院或旅館洗衣工、繡花工、洗衣婦、熨衣工	265人	544人
裁縫	91人	
女帽工	28人	
手套工	16人	
繡靴幫工	26人	
美髮師	38人	
其他手工業	80人	
大型工廠工人	11人	
女管家和廚娘	305人	521人
女僕	202人	
短工女僕	14人	
總數	1,251人	

*譯註：rentier，指靠放款利息生活的人。

伍軍人（五十九人，包括十七名行政官員）和執法人員，也同樣令人意外。

有人可能會說，調查妓女在登記賣淫前從事的職業意義不大，因為我們知道大多數妓女早已在私下賣淫。在這種情況下，她們申報的職業，只是為了掩蓋自己的真實活動，不然就是在含糊的學徒身分和實際從業之間經常會出現的混淆。但也不能否認她們有些人真的從事自己聲稱的職業，可能有時是與賣淫同時進行，因此，這份她們自稱從事的職業清單並非完全沒有意義。另一方面，也沒有證據能夠證明，警方並未對被捕私娼進行篩選，員警可能多少有意識地決定只登記某些妓女的職業，而在這種情況下，提交的公娼舊職業清單，可能與其真正從事的職業清單不完全一致。[64]

如果我們參考一八八二年在馬賽取得的近十年登記調查結果，[65]可以看到大多數公娼自己承認在登記前唯一從事的職業是賣淫。此外，表六顯示，妓院的前廳並不是工廠，而是女僕房、小酒館、洗衣坊、裁縫鋪。為數眾多的傭人和廚娘申請登記賣淫，加重了統治階級對服務人員道德觀的焦慮。[66]我們之後會再討論[67]決定登記賣淫的戲劇藝術家和女管家的情況，因為正是她們的處境引發了強烈反對「販賣歌手和家庭教師」的抗議活動。

閱讀一九〇二年的調查結果（參見表七），可以確認這些結論，只是在拉塞訥和土倫的妓院中，無業者的比例（百分之四十一）非常高。與拉塞訥獨自賣淫妓女的背景相比較，可以發現無其他專長的妓女都以妓院為主要依靠，已經從事其他行業的妓女則偏好單獨賣淫。

沒有任何證據可以表明，公娼的教育程度遠遠低於平均水準。一八八〇年至一八八七年在巴黎登記的五千四百四十名妓女中，只有百分之十九・六五是文盲。[68]馬賽的情況就沒有那麼出色，因為在一八

表七：一九〇二年，瓦爾省與塞納－瓦茲省公娼之前從事的職業

職業	拉塞訥獨自賣淫公娼		拉塞訥與土倫妓院公娼		總計		塞納—瓦茲省所有公娼的人數
	人數	百分比	人數	百分比	人數	百分比	
無業	19	9.5	112	41.3	131	27.8	5
幫傭	15	7.5	3	1	18	3.8	1
教師、護士	—	—	1	0.4	1	0.2	1
歌劇女演員及舞者	4	2	4	1.5	8	1.7	
店員、商店雇員、收銀員	—	—	6	2.2	6	1.3	2
商人、零售商、水果商、花商	3	1.5	6	2.2	9	1.9	3
洗衣婦、熨衣工人、醫院或旅館洗衣工	33	16.5	28	10.6	61	12.9	16
針指工人（縫衣工人、女帽工人、繡花工人、馬甲縫製工人、裁縫、蕾絲花邊織造工人、使用機器縫紉的工人）	61	30.5	28	10.3	89	18.9	16
其他手工業工人：理髮師、捲絲工人、碾麥工人、印刷工人、鐘錶匠	7	3.5	5	1.8	12	2.5	3
製造業工人	—	—	8	3	8	1.7	2
耕種者	1	0.5	—	—	1	0.2	
傭人、女僕、廚子	54	2.7	64	23.6	118	25.1	53
短工	3	1.5	6	2.2	9	1.9	6
總人數		200		271		471	108

七一年至一八八一年登記的三千五百八十四名妓女中，識字率只有百分之五十五。[69]但這只是暫時現象，在一九〇二年，馬賽「封閉式妓院」中百分之七十二的公娼都能讀書識字，其中兩位甚至擁有高等文憑。[70]而同一時期在凡爾賽登記的公娼中，只有百分之九是文盲，百分之七擁有小學畢業證書。[71]有些妓院女老闆只招收受過教育的妓女；一九〇二年拉塞訥寬容妓院的所有妓女都能讀書識字，「甚至有一位妓女……受過中學教育，也是個出色的音樂家，九年來都跟隨同一個妓院女老闆」。[72]一九〇二年在奧萊弘堡（Château-d'Oléron）妓院工作的公娼也都能讀書識字。[73]這些舉例中的妓女識字率，甚至高於中部或布列塔尼（Bretagne）某些省分全體女性人口的識字率。

雖然公娼的生育率很低，但許多人仍然願意生下所懷的孩子。最常見的情況，是孩子出生沒多久就被迫與其分離。一九〇一年有七十三名妓女在馬賽分娩，[74]十三名孩子是死胎，十七名孩子在出生後不久死亡，十九名孩子被送到公共醫療救助機構（Assistance publique），只有二十四名孩子由母親照顧。一八九九年至一九〇一年，有十一位在凡爾賽出生的妓女之子被送到公共醫療救助機構。一九〇二年在土倫的兩百三十六名妓院公娼中，四十八人有孩子，其中六人有兩個孩子，而另外兩人有三個孩子，其中二十一位母親將孩子交給祖父母，十二位母親將孩子交給保姆或乳娘，八位母親將孩子交給安養院或醫院。[75]

雖然導致賣淫的歷程相當有跡可循，但蓄意被邊緣化的公娼，似乎來自各種各樣的社會類別。最後，如果以私生子比例、父母職業或教育水準為考量，我們可以看到公娼與整體社會平均數值並無太大差別，但這也表示我們必須當心任何過於簡化的解釋或關聯。

我們必須當心平均數值的陷阱，畢竟管制主義下的賣淫行為，是個極其多樣化的小宇宙。我們之後在描述管制主義計畫下，用以幽禁妓女的妓院時，也會不斷察覺它的「多樣性」，因為這終究只是反映了性方面的挫折所產生的「多樣性」需求。我們也會看到性挫折的影響遍及所有社會類別和階級，即使表現方式各有不同。相較於苦難生活或淫蕩性格，這些性方面的挫折更是賣淫規模及其社會多樣性的基礎。毋須悲嘆那些被資產階級染指的處女的命運，或淪落到出賣自己的未婚媽媽，藉此證明苦難是賣淫的主因；更沒有必要與管制主義者一起抨擊獻身賣淫的年輕女孩淫蕩無恥，藉此表明與生俱來的性格才是賣淫主因。幾乎各行各業各階層都有賣淫的婦女，因為當時的性結構引起巨大的需求，也同時造就了蓬勃的賣淫業。

實際上，妄稱賣淫僅涉及某一類別的婦女，並不是管制主義論述最微不足道的悖論，因為研究該問題的社會學和統計學方法均顯示，除了性行為和拒絕工作之外，登記賣淫的妓女在許多方面與普通婦女相似。但管制主義論述的根本目的，不正是為了製造差異並邊緣化妓女嗎？如此方能讓良家婦女引以為戒，並更能正確地自我定位。[76]

寬容妓院或「精液的陰溝」[77]

研究寬容妓院會遇到特別的難題。管制主義計畫對性交易行為既要進行禁錮又要持續監控的做法，其實並不可行。日常現實和法規之間存在失調，廢娼主義者更以此大做文章，而妓院女老闆、醫生，有時甚至連掃黃員警自己都不尊重這些法規，這讓調查描述更加難以進行。此外，關於寬容妓院的證詞，往往只投射了提供證詞者本身對妓院的幻想。

在這方面，可以區分為四種類型的描述：（1）小說文學中的描述。（2）因其職能必須與妓院來往的專家的描述；例如：醫生、員警、司法官，他們對寬容妓院的描述精確但有些一成不變。他們通常是管制主義者，因此是封閉式賣淫的鼓吹者，而且如前所述，他們在很大程度上被帕宏－杜夏特雷醫生的定型成見所束縛。此外，他們對人類學觀察的關注和對性行為的恐懼，導致他們對妓院的寫照相當冷漠，且僅止於表層，以致無法把握管制體系當下的運作，亦無法解釋其行為。[78]（3）來自嫖客或自承曾展開個人調查者的描述，雖然在浩如煙海的生動文學作品中，其親身經歷往往令人玩味，但愛好醜聞或淫穢的風格也令人懷疑其真實性。[79]（4）來自記者、各種評論家或政論家、政客的書籍或宣傳小冊的描述，其目的是說服讀者贊同他們的論點。這些作者多半是廢娼主義者，當然出於好意，但他們對妓院的經驗卻付之闕如；因此，他們往往被最匪夷所思的小道消息吸引，只要謠言具吸引力又夠煽情。而且很明顯，他們對妓女只有一知半解。[80]原則上他們也經常敵視教會、軍隊與警方，從而歪曲了他們對妓院的描述。[81]

儘管相關書目汗牛充棟，但少了妓女親筆執寫的故事或回憶錄，仍然令人遺憾。事實上，一直要到極為近期，煙花女才敢昭告自身的存在。不過，還是有幾封妓院公娼寫給朋友或「心上人」的書信，以及公娼向行政官員投訴的信函。此外，我還查閱了里昂三間妓院的登記冊；[82]最後在馬賽的掃黃警隊卷宗裡，找到一系列關於妓院女老闆[83]和「縱欲場所」（lieux de débauche）[84]的檔案。遺憾的是，這些檔案大多只涉及一九〇〇年至一九一四年間的情況。

儘管困難重重，我仍將努力描繪出寬容妓院在十九世紀最後二十五年的運作情況。[85]

一、封閉式賣淫的地形與類型

當時法國城市很少有專門的賣淫**保留區**，雖然在法國南部以及一些港口城市確實有。一八八二年時，馬賽的八十八間妓院，除了一間以外，其餘都仍然位於賣淫保留區，東邊以赫納德街（rue de la Reynarde）為界、西至哈多街（rue Radeau）、南至洛莒街（rue Loge）和藍瑟希街（rue Lancerie）、北邊則到凱瑟希街（rue Caisserie）。[86]布特希街（rue Bouterie）有十五間妓院，藍瑟希街（rue Lancerie）有十三間，亞夢迪耶街（rue de l'Amandier）有十二間。需要補充說明的是，馬賽的封閉式賣淫非常發達，而妓女獨自賣淫的比例，確實比法國其他大城市少得多。再者，離開妓院後單獨從事賣淫的妓院公娼，在馬賽將被判處監禁，長期以來一直如此。

同一時期，在蒙佩利爾登記的所有公娼，無論是在「房間」、「封閉式妓院」或「混合式妓院」（maisons mixtes）從事賣淫，都居住在「帕斯基耶城區」（Cité Pasquier）。[87]「混合式妓院」收容了在警方監督下暫時從事賣淫活動的負債婦女（femmes endettées）。而土倫的賣淫保留區稱為「紅帽」區（Chapeau Rouge），根據市長的說法，[88]享有「幸福絕佳的地理環境」，因為它延伸到城牆腳下，位於城市最不熙來攘往之處，然而仍須通過繁華的街道始能進入。一九〇二年時，這裡還有五十五家妓院。一八七八年[89]和一九〇二年，行政當局試圖動用警力強烈鎮壓來維持妓院的封閉性，因為當時的公娼傾向於住在城內，而港口城市掃黃警隊的心態特徵，通常是被動反擊。因此，一八九六年九月九日的條例規定，在塞特市（Cette）[90]登記的公娼必須安置於蘇哈－奧特區（Souras-Haut）。[91]最食古不化的舉措則來自普羅旺斯艾克斯（Aix-en-Provence）的市長，他於一九〇七年十月決定以鑄鐵廠街（rue Fonderie）、布列頓街（rue des Bretons）和花園街（rue des Jardins）為界，設立一個賣淫保留區。[92]

至於布列斯特的封閉性賣淫，其嚴格程度低於馬賽，不過在一八七四年前後，行政當局試圖將妓院集中在港口附近的九聖街（rue des Sept-Saints）、上九聖街（rue Haute-des-Sept-Saints）、新九聖街（rue Neuve-des-Sept-Saints）和克萊貝爾胡同（impasse Kléber）[93]；並決定拒絕妓院開在克萊貝爾街（rue Kléber）和古約街（rue Guyot）。布列斯特副省長於一八七五年說明，由於城市規劃變更，有必要由政府主動設計新的惡習區域，而在他看來，與城市的主要幹道暹羅街（rue de Siam）相通的克萊貝爾街，已經變得過於繁忙，無法再增加妓院的數量。[94]

城市若沒有賣淫保留區，寬容妓院的位置則必須遵守某些禁令，其中以巴黎的禁令最多。一八七八年的《基格條例》禁止在小學、中學、寺廟、教堂、猶太會堂或其他大型公共建築附近開設妓院。而且妓院間必須保持一定的距離，因此同一棟建築裡不可能開設兩家妓院。總之，警察總署為了打擊暗娼，決定採取分散妓院的措施，而非「集中管理不良惡習」。各省則禁止妓院開設在市鎮古蹟建築、宗教或教育機構，以及公眾散步場所附近。直到一九〇四年仍制定了八十二項相關禁令。[95]

自二十世紀初以來，都市計畫轉變和妓院數量減少，完全改變了妓院的地理分布。當然，舊的妓院強制區依然存在，而在城市的中心地帶，仍存有眾多妓院，通常是最骯髒不堪的那種，以老建築的型態聚集在狹窄陰暗的小巷中，鄰近大教堂或其他中世紀建築。巴黎的某些地區，如市政廳附近，特別是皇家宮殿區（Palais-Royal），都是這種相對持久的賣淫場所活生生的例證。

只不過，首都巴黎市中心的劇變，已經讓某些高尚的性交易場所消失：西提島（Cité）以及中世紀以來巴黎的賣淫中心聖路易島（Saint-Louis），就這樣被喬治—歐仁・奧斯曼（Georges-Eugène Haussmann）*「淨化」了。里沃利街（rue de Rivoli）的擴建，以及羅浮宮酒店和商店的興建，摧毀了由福瓦曼多街（rue Froidmanteau）、皮埃爾—萊斯科街（rue Pierre-Lescot）和圖書館街（rue de la Bibliothèque）組成的主要賣淫區。

除了傳統的城市內部核心地帶，還可以發現三種新類型的妓院地點，以巴黎為例說明：

（1）自限制選舉君主制以來，大型寬容妓院開設於此時構成城市商業中心的交通要道附近。在瑪德蓮教堂（Madeleine）、歌劇院，尤其證券交易所（la Bourse）附近開設的妓院，完全說明賣淫活動的發展與奢侈品貿易和交通要道有關，例如：沙巴奈街（rue Chabanais）的妓院已是國際知名。（2）早在第三共和之前，城市的擴張以及某些防禦城牆的興建，就已經讓妓院大量湧現於都市化的前沿。巴黎

* 譯註：喬治—歐仁・奧斯曼男爵受拿破崙三世重用，在一八五二年至一八七〇年間主持巴黎的都市計畫，徹底改造了巴黎市容景觀。

修建堡壘的同時，還產生了與城市內部傳統並行的賣淫「新民俗」（nouveau folklore）。[96]一些妓院出現在城市周邊林蔭道和防禦城牆之間；更確切地說，從一八四〇年開始，警察總署正式容許小酒館，它們隨之成為祕密賣淫的中心。行政部門也正是藉由這個機會，允許私娼妓院女老闆有權經營小酒館（estaminet），忌妒同行享有特權的市中心公娼妓院女老闆，後來也獲准同享特權。不過仍然必須說明的是，在這些街區，私娼妓院數量遠遠超過公娼妓院的數量。（3）隨著交通發展和商業活動轉變，候車地點與轉運站也與日俱增。因此妓院紛紛在火車站、市場和新的港口設施附近安家落戶。這些新元素有時只是強化傳統的賣淫地理位置，就像巴黎建造巴黎大堂（Halles de Paris）時的情況一樣。（4）最後，國家軍隊編成後大量設立軍營，因而也改變了「寬容妓院」的地理位置。駐軍城鎮和營區附近的妓院數量隨之增加。眾所周知，[97]艾德蒙・龔固爾（Edmond de Goncourt）即是以巴黎軍官學校周邊的妓院為靈感，寫出《女郎艾莉莎》（*La Fille Élisa*）最精采的內容。

另外還需注意，適才提到的寬容妓院地理分布，並不總是符合獨立賣淫的公娼和在人行道上拉客的暗娼賣淫路線，而且大不相同，因此在試圖完整定義「賣淫空間」（l'espace prostitutionnel）之前，我必須先描述這些遊移不定的微妙路線。

賣淫場所的類型一般與賣淫的地形相對應，巴黎的例子最能說明這一點。在等級階序的頂端，是第一流和第二流的妓院，專門為最注重豪華環境和低調風格的貴族或資產階級客戶所打造，尤其是歌劇院區的大型寬容妓院，所有關於封閉式賣淫的著作對其之描述，均是文學作品中最華美的篇章。姑且不提為了滿足異國情調或顧客反常喜好的浮誇裝潢與家具，[98]我僅粗略描述一下妓院的內部情況。在臥室裡，一張三面床，四周有床柱和床幔，床上簡單鋪著床單，床的上面有一幅床帳或一面與床墊面積相同的大鏡子。[99]房間的一角安置著一個大理石檯面的梳粧檯，上面擺放美麗絕倫的香水瓶。壁爐上裝飾著刻畫羊男或酒神女祭司圖案的青銅器。在床邊或附屬的小客廳裡，為了滿足顧客的情色奇想，陳列著一張躺椅和一張沙發。光線透過彩色玻璃窗，或由壁爐上的煤氣燈柔和地灑滿室內。

走廊上、樓梯上、客廳裡，到處都有厚地毯、鏡子、大量青銅器；天花板和牆壁上悉數裝飾著神話場景。[100]異國植物和花卉錦簇，加強了整體裝潢所散發的感性印象。沙發或凳子沿著隔牆排列，「到處都是令人作嘔的香水味，讓人聯想到米的粉末和地窖的黴菌，在這種沉重、壓抑的氣氛中，就像揉捏人體的蒸氣浴室，有一種難以形容的氣味。」[101]

以安靜與低調為主軸的大型寬容妓院會客廳，是貴族與資產階級的高級娛樂場所。低階（bas-étage）妓院中流轉著噪音、騷動、歌舞、酒精、煽情挑逗的褻衣，甚至以手動刺激感官興奮昇華；而在奢華的妓院中，則以幾近全裸的胴體、矯揉造作、暗示姿態、從遠處以目光或手勢挑逗恩客，溫香軟玉的氣氛在奢華場景中四處流瀉，撩撥醉人的慾望。埃德加・竇加（Edgar Degas）在為一間大型寬容妓院而創作的一系列單刷版畫中，描繪了所有這些景象。我們在亨利・土魯斯—羅特列克（Henri de Toulouse-Lautrec）的《沙龍》（*Salon*）畫作裡，也能發現這種安靜和低調的氣氛，只是少了裸體的挑逗。

第二流寬容妓院雖然鎖定的是更廣泛的嫖客，但其設計也是為了確保絕對的低調。[102]他們設計了一套巧妙的系統，消除嫖客撞見彼此的任何可能：新嫖客會被帶到一個小會客廳，在那裡挑選妓女；每個樓層都有一個值班的女僕，並備有響鈴系統，使嫖妓過程能毫無風險地進行。這類型妓院的建築特色，即是擁有眾多的會客廳。妓院房間裡，低矮的多邊床四周圍繞著好幾面鏡子，而地板上則鋪著有助於低調行事的地毯。

所謂「街坊」（de quartier）妓院是以中下層階級嫖客為主，常客可以匯聚在一個牆上布滿鏡子的安靜會客廳，會客廳裡還有紅色天鵝絨沙發沿牆一字排開。[103] 房間擺著一張只能從一邊出入的床，挑掛著幃幔，鋪著鴨絨被。「街坊」妓院讓人聯想到資產階級的寄宿住宅，除了共同會客廳、臥室，還有一個供寄宿者使用的餐廳，供應「套餐之類」的餐點。[104]

為無產階級嫖客提供服務的綠帕納（lupanars）* 妓院則非常不同，它們本身也有多種樣貌。最常見的形態是「小酒館妓院」（maisons à estaminet）。內部的陳設與普通酒吧沒有太大區別，只是多了很多鏡子，煤氣燈照明也更考究。[105] 大多氣氛嘈雜，煙霧和酒氣瀰漫，濃妝艷抹的妓女穿得像大布娃娃，裹著緊身內衣加上短至大腿的襯裙，或是套著露出肩膀、手臂及胸部的鏤空浴袍，腿上穿著緞襪，在等待上樓賣春的時刻與顧客一起喝酒消費。在這裡，低調不是重點，鬥毆是家常便飯，因而有「寬容妓院男孩」（garçon de tolérance）充當保鏢。嫖客飲盡啤酒之後，再帶選好的妓女進房，房間的陳設類似下等旅社的長租旅館（hôtel garni）。**

軍營或港口附近會有專為軍人服務的妓院。事實上，如果妓院的主要客戶不是軍人，很少會接受軍人穿著軍裝入內。龔固爾與莫泊桑筆下生動描繪的這些專為軍人或水手服務的妓院，令人印象深刻。[106]

層次最低的窯子（bordels）則設在城牆附近，例如：蒙魯日（Montrouge）、夏宏恩（Charonme）以及其他位於市中心的區域，例如：莫貝爾廣場（place Maubert）。這種小酒館隔壁就是一間共用會客室，會客室裡擺放著木桌和木頭長凳，而裡面的妓女，大部分都不年輕，[107]臉上堆砌著試圖掩蓋皺紋的厚厚脂粉，她們喝著啤酒或苦艾酒，在放著鐵床，甚至是簡單稻草床墊的房間裡與嫖客交歡。所謂的「屠宰屋」（maisons d'abattage）式窯子也是如此，妓女的價值不過是一杯啤酒。在格勒納勒區（Grenelle）一些軍人光顧的窯子，只要花五十生丁，就會拿到一個號碼牌，就像某些北非妓院的做法。[108]這種做法偶爾在一些外省妓院還能看到，尤其是有大型軍事演習的晚上。[109]

這種走筆疾書卻又活靈活現的妓院描述並不是本書的目的，只是為了顯示巴黎寬容妓院極具多樣性，並藉此反映社會金字塔的幅員廣度。在外省城鎮，妓院的等級之分就沒有那麼細微，因此一九〇二年的土倫行政當局只劃分了兩種公娼妓院：常客為富裕階層、海軍與戰爭部官員的「封閉式妓院」，以及「工人、水手、士兵經常光顧的普通妓院（maisons ordinaires）」。[110]在布列斯特，按照市長的說法，「各種妓院的管理與舒適度幾乎沒有差別。客源是一樣的，價格也一樣」。[111]在朗貝爾維萊爾（Rambervillers），[112]非週末的晚上和週日下午，旅行推銷員、商店員工、小雇員和一些工人都會在這裡出沒。有時候，例如：在費康（Fécamp），確實就像《泰利葉春樓》（*La maison Tellier*）書裡描述的，[113]無產階級嫖客常光顧小酒館妓院，而資產階級則經常去寬容妓院的沙龍。這種區別來自於小城鎮上資產階級的聚會圈，有時正好位於平民常去的咖啡館樓上。這個文學上的例子，猶如首都巴黎建立的妓院

* 譯註：字源來自古羅馬妓院。

** 譯註：宿舍型的簡陋旅館，通常是住客的主要居所。

類型，精確地說明主流社會型態所造成的影響，因為這些妓院設計的概念便是來自資產階級沙龍和大眾歌舞酒館的模式。

二、形形色色的嫖客

妓院的特徵定義通常取決於其常客。寬容妓院的多元功能，正足以解釋嫖客極其多樣的類型。妓院首先是青少年的性啟蒙場所，是所有在性生活領域感覺匱乏者的性消費場所，同時也是夢想婚外性生活的丈夫得以心理補償的地方。在缺乏娛樂的小城鎮裡，妓院也是資產階級男人的俱樂部，因此對於性慾麻木者、「性癖反常者」，或純粹好奇的人，想嘗試資產階級主婦視為禁忌的奇特或高難度性愛招數來說，更是情色聖地。最後，妓院也可能只是個單純讓遊客或朝聖者放鬆的驛站，讓他們暫時跳脫日常性生活的規律，體驗新鮮事。

但在十九世紀下半葉，這些不同功能的重要性顯然各不相同。我們隨後會看到，如果說妓院仍是社會邊緣人的性啟蒙和性消費場所，那麼資產階級丈夫或單身漢已經逐漸對妓院失去興趣，他們現在被其他形式的雲雨之歡所吸引。在這種競爭四起的環境下，隨著時光流逝，寬容妓院逐漸被指為「性變態的殿堂」（temple des perversions），[114]只剩一些小城鎮的妓院還可以說具有社會文化的角色，如果我們不怕被指責有意挑釁的話。[115]

我們不得不承認，光顧大型寬容妓院的嫖客，對我們來說仍然相當陌生。這方面值得注意的是，除了竇加的一些作品以影子或勉強勾勒的輪廓形式呈現之外，這些嫖客幾乎從未出現在小說家和畫家的記述中。[116]在土魯斯—羅特列克的《沙龍》裡，正是男人的缺席造成了女性癡迷的期盼，她們似乎只為滿足看不見的男性而存在。當然也必須指出，這種流動性的客戶只是想短暫而低調地為他們尊貴體面的生活注入一些小小的調劑，因此幾乎不會引人注目：妓院裡的資產階級大人物幾乎不會出現在當時的文學或繪畫中，原因很簡單，因為在現實中，人們看不到他在妓院裡，而這可能就是大人物們熱愛窺淫癖的原因，他們對低調行事的顧慮，成為侵犯他人私處的情慾之力。[117]

相反地，我們對街坊妓院、小鎮或大眾窯子的客源相當了解，而這裡過於龍蛇雜處，若不同時爬梳男客的形貌，就無法描繪妓女的樣貌。根據條例，妓院女老闆禁止在其場所接待未成年人，在一九〇四年生效的兩百九十四項市級法規中，有一百八十一項明令禁止未成年人或學生進入寬容妓院。[118]但事實上，妓院普遍都會接納未成年人或學生，大多數的小資產階級、甚至中產階級的兒子，正是在妓院的床上全心投入他們第一次的巫山雲雨。[119]這方面的見證甚多。保羅・布爾熱（Paul Bourget）指出，「幾乎所有的青春童貞，都是在肉體享樂的修道之苑裡、在員警的護佑目光下被採擷」；[120]提到週四在省立初中（collèges）的庭院，他又說：「在我們這個地方，總有一個同學，讓我們像仰望阿爾卑斯山一樣地景仰他，因為這個同學曾經去過那裡！……哪裡？在郊區那裡！當我們散步時，我們總是嘻笑著指著那條小巷子。」在巴黎完成高中學業後，他意識到首都的情況也是如此，但他也說到一個重點：「在窮苦的外省住民繼續朝拜他們城市中唯一能找到便宜美女的地方之際，巴黎人早就開始啟程冒險。」[121]因此他也堅持認為，對於成年人的性生活，這種罪惡、**羞恥**且經常帶來疾病的啟蒙，會產生難以衡量的後果，因為「這段獨特的青春歲月，一定會在年輕男人心裡烙下印記，他對女人的看法不免要蒙上陰影。」[122]

然而，寬容妓院的基本功能，是滿足所有在性生活方面被邊緣化以及被排斥的人。在晚婚慣例極為普遍的階層，造訪妓院跟手淫一樣，是已過適婚年齡的單身漢對性生活仍有期待的一種表現。對於太窮而無法包養女人或考慮結婚的店員、旅店服務生[123]或辦公室職員來說，尤其是如此。

除了這些客戶之外，還有一切社會邊緣人、流動工人或新近移居的人，他們融入當地城市的程度遠遠不足，以致除了嫖妓之外，無法以其他方式滿足自己的性慾；有些人是因為太窮，有些人是因為沒有時間，有些人則是因為被女人拒絕，而這也說明了小城市妓院的主要客群通常是旅行推銷員[124]的原因。同樣地，各省立學院（faculté）的學生也常常成群結伴光顧妓院，只是為了玩抽「紅心王牌」（un as de cœur）的撲克牌遊戲，[125]以贏得眾人湊錢與妓女上樓度春宵的特權。但必須承認，這種大學生客群會在其他形式性交易的誘惑下，愈來愈少出沒妓院。而小鎮家族的子弟，也因鄰里街坊太過熟識，羞於在當地嫖妓，轉而到鄰近大城市的寬容妓院消費。[126]此外，在男孩集體兵役體檢（conseil de révision）的日子裡，或者只是單純的在地節慶時刻，鄰里的年輕人玩「騎馬遊戲」（partie montée）也是一種傳統。[127]

在一般大眾的妓院中，嫖客屬於社會邊緣人的族群，比如領日薪的短工、粗活工、挖土工、清掃工、拾荒者[128]，還有很難融入工人階級的移工[129]與外勞，他們通常住在帶家具的公寓套房，而且在家鄉都有妻子或未婚妻。水手和士兵的情況就更明白易懂了，因為無論是軍隊傳統，或是軍方管理部門的意向，都驅使他們在寬容妓院中洩慾。[130]但應當注意，隨著職業軍隊的消失，這些買春的行為也將迅速改變。[131]

除了經濟型無產階級嫖客，還必須加上所有在性愛行為中被排斥的無產階級，[132]他們因醜陋或殘疾而被獨自賣淫的公娼或私娼拒絕，但寬容妓院的妓女有義務接待他們。最後，如果性病患者想滿足自己的性慾，除了不太挑剔客人的寬容妓院之外，幾乎沒有其他去處。

在我們所研究的整個時期當中，滿足所有長期處於性匱乏（disette sexuelle）狀態的邊緣人群，仍將是封閉式賣淫的基本功能；實際上，按照帕宏—杜夏特雷和在他之前的管制主義者所共同抱持的奧思定學派觀點，這更是社會賦予它的目標。再說一次，在他們心目中，妓院活動甚至被限制只能具有這個功能。

寬容妓院其實還扮演著滿足已婚男人的角色，讓他們能短暫脫離日常的性生活。另一方面，我也重申，那些希望擁有長期婚外性關係的丈夫，現在更喜歡獨自賣淫的公娼、暗娼或包養女人。下文仍須再探討這些情感與行為的變化。對於在巴黎停留的外國人，以及來首都逗留幾天的外省人來說，去妓院朝聖已經成為一種儀式。[133]正如我們所知，這種休閒與旅遊的性交易，類似某種「社會出走」（fugue sociale）的現象，也已經構成一個實質的產業。也因此在一八七八年、一八八九年和一九〇〇年萬國博覽會期間，各大寬容妓院都展開盛大活動招攬來客。賣淫的情況基本上取決於此類事件。還有小城居民搭乘歡樂列車（trains de plaisir）到鄰近的大城市，享受寬容妓院的片刻美好。貝熱黑醫生（Bergeret d'Arbois）寫道，曾經有段時間，阿爾布瓦（Arbois）的「風流放蕩男人」（hommes de débauche）在節慶或假期時組織了所謂「消遣之旅」（voyages d'agrément）或「愉悅之旅」（voyages de plaisir），前往

圖五：馬賽的賣淫招聘區（掃黃單位登記的三千五百八十四名妓女出生地〔兩千五百一十三名法國人以及一千零七十一名外國人與阿爾及利亞人〕〔根據米賀醫生〕）

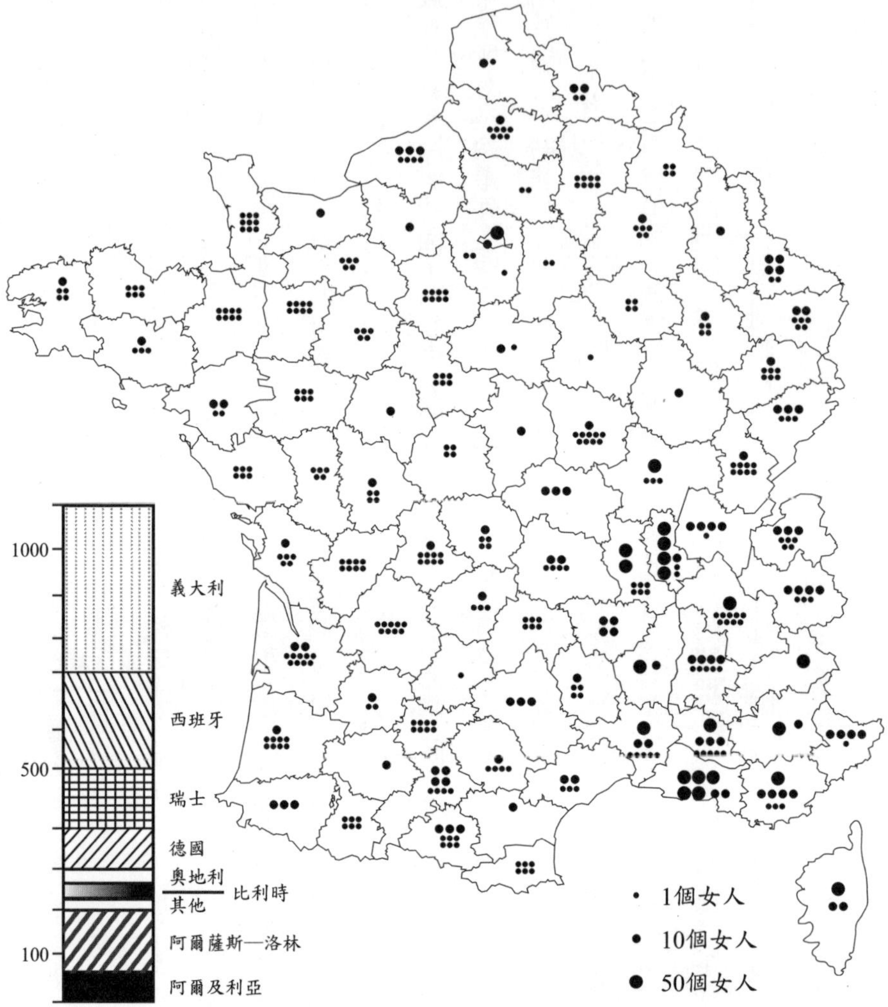

貝桑松（Besançon）、第戎和里昂。[134]中型城市在舉辦展會或集市時，妓院裡頭擠滿了農民嫖客，也發揮了相同的功能。[135]

三、妓院事業及其幹部

寬容妓院是一種商業，由利潤法則決定它的運作方式。妓院負責人通常是女性，但某些外省城鎮的妓院在法規允許的情況下，可由男性老闆經營。[136]大型寬容妓院的女主人常常是攢有積蓄的退隱交際花，不然就是由妓院的女性副老闆接掌；有時候可能只是一位小有成就的公娼，或在極少數的情況下，由前任妓院女老闆的女兒或甥姪女經營。偶然也會有受人尊崇的資產階級女店主希望能經營事業，便決定開設一個寬容妓院；或者，業績蕭條的小旅店女老闆，也會因為比較有利可圖，將旅店改造成賣淫場所。

若根據一九〇八年至一九一三年間，獲准在馬賽開設寬容妓院的十七名妓院女老闆的檔案進行分析，雖然檔案年代真的有點晚，但仍可清楚顯示妓院女主人的背景輪廓。[137]我們已知年齡的十六人，從二十六歲到五十二歲不等。有三名妓院女老闆年齡在二十六歲至三十歲之間，六名在三十歲至四十歲之間，六名在四十歲至五十歲之間，最後一名年齡為五十二歲。檔案中也記載了其中十一人的出生地。在這十一人中，只有兩人出生在馬賽，另有兩人來自羅亞爾河流域，兩人來自布列塔尼，一人來自巴黎，一人來自侏羅山（Jura），一人來自朗德（Landes），一人來自多姆山（Puy-de-Dôme）。最後還有一人出生在義大利。

這些獲准經營妓院的女士有九人已婚，三人單身（包括兩名寬容妓院雇員），四人（包括一名寡婦）處於同居關係；其中三個「偽家庭戶」（faux ménages）的穩定性值得注意，因為他們的同居狀態分別持續了六年、十二年和十七年。妓院女老闆的配偶或同居人從事的職業五花八門：我們注意到其中有一個裝袋工、一個領退休金的碼頭工人、一個水手、一個機械修配工、一個集市珠寶商、一個檸檬水攤販車承包商、一個前葡萄酒商和一個撞球教師。其中一個自稱是餐館服務生的人，其實是妓院的蛇頭（pourvoyeur）。似乎並不是這些男人的財富讓妓院女老闆得以開設妓院為業，他們反而是靠妓女生活的皮條客；這些包養皮條客的妓女，因其海納百川之包容性而被戲稱為「燉鍋」（marmite），她們通常都能隨著歲月增添智慧，並在行業中綻露頭角。

事實上，馬賽很少授權新手擔任妓院女老闆，這也是唯一的特色：其中四位已在該市登記為公娼，兩位則已從登記冊上除名。此外，有三名申請人曾在妓院中擔任副老闆。八名獲准開設妓院的婦女都曾經營過寬容妓院（五名在馬賽、兩名在土倫、一名在里永〔Riom〕），六名曾經營附家具出租的賣淫套房，四名則曾經營酒吧。檔案研究還顯示，其中有七人是從經營私娼館開始入行。只有一個似乎是新手，因為她以前開的是縫紉用品店與裁縫店，不過也許只是個幌子商店（magasin-prétexte）。[138]最後，在十七名妓院女老闆中，已有四人因盜竊、傷害或煽動未成年人賣淫而被定罪，但這並不妨礙她們獲得授權經營妓院。

總之，這批已經被邊緣化的人員，包括好幾名罪犯和非法妓院女老闆，對她們來說，被授予經營妓院的權利，既是地位晉升也是束縛，因為她們從此必須遵守規章制度，並協助行政部門執行監督任務。

理論上，妓院女老闆不應依附於資金贊助者，樂庫賀在一八七四年寫道：「任何情況下，『寬容妓院』的經營都不得涉及第三方利益。」[139]事實上，研究這些賣淫事業異常困難，因為無論是商業法院，還是登記管理部門，甚至是法律公證人，都不能承認妓院是一種事業，但看來很明顯的是，至少在外省，[140]一些妓院女老闆因為負責好幾間妓院，而將妓院業務委託給經理（gérants）。珍娜・薩拉貝爾（Jeanne Salaber）的母親是卡奧爾（Cahors）的妓院女老闆，她在同一個城裡有另一間妓院，在孔東（Condom）也有一間。[141]此外，織毯商、家居裝潢商、甚至富人都會投資這類業務。他們設法成為妓院建築物的所有者，有時他們會預先給妓院女老闆一筆資金，使她能夠購買營業資產和家具。[142]卡利耶甚至提供了一份一八七〇年巴黎主要妓院的地主名單。[143]

值得注意的是，寬容妓院所在建築物的所有權人，很少是妓院女老闆，更多是食利者、自由業或商人。在巴黎，開設妓院需要得到所有權人和主要租賃者的書面許可，這些人不僅會向妓院女老闆索求巨額賄賂，而且租金也比一般行情高很多。正因這些往往需索無度的天價費用，才使妓院女老闆不得不壓榨自己旗下的妓女。另外，警察總署免費頒發的容許賣淫登記冊，使建築所有權人最終成為賣淫事業的主要受益者。久而久之，這本登記冊的所有權並不屬於妓院女老闆自己，而屬於妓院所在的建築物，因此新的女老闆能免費獲得警察局的營業許可，但她必須買回該妓院的家具，還要滿足建築所有權人的嚴苛條件，才能順利簽下新租約。

從第三共和初期開始，某些寬容妓院的房價已經哄抬得極為誇張。理論上，[144]應該都是由行政部門

表八：一八七〇年巴黎主要寬容妓院的地主名單

職業	人數
食利者	97
司法從業人員（律師、訴訟代理人、公證人、法官）	6
證券交易員、業務代理	4
商人	4
妓院女老闆	22
手工藝或店舖老闆	6
其他（企業主、運輸業承包商、棉紗廠主、小客棧主人）	4
總計	143

規定妓院的銷售價格，或者更準確地說，是「構成妓院的設備用品」（matériel garnissant l'immeuble）價格，因為只有這些可以買賣；但在事實上，買賣雙方的交易都脫不了回扣。根據卡利耶的統計，[145] 一八六〇年至一八七〇年的十年間，巴黎妓院的平均轉讓價格為一萬法郎。金額最高的前三筆買賣分別是十五萬、二十六萬、三十萬法郎；最便宜的妓院價格則為一千五百法郎。一九〇一年，薩蘭（Salins）市長克萊孟・尚朋（Clément Champon）估計，外省妓院的平均價值在兩萬五千至三萬法郎之間。[146] 一九〇二年塞納－瓦茲省的情況也確實是如此。[147] 不過，同一時期瓦爾省（Var）的「普通妓院」價格僅為六千法郎。[148] 布列斯特副省長寫道：「在布列斯特，這些妓院通常價值不高，最貴重的花

了三萬法郎收購。」[149]不過，這只是又一次轉讓「構成妓院的設備用品」，妓院女老闆還是得支付高額租金。一九〇二年，土倫[150]第一流的「封閉式妓院」年租金約為四千法郎，「普通妓院」為一千五至兩千法郎；拉塞訥[151]的妓院租金為兩千七百法郎；而在布列斯特，[152]租金平均為兩千五百法郎。毋庸諱言，具有處理這類私署（sous seing privé）證書專長的房產公證人或事務所，在妓院的協商買賣中賺飽豐厚利潤。[153]

儘管最初的開支很大，但獲利往往不容小覷。利潤顯然取決於妓院的等級，還有「宿娼」(couchers)或接客（passes）的價格。在某些軍營附近，我們看到嫖娼價格可以低到〇・五十法郎，但這算是例外。比較低等的妓院價格是二至三法郎。[154]一流與二流的妓院裡，嫖客付錢打炮的價格是五法郎、十法郎或二十法郎不等，這還不包括必須奉獻給妓女的「手套」（gants）*和給妓院副老闆的小費，所以嫖客所付的實質價格是兩倍之多。[155]根據布列斯特市長的說法，一個妓女「平均每天為妓院賺十法郎」，但是，「妓院的每個租客每天要支付三法郎的伙食、維修和住宿費」。[156]

另外也別忘了，在大眾妓院裡，利潤主要來自在小酒館或房間裡消費的酒水。[157]一般情況下，如果沒有跟顧客喝飲料，妓女就不能上樓接客；一旦進了房間，她還會向對方提議點另一「回合」（tournée）的酒水。有些妓院女老闆在月終會頒發獎金代幣，獎勵推銷酒水業績最好的妓女，這些代幣在妓院內部等同真正的貨幣。在馬賽、里昂和克萊蒙費朗（Clermont-Ferrand），收集到三百法郎獎金代幣的妓女，

* 譯註：顧客贈送給妓女本人的小禮物或小費。

可獲得一件絲質襯衫。[158]正如廢娼主義者不無誇大之嫌的描述，有些常客對於妓院女老闆而言，如同金礦，例如某位單身漢恩客只用了短短幾年，就在薩蘭小城的寬容妓院裡散盡大約四萬法郎的財富。[159]我們也因此可以理解為什麼妓院女老闆會特別關照某些嫖客。市長寫道：「如果貴客公子缺了零錢，妓院女老闆可以接受以一塊乳酪或一甕白蘭地抵償。」[160]

圖六是根據卡利耶[161]與路易・菲奧醫生（Louis Fiaux）[162]的研究所繪製，顯示出一八六〇年至一八七〇年和一八七八年至一八八八年這兩段十年期間，巴黎主要寬容妓院的利潤。應該注意的是，第一組資料只是簡單估計，第二組資料則是更嚴謹的計算結果。

這些估計結果顯然可受批評，但在私人檔案數量不夠充分的情況下，這是我們唯一能掌握的整體指標。這些結果清楚地顯示正在發生的變化：許多小規模的寬容妓院消失了，其中一些已經變成幽會館（maisons de rendez-vous）或祕密賣淫的妓院；大型妓院的利潤則顯著成長。在這兩段時期之間，封閉式賣淫已經改變了面貌，而這種演變還將繼續，甚至在十九世紀末期加快步伐。

讓我們回到管制主義程序的討論。假設一位女士（她若已婚則應徵得丈夫同意）決定在首都巴黎經營妓院，她要先與建築所有權人談妥，再向警察局長提出書面請求。然後由第一局第二處的警官對申請人進行背景調查；若調查結果良好，尤其如果證明了她不再從事賣淫活動，就會給這位女士一本登記冊，由她記錄該妓院所有妓女的資料和健康檢查的結果。管理部門隨時保留暫時關閉該妓院或收回登記冊的權利，從而保留了摧毀妓院女老闆生計的權利，因為它對妓院女老闆有完全的控制權。應當理解，這些寬容妓院事實上並不屬於正式核准的事業，只是政府網開一面、姑息寬容的事業。

警察局長是遭受盜竊或詐欺的妓院女老闆唯一的求助管道。當然，法律並不承認肉體交易，寬容妓院的相關交易實際上都是非法的，因為民法第一一三三條規定，「任何違背公序良俗之債務均屬無效」。因此，對於偷竊的妓女或行為不當的嫖客，妓院女老闆無法提出告訴。基於相同理由，妓院女老闆不能倒帳或申請啟動破產程序，甚至不能抵押資產，因為她沒有繳納營業稅，也沒有在商事法院進行工商登記。別忘了，妓院女老闆理論上只擁有家具。然而，儘管頗具爭議，但對於任何損害妓院女老闆利益的人，警方往往會自行以非法手段讓他們如實退贓；也不要忘了，在管制主義計畫中，妓院女老闆在妓院內代表行政當局行使權威。

圖六：巴黎寬容妓院的年平均淨利潤與結算數目

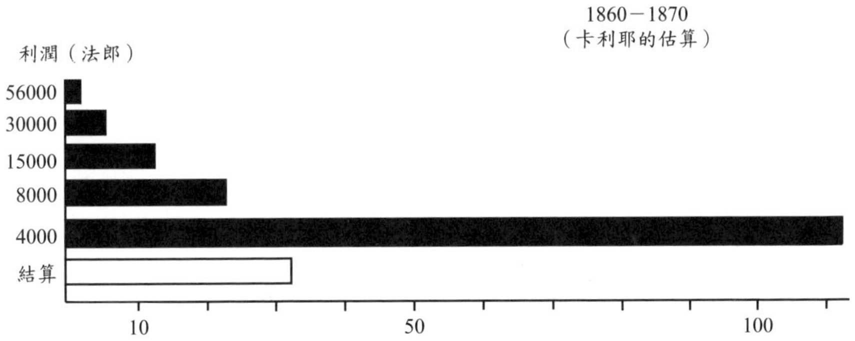

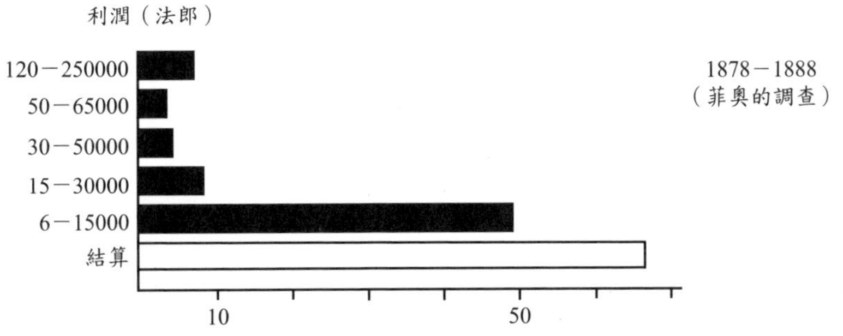

在全國各省，法規也因個別城鎮而不盡相同。一般來說，外省的行政管理不那麼嚴格，但市政當局對寬容妓院的開放和營運仍然擁有極大控制權，當然也保留關閉妓院的權利。在一九〇四年生效的四百四十五項法規中，[163]只有兩百九十四項涉及寬容妓院。其中兩百九十項要求事先批准，四項只要求簡單聲明。兩百四十九項法規要求妓院女老闆保存一本登記冊，兩百項法規要求女老闆向員警報告妓女可能離開的消息。九十三項規定禁止妓院接納外國妓女，一百四十六項規定禁止接納未成年妓女。

巴黎的法規禁止妓院女主人與丈夫或情人在妓院內同居，禁止原因已於前文述明。此外，女老闆只能雇用男性僕人。然而，大型寬容妓院每個月都要更換成套服飾與配備，因此除了院裡的妓女必須總動員，還雇用了大量的女性勞動力，包括洗衣婦、裁縫師、房間女僕和廚師。[164]

妓院女老闆的丈夫不遊手好閒的時候，有時會在附近經營咖啡館或長租旅館，使他能夠祕密地經營賣淫活動。更常見的情況是他成為招聘代理人（agent recruteur），為妻子的妓院招兵買馬。不要忘記很多妓女都是同性戀者，不免會在妓院內爭風吃醋。

在第一流的寬容妓院，妓院女老闆將日常事務委託女副老闆，自己前往時尚的水療勝地度假。這種事業的利潤，足以讓外省妓院女老闆在退休後仍享有尊崇地位。一八九〇年七月二十五日，默倫（Melun）的妓院女老闆艾梅・普沃（Aimé Pruvot）將一百萬法朗遺贈給巴黎市，用於建立以她命名的精神病收容所。[165]

因此，我們也就更能理解女副老闆的重要性。她們通常是三十多歲的前公娼，極少數情況下是女老闆的親戚，負責接待顧客，在透過窺視孔（judas）*進行確認後才開門迎客，並召喚妓女到會客沙龍，接著協助顧客選擇床伴，同時收取買春打炮費用。通常情況下，她知道如何審查男人，被選中的妓女若擔心顧客有病態的性癖好，會跟女副老闆磋商。妓女一般而言必須服從女副老闆，一如服從女老闆。女副老闆的薪資通常都不高：根據菲奧醫生的說法，[166]在普通妓院裡，每月二十五至四十法郎，而根據赫斯醫生的說法，[167]每月二十至三十法郎，包括食宿和服裝；但在大型寬容妓院中，女副老闆的工資可達到兩千四百至六千法郎。向顧客兜售一些雪茄、糖果、肥皂或保險套等小物，能讓女副老闆額外賺取一些小利潤。其實她也收取顧客的小費，而渴望被顧客選中的妓女也會送禮給她。

四、賣淫事業的運作

儘管反對「處女交易」（traite des vierges）[168]的示威運動非常活躍，但可以肯定的是，進入寬容妓院的公娼很少是新入行的菜鳥，她們往往在祕密賣淫或獨自賣淫的時候，就已經完成她的賣淫見習期（apprentissage）。[169]這也讓**招募妓女**更為容易，尤其在巴黎，[170]大多數妓院女老闆都來者不拒。儘管如此，除了需要時常更換妓女以取悅顧客，還有些妓女一旦還清債務就希望能離開去獨自賣淫，也造成妓院流動性極高，加上疾病的頻繁發生，都會給妓院女老闆帶來人力短缺問題；外省的寬容妓院尤其如此，但在巴黎的某些寬容妓院也會出現這種情況，尤其是妓院女老闆讓她雇用的妓女認為工作環境難以

* 譯註：裝在門上的窺視孔（貓眼），法文是Judas，典故來自背叛耶穌的猶大。

忍受之時。而且，如何巧妙地組織旗下妓女陣容，也是妓院女老闆有口皆碑的一門藝術。老練的女老闆為她的客戶提供多數為金髮的妓女，但也有一些深棕髮，而且至少要有一個紅髮妓女。她也相當注重各式各樣的性情和舉止，並「確保人種學的多樣性」，[171]「得體的豐乳女和猶如發育不良中學生的瘦削女並列……葡萄牙裔的猶太女人和佛蘭德（Flamande）女人相鄰，假裝來自黎凡特（Levant）的波爾多或馬賽女人，和來自巴黎郊區小鎮的女孩並肩」。[172]當然也不會忘記有色人種。人種學的多樣性，也必須同時表現於各式各樣心理類型：「開朗的人總是露齒高聲大笑，適合與愛沉思的人混在一起；矯揉造作的或自命不凡的人，放在極端粗鄙、憤世嫉俗者身邊，也沒什麼好讓妓院女老闆不滿的。」[173]總之，這是一門關於多樣性的藝術，值得系統性的分析，才能更了解當時對女人的遐想，而這同時也意味著妓院需要常態性地招聘妓女。特別是在客源穩定的情況下，意即在外省城鎮，妓院必須經常更新妓女陣容，以免讓常客厭倦。鑑於上述原因，龐大的妓女招聘系統於焉成形。

急於雇用妓女來維持其地下營生的皮條客，會在職業介紹所（bureaux de placement）、[174]醫院或診療所徘徊，在妓女出獄時等在門外，或在火車站觀察外省女孩抵達；至於妓院女老闆，通常不會用這麼拐彎抹角的方式招募妓女。不過，她們有時會雇用某位掮客獨自招聘，波爾多[175]的妓院女老闆甚至會直接到診療所招兵買馬。土魯斯的妓院女老闆薩拉貝爾則到勞動交易所（Bourse du Travail）招募。[176]她的一些同事還利用旅店、餐廳或咖啡館的服務員、俱樂部經理甚或馬車夫（cochers）充當掮客。[177]至於凡爾賽寬容妓院的妓女，則是由巴黎周邊林蔭道上的酒商送來的。[178]甚至也有可能由警方直接進行招聘：[179]一九〇八年六月五日，行政部門決定關閉德拉吉尼昂（Draguignan）的一家寬容妓院，警察局長擔心該妓院的妓女會因而四散城內，並以私人名義從事賣淫活動，遂「將她們送到昂蒂布（Antibes），當地的一個妓院女老闆同意支付她們的旅費並收羅旗下」。[180]

但要再次重申，通常是妓院女老闆的丈夫或情人負責招募妓女，一九〇二年拉塞訥和土倫的情況即是如此。[181]招募者為達成使命而周遊全國，造訪各妓院，試圖說服他選中的妓女前往投靠其妻經營的妓院，或向妓院女老闆提出巧妙的交換條件，因此負責招募妓女的人往往喬裝成旅行商（pseudo-voyageur）。[182]另外，妓院女老闆也可以與人力仲介（placeurs）機構聯繫，該機構利用分類廣告販售商品——妓女。這些稱為「包裹」（colis）的妓女品質在報刊廣告上都會詳細介紹，遠在白奴貿易（traite des Blanches）發展之前，銷售妓女就已經是一門成功的生意，下文還會詳細討論這個問題。布列斯特的妓院女老闆則會使用「女性人力仲介」（placeuses）的服務，並根據妓女是否來自該仲介工作的同一城市，向這些仲介支付五到六法郎不等的傭金。[183]最後，為了省去所有的仲介，妓院女老闆有時會直接與同行進行交易，在這種情況下，「包裹」的價格大約相當於妓女的債務額，該妓女也從此附屬於新妓院女老闆，像以前附屬於舊東家一樣。

這些交易產生大量的書信往來，後來被廢娼主義者廣泛利用，[184]因為書信中對「商品」的技術品質或健康狀況提出了各種意見、建議和細節。它們有時並非最終交易，只是因應需求浮動而暫時轉手。曾任預審法官的法蘭西斯・仲馬（Francis Dumas）向巴黎市議會成立的委員會成員報告，[185]他提及預備役軍人（réservistes）的到來，將造成默倫寬容妓院的妓女視具體需求而大量流向楓丹白露，或反向流動。

供應或交換妓女的範圍因地而異，例如：巴黎的寬容妓院女老闆從法國各地甚至國外招募；布列斯特[186]的女老闆，從南特、雷恩（Rennes）、洛里昂（Lorient）、坎佩爾（Quimper）、莫爾萊（Morlaix）、盧昂（Rouen）和勒哈佛爾採購；拉塞訥[187]的女老闆則從馬賽、普羅旺斯艾克斯、尼姆（Nîmes）和蒙佩利爾等地招募妓女。對里昂三家妓院保留下來的登記冊進行分析後，[188]可以準確辨別其妓女的流動情況。[189]我們注意到來自巴黎與當地招聘的妓女為數不少，除此之外，大部分的妓女都來自距離里昂不遠的中型城市：日內瓦（四十六人）、聖埃蒂安（Saint-Étienne，四十一人）、格勒諾布爾（Grenoble，二十六人）、馬孔（Mâcon，十九人）、自由城（Villefranche，十三人）、羅阿納（Roanne）、維埃納（Vienne）、聖夏蒙（Saint-Chamond）和尚貝里（Chambéry）。來自遠方的妓女相對較少，十五人來自馬賽，如果考慮到該市賣淫業的重要性，十五人並不算太多。里昂的這三間妓院從隆河谷和中央高原（Massif Central）招募妓女。除了首都巴黎之外，只有少數幾人來自羅亞爾河以北地區。[190]這些人際關係的模式與我們在馬賽妓院觀察到的模式不同，馬賽妓院的招募既是區域性的，也是跨港口的。

要對照進入妓院的妓女從哪裡來，和她們離開時往哪裡去，相當困難：其中不少人（六十一人）消失了，而我們不知其去向。[191]不過，與巴黎的交流差額似乎呈現負值，而與同一地區城鎮的交流則明顯為正值，而這讓我們能描畫一條該時期農村人口外流的路線，且與人口遷移的最終去向部份相符。里昂的妓院則吸引了鄰近城市的妓女。雖然其中大多數人確實有一天會回到來處，這也是賣淫移居的獨特之處，但其中一些人融入了祕密賣淫界，另一些人則被巴黎吸引，從這點來看，里昂似乎是個中繼站，正如對於出身周圍農村的妓女而言，該地區的大城市只是個中途點。除此之外，妓女落腳點的地域分布與招聘區域密切相關。

我們忍不住要分析妓女流動的月度分布情況，以觀察其流動更新為連續性或季節性（參見圖七）。首先要注意的是，這些並不是經營不善的妓院，而是在這段期間編制人數保持完整的妓院。除了春末夏初移動較為頻繁之外，整體上妓女以連續性為主：妓女在夏天旺季離開妓院的情況較少，我們因而可以認為嫖客更喜歡在秋季恢復工作期間見到煥然一新的妓女陣容。冬天似乎是個相對穩定的時期，寒冬淡季留住了亟於離開的妓女是可以理解的。有個現象很明顯：二月份是招募人數最少的時候，可能是受到大齋期（Carême）的影響。

妓女在同一妓院的**停留時間**，因情況不同而有很大差異，但從整體來說，大多數妓女的流動性很大。從圖八可以看出，一九〇二年在凡爾賽寬容妓院工作的妓女在同一妓院的平均停留時間，以及土倫寬容妓院的妓女，在其職業生涯中每次在妓院停留的時間。[192]據布列斯特的市長說，布列斯特的妓女在同一妓院平均待十五個月。[193]

一八八五年至一九一四年間，里昂三家妓院保留下來

圖七

1902 至 1914 年，里昂兩所妓院登記簿的每月登記分布情況　　　　每月離開人數分布情況

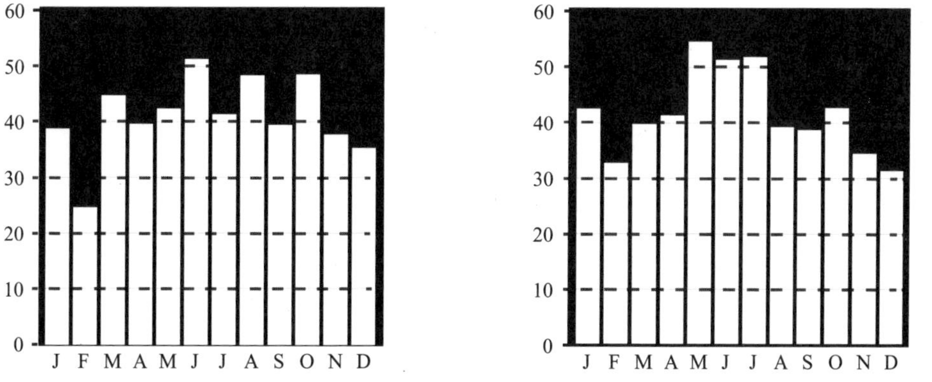

的登記冊中共有五百七十三名妓女，[194]有四百七十一人（即百分之八十二・二）只在該妓院停留過一次，七十六人（百分之十三・二）停留過兩次，十一人（百分之一・九）停留過三次，六人（百分之一・二）停留過四次，五人（百分之〇・八）停留過五次，四人（百分之〇・七）停留過五次以上。

如果只考慮（參見圖八）單次停留的時間，以及多次停留過的一百零二個妓女她們第一次停留的時間，[195]我們可以看出三種趨勢：

(1)五十六名妓女（百分之九・七）停留的時間不到一週，原因是她們不適應該妓院的工作或習慣、不符合客戶的喜好，或者只是來做短期的替代任務。

(2)一百六十九名妓女（百分之二十九・四）停留時間為七至三十天；一百一十一名妓女（百分之十九・七）在該妓院從事賣淫時間為三十至六十天。因此，妓女人員總數的一半是流動的妓女，她們的更新流動符合客戶的要求。一百九十名妓女（百分之三十三・一）較為穩定，雖然她們的停留時間也沒有超過十二個月。

(3)另一方面，每個寬容妓院都有一小群常駐妓女，她們的作用可能是維持妓院的風格，使該妓院的常客有種持續的熟悉感，並使妓院女老闆在資深妓女的支援下，更容易控制流動妓女。一九〇〇年至一九一四年間，有四十名妓女在同一妓院停留了一至五年，五名妓女執業了五年以上，其中一人停留了十年以上。此外，在多次停留的妓女中，有些人實際上是寬容妓院的台柱，因此她們只能不定期地休息幾天。花名伊絲帖的瑟列斯婷B・〇〇於一九〇一年五月八日進入舍維拉（Chevillat）妓院，直到一九一九年三月五日才正式離開該妓院。在這十七年又十個月裡，她有十一次缺席不在妓院：其中六次去了可能是她家鄉的蒙塔日（Montargis）住了幾天，一九一九年也在這個城市退休；曾有四次她去巴黎住了一段時間，其中兩次停留時間較長；一九一一年四月二十五日離開妓院去奧爾良，卻直到一九一二年六月二十五日才從首都巴黎回來；一九一五年，她離開妓院長達七個月，先是在蒙塔日，後來又到巴黎。瑪麗〇〇在一九〇九年三月二十五日進入同一所妓院，直到一九二〇年三月八日才正式離開，此前她缺席了十三次。此外必須注意的是，各妓院有不同的慣例，因此比起其他妓院的妓女，舍維拉妓院的妓女停留的時間顯然更穩定。

即使妓女在寬容妓院中停留的平均時間很短，但這並不妨礙她們長期從事公娼生涯。一九〇二年凡爾賽寬容妓院妓女的職業資歷，以及馬賽和土倫的妓女在同一時期已經停留過的妓院數量，透過這些圖表清楚地呈現。[196]讓我再補充一點，當時布列斯特的妓女平均在同一個妓院生活六年。[197]一九〇二年，土倫一家妓院的妓女L在妓院工作了十五年，她在十四歲時被一個幫她偽造身分證件的掮客安排到凡爾賽的一家妓院，之後陸續在十二家妓院裡工作。

圖八：寬容妓院的住宿妓女：停留時間

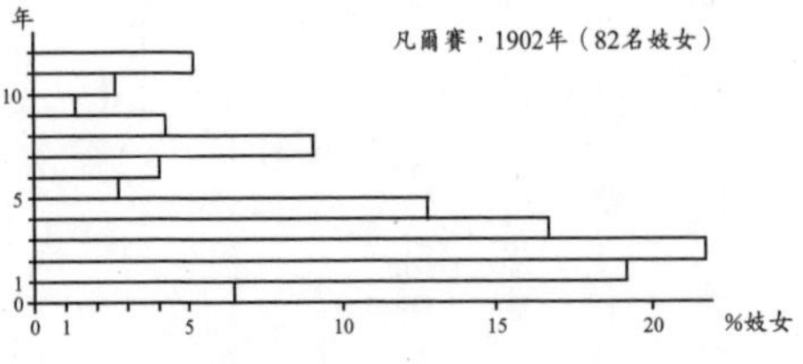

平均停留時間（估計值）

A 1902年，凡爾賽地區妓女在同一妓院的平均停留時間（1902年調查期間估計的數目，省檔案）。

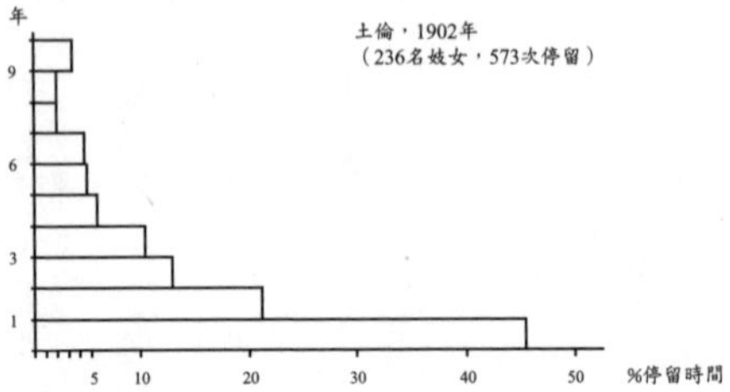

實際停留時間

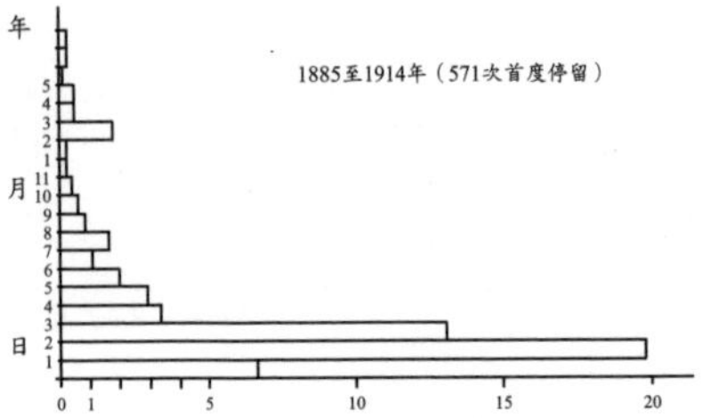

在里昂三所妓院首次停留時間

C 根據妓院紀錄，在里昂三所妓院的停留時間（1885至1914年）。對於多次停留的妓女，僅記錄其首次停留時間。

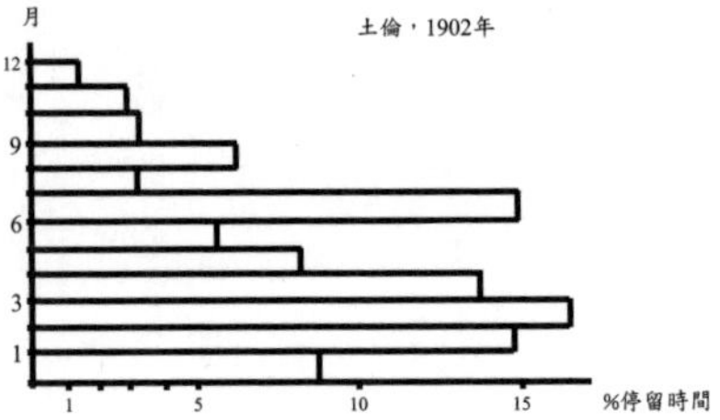

249名妓女的停留時間不超過一年

B 1902年在土倫寬容妓院工作的妓女，職業生涯中在每個妓院停留的時間（省檔案）。

圖A、B、C所呈現出的差異，主要因為研究方法不同。圖A與B中，對於妓女停留時間的調查是針對某些確切日期，而圖C則記錄所有第一次在該妓院停留的時間。這種貫時性的方法將許多短暫停留包含在內；相對來說，針對確切日期的調查，則多半忽視了我稱作「流星」的這些短暫停留。

圖九：寬容妓院的妓女：一九〇二年

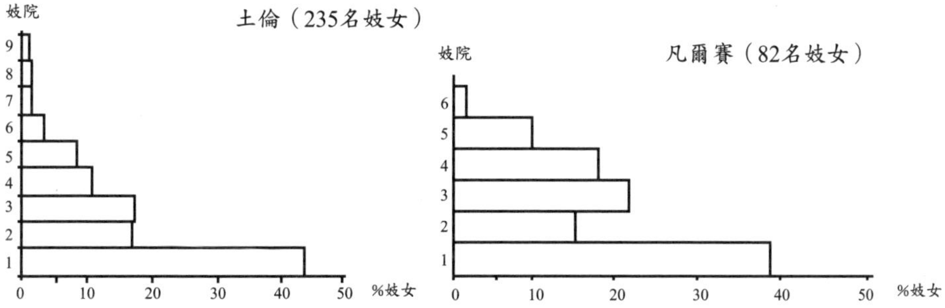

A 1902年，土倫與凡爾賽寬容妓院妓女曾停留過的妓院數目（省檔案）。

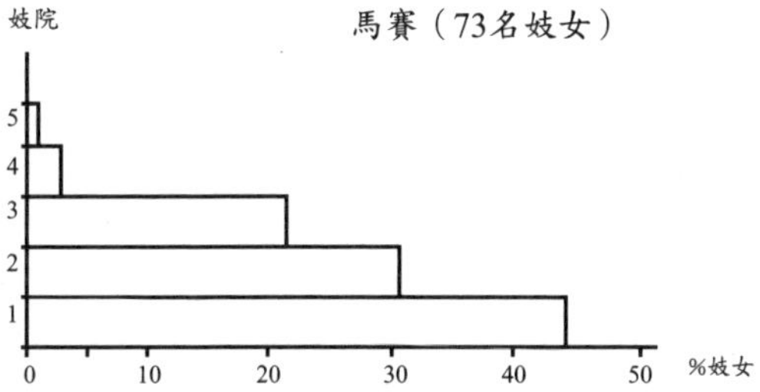

B 1902年，馬賽寬容妓院妓女曾從事公娼的城市數目（省檔案）。

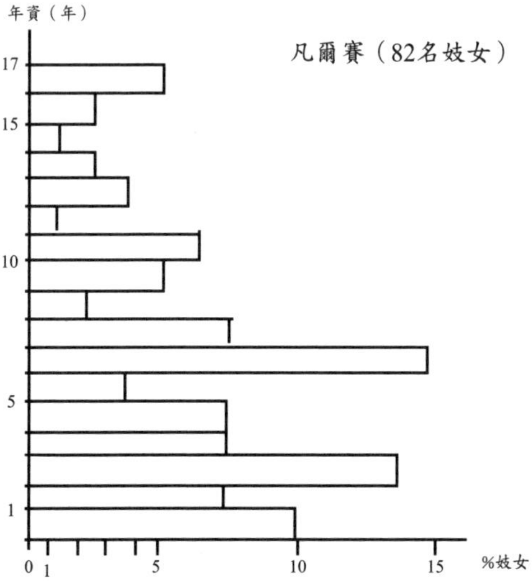

C 凡爾賽寬容妓院妓女的年資（省檔案）。

圖九內的B以另一種角度審視寬容妓院的妓女流動性，因為這次重點不在於妓院數目，而是來自馬賽妓院的妓女曾經從事賣淫的城市數目。有時妓女流動的路線會把她們帶到相距甚遠的地區：職業是裁縫的妓女P〇〇，一九〇二年時三十三歲，出生於夏朗德下游省，[198]從事妓女二十多年。六年前，她在土倫進了寬容妓院，在此之前，她曾在波爾多、波城（Pau）、土倫、巴黎、凡爾賽、勒哈弗爾和馬賽的寬容妓院工作。不過，一些來自土倫的妓女並沒有離開地中海地區：三十歲的涵雪・M〇〇出生於卡斯特爾（Castres），曾做過熨衣工。在她十年妓女生涯中，曾在巴斯蒂亞（Bastia）、阿雅丘（Ajaccio）、蒙佩利爾、尼姆、塔拉斯孔（Tarascon）、馬賽、塞特和土倫的妓院停留。前文提過有些妓院的妓女對她們的妓院忠心不二，例如：瑪麗・B〇〇，經營女帽生意的寡婦，一九〇二年時已經在同一所妓院停留了十七年；菲樂・G〇〇已經在妓院逗留了十三年，也是她從事賣淫的唯一妓院。

進入寬容妓院的妓女不再保留原有的名字，[199]從此以花名（pseudonyme）走跳，即使更換不同的妓院，也經常使用同一個花名。[200]這方面的專有名詞學（Onomastique）讓人收穫良多。如果將里昂三家妓院的妓女名字，與分配給她們的花名對照，[201]首先會看到最常見的洗禮名不會用於花名：瑪麗（Marie）、珍娜（Jeanne）、路易絲（Louise）、約瑟芬（Joséphine）和安娜（Anna）。相反地，常見的花名很少會出現在妓女原本的名字列表裡，例如：卡門（Carmen）、米妞（Mignon）、蘇珊（Suzanne）、荷內（Renée）、安德蕾（Andrée）、瑪瑟蕾（Marcelle）、席夢娜（Simone）、歐爾珈（Olga）、維爾列塔（Violette）、依維特（Yvette）、波列特（Paulette）。只有貝爾特（Berthe）與布蘭琪（Blanche），能橫跨洗禮名與花名這兩個截然不同的名詞系列。

在美好年代（la Belle Époque）時期，里昂各家妓院可選擇的花名列表相當短，最常見的花名在各妓院都有人使用。我們可以從妓女選擇的花名看出文學的影響，甚至歌劇藝術的薰陶：卡門和米妞是最常見的；瑪儂（Manon）、卡梅利亞（Camélia）、芳婷（Fantine）也反映同樣的影響。還可注意到大量以「ette」為詞尾的花名，例如：維爾列塔（Violette）、依維特（Yvette）、波列特（Paulette）、布雲涅特（Brunette）、布瓏汀涅特（Blondinette）、歐蝶特（Odette）、亞列特（Arlette）、玖爵特（Georgette）、綠瑟特（Lucette）、瑪西涅特（Marinette）和妮涅特（Ninette），總共占了全部花名的百分之六十五，其作用可能是為了強調妓女的年輕特質，但也同時反映了本世紀初經常被人譴責的少女賣淫風氣。另一方面，除了薩芙（Sapho）之外，[202]所有的花名都沒有任何具體的色情意味，也沒有任何一個花名帶有性專長或反常的暗示，這或許應當看成一種見證，顯示時人一致認為公娼必須知廉恥，他們冀望嫖客在妓院裡既享受感官刺激，又把資產階級的親密關係移植過去。我們可能還會驚奇地發現，少數花名帶有異國氛圍（除了卡門）或影射《聖經》中的情色場景。雖然蘇珊*這個花名的出現，或許意圖使人聯想到老年窺淫癖的繪畫主題，以及赤身裸體、獻出貞操的情色衝擊。

在寬容妓院裡，妓女必須服從一整套個符合制度邏輯的規則，該規則視各妓院而有所不同，主要是讓妓院女老闆得以強力控制妓女。從第一天開始，妓院女老闆和新妓女之間就開始實施複式簿記系統（comptabilité en partie double）。理論上，妓院女老闆必須擔負妓女的食宿、室內穿著、暖氣、照明、洗

* 譯註：典故來自聖經故事蘇撒拿傳（Suzanne et les Vieillards）。

衣等費用，但買春打炮及宿娼收入也都由女老闆收取，至少巴黎是如此。「妓院女徒」（fille d'amour）只能接受嫖客贈與的「手套」，也就是小禮物。如果妓女是單純的「寄宿妓女」（pensionnaire），則可以獲得一半的賣淫收入，但必須每月向妓院女老闆支付一筆膳宿費，根據不同妓院，每月九十至兩百法郎不等。[203] 帳目採用代幣制（jetons），讓妓院女老闆有時可以作弊，妓女則稱之為「漏記打炮」（sauter la passe）。而在外省，無論是否為寄宿妓女，一般都會收到嫖客所付款項的一半。一九〇二年，瓦爾省[204]「普通妓院」的妓女，由於其顧客為無產階級，每天只能掙到五到六法郎；而在以資產階級顧客為主的「封閉式妓院」妓女，則平均能掙到十五法郎。[205]

妓院女老闆極為擅長讓她的員工舉債。說實話，這還不容易嗎？支付招募仲介的傭金、旅費、旅途中「換洗衣物」或服裝的租賃費、家居罩衫等都由妓女負擔。接下來，傭人的小費，髮型師、修足師和修甲師的包月費，看醫生的診療費、藥品費用，額外的洗衣費，大型寬容妓院還有首飾的租賃費、在妓院女老闆開的商店裡購買各種商品的費用等，都能讓妓女債台高築。由於妓女難得獲准出門，因此不得不以高昂價格向妓院女老闆購入香菸、香水、盥洗香皂、蠟燭，以及所有誘惑她的時尚物品。不管是在餐桌上的自由時間，或是在會客廳接客的時刻，她一整天為自己訂購的所有額外事物，以及香檳和利口酒，都得由她自己支付費用；妓院女老闆為了增加妓女債務，甚至嘲笑她們不敢一擲千金，藉以刺激她們盡量消費。關於這一點，應當記得妓女的性情，特別是她們的團結意識，因為這些婦女群體的社交形式極為明確：每飲一回合的勃艮第酒或香檳酒，都由她們輪流付費；賭輸了的妓女也必須為同桌付一回合酒錢；慶祝生日或決定與同事結為連理（nouer une union）的妓女也是如此。一年中某些時候，尤其是妓院女老闆生日時，妓院人員送老闆厚禮也是天經地義。最後，任何違反規則的行為都必須支付罰款，無論是在餐桌上拖拖拉拉，還是對老闆娘不尊重，或者最常見的，對顧客不夠體貼。

要是負債累累的妓女試圖逃跑，警方會確保妓院女老闆能追回欠款。甚至在一九〇七年，司法部長（garde des Sceaux）[206]仍確認一名巴涅爾—德比戈爾（Bagnères-de-Bigorre）的妓院女老闆，寡婦塔拉札克（Talazac），有權拒絕向一位想離開該妓院的妓女歸還文件和衣物，雖然妓女僅欠款四十五法郎。但也不能就此以為妓女大多是被迫留在妓院，這種誇張情節留給廢娼主義者去發揮就好。能安穩居住在一定程度的舒適環境，不必擔心明天生活無以為繼，享有相對豐盛的食物和酒水供應，還能睡到自然醒的閒適懶散生活，在遊戲和閒聊中度過漫長午後，都讓妓女與體系之間存在著微妙連結，若有必要，債務其實是為了確保妓女即使更換妓院，生活型態仍能穩定不變。

只有在某些外省城鎮，妓女才會與妓院女老闆一起外出溜達，這在巴黎和馬賽都已經不流行了。每隔兩個星期，妓女就會被允許在城裡隨意走動，也許去見她的「心上人」，並在必要時向其獻出微薄的積蓄。（龔固爾筆下的）妓女艾莉莎，正是利用其中一次外出活動，謀殺了她的士兵愛人。妓女晚上會帶著花束回來送給妓院女老闆，或者送雪茄給妓院男主人。

一般來說，如同巴黎的情況，健康檢查是在妓院裡進行。[207]然而在一些省城，寬容妓院的妓女會一起或分組前往掃黃警隊的診療所，里昂的情況就是如此。童年的古約在雷恩看到這些妓女魚貫經過的景象，遂決定致力解放被幽禁的妓女。[208]

對顧客與工作的追求

巴黎大型寬容妓院的客戶都是透過人脈介紹而來，因為昔日被稱為「賭局之家」（maison à parties）的妓院，除了關上的百葉窗之外，外部很少有明顯標誌向過往行人昭告此處為妓院。另一方面，「街坊」妓院和大眾妓院就很容易區分：巴黎和各省一樣，用燈籠及大而醒目的號碼（在某些邊遠地區，燈籠的高度可達六十公分）清楚地表明該建築的商業性質。一九〇四年，[209]二十二項城鎮法規仍要求妓院掛有燈籠和醒目的數字，六十九項城鎮法規要求入夜時點亮妓院入口和通道樓梯。[210]而在郊區，妓院牆面往往以最鮮豔的顏色粉刷。

馬賽的妓女輪流在妓院門口或走廊招蜂引蝶，同時會有一名女僕坐在門口。在一八七八年以前，在巴黎會由一位前妓女成為在妓院前拉客的「蹓步者」（marcheuse），吹噓妓院內提供的肉體歡愉，以吸引顧客。《基格條例》廢止這種行為，但這種「報馬仔」（bonne indicatrice）[211]做法此後逐漸回歸，而且似乎得到警察總監厄內斯特・卡梅斯卡斯（Ernest Camescasse）的默許。[212]另外也會有妓女輪流在妓院前人行道上走來走去以便拉客，但這種行為在第三共和初期趨於式微。[213]

想尋歡的嫖客可以查閱《賀紅年鑑：法國、阿爾及利亞和突尼斯以及瑞士、比利時、荷蘭、義大利和西班牙主要城市的社會妓院（稱為寬容妓院）地址標示》（*Annuaire Reirum, Indicateur des adresses des maisons de société (dites de tolérance) de France, Algérie et Tunisie et des principales villes de Suisse, Belgique, Hollande, Italie et Espagne*），以獲得所在城市不同妓院的地址。年鑑上除了妓院地址和妓院女

老闆的名字外，廣告頁面還標示許多賣淫產業供應商及各種相關事業的資訊。

妓院女老闆還會在大街、旅館或火車站散發卡片，上面精美地印製著愛神或女性裸體，並標註其機構的性質和地址；咖啡館或餐館的服務員、旅館的門房、出租馬車的車夫，有時也有專門領錢派發卡片的雇員，他們都樂於為潛在的嫖客指點迷津，需要的話，還會直接將他們帶到妓院門口。有時透過報紙的分類小廣告，讀者也能清楚知道口碑最好的妓院地址與特色，只是屬於幽會館的情況比較多。[214]

當然，要衡量寬容妓院妓女的業務相當困難。但所有跡象都表明，比起獨立賣淫的公娼或暗娼，她們的業務更頻繁。眼裡只有利潤的妓院女老闆，會強迫她的妓女接待所有求歡的顧客，並屈從他們的所有要求。在客人離開前，妓院女老闆會向顧客問幾個問題，藉以得知妓女是否對其殷勤款待。通常按照慣例，妓女即使在經期也要接客，妓院女老闆會高明地利用化粧技巧讓顧客忽略妓女的狀態。同理可證，在嫖客需求量大的時候，生病的妓女也必須繼續工作；一些妓院副老闆甚至擅於此類化妝術，包括在病灶處敷上一小塊有顏色的動物腸膜，並在患有淋病或梅毒的妓女的性器官上塗抹一層胭脂紅。[215]懷孕的妓女也不能因此停止工作，甚至更受某些興好此道的嫖客歡迎。

巴黎市政委員會的成員勒維樂醫生（Level），把妓院妓女的接客次數固定為平均每天七或八次。[216]一九〇二年，拉塞訥寬容妓院的妓女平均每天接客五次。[217]其實這些平均數並沒有什麼意義，很多妓女在每週的工作日晚上都沒有工作，但在週六、週一、嘉年華會、市集和役男體檢的日子，甚至博覽會期間都要大量接客。菲奧醫生在查閱檔案後確認，在大型寬容妓院，每晚接待不到四個男人的妓女少之又少，[218]最常見的情況是一晚接待七、八、十或十二個嫖客。菲奧醫生列舉了其中一位寬容妓院妓女侯蘭德（Rolande）的案例，她一個晚上接待了十六名男人。[219]在「街坊」妓院和大眾妓院，妓女接客的平均數量較低，因為消費顧客的流量不太固定，箇中原由是一般雇員和工人大多在月初光臨妓院，尤其是星期六和星期一的發薪日。據古約估計，在這種情況下，妓女每天的接客次數可以多達十五、二十，甚至二十五次；[220]反之從「每月十五日開始」，「很多夜晚都是掛零」。[221]這些妓院的每月業績分布似乎與性犯罪的分布相同，也就是五月、六月、七月和八月最多，而二月大齋期最少。

事實上，打炮或與嫖客過夜只是妓女工作的一部分：施虐受虐行為、同性戀女陰摩擦的場景、活人畫場面（tableaux vivants）逐漸成為大型寬容妓院的基本活動，且在二十世紀初就已經是如此了。[222]

五、妓女在寬容妓院的日常生活

一九〇四年，巴黎和其他一百二十四個外省城鎮的法規，禁止妓院女老闆讓兩個妓女睡在同一個房間，而且必須為妓女提供像樣的住處，但事實上，很少人遵守這些規定。直到一九一四年，所有的見證都異口同聲地用最黑暗的詞語描述這些位於閣樓的骯髒「狗窩」（chenils）、「雞窩」（poulaillers）或「櫥櫃」（bahuts），裡面擠著妓女，兩個一組同床共寢。

一張鐵床鋪著滿是臭蟲的床墊、一張木桌和一把草墊椅子——這通常就是妓女不住在這些「狗窩」時唯一擁有的家具。妓院的所有窗戶必須保持關閉，一九〇四年時，還有一百九十九項市政法規規定妓院窗戶應安裝鐵欄杆。[223]此外，七十九項法規禁止妓女在門窗前露面。在這方面，一流寬容妓院的妓女並不比大眾妓院的妓女好運。[224]

妓女非常晚起，一般都在早上十點到十一點之間，且一天中的頭幾個小時都是用來泡澡、盥洗和美髮，複雜程度甚至需要該妓院的假髮師長期護理。接著是化妝，也就是抹上誇張的白色或玫瑰色妝容，並畫上藍色小血管，假裝膚色白皙透亮。在低檔妓院裡，年長妓女戴上劣質假髮後，只需用一種以魚膠為基礎的藥劑抹平皺紋。[225]

午飯過後，開始了漫長的打牌或玩樂透的下午，在吞雲吐霧中無盡地閒聊。此時，學過音樂的妓女會彈鋼琴，有的看小說。對話內容幾乎千篇一律：[226]據菲奧醫生的說法，通常主要是關於職業的操縱手段。外省的寬容妓院一般都有花園，[227]這裡的妓女幸運地能在花園中散步。

用餐次數頻繁，而且往往很豐盛，但只有在妓院女老闆在場時才能開動，瀰漫著資產階級體面的氣氛：女老闆進入飯廳時，妓女全體肅立，且通常必須保持安靜。在資產階級風格的妓院中，任何出言不當、不尊重人或者只是聲量太大，都會被訓斥。用餐的時間安排，確實很難符合妓女個別的時間安排。巴黎[228]的資產階級風格寬容妓院中有四次用餐時間：第一次在十一點或中午，包括三道菜、一份甜點和半瓶酒。第二餐就是晚餐，在下午五或六點時上桌，這是最豐盛的一餐，比第一餐的菜單多了湯和咖啡。根據古斯塔夫·梅西（Gustave Macé）的說法，其他兩餐在午夜以及清晨五點；但根據赫斯醫生的說法，只有在凌晨兩點提供宵夜，包括冷肉和沙拉，佐以葡萄酒。

晚飯結束後，妓女要到自己的房間進行晚間的盥洗和梳妝打扮，穿上工作服準備接待客人：「刺繡和鏤空的白、粉或黑色網狀絲襪，裸露腳背的高跟鞋，以及非常透明紗質晨袍，或黑色、白色蕾絲罩衫。」[229]鎖定資產階級客戶的妓院妓女還會加上手鐲、戒指和項鍊來完成最後打扮。大眾妓院的時間安排大致相同，只是飯菜的品質和設施的豪華程度不同。

外省的妓院開放時間因不同城鎮而異。[230]某些地方規定妓院必須在午夜關門，例如：亞眠（Amiens）；其他則規定晚上十一點休息（波爾多、布列斯特、蒙佩利爾），還有一些是晚上十點（南特）。另一方面，巴黎的大型寬容妓院在晚上十一點到凌晨兩點之間營業，顧客在會客廳裡大排長龍。俗稱「米歇」（miché）*的恩客抵達時即被帶進房子的正廳，妓女在裡面按照指定位置排成兩排。她們都不會開口要求顧客選擇，而是透過眼神交流、微笑、舌頭動作或挑逗姿勢試圖魅惑恩客。顧客向雀屏中選的妓女伸出手，隨後在副老闆陪同下離開大廳，和妓女一起上樓，等她沐浴淨身後再與其交歡。在大眾妓院裡，恩客在附設的小酒館內進行選擇，每個妓女輪流使出渾身解數魅惑顧客。如果顧客接受，她就過來與顧客一起喝一杯，並試圖透過愛撫來說服他接著到妓院的另一個房間繼續下一步。

這就是看似簡單的寬容妓院妓女的生活。她們很少有機會擺脫每天單調的生活，因為不再有和老闆一起外出散步的機會，而其他的外出機會，最多就是兩個妓女之間的「婚禮」、妓院女老闆生日，以及後來的七月十四日國慶日的燈飾慶祝。[231]《泰利葉春樓》內，因授聖禮而關閉妓院使妓女乘機逃亡等情節，顯然只是文學上的傑出構思。

然而必須指出，雖然妓院的妓女有時顯然會「失蹤」，[232]但她們並不會使用暴力來衝破禁錮，抗議仍然以口頭進行。我們所知唯一一次劇烈的反抗是在一八六七年，派特奈妓院（Parthenay）的妓女為重獲自由，放火燒毀該妓院。[233]公娼反抗的首要舞臺是醫院，[234]然後是監獄，[235]而非在她們的工作場所。

當年引起妓女激烈抗議的原因，正是因為她們被禁止工作。

妓院的透明性，在某種程度上，與地下妓院所代表的下流酒吧或貧民窟恰恰相反。當然，妓院的確如古斯塔夫・莫利納里（Gustave de Molinari）所認為，是人類物種生存所不可缺少的性氾濫洩洪道，[236]但它同時也表現了對群體性行為的禁制，以及對雜交的譴責，因此妓院也以自己的方式，反映了資產階級的親密關係，[237]亦即按照法規，每對伴侶都要有自己的房間。在這方面發人深思的是，整個十九世紀裡，引起觀察者和行政人員憤怒的，不是賣淫的妓院，而是擠滿了下班妓女、如「櫥櫃」般窄小的房間。正是在那裡，產生了肉體的無序混雜行為，以及更糟糕的同性肉體的交合。

獨自賣淫的有牌公娼：過渡性的地位

米賀醫生[238]形容獨自賣淫的有牌妓女是登記在冊和受管制的賣淫業貴族。事實上，行政部門正式容許她們的存在，希望藉此更有效地控制通常祕密賣淫的流鶯（prostituée vulgivague）。但首先應當注意，某些城市法規從一開始就不承認獨自賣淫的有牌妓女，例如：一八七四年德拉吉尼昂制定的法規，即禁止妓女住宿在寬容妓院以外。[239]

---

* 譯註：極為普遍的菜市場名字米歇爾（Michel）的暱稱。

獨自賣淫的公娼必須接受訪視。[240]在巴黎，理論上禁止她們住在附家具的日租套房，她們必須租一個房間或公寓，並自行安置家具，如此才能受房東和裝潢掛毯商的控制。[241]節節上漲的房租，將她們從市中心逐漸趕到郊區。不過，警察總署允許一些獨自賣淫的公娼在寬容妓院裡賣淫，將寬容妓院當作她們的應召站。[242]一八七八年，巴黎的一百二十七家寬容妓院有三十六家獲准如此。

波爾多的法規更為複雜：行政部門強迫獨自賣淫的二等公娼住進低檔賣淫地區建立的寬容妓院，她們分租位於一樓的房間，直接面向街道，白天以及晚上的一段時間，都可以坐在門檻前拉客。另一方面，波爾多最高等的獨立公娼也被默許能夠出入應召站，甚至是幽會館。[243]

理論上，在馬賽獨立賣淫的妓女，必須住在賣淫特定區，但事實上，她們多年來逐漸傾向於離開這個禁區。一八七二年，[244]馬賽市長注意到有另一處賣淫特定區自發形成，該區也成為獨立有牌公娼賣淫的舞臺，但沒有得到行政部門的承認；[245]一八七六年，馬賽中央警察局長也注意到這個趨勢，[246]該區有六十間房屋是眾所周知的應召站。此外，城內有五十五個帶家具出租的套房是獨立賣淫公娼的住所，經常與暗娼混雜。一九〇二年，[247]這個狀況發展更甚：七百個獨立賣淫公娼當中，有四百四十八個「偷偷地」居住在馬賽的一百七十個帶家具出租的套房和旅社，或是由個人名義出租的套房。

對於獨立賣淫公娼的行為，市政法規有非常精確的規範。在巴黎，晚上七點之前和十點或十一點之後，都禁止她們招攬顧客，甚至禁止她們出現在街頭或公共場所。她們必須避免挑逗性的服飾與舉止，而且只能「披髮」（en cheveux）而行。管制主義者近乎執迷地恐懼拉客的行為，也因此禁止妓女以任何形式觸摸路人，或用淫穢的手勢及語言挑逗他們，尤其禁止從窗戶拉客。

恩爾淦在一九〇四年分析了對獨立賣淫公娼的所有禁令，凸顯了管制主義試圖強加於娼妓身上的嚴苛生活模式，而且也清楚表明行政當局其實很後悔允許她們在妓院外進行賣淫活動。當時仍有三百五十一項法規禁止她們進入咖啡館；三百二十九項法規禁止她們在公共場合逗留，特別是在高中和軍營附近；兩百四十七項法規禁止她們在自家窗前露面；五十一項法規禁止她們發表可能被人聽到的淫穢言語；六十二項法規禁止她們把孩子留在家裡；三百三十四項法規明確規定她們可以外出走動的時間；十七項法規禁止她們乘坐敞篷馬車外出或與男人一起坐車；十三項法規禁止她們未經允許去劇院。在拉羅謝爾（La Rochelle），[248] 一八八六年的法令要求她們只能坐在由警察局長分配的某些觀眾席。一八七四年起在南錫生效的法規規定：「獨立賣淫公娼所住公寓的窗戶，必須安裝毛玻璃，並始終保持關閉，除非已安裝掛鎖的百葉窗……在她們的住所內，獨立賣淫公娼應避免一切噪音、喧鬧、爭吵等任何可能引起鄰居和路人注目之事。」[249]

這些當然只是理論上的禁令，不可能遵行，但這些法規只是讓員警能夠以違法為由，隨意逮捕任何獨立賣淫的公娼。事實上，掃黃部門面臨真正的兩難：獨立賣淫公娼拉客時必須避免任何可恥言行，以免向「良家婦女」、特別是年輕女子和兒童透露其賣淫性質；但同時，公娼也必須要能讓顧客知道她在賣淫。

事實上，被允許獨立賣淫的公娼融入了暗娼的龐大人群中，她們的行為與文獻中經常描述的私娼也沒有什麼不同。某種程度上，她介於管制主義理想中的封閉環境與大城市中瀰漫的非法性行為之間，而非法性行為往往導致各種不同形式的性交易。獨立賣淫的公娼有時是曾在寬容妓院工作的妓女，但決定要重獲部分自由。[250]另外也不要忘了，登記賣淫的妓女以前通常是私娼，而登記後獨立賣淫的公娼大多數也會搞「失蹤」，加入暗娼行列，因此這兩類妓女的相互流動可謂川流不息。由於許多資產階級嫖客拒絕光顧登記在冊的公娼，因此為了吸引更多資產階級顧客，甚至有獨立賣淫的公娼冒充私娼。這就是大量「交際型妓女」（filles à parties）在布洛涅林苑（Bois de Boulogne）或香榭麗舍大街招客的情況。

比起私娼，獨立賣淫的公娼更常與客戶建立有限的合夥關係，因為行政部門的許可使她們更容易達成這點。也就是說，一群相互認識的紳士決定一起買下她的性服務，並輪流分配寵幸她的日子。這種男人間的誠信協議有個好處，就是大大降低性病傳染的風險。[251]

獨立賣淫的公娼和私娼之間因忌妒而導致關係劍拔弩張，而私娼往往因同僚向警方告發的受害。這是可以理解的：在掃黃警隊監視不力的街區，公娼眼睜睜看自己的顧客消失，私娼卻從中受益。

如果認為獨立賣淫的公娼因為登記在冊而完全受到行政部門控制，那當然是誇大其詞。和私娼一樣，她們一般都被皮條客控制，而稍後要提到的關於流鶯的情況，也常常適用於獨立賣淫的公娼。但是，如果她們在管制主義者期望的禁區外進行賣淫活動，她既躲不過警方持續監控，也不能倖免於醫院或監獄禁閉。

根據管制主義理論，雙重演進正在發生。一方面，從七月王朝初年以來，公娼的衛生管理大幅改善並強化。某些綜合醫院或醫務室為妓女設立特別病棟、大城市則加強衛生部門與掃黃警隊之間的聯繫、規定更頻繁也更徹底的健康檢查、改善婦女的醫療檢查條件，最重要的是建立了一個往往過於詳盡的檔案和紀錄系統，而這些都反映了衛生管理的進步，與治療技術進步大不相同。這種醫療管理的改進，

圖十：巴黎的鎮壓狀況（省警察檔案，**Richard, Reuss,** ***op. cit***）

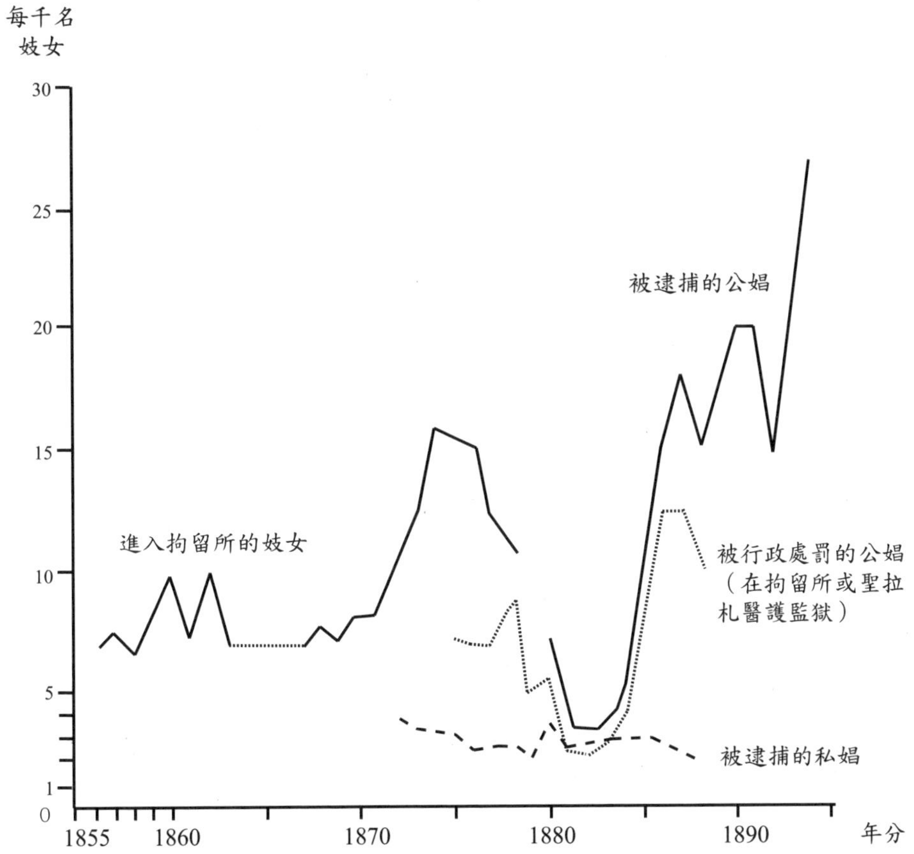

同時使得掃黃部門能夠更有效地監督妓女，更容易地控制她們。總之，管制主義計畫愈來愈落實於生活。

另一方面也可注意到，把性病治療變作懲罰手段的老方法正在減少。在此無須重提，「大病」的受害者自文藝復興以來一直受到粗暴對待，甚至經常受到公開體罰，以懲治他們的不當行為，讓他們為享受過肉體歡愉而贖罪。鞭刑不復存在、關地牢的情況顯著減少、特定時間禁食或剝奪最基本舒適條件等虐待行徑廢止，以上這些在大城市都進展迅速，但在此重申，這也只是反映了監獄思維和方法的整體演變。

這種雙重演變見證了行政管理者的關注重心，逐步從公開宣揚的道德關切優先，轉向以健康為考量，而且很快造成新管制主義興起，並從陽具崇拜焦慮轉為對性病的恐慌。然而，思想觀念和作風轉變的速度，卻因地區和城市規模而不盡相同，這方面的差異程度也令人感到驚詫。在一些大城市，特別是巴黎與里昂，區分了染上性病的妓女和「一般性病患者」，而這反過來又導致妓女更進一步被邊緣化。妓女經常在醫院或特殊部門接受治療，儘管她們同樣受惠於人性化的治療，但這並不妨礙行政部門更加嚴格地幽禁她們。

此外，多數中型城市的綜合醫院仍然拒絕治療性病患者；[252]而大多數相互救濟協會（sociétés de secours mutuels）的章程也同樣規定，可恥疾病的受害者不得享有協會提供的正規福利。[253]在這些外省城鎮，罹患性病的婦女主要都是妓女，雖然偶爾也有其他性病患者被專為妓女保留的治療區收治，但所有住院治療者通常都會遭受舊時的嚴厲對待。直到第一次世界大戰前夕，上鎖的柵門、鐵欄和地牢在某些地區仍然很常見。

一、衛生管理或「政府陰莖」（pénis du gouvernement）[254]工作的進步

衛生管理既是官方對公娼活動及生活條件的全面監督之一環，也是政府實行監督的特別手段。事實上，應當切記，管制體系實踐下的真正核心場所，或者像赫斯醫生所形容的監管制度的「基石」[255]，是**診療所**，而不是**監獄型醫院**。

健康檢查是妓女關注和對話的焦點，[256]而要理解這一點，必須考慮到當時的偏見：女性性器官的醫學檢查被視為一種猥褻，甚至是真正的強姦。廢娼主義者習慣做這種類比，[257]同時也可注意到，即使是忠誠的管制主義者，在這方面也極度不安：米賀醫生認為健康檢查是必要的，但他也認為這是一種「恥辱」、「有辱人格的行為」和「人類尊嚴的侵犯」。[258]一八五九年，最高法院總檢察長安德列・杜潘（André Dupin）認為，監禁妓女還不如健康檢查來得嚴重。

遺憾的是，由於不同地方的情況極為不同，很難尚稱全面地描述妓女的健康檢查過程。一八八〇年代末期，在巴黎和南特，獨立賣淫的公娼必須每十五天接受一次檢查；大多數的大城市則規定每週檢查一次，馬賽、波爾多、里昂、里爾、亞眠、貝桑松、漢斯（Reims）[259]、布列斯特、雷恩、土魯斯和蒙佩利爾的情況就是如此；[260]迪耶普（Dieppe）、第戎、昂古萊姆（Angoulême）、夏隆、敦克爾克和拉瓦勒（Laval）的獨立賣淫公娼每月進行三次檢查。一九〇四年，在規定對註冊妓女進行健康檢查的三百二十二項法規中，兩百零八項規定每週進行一次，五十五項法規每月進行三次，四十六項法規每月進行兩次。[261]此時新管制主義的發展，確實已經使衛生管理得到加強。

在巴黎及其郊區，寬容妓院妓女的健康檢查在妓院內進行。因此每個妓院必須配備檢查椅、窺器、鑷子和其他必要器具，而掃黃警隊內也設有十五名助理醫師，每週有一名醫師來巡診。檢查結果會記錄在妓院女老闆的賣淫登記冊，妓女一旦被發現染病，都會被送到聖拉札監獄醫護所。當妓院女老闆在兩次健康檢查之間發現雇用的妓女生病時，她有義務讓妓女到診療所進行診療，這同樣適用於她新招聘的妓女。但事實上，也能看到妓院女老闆常常極力隱瞞染病妓女的病灶，而且比較願意讓城市裡的醫生為妓女治療，以免妓女太久不能工作。另外要補充一點，某些獨自賣淫的公娼由於無法出門，可以在家裡接受掃黃警隊醫生的治療。馬賽[262]和里爾的寬容妓院妓女也是在妓院接受健康檢查。

首都巴黎的衛生診療所除了週日以外，每天早上十一點到下午五點開放健康檢查，而獨立賣淫的公娼與拉客時被當場逮捕的私娼，都在這裡接受檢查。此外，曾在聖拉札醫護所接受治療並被該院醫生診斷已經痊癒的妓女，也會來這裡接受檢查。

巴黎妓女曾被徵收類似營業稅的健康檢查稅，但早已取消，因為這種讓市政府能用來支付衛生部門費用的營業稅，被認定有違道德並遭受強烈抨擊。但在第三共和初期，許多市鎮都保留了這種作法，甚至繼續沿用下去。一八七三年的布列斯特，衛生單位對寬容妓院妓女徵收的稅款「達一萬四千四百法郎」，[263]妓院女老闆對此的投訴不勝枚舉。在馬賽，稅款與「寬容妓院的種類、風格、級別」[264]或「獨立賣淫公娼外表華貴的程度」[265]成正比。妓女可以根據要求更改「稅階」，並附上理由。根據類別不同，健康檢查的價格為一、二或三法郎。直到一九〇四年，[266]在涉及這一問題的一百六十八項市政法規中，有八十六項規定這項稅徵。在其他八十二個城市，健康檢查完全免費，或至少貧困妓女不須付費。

自一八七九年法國最高行政法院（Conseil d'État）宣布這些稅收違法之後，這些稅額就沒有出現在市政預算中，但據恩爾淦的說法，衛生管理往往是市政當局的利潤來源。

第三共和初期的波爾多、盧昂[267]和里昂設立了一種更精妙的制度，能自動將大量登記的公娼分門別類：希望免費檢查的妓女，會有專屬的門診時間；其他時段的妓女則必須納稅，當然這些都是比較富有的高檔妓女，她們欣然接受這種能讓她們免於龍蛇雜處的制度。

巴黎的診療所最初位於小田十字架街（rue Croix-des-Petits-Champs），自一八四三年起設立在鐘樓河堤（quai de l'Horloge），位於警察總署的庭院裡，緊鄰拘留所、值班室和掃黃警隊的行政部門。可以注意到在里昂也有類似的機構，[268]而且也可知這種集中式的管理，符合管制主義者最熱切的期望。馬賽市從一八二一年起就有了衛生診療所。[269]它位於監獄街（rue de la Prison），與俗稱「小提琴」的拘留所同室。拉瓦勒的診療所也是「監獄式的特殊機構」。[270]

依照管制主義計畫，直到一八八八年，巴黎被派往健康檢查機構的醫生，均由警察總署挑選。他們聽從主任醫生的命令，該主任醫生專門負責私娼的行政管理和檢康檢查。馬賽同樣也是由警察局長從市長提交的名單中，挑選衛生部門的醫療檢查員。

巴黎診療所的運作方式很快就引起激烈抨擊，因為作為管制主義體系的中樞，診療所始終是爭議最烈的機構。[271]事實上，許多真實事件也導致批評，例如：看診的速度極快，克雷爾克醫生（Clerc）說，一位醫生在二十四小時內為多達四百名妓女看診，[272]他則自吹自擂每三十秒就能為一名妓女看診。[273]卡利耶已經指出，[274]第二帝國時期，平均每小時檢查了五十二名病人。

一八八七年以前，每兩位病人中有一人只會進行「小檢查」（petite visite），也就是不使用窺器檢查，這與里昂或馬賽使用窺器的做法相反。但是最基本的衛生條件未能落實，洗得不乾淨的窺器被指責為性病傳染源。[275]當時為了能夠快速看診而開發了許多特殊設備，珍奈醫生在波爾多診療所設計的巧妙扶手椅就是例證，它不須調整高度就能對不同身高的人進行檢查，同時還能讓妓女穿著身上的衣服，尤其帽子。[276]不過在巴黎，一八七一年警察總署發生火災後，丹尼診療沙發床（fauteuil-lit de Denis）就被棄置，改用窺器平臺，里爾的妓女[277]給它起了綽號叫「搖椅」（la bascule）。這些創新證明了人的心態與淫穢的界線都正在演變。

在可供檢查的簡短時間內，巴黎和馬賽的醫生會檢查外陰、陰道、子宮頸、嘴唇和口腔內部。為了降低染病妓女在就診前沐浴淨身或化妝掩飾病灶的影響，接受檢查前要等待很長的時間。不用說，儘管有這樣的預防措施，診斷「漂白」（blanchies）染病妓女仍十分困難，還是有非常多性病患者成功逃過醫師的診斷。

健康檢查之後的文件和各種檔案的編纂逐步完善。第三共和初期，這些檔案份數之多（更精確來說，每人八份），說明了健康檢查所關注的並非只有醫療方面的問題。診療所裡為每個公娼建立了「個人檔案夾」，上面寫著她曾做過檢查的日期，也能藉此追查失蹤的妓女。此外，主任醫生辦公室還留有一份個人「統計表」，主任醫生利用這些文件，定期為病患建立健康報告。

被確認染病的妓女將被送往聖拉札監獄醫護所，並附上一張「標牌」（pancarte），貼在她的床尾，診療所從此將以她的名義建立「觀察檔案夾」（fiche d'observation），上面將標明她的病情階段。全靠這份檔案讓梅毒患者接受特殊監控。當獨自賣淫的公娼希望進入寬容妓院，或妓院的妓女想換妓院時，她必須接受一次額外健康檢查，而檢查的結果會記錄在「調動或健康通報」（un bulletin de mutation ou de santé）上，由診療所轉交給行政部門。此外，還有一個「特別延期登記冊」（registre spécial d'ajournement），上面記錄了所有需要再接受檢查的妓女，因為她們的診斷被認為不夠明確。

另外也別忘了，獨立賣淫的公娼有一張證件，上面寫著她必須遵守的所有衛生和行政義務，她一經要求就必須出示該證件。最後，在寬容妓院裡進行的健康檢查的結果，不僅會記錄在妓院女老闆的賣淫登記冊，也會記錄在特殊的報表中。

里昂衛生部門雖然不盡相同，[278]但至少在一八七八年以前，該機構的組織工作幾乎同樣詳細和複雜：掃黃員警參與健康檢查，加上複雜的代號系統（代幣、字母）開發，使醫生能夠知道他所檢查的每個妓女確切狀況和以前的健康狀況。

簡而言之，所有這些都表明統計工作在性病學中的規模；但由於管制主義本身的失敗，也就是公娼與私娼之間彼此流動不息的後果，顯得這些徒勞無功。[279]儘管工作人員付出了很大的努力，但管理網絡仍不夠緊密，不過衛生管理確實讓行政部門得以監督公娼的發展，至少直到她們搞失蹤為止。

然而，有關公娼和被當場逮捕的私娼兩者發病率的統計結果，並非毫無意義，因為我們能藉此辨別這種疾病的季節性演變及其年度變化，甚至還能知道妓女染上梅毒（syphilisation）[280]的大致年齡。遺憾的是，衛生部門的醫生或聖拉札監獄醫護所的醫生在這方面的調查，並沒有得出相同的結果，儘管他們都強調年輕人的發病率極高。馬賽中央警察局長艾彌爾・迪策（Emile Dietze）指出，[281]一八七五年和一八七六年登記的兩百一十四名年輕妓女中，有一百一十二人染病，其中一些十五歲或十六歲的人已經接受過多次治療。德西雷－萊昂．梅霍醫師（Désiré-Léon Maireau）觀察一百三十五名妓女後，在一八八四年發表結論：「每個妓女在開始賣淫後的一年內都會染上梅毒。」[282]不過他的研究在細節方面仍有一些例外。更嚴謹的調查是由路易．朱利安醫生（Louis Jullien）在更晚的時期所進行。[283]他的研究涉及一千名妓女，這些妓女是他在聖拉札監獄醫護所服務期間首次入院的病患，其中有一百七十七名公娼和八百二十三名私娼，後者因為被捕而幾乎全部都被判決在康復後登記為公娼。

我們也注意到性病（淋病六百五十一人、梅毒四百二十一人、軟性下疳三十六人）主要影響二十歲以下的妓女，正如作者指出，十九歲是致命的年紀，緊隨其後的是十八歲和二十歲。

這些結果與巴特雷米教授在同一時間獲得的結果大不相同，[284]因為巴特雷米的確只限於研究梅毒本身，而且調查方法似乎不太嚴密。他在研究一百五十三名妓女之後認為，百分之二十八．七的人在開始賣淫的第一年就染上梅毒；百分之四十一．一的人是在開始賣淫後的「一到三年」；百分之二十．二的人在賣淫後三至五年；百分之七．八的人則是五至十年之後；只有百分之一．九的人在賣淫十年以上才染上梅毒。因此作者對妓女的綜合描繪如下：十六歲半失去童貞，十九歲半賣淫，二十三歲染上梅毒，而且根據他的說法，妓女在二十七或二十八歲時停止傳播疾病。一九〇九年樂琵略醫生發表的觀察結果，[285]確認了朱利安醫生的研究：在聖拉札監獄醫護所接受他治療的五千名染病妓女中，百分之二十八．七在十八歲以下，百分之六十三在二十一歲以下。

圖十一：一八九〇至一九〇〇年，首次進入聖拉札監獄醫護所的一千名染病妓女的年齡分布圖（據朱利安醫生調查）

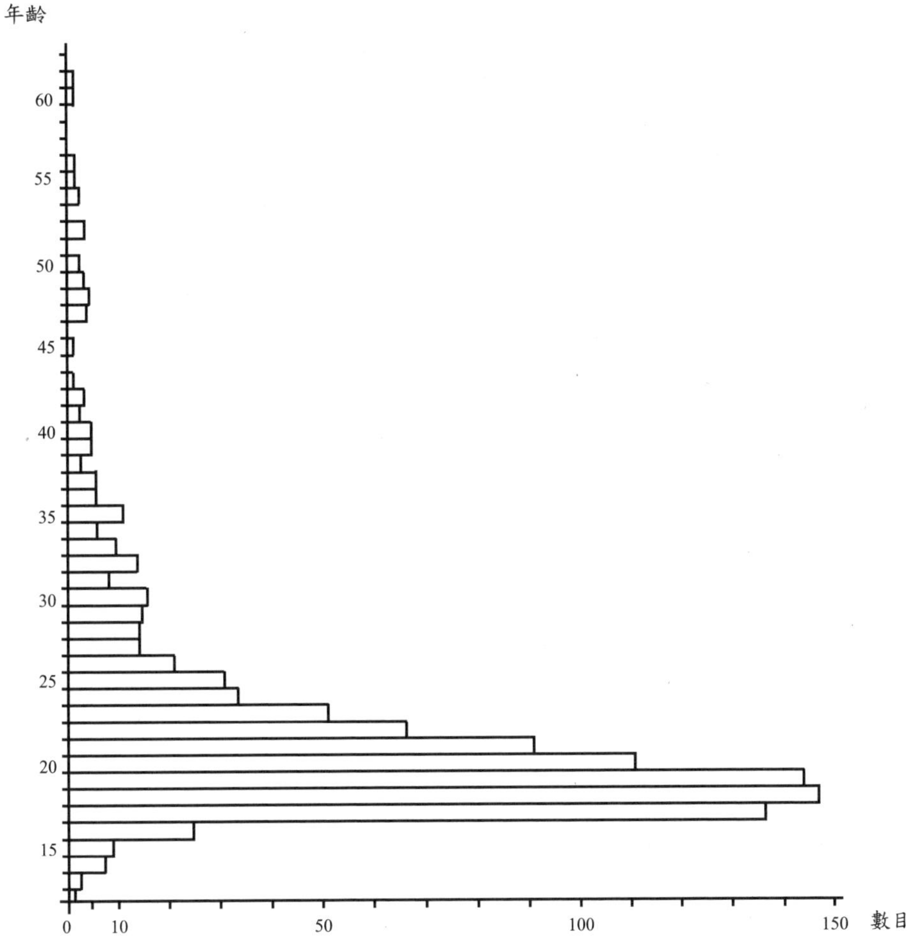

二、「監獄療法」（La cure de prison）[286]

當時巴黎治療染病妓女的醫護所，只是聖拉札監獄的一部分，因此若只談論這個醫護所，卻不談論其周圍環境，會顯得有些刻意不自然。帕宏—杜夏特雷醫生希望建立的這種監獄和醫院的共生關係模式，在七月王朝時期正式成立，時值管制主義鼎盛時期。一八三四年，市議會表決通過撥款在監獄教養所內建造醫護所，並於一八三六年二月落成。相關規章制度於一八四三年七月十一日頒行，並於一八八八年進行改革；一八七五年八月二十九日的規章制度涉及整個機構，修訂後仍繼續適用。

聖拉札醫護所位於聖丹尼（Saint-Denis）市郊一座修道院的舊址，只有妓女在這裡接受治療；「平民」（civiles）染病婦女可在路西納醫院（hôpital de Lourcine）就醫，而城南醫院（hôpital de Midi）則治療男性性病患者。在第三共和的賣淫文獻中，聖拉札監獄及其醫護所是一個取之不竭的主題，因此醫護所也是廢娼主義者、甚至是新管制主義者共同反對傳統管制主義者的思辨核心。因此，很難客觀地描繪出真實的情況：不管是杜剛如田園詩歌般的描寫，或是古約在一八七七年參觀過醫護所後留下的陰森恐怖印象，[287]都只是引起論戰的著作。然而，當時的聖拉札醫護所在治療方面不如首都的大醫院，是不可否認的事實。

病人被分配到各宿舍，總共有四百個床位。這些宿舍用隔板隔成每間約二十個床位的小房間，隔板鏤空，以便聖母—若瑟慈善修女會（Soeurs de Marie-Joseph）的修女能夠更有效地進行監視，並在理論上防止任何夜間的放蕩行為。公娼被分配在二樓，私娼則在三樓和四樓。未成年少女單獨安置。病人抵達醫護所時，需換上醫護所的服裝和白色無邊軟帽，以利識別。在這裡治療的妓女不會被強制工作。乏善可陳的食物大受抨擊，但其實飲食內容似乎並不比當時醫院平常分發的食物還要差。[288]另一方面，用餐的時間比較像在監獄，而不是醫護所。事實上，一八七五年十一月二十九日的法規仍然規定，「第二區（妓女區）醫護所早上六點半和下午一點一刻供餐，四點時有額外的湯」。正是這一點讓廢娼主義者極為詬病。

當然，在醫護所接受治療的妓女，和聖拉札監獄的其他人一樣是囚犯。只有在單位主任確認痊癒後，她們才有可能離開；而再離開監獄後，也必須由診療所醫生複查以再度確認。此外，病人幾乎完全與外界隔絕，只能在每週二和週五中午到下午兩點接受探訪，而且必須在修女監視下，於「柵欄會客室」（au parloir grillé）裡進行。書信往來也受到嚴格控制。種種目的都是為了防止皮條客在治療期間繼續照顧自己的「燉鍋」，也避免掮客在會客室物色妓女。醫護所內的病人每天有兩小時散步時間，而為防止不同類別病人之間的接觸，公娼的散步時間（早上十至十一點和下午三至四點）與私娼的散步時間（早上十一至十二點和下午四至五點）會錯開。

聖拉札監獄用汞或碘化鉀治療梅毒患者。[289]事實上，由於治療時間有限，令人懷疑治療的有效性。更何況，正如德西雷—麥格羅•布納維勒（Désiré-Magloire Bourneville）教授一八八〇年向市議會提交的報告中所強調的，當時醫護所的衛生狀況極為糟糕甚至到其後十年中，才安裝了洗臉台和坐浴盆。在此期間，患者甚至不能清洗私密部位。「沒有澡堂，沒有洗臉台。只有一個共用的注水器，而這是傳染病的絕佳載體；沒有毛巾，沒有手帕……」，古約在探訪醫護所後的隔天如此寫道。[290]

根據赫斯醫生的說法，[291]公娼的平均治療時間為六週，私娼為三個月。古約[292]和在他之後的奧古斯特・科柳醫生（Auguste Corlieu）[293]引用一份警察總署的紀錄，提供了一八七九年梅毒患者的住院資訊如下：

(1) 二十七名妓女住院超過三個月。
(2) 八十八名妓女住院兩到三個月。
(3) 一百二十七名妓女住院一到兩個月。
(4) 七十七妓女住院二十到二十九天。
(5) 一百二十三名妓女住院十天到十九天。

因此，平均治療時間幾乎不超過三十天，而在路西納醫院，[294]不同年分的治療時間在五十八天至六十五天之間。事實上，正如廢娼主義者不厭其煩地重複聲明，病人只是在出院時被「漂白」了。

大城市的情況似乎大致相同，都設立了專門機構來治療染病妓女。在一八七八年一項譴責衛生部門營運的省令（arrêté préfectoral）頒布之前，里昂的舊貨街（Antiquaille）醫院設立有專屬區域，[295]為染病妓女保留一百張床位，平均治療時間為二十一或二十二天。[296]在馬賽，衛生管理體制在理論上極其嚴厲，因為聖母無染原罪醫院（hôpital de la Conception）的聖抹大拉（Sainte-Magdeleine）病房規定，生病的妓女都需穿著灰色粗呢制服，而且根據規定，她們被迫從事體力勞動。但在一八八二年米賀醫生出版他的書時，[297]該規則已不再適用。治療妓女的特別病棟，除了各有二十九張床位的房間外，[298]還包括一間食堂和一個院子，使妓女與其他病人得以完全隔離。如同聖拉札監獄醫護所，信件都會被檢查，並允許妓女每日散步兩小時；對擾亂秩序的妓女規定了一系列的懲罰：禁止喝酒、只能吃麵包跟喝水、關進囚室；如果妓女造反，行政部門能動用員警。一八七一年到一八八一年，染病婦女每年平均住院時間為二十三天（一八八一年）至三十五天（一八七八年）。[299]另外需要補充的是，馬賽沒有為「平民」染病婦女提供其他醫療服務。

根據蘭德醫生（Lande）的說法，[300]波爾多在第三共和初期，「性疾病、子宮疾病」，甚至不是性病的病患，都被發配到聖安德列醫院（hôpital Saint-André）的「洗碗槽（souillarde）和廁所附近」。一八八七年前後，計畫為城市的性病患者建造特殊機構時，建築師又受命規劃了一系列的地下囚牢。

這裡必須重申，大多數中型城市對性病患者的治療，仍充滿食古不化的觀念：[301]生病的妓女、蕩婦被混在一起，而且治療體系隱含懲罰性質。關於這一點，南錫的例子尤其重要。妓女在一九一四年被轉移到位於前聖心修道院（couvent du Sacré-Coeur）的希波利特－馬林格醫院（hôpital Hippolyte-Maringer），在此之前，染病婦女在良善救濟院（Maison de Bon Secours）接受條件惡劣的治療。[302]灰色的外牆和近乎無窗的建築在街頭顯得格外醒目，就像真正的監獄一樣。入口的鐵柵門更強化這種監獄的印象。病房區內沒有對外的窗戶，僅利用迴廊採光，迴廊也是女病房的內院；迴廊的一側是一排囚室，每間牢房都有一扇強化鐵門。黑牢裡唯一的家具是一張被固定在牆上的木榻，些許光線從裝著欄杆的小天窗照射進來。

在良善救濟院時，染病婦女聚集在一個光線不足且通風不良的「日間活動廳」（salle de jour）或工作廳裡，被迫從事縫紉或刺繡。陰森而狹窄的放風場環繞著高牆，終年不見天日。染病婦女在小禮拜堂裡被隔離在一處樓座上。宿舍原本設計能容納六十名病人，事實上卻有一百人，甚至一百二十人擠在一起。[303]

一八八〇年，醫學院在該救濟院開設皮膚病和梅毒門診部，該機構只聽命於省長，並由省長任命部門主任。即使如此，衛生條件仍然很差，從公娼每星期造訪一次的換藥室（salle de pansement）描述中可以得到證明。[304]

因此，被關押在「磚塊」（à la Brique，她們如此稱呼良善救濟院）裡的妓女群起反抗是情有可原的。一九〇四年，內院被徹底劫掠一空，員警被迫干預，多名染病婦女被關押。路易・斯皮爾曼教授（Louis Spillmann）[305]在一九一四年敘述良善救濟院最後幾年的情況，「一些特別激動和暴力的婦女組織了小規模的反抗。然後，行政部門求助於掃黃警隊，他們會把違法者送進地牢或懲戒室」。一九一三年，被關在懲戒室的兩個女人，一夜之間將懲戒室毀壞殆盡，「打破窗玻璃，撕碎床墊和毯子，用叉柄將細木護壁板拔除，破壞牆上的灰泥塗層，卸掉窗戶」。[306]因此，一九一四年要把染病婦女轉移到新醫院的時候，行政部門大舉部署警力也就不足為奇了。

南錫的實況絕非特例，反倒似乎完全代表了醫院裡專門治療染病婦女的部門所提供的治療條件。布納維勒教授在一八八七年進行的調查，及其在《醫學進展》（*Progrès médical*）期刊中引發的爭論，為這些現實提供另一個殘酷的審視角度。[307]

在聖埃蒂安的主宮醫院（Hôtel-Dieu），染病婦女的診療部門極為狹窄，「新來的人睡在一樓一間大廳裡的草褥上，地上鋪著地磚，通向監獄積雪未清的中庭」；[308]門闔不起來，所以室內比室外更冷；室內的桌子和凳子都搖晃不穩。那一年，憤怒的染病婦女用「疏通茅坑管路的鐵棍」破門砸窗。[309]然後她們「集體逃走，有人逃到拉泰爾拉斯（La Terrasse），有人則逃往日耶河岸（Rive-de-Gier）」。這種逃亡在此處經常發生，尤其是在懺悔星期二（Mardi Gras）和復活節的時候。同一年在里昂，舊貨街醫院的染病婦女也集體造反，抗議被集體剝奪喝酒和部分飲食的權利，[310]不過她們沒有逃跑，而是把自己關在一個大廳裡搗亂，造成的損失估計有四百法郎。

這些反叛是一種傳統。可回想一八三〇年和一八四八年時，[311]關在聖拉札監獄的巴黎妓女在民眾支持下造反。醫院抗爭一直持續到第一次世界大戰前夕，而行政當局卻沒有採取最基本的人道措施加以制止，這一事實非常能夠說明公眾輿論對性問題的態度。

再回頭看看一八八七年布納維勒教授調查東部醫院後的描述：在蒂耶里堡（Château-Thierry），染病婦女非常罕見，她們被安置在「老年痴呆女性的病房」（salle des vieilles femmes gâteuses），最初甚至打算把她們安置在一個遠離其他病人的「小木屋」，緊挨著精神病患者的房間（這個細節意味深長），位於修女俗稱的「入殮室」[312]（解剖驗屍室）上面。在埃佩爾奈（Épernay）的主宮醫院，染病婦女與其他病人隔離開來。在巴勒迪克（Bar-le-Duc），安置染病婦女的地方是一個閣樓房間，直接在屋頂下面，窗戶被「細網狀柵欄」遮住，門上有鎖和鎖扣，「旁邊就是不能缺少的囚室」。[313]在聖迪埃（Saint-Dié）的軍民兩用醫院裡，再次看到染病婦女的隔離區域以欄杆與大鎖伺候。在埃皮納勒（Épinal）的聖莫里斯醫院（Saint-Maurice），隔離染病婦女的決心更為強大，醫院中庭圍牆上再加一道柵欄。在這個機構裡，染病婦女沒有床，只有簡單的草褥，且與廁所相鄰的地牢經常派上用場。在貝爾福特的平民醫院，有十二張床位分配給染病婦女，但布納維勒教授指出：「家具殘舊、沒有洗臉盆及注射器、空間不足、一堆欄杆與柵欄等。」[314]在格雷（Gray），分配給染病婦女的房間很乾淨，但窗戶還是掛著鎖。該地區的其他醫院仍然拒絕治療性患者：秀蒙（Chaumont）的染病婦女被送到貝桑松，奧布河畔巴爾（Bar-sur-Aube）的染病婦女被送到特魯瓦（Troyes）的醫院，而盧內維爾（Lunéville）的染病婦女，則被警方帶到南錫的良善救濟院。

這些情況並非東部獨有：一八八一年在布列斯特，生病的妓女總是被鎖起來，無法與外界聯繫。[315]在迪南（Dinan），染病婦女或只是單純陰道炎的患者，被當作囚犯而非病人對待。第二帝國時期，貢捷堡醫院的修女拒絕接收染病婦女，因此她們被送往拉瓦勒監獄的醫護所囚禁並接受治療。[316]布洛涅的現實情況更加微妙。「平民」染病婦女和私娼都受到人道待遇，但另一方面，「有牌公娼」病患被單獨鎖在一個有「鐵窗」的診間裡治療。[317]

一位曾在奧爾良醫院服務的實習醫生，用更晦暗的角度描述了為城市染病婦女保留的病房：[318]位於天花板傾斜的頂樓與閣樓，唯一的家具是床，沿牆放著一塊木板和幾把搖搖晃晃的椅子；門被上了鎖，每天只打開一次，讓病患在花園裡散步一小時；牢房依然保持使用狀態。幾年前，病房裡的染病婦女還被剝奪了喝酒的自由。這家醫院每年收治一百名病人，並未替妓女特地保留床位。一八八六年以來，在里爾的聖索佛醫院（Saint-Sauveur），「本市梅毒妓女的診療部門」位於一間特別病棟，帕圖瓦醫生（Patoir）在一九〇二年寫道，該病棟「類似監獄，或者更確切地說，是監獄裡的醫護所」，[319]染病妓女受到極其嚴格的管理和監視，在痊癒之前不能離開。[320]一八八二年，蒙佩利爾的染病婦女仍然不准飲酒。[321]在漢斯，直到一九〇二年，也就是在衛生部門主管尚—巴蒂斯特・朗格醫生（Jean-Baptiste Langlet）受到新管制主義啟發而著手改革之前，公娼都在專門為她們安排的愛爾維修診間（Helvétius）接受治療。即使在那個時候，「窗戶上的鐵欄杆，雙道門上的堅固鎖頭」仍然存在。朗格醫生在寫給醫院事務主管維特醫生（Wiet）的公開信中宣稱：「不允許探視，不允許工作，不允許看書」，[322]只有囚室，而維特醫生責備他把染病婦女收進醫院的公共診間。一八八七年在克萊蒙—費朗，性病治療病房被置於「可靠守衛」的監督之下。「沒有庭院、長廊和散步場……。沾染那不勒斯軟膏（onguent napolitain）*的床單，一個月才會更換一次……。與這個房間相鄰的是一間**矯正室**」。[323]一九〇四年在卡斯泰爾諾達里（Castelnaudary）、聖康坦（Saint-Quentin）和朗格勒（Langres）生效的市政法規，依然規定染病妓女在監獄醫護所接受治療。[324]

沒有必要再舉例了：在廢娼主義運動興起、新管制主義者呼籲治療人性化之後很久，對性病患者的治療動機，仍然是為了限制和懲罰病人，而且是在大多數公眾輿論和一小部分醫學界人士的默許下，由政府強行實施。另外，性病災難的主題興起，某種程度上更強化了這種態度。

但從一八八〇年代開始，公娼衛生管理的改進，與許多場所仍對性病患者抱持食古不化的態度，醫學界的大多數成員認為這兩者之間的失衡顯而易見，但正是這種認知促進了新管制主義的發展及成功，因為新管制主義主張治療必須人性化，才能讓公眾認可衛生管理，並同意禁錮染病妓女的措施。

* 譯註：當時用來治療梅毒的藥膏。

小城鎮治療性病的古老觀念，不該讓我們忽視管制主義在巴黎和全國其他主要城市推展計畫的一致性。自從帕宏—杜夏特雷醫生的著作出版以來，掃黃警隊和衛生部門之間的聯繫在各地都變得更密切，而主要受到監獄模式啟發的醫院和特殊治療機構也顯著增加，但在七月王朝時期，管制主義者在這些封閉機構內部提倡的分類，有時極為嚴格，聖拉札監獄醫護所即是一例。閱讀倡導管制主義體系的醫生著作，無論他們是負責診療部門（珍奈、歐摩、加翰、馬提諾、柯孟茜），還是負責治療性病患者（朱利安、巴特雷米、布特〔Butte〕、樂琵略、科柳），都能充分證明「監獄療法」在他們關注問題中的重要性，然而，上述這些醫生對於梅毒學的研究幾乎沒有貢獻。實際上，梅毒學的進步成果，主要來自在醫院治療「平民」患者的醫生們（菲利浦・希柯〔Philippe Ricord〕、莫里亞克、阿弗雷德・傅尼葉〔Alfred Fournier〕）。

創設「強制性醫院」的管制主義體系，是導致醫院治療效果不彰的罪魁禍首。掃黃警隊和衛生管理之間的密切聯繫，使得省長任命醫術不佳的醫生，而且太喜歡把病人視為事實上的罪犯；仍在使用的封閉柵欄和苛刻的規定，損害了護理的品質，也妨礙了治療；醫學科學的進步使人們愈來愈清楚地意識到，實施這種形式的「監獄療法」，不可能徹底治癒染上梅毒的妓女。另外還需補充一點，嚴格的治療制度導致染病婦女試圖隱瞞病情，以逃避形同拘留的治療。這種衛生管理的失敗，無疑為廢娼主義者提供最有力的論據。

監獄

一、理論依據

與流浪和乞討不同，賣淫不屬於犯罪。刑法第三百三十四條只涉及蔑視及違背公序良俗、藐視法庭和違反公共道德的罪行，[325]因此妓女不受簡易違警法庭（tribunal de simple police）或初審法院的管轄。然而，當她們違反各省的市政條例或巴黎和里昂警察總署發布的條例時，行政當局會對她們處以罰款或懲罰性拘留。這些措施的非法性質並未被忽視，[326]並成為廢娼主義者的主要論點之一，就連新管制主義者也逐漸承認這些批評有憑有據，因此雙方都要求立法權干預，將妓女納入普通法的範圍。然而，管制主義者並不畏懼辯論，特別在一八七二年到一八八二年的十年間，在警察總署備受輿論抨擊之時，他們提出了一系列法律論據反擊對手，我們有必要在此快速檢視。

就像在「道德秩序」時期領導警察總署第一局，且精力充沛地應對批評的樂庫賀一樣，管制主義者以立法單位的緘默為論據。事實上，自舊制度（Ancien Régime）以來，立法機關一直沒有干預這一問題，以免被迫承認賣淫活動。法國共和四年雪月十七日（一七九六年一月七日），督政府向五百人院（Conseil des Cinq-Cents）*提交了尚—法蘭索瓦・賀貝（Jean-François Rewbell）的咨文，要求五百人院

* 譯註：一七九五年法國憲法公投後，五百人院依據通過實施的《共和三年憲法》而設立。

就此立法，賀貝主張將賣淫視同犯罪，對妓女實施特別訴訟程序，並對她們進行戒護處罰。五百人院為此成立委員會，其成員包括愛德蒙・杜波－克昂希（Edmond Louis Alexis Dubois-Crancé）和尚－洛洪－日耳曼・圖尼埃（Jean-Laurent-Germain Tournier）等人，但委員會無法定義公娼，也不願設計一個與司法形式不兼容的處置流程。共和五年芽月七日（一七九七年三月二十七日），尚・班卡爾（Jean Henri Bancal）要求五百人院成立一個新的委員會，負責處理妓院、賭場和戲院的問題。這個提議在議場引起公憤，約瑟夫・杜莫拉德議員（Joseph Vincent Dumolard）宣稱議會不該處理這種問題，並重申警察條例的存在，要求擱置這項動議；而這項動議經多數決通過。[327]議會後來從未就此問題立法。[328]再如，一八七七年五月八日，參議院在當天一項動議中重申，為求慎重起見，對於被誤認為是賣淫「相關立法」（législation en la matière）的議題，只能極其謹慎地加以處理。

但刑法第四百八十四條規定，刑法規定之一切未盡事宜，法院和特別法庭應繼續遵守特定條款。管制主義者將該法條解釋成了行政部門對賣淫嫖娼問題的監管權依據。[329]在巴黎，管制主義者援引舊制度的法令來替現行的做法背書，特別是一七七八年警察總監（lieutenant de police）尚－夏爾－皮耶・樂諾瓦（Jean-Charles-Pierre Lenoir）的法令，以及一七八〇年十一月八日法令的第十四條。整個十九世紀，中央政府都讓市長管理這一問題；[330]一八八四年的市政法，則在刑法第四百七十一條批准下強化了此立場。

管制主義的支持者認為，賣淫屬於道路交通問題，與維護街道的秩序和公共場所的體面息息相關，因此要求行政部門對妓女進行監督。無論如何，在他們看來，[331]訴諸正常的司法程序如烏托邦般不切實際：不只法院會被賣淫案件擠得水洩不通，判決也實在太慢，特別是衛生行動會受到阻礙。因此，行政部門取代了司法部門的位置，但不是為了宣判或定罪，而是為了實施懲罰。

整個十九世紀之中，某些法學家曾試圖以另一種方式證明行政干預的正當性。最高法院總檢察長杜潘[332]在一八五九年寫道：「賣淫是一種狀態，讓從事賣淫的女人受制於法律賦予員警的自由裁量權。」[333]因此，相較於在軍隊實施懲罰或在邊境搜查旅客，對公娼實施的特別規定，並未更加損害個人自由。「這種措施是合法的，因為它們是事情的強制後果」；[334]它們「只構成警察維護治安的手段」；它們「可以是因為行使賦予政府的自由裁量權，而合法產生的措施，而這是員警在憲法保障下得以自由行使的權力」。[335]

還有人提出這樣的理論，即賣淫登記構成妓女和行政當局之間的具體**契約**，這也意味著懲罰的合法性受到承認。[336]但必須記得，民法並不承認違背公序良俗的契約。

更簡單地說，我們也將會看到這種類型的論點隨著新管制主義一起發展，行政權力的支持者提出對賣淫進行衛生管理的必要性，並以對抵達港口的旅客進行隔離檢疫為例，以證明拘留染病婦女的正當性，同理，懲罰逃避健康檢查的妓女也具有正當性。在他們看來，歡場之愛只是不健康行業的其中一種，因此，它必須遵守衛生法規。誠然，這種理論在邏輯上意味著男人也要進行健康檢查並隔離性病患者，且正如我們所見，某些管制主義者其實並不畏懼做此考量。

另外，行政權力的支持者還運用最高法院的裁決，論證管制主義體系的正當性，但對這些文本進行詳細研究，並非本書初衷。[337]事實上，主要問題仍在於立法部門對賣淫問題沉默以對，儘管已有無數次輿論運動，但這種沉默一直持續到二十世紀。這是因為立法者發現自己陷入了兩難境地：是要通過法律承認妓女和賣淫的存在，以便進行控制？還是與現實主義背道而馳，在社會的性行為結構令賣淫行為得以存在之際，判定歡場之愛屬於非法？這種立法上的沉默留給行政部門自由發揮的空間，無論管制主義者的法律論證多麼薄弱，事實上都為行政拘留提供了依據。

二、追捕婦女與鎮壓形勢

讓我們再說一遍，當時巴黎的掃黃警隊是巴黎警察總署第一局第二處，且直到一八八一年以前，負責風化問題的六十五名員警，以掃黃督察的名義組成一支專門的**掃黃大隊**（**brigade des moeurs**）。一八八一年，在一場抗議警察總署的示威之後，[338]警察總監路易・安德里厄（Louis Andrieux）廢除了該大隊，[339]並將原轄下人員轉調保安警察（service de sûreté）。廢娼主義者指出這項改革意義不大，更與管方所宣稱的目的恰恰相反，保安警察和負責稽察住所的家事督察（inspecteurs des garnis）被允許介入道德問題，並實質加強了監管作用。

首都巴黎的員警盡力實施一八四三年十一月十六日以及一八七八年十月十五日的法規，後者其實並未對前者大幅修改。[340]首先，他們必須每天對寬容妓院進行監查，以確保秩序良好，確保妓院女老闆拒絕高中生、十八歲以下的未成年人和穿制服的軍人等嫖客，確保妓女在外出日穿著得體，並確保她們遵守強制的時間表。在健康檢查過程中，他們陪同負責的醫生進行檢查。廢娼主義者理所當然地指責督察和員警沒有在第一流的寬容妓院中執行規定，並對其亂象視而不見，只因為這些妓院女老闆是警方的線民，或者妓女對警方異常殷勤。

事實上，員警主要是監督獨立賣淫的有牌公娼，以及她們對一八四二年九月一日條例的遵守情況。他們確保公娼確實接受健康檢查，不「披髮」四處往來，不在公共道路上尋釁滋事，不結夥拉客，不處於酒醉狀態，並遵守針對她們的時間與地點禁令，不讓皮條客陪同或跟隨。員警在視察帶家具出租的賣淫套房時，還會特別確認妓女並非多人同住一室。若員警試圖驅散或逮捕妓女，妓女不得做出任何抵抗。

對獨自賣淫公娼的禁令是如此之多，在公共道路上單獨進行合法拉客和尋釁滋事兩者的差別是如此之小，禁止獨自賣淫公娼活動的街區又是如此之廣，以至於這些可憐的公娼不得不受制於員警的自由裁量權。大量的逮捕人數毫無疑問地證明了這一點，而這種專斷行動迫使獨自賣淫的公娼逐漸「失蹤」。

為了逮捕消失和祕密賣淫的妓女，掃黃警隊督察以及後來的保安警察組織了大型逮捕行動，特別是在林蔭大道區域（Grands Boulevards，聖丹尼、魚船站〔Poissonnière〕一帶）、巴黎周邊的林蔭道[341]和妓女最常光顧的舞廳出口處，巴黎員警有時甚至在長租旅館進行搜捕。我們應該都還記得《娜娜》作者描述警方打壓的那些喧囂段落，這種搜捕不僅令妓女驚恐萬分，也讓輿論甚囂塵上。卡梅斯卡斯稱之為「淨化行動」，而警方只是不疾不徐地否認執法過當，甚至在大白天發動搜捕而鑄下大錯，讓廢娼主義者更加怒不可遏。[342]但其實警方行動往往是順應居民的要求，更具體地說，是該地區商人的要求。

各省警方對妓女的管制幾乎相同，不過嚴厲程度確實因地而異。里昂及其郊區的掃黃警隊，[343]仍由省府祕書長指揮行動，與巴黎如出一轍，即使在一八七八年重新建立中央市政廳後也一樣。而在其他大城市則由中央警察局長負責，布列斯特、[344]波爾多和馬賽的情況就是如此，這些城市的掃黃警隊是市警局的一個特別部門。[345]員警的工作在任何情況下都大致相同：首要之務是監督違反體檢的情況。

在巴黎，每個公娼平均每年都要被逮捕和拘留好幾次。拘留所和她們稱為「鄉下」（campagne）[346]的聖拉札監獄，是登記在冊的妓女日常生活的一部分。據古約計算，[347]在一八八〇年，每個公娼平均被逮捕兩次；實際上，有些得益於行政部門保護的妓女從不擔心被逮捕；而另一些常被無情追捕的妓女則只有一個執念：擺脫警方。不用說，比起寬容妓院中的公娼，獨自賣淫的公娼更經常受到懲罰。

解讀圖十即能清楚地看到，政治形勢與鎮壓情勢有著相當密切的關聯。從一八五六年到一八七一年，在帝國和國防政府（Gouvernement de la Défense nationale）時期，*逮捕數量相對穩定，平均每年六千到七千人。從一八七二年到一八七七年，打壓情況變本加厲。在樂庫賀的指揮下，警察總署第一局根據阿道夫・梯也爾（Adolphe Thiers）及其繼任者針對工運[348]及一切違法行為所實行的政策，進行騷擾尋釁式的監督。巴黎公社失敗後的頭幾個星期，鎮壓的強度明顯增加，從一八七一年六月三日到一八七二年一月一日，員警逮捕了六千零七人（三千零七十二名公娼和兩千九百三十五名私娼），亦即一八六〇年至一八七〇年間平均人數的兩倍。恢復鎮壓的同時，也放寬了寬容妓院的政策，並成功地阻止了幾年來巴黎妓院數量下降的趨勢。[349]

共和國制度的勝利、廢娼主義的興起、對個人自由的更大敏感度、抗議警察總署的示威、樂庫賀的辭職、然後是艾伯特・基格（Albert Gigot）和內政部長艾彌爾・馬瑟爾（Émile de Marcère）的辭職、警察總監安德里厄的任命，一連串事件在此方面造成的影響，是逮捕和懲罰的數量也非常明顯地減少，[350]而這種相對溫和的情況從一八八一年持續到一八八四年。一八八五年起，在卡梅斯卡斯和後來的亞瑟・格拉尼昂（Arthur Gragnon）領導下，鎮壓再次加強，特別針對偏僻街區的貧窮妓女，正如梅西所觀察到的，[351]廢娼運動的式微、新管制主義的興起，以及對性病危害的焦慮情緒蔓延，都能單獨解釋這種現象。事實上，這種演變與整體司法鎮壓同時進行，這一切也都表明，妓女與一切違法行為一樣，遭受到日趨嚴格的控制。

某些外省城鎮的鎮壓行動也同樣嚴厲，例如：在漢斯，一八八一年一月一日至八月一日之間，就有七百五十三份警方報告，指控公娼沒有接受健康檢查；或是晚上十點後才出門，且經常出入某些禁止她們出入的街道和場所；或與皮條客結伴而行。[352]從一八八三年十一月一日到一八八四年十一月一日，里爾簡易違警法庭判決了兩千七百四十四件由掃黃員警起訴公娼的案件，而這些判決至少涉及一萬三千法郎的罰款、四千八百三十天的監禁，以及三千天的人身拘禁令（contrainte par corps）。[353]

就在關於鎮壓賣淫活動的理論出現深層變革之前，一九〇二年實施的概況調查得出驚人的數字。在馬賽，自一八七六年以來，共宣判了一百四十三名公娼，一百人的罪名是「沙發仙人跳」（vol au canapé）、三十人是侮辱員警、十三人是扒竊；更特別的是，對公娼開出了兩萬兩千兩百五十六張罰單：一萬九千五百四十一人（百分之八十八）未出席健康檢查、一千七百一十四人（百分之七）在公共

* 譯註：法蘭西第三共和的第一屆政府，自一八七〇年九月四日起，執政至一八七一年二月十三日。

道路上拉客和鬧事、四百九十四人（百分之二・二）在咖啡館現身、四百二十人（百分之一・八）在門口或窗口拉客、六十六人（百分之〇・三）在公共場所從事賣淫、二十一人（百分之〇・一）違反妓院內的規定。[354]簡易違警法庭會起訴這些違法行為，如果再犯，可處以一至五法郎的罰款和一天的監禁，而這還不包含之前的行政拘留，拘留時間為四十八至七十二小時。在實施調查之前的五年裡，兩萬一千九百四十三名公娼因此被關押在俗稱「小提琴」的拘留室。[355]

土倫的情勢也不遑多讓。一八九七年至一九〇一年間，對公娼發出了一萬四千三百二十二份違規通知，對寬容妓院的妓女發出了八百二十份，而對獨自賣淫的公娼發出了一萬三千五百零二份。這些違規行為導致五千兩百六十六人被判監禁。此外，還起訴了一百六十三起案件，罪名是盜竊、攻擊和毆打、妨害風化、藐視執法人員、偽造文書、醉酒和非法闖入。另外應當一提，也有五百五十六起針對妓院女老闆的違規行為，其中有兩百四十一起被判處監禁，另有五十一名妓院女老闆被起訴。[356]

很難確認其他外省城鎮的鎮壓情況是否與巴黎相似。[357]但巴黎公社事件後的鎮壓加劇，在某些地區顯而易見。許多市鎮法規可追溯到一八七二年。[358]同年，馬賽市長梅爾希爾・吉諾（Melchior Guinot）也加強對抗賣淫，並試圖將妓女帶回已經被許多人放棄的寬容妓院，且他認為寬容妓院正在沒落，應增加其數量以挽救頹勢。他還要求在馬賽「建立一座特別的房屋，作為妓女專屬的監獄、作坊和醫院」。[359]這項政策在一八七五年由中央警察局長迪策負責並發展，迪策建議為公娼建立一個「道德化的監獄系統」。[360]所有這些努力看來獲得了些許成功，至少是暫時的。[361]

三、妓女擠滿監獄

如同被當場逮捕的私娼，巴黎的公娼若在晚上被逮捕，也會被留置在街區俗稱「小提琴」的拘留室過夜，翌日再被帶到警察總署的拘留所。如果公娼在白天被捕，則會直接被帶到鐘樓河堤。當她們在拘留室裡，[362]等候掃黃警隊副隊長進行審訊時，會與處以四天以下監禁的妓女關在一起。不同於被關在單人牢房的私娼，每天會有一百五十到兩百個公娼擠在一個共用大廳裡，由一個修女監督。[363]她們不能盥洗，但可委託信差將脫下來的連身裙裝帶回住處以免弄皺，[364]再帶回襯衣、短上衣和睡覺穿的襯裙給她們。到了晚上，會送來床墊，妓女「擠在角落裡相擁而眠」。[365]

馬賽的「小提琴」拘留室，是一間五十平方公尺的潮濕房間，並由一扇強化鐵門鎖著，日光從兩扇鐵窗照射入內，而這種通風系統還是新近才有，因為它是一八七六年裝設的。[366]角落裡有個「茅廁間」（cabine-latrine），對面是一個洗臉盆，妓女在接受健康檢查之前，可以在這裡盥洗，旁邊有個長長的架子讓她們掛衣服。有時會有十五至二十名婦女擠在這個房間裡，食物只有麵包和水，不過也有一名信差負責到囚犯家裡，幫她們拿來換洗衣服、毯子或食物。

在馬賽的「小提琴」拘留室或巴黎的拘留所，伴隨著叫喊聲和歡笑聲，妓女我行我素地生活、打牌、[367]分享食物、在牆上塗鴉汙言穢語，或沉溺於同性之戀。[368]這種雜亂無章的無政府狀態，與監獄理論和實踐的演變相去甚遠，讓奧森維爾伯爵和米賀醫生都大感震驚。米賀醫生身為出色的管制主義者，並未要求放棄行政拘留，而是要求確立工作與沉默的義務——簡而言之，就是晚了些的奧本監獄制度

（système d'Auburn）*應用。

土倫的「小提琴」拘留室直到一九〇二年左右，都與前文提及的馬賽「小提琴」拘留室非常相似，只是犯人與外界完全隔絕，另一方面，「她們中午可以喝湯，晚上則能自由取用一分蔬菜、麵包和水」。[369]房間每二十四小時通風一次，葡萄酒、香菸、利口酒則完全禁止。

在巴黎與馬賽，直到一八七八年為止，公娼違法的處罰都是由訊問警長（commissaire interrogateur）裁定。[370]此後根據《基格條例》，違法的公娼可以向為此目的而設立的委員會提出上訴，前文已提及該委員會在登記方面的作用。在所有案件中，處罰最終都是由警察局長根據訊問警長的建議，經第一局局長批准後宣判。事實上，上訴程序仍然只是理論，因為實際經驗不久就證明，委員會往往只是確定或加重訊問警長最初提議的處罰。因此，從一八八〇年到一八八六年，委員會維持了一百二十四項判決，加重四個判決，只減輕了四十八項判決。[371]一九〇三年，第二處處長格雷古爾（Grécourt）就此寫道：「妓女從不上訴，因為她們知道，懲罰不僅具有正當性，而且未必每次都會受到應得的懲罰。」[372]

就理論而言，在巴黎關押妓女的期間不超過十五天。最常見的刑罰是六到八天。但在逮捕時反抗或侮辱員警的公娼，可能會被處以一至三個月的拘留。關於這方面要注意的是，如果被拘留者生病，待在醫護所的時間會計入刑期，這一細節很具啟發性。

在各省，一般是由市長根據中央警察局長的建議，決定行政拘留的刑罰；但前文提過的一九〇二年里爾和馬賽狀況也還是會發生，被捕的妓女會被帶到簡易違警法庭並由司法機關決定予以處罰，但這是完全不合法的。

在巴黎，被判處四天以上刑罰的妓女，會被送到聖拉札監獄的第二區，即前文所述保留給妓女的專屬區域。妓女與普通法罪犯承擔同樣的義務，但兩者會嚴格分開關押，正如她們也和第三區受益於特殊規則的未成年罪犯嚴格區分開來。受懲罰的妓女睡在從沒暖氣的宿舍裡；[373]每天上午八時四十五分和下午三時供餐兩次，除了每天七百公克的黑麵包外，還包括蔬菜粥，每週一次有一塊牛肉；[374]唯一的飲料是水，或監獄製作的一種甘草檸檬汁（coco）。[375]與一般犯人不同，妓女禁止申請自費單間牢房。

被行政拘留的公娼戴著黑色無邊軟帽；如果她們的刑期不超過一個月，就不強制穿上監獄制式的黑藍條紋毛料連身裙裝；囚犯每週只有一件襯衫，即使在月事期間也一樣。她們每天在修女的監督下，被迫在潮濕的作坊裡肅靜地工作十一個小時，一邊以手縫製沉重的帆布袋直至手指損傷，一邊聽修女為她們朗讀道德著作或小說。和染病妓女一樣，她們的書信也受到監控，只能在「柵欄會客室」與訪客交流。

聖母—若瑟慈善修女會的修女，對妓女的監督比對一般囚犯更加嚴厲，[376]妓女無權享有特殊會客，[377]也不能接受外面送來的衣服或供給。以前妓院女老闆有攜帶換洗衣物和一籃食物到監獄的習慣，[378]但在一八七五年法規實施後就不復存在。短短的放風時間內，受懲罰的妓女禁止為妓院女老闆工作。若不服從命令、對修女無禮或拒絕工作，她們將受到紀律處分，可能會被剝奪進入食堂或會客室的權利，

---

* 譯註：該監禁制度將犯人分房單獨監禁，白天在同一工廠共同作業，勞動中不許交談，保持絕對沉默，一八二〇年首先在美國紐約州奧本監獄施行，故稱奧本制，又名沉默制（reticent system）。

「甚至被關進地牢，只能吃乾麵包，並被迫穿上束縛囚犯的緊身衣」。[379]可以理解在這種情況下，妓女囚犯寧願自己認罪盜竊，以期與女賊關在一起。[380]

在一八七四年約瑟芬・巴特勒（Joséphine Butler）和一八七八年塞納河區議員的訪視之後，聖拉札監獄的運作一直是關於監獄環境的辯論焦點。正是因為廢娼主義者對監獄發起激烈的反對運動，使得聖母—若瑟慈善修女會的修女遭受公眾輿論譴責，因此才有了一八八七年至一八九〇年間[381]綁手綁腳的改革，監獄也自一八八七年起歸內政部管轄。

如前文所見，行政拘留在各省也是常見的作法。一八八七年，盧昂監禁的妓女人數眾多，以至於監獄房舍不敷使用。一八八四到一八八六年的三年間，該市有一百八十五至兩百九十名公娼，根據監獄管理部門的紀錄，有四千零三十七名妓女被送進佳音監獄（Bonne-Nouvelle），她們被監禁的總天數為三萬六千八百五十三天，這還不包括因拒絕支付法庭費用或罰款而被拘禁的八千五百七十二天。事實上，盧昂的公娼同時也被罰款七萬三千七百七十五法郎，但只付了八百一十九法郎，因為她們寧願被監禁，也不願還清債務。[382]

在里昂，聖保祿教養院（maison de correction de Saint-Paul）執行三至二十一天的拘留處罰；[383]在馬賽，根據一八七八年的法規，受處罰的妓女在「小提琴」拘留室或「聖母進殿」監獄（Présentines）服刑。一九〇四年，[384]新管制主義廣泛普及之後，仍有九十六項市鎮法規明定，未接受衛生檢查的妓女需被監禁，其中二十七項沒有限定監禁期限。有四十三個城鎮的懲罰是在警察總署拘留所或「小提琴」拘留室執行，八個城鎮在市立監獄，十一個在看守所，七個在短期監獄（maison d'arrêt）。因此，總共有六十九個城鎮混淆了行政拘留與刑事被告的拘留，只有十五個市鎮取消了這種針對妓女拘留的刑事性質，將受罰妓女送進收容所、醫院、診療室、療養院或庇護所。

＊＊＊

在試圖排斥、邊緣化、禁錮一切離經叛道者，並控制非法行為擴散的全盤計畫中，管制主義只是其中一環。如果說妓女的待遇與乞丐或浪人不同，那是因為承認賣淫具有社會功能，寬容隨之有其必要。該體系顯然是出於統治階級的憂慮，因為工人階級對他們帶來生理和道德的威脅，儘管在理論上法規具有普遍性，但只有平民賣淫會受到嚴格控制。

管制主義的影響很快就擴及國際，十九世紀上半葉開展於巴黎的管制主義體系，在國外被稱為「法國體系」，廣泛受到模仿。一八七六年法國爆發廢娼運動時，該體系還沒有真正受到挑戰，因為巴黎公社失敗之後，巴黎與馬賽的管制主義體系變得更嚴格。它的支持者是軍方和警方高層，以及大多數醫學界人士，而且在抹大拉的瑪利亞崇拜（culte de la Madeleine）*發展之際，教會對管制主義的容忍度很高。自督政府時期以來，立法權的沉默也成了助力。

但管制主義的失敗早已顯而易見，卡利耶在第二帝國時期編纂的紀錄就充分強調了這一點，一八七

* 譯註：因為抹大拉的瑪利亞也是妓女。

○年至一八八○年這十年間的大量文獻，全都充斥著對祕密賣淫蔓延於社會主體中的擔憂。也因為管制主義的失敗愈來愈明顯，在這些最堅定的捍衛者自己看來，管制主義計畫變得氣急敗壞，同時，大量的梅毒學文獻也形成新管制主義成功的基礎，這是當時試圖鎮壓賣淫活動的最高明論據。

在試圖強調**體系的連貫性**，並分析了被管制主義禁閉於封閉環境的公娼之後，我們接下來要追溯的是這個體系的失敗，以及它受到的挑戰。

第二部

從監禁到行爲監督的過程

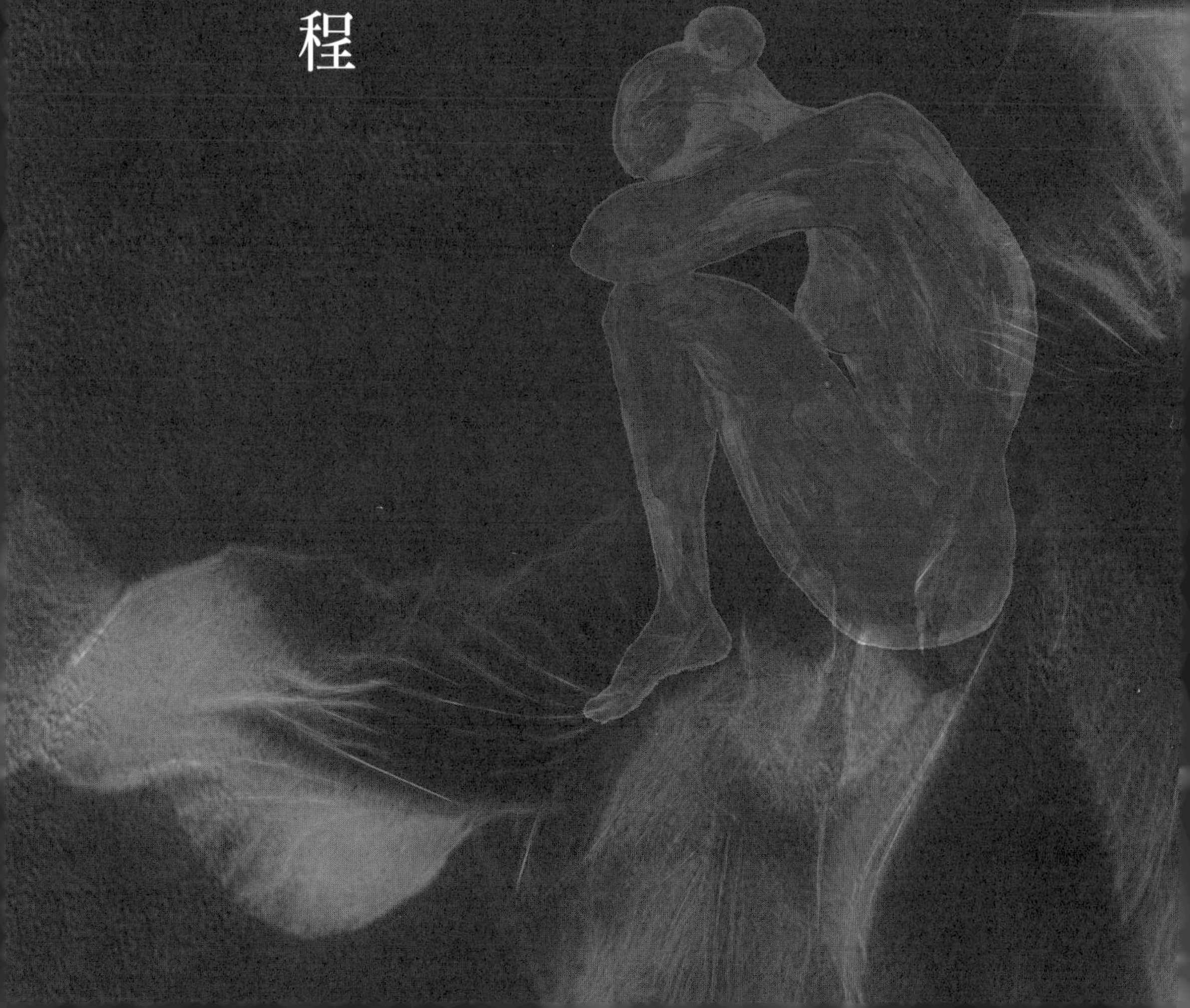

第一章　管制主義的失敗，抑或誘惑的假象

封閉式賣淫的衰退

一、數字上的衰退

首都巴黎的妓院數量在七月王朝初期達到顛峰，此後從一八五六年開始持續下降，這也影響到妓女的人數。帝國時期第二個十年間，下降速度已經非常明顯，雖曾一度放緩，但在一八八一年後又開始加速。這一變動接著更加廣泛地影響塞納省內其他城鎮的寬容妓院。多數大城市的妓院數量從一八五六年開始下降，一八七七年到一八七八年和一八八五年間更是加速減少；馬賽、里昂、波爾多和南特的妓院數量明顯減少（見圖十二）；[1]里爾在一八七六年有二十三家「寬容妓院」，一八八八年只剩六家。[2]勒哈佛爾的妓院數量從一八七〇年的三十四家，下降到一八九〇年的十二家。早在一八七四年，布列斯特的副省長就強調封閉式賣淫已走向衰落，[3]但這些城鎮的人口同時又呈現增長。另外也可注意到，在

法國大城市如此明顯早發的寬容妓院危機，是歐洲乃至全世界的現象。[4]

但如果減去其中九個主要城鎮的結果，[5]可以看到寬容妓院及其中妓女數量的下降並不普遍，中型城鎮要到稍晚才會在整體上受到影響。中型城鎮妓院在一八七六年至一八八六年間幾乎沒有明顯下降，這段期間妓院數量從七百三十一間減為七百一十七間；一八八六年至一九〇一年，下降幅度不大；在二十世紀初，中型城鎮裡仍有六百三十二家寬容妓院持續營業。表九是研究樣本中五個省的妓院數量演變情況，既顯示整體的下降，也顯示地區情況的多樣性。

從第二帝國開始，[6]專家紛紛研究妓院衰落的原因，卻未必能洞悉問題的本質。奧斯曼都更計畫（L'haussmannisation）*致使位於大城市「熱門」地區一定數量的陳舊妓院遭到摧毀，西堤島（Île de la Cité）和羅浮宮附近被毀的妓院，並未被新的妓院替代。城市的急遽擴張，也意味著傳統的妓院地點與客源地不再一致，因為客源從此被排擠到城市周邊。這種需求的分散，導致顧客對賣淫保留區必定失去興趣，而為了適應新的客源地理分布而建立的新賣淫場所，通常是附家具長期出租的旅館或私娼妓院。

* 譯註：指根據奧斯曼男爵的理論，改造一個城市或地區，又稱為巴黎改造。

圖十二：寬容妓院數量的下降

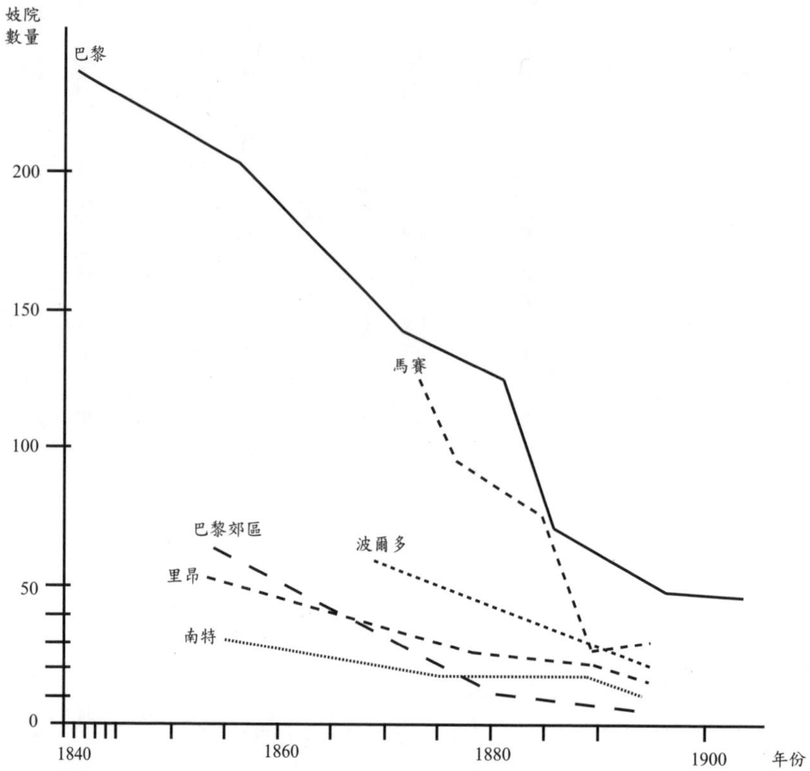

根據菲奧醫生轉載的國會外道德制度委員會未發表檔案
（Fiaux, *La police des mœurs*..., t I, p . 355）

表九：作為樣本中的五個省寬容妓院數量的變化情況[7]

	1856年	1866年	1876年	1886年	1896年	1901年
菲尼斯泰爾省	14	17	15	20	21	12
塞納—瓦茲省	18	21	21	19	17	13
夏朗德下游省	12	15	17	18	20	19
埃羅省	27	33	39	43	20	9
默爾特—摩澤爾省	18	14	16	18	20	19
總數	89	100	108	118	98	72

幾項經濟因素也對妓院不利。早在第二帝國時期，寬容妓院價格即水漲船高，加上妓院建築所有權人對續約的嚴格要求，使得收購地產的風險極大。從那時起，倒閉的中小規模妓院愈來愈多。經營私娼妓院，或者把寬容妓院改造成附家具長期出租的旅館，相對風險要小得多，也不需要太多投資。此外，出租給獨立賣淫公娼的長租旅館，也不會要求像寬容妓院那樣複雜的會計制度。

況且，如果經營應召站、幽會館或附設黑房間的歌舞酒館，在招聘妓女方面並沒有太大問題。一八八〇年後，妓院女主人發現很難找到願意住在妓院中工作的妓女，[8]因此只能愈來愈依賴坐地起價的「包裹」掮客；某種程度上，白奴貿易議題的出現，只是反映了妓院女老闆面臨的新困境。這種情況讓妓女能予取予求，不再像以前那樣完全受制於妓院女老闆。

自管制主義體系建立以來，這些妓院得益於行政部門的保護，而在巴黎則更受到警察總署的審慎照顧。從一八七六年起，警察總署受到市議會激進派的猛烈批評，很難再像過去那樣公開支持妓院。也由於擔心醜聞和媒體宣傳煽動輿論，如今只能勉強批准妓院開張。少數外省城鎮也不願意頒發新的許可，即使為數不多；薩蘭、蓬塔利耶（Pontarlier）、庫爾布瓦（Courbevoie）和亞眠甚至暫時或完全禁止在其管轄範圍內從事封閉式賣淫。簡而言之，巴黎對警方自由裁量權的抗議、輿論對人權議題敏感度的提升、我們所謂「關注市容觀瞻」的發展、更不用說反馬爾薩斯*思想（antimalthusienne）的進展，所有

* 譯註：托馬斯・馬爾薩斯（Thomas Robert Malthus），英國人口學家和政治經濟學家。馬爾薩斯傾向於用道德限制手段（包括晚婚和禁慾）來控制人口增長。他建議只對勞動群眾和貧困階級採取這樣的措施，因為對於社會弊病，較低的社會階層要承擔較大的責任。

這些因素都對妓院不利。

說實話，它們只是間接反映了妓院數量下降的根本原因，即「性需求」的變化。[9]妓院因為失去了大半客源而日漸衰落。在大城市，特別是巴黎，移民群眾現在已經部分融入社會，他們內部逐漸普及的小資產階級價值觀和行為，也改變了他們的心態。寬容妓院這個人們用來滿足生理需求的「精液陰溝」（égout seminal），已經不再有吸引力；另一方面，人們對誘惑的需求也有顯著發展。在無產階級以及小資產階級的圈子裡，私娼愈來愈誘人，妓院的赤身裸體與華而不實反而讓人反感。自由娼妓的競爭和新的賣淫行為，[10]使得某些類別的妓院宣告倒閉。伊德切帕雷（Iriart d'Etchepare）不無誇張地向國會外委員會宣告，即使在外省城鎮，「寬容妓院也瀕臨滅亡，連旅行推銷員這類最後的顧客都轉身離去，因為他可以與零售店店員、女僕和僕役發生性關係」。[11]

公眾輿論愈來愈難以接受對婦女的關閉和禁錮；而女性主義（féminisme）發展與這種演變有關，自是不在話下。在一個崇尚工作的社會裡，[12]掮客操控性行業（proxénétisme）的現象愈來愈難被容忍，只要參考一下向掃黃警隊投訴的數量就知一二；[13]請願書和建築物價值虧損的訴訟也不斷增加。卡利耶在帝國末期收集的紀錄中已經指出，妓院周圍從此呈現真空，但在復辟時期（la Restauration，一八一四年至一八三〇年），妓院周邊原本是許多小商人覬覦之地，因為保證財源廣進。[14]當地居民和店主對妓院態度的不變，正反映了輿論對這種賣淫形式產生了新的保留態度。

而後，一八八〇年七月十七日通過的法律，大大加快了這一進程，該法規確立了飲酒場所的交易自由。歌舞酒館拉皮條的現象立即隨之興起；許多酒商[15]在商店後堂設了一個黑房間，不管是不是酒館服務生，只要是私娼都可以在那裡賣淫。有時是妓女自己開設酒館，可能單獨或合夥經營，意圖向顧客賣身。

到了十九世紀末，為大眾或小資產階級服務的寬容妓院已無容身之地，至少在巴黎是如此：為了擺脫毀滅的命運，妓院必須專門化或轉型。萊昂—約瑟夫・瑪律布拉克（Léon-Joseph Malbraque）是位於小禮拜堂大道（boulevard de La Chapelle）一〇六號的妓院老闆，在他一八九三年寫給警察總監的信中，反映了郊區妓院的困境。他寫道：「私娼從四面八方入侵。而且可以（原文如此）說這裡所有的人都在賣淫，除了我；街上的女人從早到晚在我家門前毫不間斷地拉客……所有的人、外省人或外國人來妓院的時候，都無法不被騷擾、拉扯、拉客（原文如此）至少一百次，私娼還會對他們說不要去妓院消費，那裡太貴了，你會被搶、被打等等。」[16] 據他說，位於門牌一〇四號的旅館內住了十五或二十個妓女，這還不包括那些在旅館一樓的酒商後院裡工作的妓女，皮條客就在這裡聚會。一一四號至一一六號的旅館也是賣淫場所。簡而言之，這情況「就像一直在水果店門口兜售蔬果的流動攤販」。[17] 最後，該妓院老闆請求與警察總監見面，想要向他說明經營妓院的艱困。他用樸拙的文筆點出管制主義的特徵：在賣淫事業內「有許多人（原文如此），比方家裡的好父親、童叟無欺的商人、認真守法的納稅人，如果他們得到一點支持，就能實際為警方、道德和善良風俗效勞。近十年來，我不幸地把為數不多的積蓄，都投入我堅定無私地捍衛（原文如此）的這個行業；我研究了真正的道德風化，我的許多同行在這領域想必也老老實實工作著，我相信，在法規細節有所調整時，若蒙首長接見並聽取陳述，必能有所裨益。」[18]

這種不滿的情緒理當並非個案，早在一八七六年四月二十六日，馬賽妓院的妓女就以公共道德為由簽署了一份請願書，反對獨自賣淫的公娼和私娼進行拉客。[19] 一九〇三年，聖尼柯拉德波爾（Saint-Nicolas-de-Port）妓院老闆的處境尤其艱難，雖然他的妓院岌岌可危，但他無法將妓院轉為其他用途，因為該妓院建築的設計，是為了符合行政管理部門的要求，「只適合用於從事要求事項」；[20] 它沒有任何通往公共道路的出入口，內部的設置也只符合妓院用途。此外，一八八一年妓院開張時，曾約定妓院老闆每年應向濟貧所（bureau de bienfaisance）繳納兩百法郎；除了這筆定期支付的款項，他還必須繳納營業稅，[21] 我們完全可以明白為何他宣稱自己無法「營生」。[22] 他還抱怨妓女放棄在他的妓院工作，轉而成為咖啡館女僕或私娼；他要求警方「認真」鎮壓，並請求將希望離開他妓院的妓女驅逐出城。妓院老闆也批評健康檢查過於嚴厲。而南錫的妓院老闆也向省長遞交了一份連署書，指責維克多—瑪麗—約瑟夫・維涅隆醫生（Victor-Marie-Joseph Vigneron）導致他們破產。[23]

儘管妓院生存出現危機，但仍有新的妓院開張，特別是在法國南部，但是大多數妓院發展不順，也的確加劇了不景氣的現象。最典型的失敗例子，應該是一九〇一年在拉塞訥開設的寬容妓院：該妓院位於城外的「通風區域」（dans un quartier aéré），[24] 是按照最現代的衛生規則特地建造的，內部人員只由受過教育的妓女組成，妓院內的規章制度注意保障寄宿妓女的「福利」，[25] 健康檢查也沒有發現任何疾病。儘管具有種種優勢，生意卻停滯不前。然而，這個例子也證明了烏托邦理想中妓院計畫的持久性。[26]

二、從封閉式妓院到開放式妓院

某些妓院女老闆知道如何因應局勢，將她們的妓院局部改造為應召站或幽會館。幾乎所有證詞都提及官方寬容妓院**相對開放**，而管制主義計畫的最終失敗也由此彰顯。客人送禮給妓女床伴的慣例趨於普遍，[27]在某些妓院中，妓女從妓院女主人手中得到更大的經濟獨立性，進出妓院愈來愈容易。門窗掛鎖的強制規定也逐漸廢棄，至少在首都巴黎是如此。

針對小資產階級嫖客的妓院女主人，傾向於接納愈來愈多「寄宿妓女」，也就是可以自由出入的妓女，她們由顧客直接支付報酬，只需向妓院女老闆支付食宿費，這樣一來，也讓妓院更像應召站，而非封閉式妓院。為了招攬不願上門的顧客，巴黎某些妓院女老闆甚至已經慣於派妓女到妓院外的林蔭道，或舞廳出口拉客。[28]妓院外的交際型宴會（une partie）租用妓院妓女的做法也愈來愈常見；在薩蘭，不論是針對舉辦「天體主義舞會」（bals naturalistes）[29]的小資產階級，甚至只想消磨一個愉快下午的學生，妓院女老闆都會提供妓女。聖尼柯拉德波爾的妓院老闆為了維持生意，會讓妓女到市區「出場過夜」（faire des couchers）。[30]

妓院女老闆非常清楚顧客喜新厭舊的需求，有時會耍詭計來吸引顧客。因此一些官方寬容妓院會讓自己看起來像私娼妓院，並要求顧客遵守原本不必要的預防措施。[31]菲奧醫生甚至提到，有些妓院會偽裝成時裝工坊，妓院女老闆在此向顧客提供所謂的未成年學徒，但她們其實是已經在警察總署註冊的執業妓女。

漸漸地，封閉型妓院也變成一種寬容制度式的幽會館，除了經營傳統的賣淫活動，妓院女主人還幫顧客和附近的女工牽線。資產階級通姦情況的發展，也幫妓院開拓了新的財源，許多紅杏出牆的婦女心中有數，比起位於公寓夾層的單身男子約會小套房或大飯店房間，在妓院幽會要來得更有保障。因此，有些妓院女老闆局部改造自己的妓院；有些則提供相鄰的公寓給約會的情侶，是名副其實為「禁忌戀人」（les amours traquées）服務的妓院分行。[32]

馬賽賣淫保留區內妓院的變遷，清楚地反映了這個開放的現象，也證明開放的進程不可逆轉。然而，馬賽的變化不能歸因於來自酒館或歌舞廳的激烈競爭，因為保留區內並沒有酒館或歌舞廳。馬賽的顧客基本上都是船員，且仍是寬容妓院和公娼的忠實顧客，也不像其他人對私娼那麼感興趣。在該區之內，來自私娼妓院的競爭幾乎不存在，馬賽的行政管理仍偏袒寬容妓院，警方地位也很強勢，其權威尚未受到新聞媒體的侵蝕。簡而言之，在馬賽，一切傳統都對妓院有利。但即使是保留區內的妓院，也正逐漸被妓院女老闆、妓女和嫖客之間的共同協定徹底改變。不住宿制（externat）逐漸取代寄宿制（internat），寬容妓院也改頭換面，成了寬容應召站。

藉由費立克斯・賀尼奧醫生（Félix Regnault）的著作，可以非常精確地追蹤這個轉變過程。寬容妓院在一八七三年有一百二十五家，到一八八九年減少到三十一家，一八九七年更減少到十二家；大多數妓院女老闆要求把妓院改造成「開放式妓院」或「自由式妓院」（maisons libres），類似附家具的長租公寓，設於賣淫保留區，並得到官方行政上的寬容。妓女也能稱心如意：一八九〇年左右，她們能隨意外出，只需向妓院女老闆支付房租，也就是每天二・五到五法郎。應召金額由客戶直接支付妓女。據賀尼奧醫生的說法，妓女每天可以積攢十五或二十法郎，週日甚至可以賺三十至三十五法郎。[33]但妓女確實要自己支付服裝和健康檢查費用，如果付不起房租，還有可能會被妓院女老闆掃地出門。

「開放式妓院」的女主人不用再擔心如何招收寄宿妓女，或向掮客購買妓女，也不用再煩惱服裝或健康檢查費用；她的記帳工作大幅簡化，不須花大錢就能布置妓院，不再需要前廳和會客廳；與此同時，她的收入往往比以前還多。在「開放式妓院」中，妓女自己負責站在門前或租處的樓梯上招徠顧客；這也讓妓院女老闆可以省去雇用陪媼（duègne）*的費用，過去在馬賽，陪媼要和妓女一起站在門口，但如今行政部門准許妓女自己站在門口攬客。[34]對嫖客來說，他們也很高興能在進妓院消費之前就先挑選妓女。

貝濟耶賣淫結構的早期變異，更能清楚說明寬容妓院的開放情形，但必須承認，貝濟耶的情況比較獨特，正如該市的賣淫規模一樣特殊。二十世紀初，妓院早已從城市中消失，一八六一年管理妓院的規定也已失效；貝濟耶一些帶家具出租的房屋，被行政部門認可為「非地下的淫樂場所」（maisons de débauche non clandestines），[35]但「不受管理規章監督」；「在那裡居住和寄宿的妓女，只要繳納定額費用，就能隨意自由外出，**接待任何她們想接待的人**」。[36]因此，這些賣淫機構既不是寬容妓院，也不是一般所謂的應召站。「帶家具的房屋出租者（logeuses）或妓院女老闆，只是登記在冊的營業稅和間接稅負責人。在市政法規中，沒有關閉這類機構的相關規定。」[37]

---

* 譯註：舊時僱來監督少女、少婦的年長婦人。

三、從寬容妓院到淫樂妓院

正如前述，妓院仍然存在，特別是在城鎮中心。事實上，這場危機並沒有影響大型寬容妓院。因此，妓院雖然沒有消失，但不再符合管制主義計畫，亦即不再提供平凡不奢華的妓院，讓處於生育興奮期的個體簡單地滿足慾望。十九世紀末的妓院之所以能夠生存下來，是因為它已經成為名副其實的**淫樂妓院**（maison de débauche），甚至是性變態的殿堂，旨在滿足多數是陌生客人、渴求精緻情色的貴族或資產階級客戶。

總之，唯一能存活並持續發展的妓院，都是第一流的妓院，其運作涉及大量投資與專業人員，是一般旅館或長租型套房等級的妓院無法匹敵的。一九〇三年巴黎僅存的四十七家寬容妓院中，有十八家是價值二十至三十萬法郎的一流妓院。[38]

這些妓院的裝飾與設備極為闊綽，顧客也因此需付高額費用：十九世紀末期的大型寬容妓院，裝潢都相當浮誇；眾多大型妓院也亟欲在一八七八年、一八八九年、特別是一九〇〇年的萬國博覽會之際將妓院翻新。雖然生動別緻的描述並非本書目的，但此處還是要引用保羅・莫尼耶（Paul Meunier）的報告來略述一二這些妓院的布置：「設有奇妙巖洞與樸拙樓梯的瑞士風格峭壁，是這所妓院（位於沙巴奈街）的奇觀與奧祕之一。主樓梯氣勢壯觀；牆壁和天花板上到處都是鏡子；房間隨地都是柔軟的厚地毯；到處都是帷幔掛毯；到處都是耀眼的電燈；香水芬芳充斥在這個愛情殿堂裡，而且殿堂的女祭司都一絲不掛。」[39]位於M〇〇街的妓院一樓是「一座富麗的希臘神廟」。[40]這裡有歌劇般的布景，有東方天堂的場景，有路易十五的皇家沙龍，有卡里普索（calypso）*的洞穴。隨處可見的「電力仙境」（féerie électrique），對很多顧客來說是新鮮事物，菲奧醫生甚至指責它助長了「性催眠現象」（hypnotisme sexuel）以及「腦神經錯亂」（détraquement cerebral）。[41]

同樣的講究，也出現於當時符合性變態定義的妓院。這些都是妓院裡長久以來的普遍做法，但工業化的刺激和貴族情色於資產階級內部散播的影響，使妓院必須隨時充滿新奇設備。因此，偷窺裝置也更精益求精。菲奧醫生在一八九二年寫道：四十年前，還只是用曲柄鑽在隔間牆上簡單打個洞，或在櫥櫃上鑿斜孔。「今天……透過門上巧妙安裝的懸吊帷幔，刻意不擺正的雕刻與小幅畫作等壁飾，或在隔間牆裡安裝管子，有些管子裝著能望遠的放大鏡，有的裝著錐形聽筒，觀眾可以從隔壁小房間一飽偷窺與偷聽的樂趣。小房間裡還設有舒適座椅與夜燈等便利設施」。[42]在這裡，「座位跟劇院正廳前座一樣，都需要付費。」[43]

第一流的寬容妓院也增加了很多戲劇場面和活人畫，在凸顯潔白身體的黑色絲絨地毯上，或掛滿黑綢緞的房間裡，全裸的妓女縱情地進行同性性行為。有些地方的妓女只需站在電動裝置轉盤上搔首弄姿。[44]有時候展示的是性行為畸變、雌雄同體或汙穢糞便，甚至是人獸交場面。據菲奧醫生說，[45]有些寬容妓院的獨家專門表演，就是讓妓女和社交界流行的德國獒犬，或首都郊區比比皆是的紐芬蘭混種犬交合。[46]

* 譯註：希臘神話的海之女神，在荷馬的《奧德賽》中，她在希臘英雄奧德修斯返家途中，將其軟禁在島上七年。

大型寬容妓院的女老闆擁有「成套完備的性虐待工具」，[47]尤其是笞淫（flagellation），[48]以及一系列的情趣小玩意，這些在現在的情趣用品店裡很常見，但當時的用品往往更為精緻講究。這個領域也出現明顯的演變：「香味皮鞭、絲製綑綁帶、小束蕁麻」已經過時了。[49]從此，比利時或德國的工廠為妓院女老闆們提供了新的器材：蒙達醫生（Mondat）的唧筒吸盤（pompe-ventouse）、[50]局部電擊設備（appareils à électrisation locale），還有五花八門的保險套，別忘了還有來自英國的按摩棒（godemichets），[51]以及讓妓女戴上人工陰莖（verge artificielle）的裝束，以滿足「可恥的肛交者」[52]或上流社會的女女交歡。妓院女老闆還為顧客提供一系列據稱可壯陽的藥物，如磷酊或西班牙金蒼蠅粉*。

對於最有錢的客戶，寬容妓院也會贈送一些猥褻畫冊收藏品，其中一些來自日本（《女人島、男人島》〔*L'Île des femmes, L'Île des hommes*〕）。在淫穢攝影藝術中，單獨的裸體照漸漸被群體性交圖或編導的場景取代，其中最常見的是偽裝成神職人員或修女的情侶歡愛場面。

當然，所有這些設置的使用，都需要訓練合格的工作人員，他們有時還真的經歷過學徒培訓。正如菲奧醫生指出，妓院的妓女經常會有某種職業責任感，並以纖纖玉指（pattes d'araignée）[53]撩撥嫖客身體的方式勝過所有同事而自豪。口交和舐陰的做法，被當時的道德家認為與肛交一樣下流得無以復加，希柯教授曾將其形容為「生殖器神經（nerf génitolabial）的瘋狂」，[54]但在一流的寬容妓院裡卻很普遍。根據里奧・塔克希爾（Léo Taxil）的說法，以及嫖客的證詞，有些妓院女老闆供養「檢驗員」，其用處是讓妓院的妓女進行見習。[55]大型寬容妓院的妓女還必須接受肛門親吻（舐肛〔anulingus〕）、**肛門交媾和滿足同性戀客戶的要求。在這方面，所有證詞都顯示，第三共和最初十年對女同性戀的需求明顯增加。保羅・杜波瓦醫生（Paul Dubois）在一八八一年宣稱，沙巴奈街的妓院已成為滿足女同性戀的專門場地。[56]在某些大型寬容妓院中，女老闆雇用妓女時，會規定「也要為女性服務」。

群體交媾、狂歡晚宴，尤其是「二次方聚會」（partie carrée），***也毋庸置疑是當時的普遍作風。特別為此提供的房間，設有兩張床、兩張躺椅、兩個化妝室，並裝飾著大鏡子。妓女也必須穿上各種變裝打扮，假扮成嫖客頻頻追求不果的心愛女人，讓嫖客透過替代品滿足占有慾。在某些妓院裡，[57]變裝幾乎是常態性的：為了滿足男性的遐想，妓女被打扮成新娘、修女或督政府（Directoire）時期「奇女子」（merveilleuses）。****通常服裝會配合室內布置。

即使法規禁止，但一些奢華妓院也歡迎男同性戀者，他們只要把陪他們一同上樓的妓女打發走，就可以旁若無人，在專供「二次方聚會」的房間裡自由地翻雲覆雨。當一位男士提出這類要求時，妓院女老闆會派人去找願意幫顧客進行肛交的熟識年輕人。

在此不會詳述妓院妓女必須遵守的所有客戶要求，這也非本書目的，[58]提及這些活動，只是因為它們屬於性交易的範疇。不過很明顯，在十九世紀最後幾十年裡，性交易行為日益精緻周到。當然，在成

---

* 譯註：斑蝥粉。

** 譯註：原作寫 cunnilingus（舔陰），應是作者筆誤。

*** 譯註：兩男兩女之間的放蕩聚會。

**** 譯註：督政府時期穿古希臘或羅馬服裝的時髦婦女，曲線畢露的薄透衣料與低敞領口為特色。

為性學家研究的主題之前，性虐待、受虐癖、人獸交和其他極致行為早就存在於妓院了。[59]只是，正如一九七〇年代情色影像、紀錄、讀物和小玩意風行於整個社會，我們也無法否認，十九世紀最後幾十年裡，儘管無數道德協會努力倡議立法，但早先專屬於貴族情色的癖好、遐想和技巧仍然歷久不衰，至少在小資產和中產階級中是如此。

將情色推上檯面的藝術和文學運動，顯然也與這種演變相關。嫖娼行為已成為小說和繪畫藝術的基本主題之一，[60]象徵主義（symbolistes）和頹廢派（décadentistes）的文學及繪畫，見證了一種集體精神官能症（névrose）轉化為令人眼花繚亂的吸引力，也轉化為對女性性行為的病態恐懼。學者也就在此時努力將我們現在所謂的變態性慾（perversions）進行分類：我們一般稱為傳統變態性行為的做法，冠上了利奧波德・薩克—馬索克（Leopold von Sacher-Masoch）的名字，[61]克拉夫特—埃賓（Richard Freiherr von Krafft-Ebing）*則提出了一個詳盡的性行為列表。[62]在整個歐洲，同性戀事件都曾引發轟動的訴訟案件；希柯、尚—馬提・沙爾科（Jean-Martin Charcot）、瓦倫丁・瑪尼昂（Valentin Magnan）、本傑明・鮑爾（Benjamin Ball）或威斯特法爾（Carl Westphal）關注於他們所認為的病理現象。關於歇斯底里（hystérie）的研究，也取得了飛躍性的進展。總之，「性科學」（scientia sexualis）在此時於西方社會成立。[63]鑑於資產階級的丈夫不能、可能也不想對妻子提出情色要求，那麼，精心打造的情色成了產業和生意，其榮景甚至與眾多小型寬容妓院面臨的危機成了鮮明對比，還會令人感到驚訝嗎？

這些考量也說明了中小城鎮妓院數量相對穩定的原因。在這一環境中，賣淫行為也在發生變化，第三共和初期，歐摩醫生就引述貢捷堡寬容妓院資深妓女的認知，強調嫖客的性行為演變。以前寬容妓院的妓女不從事口交，其他人則會強迫曾口交的妓女「分開用餐」（prendre ses repas à part）。[64]但經常出入這些妓院的年輕人，近年來只「藉由非自然的手段，最普通的是用口唇」[65]來尋求快感，並熱情觀賞女同性戀的場面。這種類型的妓院往往在小城中獨樹一幟，十九世紀最後數十年裡，也見證了莫泊桑在《泰利葉春樓》中提過的聯誼圈作用（rôle de cercle）的發展。在這裡，人們學習巴黎的時尚和情色；在穿著巴黎風格便服的妓女身旁，聽著第一批留聲機播送流行歌手的歌聲，同時在充滿精緻的電器照明下，翻閱雜誌或淫穢的照片集。妓院成了一個散心與追求新奇感的地方，也是夫妻苦悶夜晚的另類補償。當地小資產階級和妓女社會之間發展出新的社交形式，某種程度上，這些妓女既提振嫖客的感官，也促進了他們的感性思維。

上述演變似乎產生了矛盾的後果。雖然第二流妓院的妓女情況有所改善，但大型寬容妓院的妓女生活條件卻呈現惡化。亨利・圖洛（Henri Turot）在一九〇四年寫道：「寬容妓院優雅的程度愈高，妓女的境況就愈惡劣。」[66]現在為了開設一個大型妓院來吸引對妓院心生厭倦的顧客，需要大量的投資和開銷，因而促使妓院女老闆要求妓女接受更多業務量，這就是巴黎市議會、[67]議會外委員會以及菲奧醫生各自調查得出的結論。

一九〇四年，巴黎大型寬容妓院的妓女，從中午到凌晨三點，一接到召喚，就必須到會客廳隨時待命。妓女每個人每天必須接待的顧客數量顯然都增多了。妓女休息的「櫥櫃」和以前一樣骯髒不衛生。

* 譯註：德國—奧地利精神病學家。

但在一九〇四年，四十七間妓院中仍有四十五間強制妓女必須住在妓院。

因此，對於十九世紀下半葉寬容妓院的衰落不可一概而論。但無論如何，這種演變都證明了管制主義計畫的失敗：因為管制主義計畫希望把婚外性行為限制於行政部門嚴密監督的封閉場所，並防止過度花俏、違反自然或純屬非法的行為發展。眾多寬容妓院的例子，顯示了封閉型妓院的失敗，由於長租旅館的競爭和顧客感受的演變（évolution de la sensibilité），寬容妓院發現自己不得不逐漸開放並部分轉型以維持生存，地位最卑微的妓院變成了應召站，其他則變成了幽會館。

寬容妓院監控制度的失敗也同樣顯而易見，十九世紀末正是淫樂妓院的全盛時期。如果只有大型富麗的寬容妓院繼續蓬勃發展，它所對應的並不是性需求集中凝聚的簡單現象，而是精緻情色的需求提高。因此寬容妓院遠遠沒有成為帕宏—杜夏特雷和管制主義者設想中的發洩出口，而是成了鍛造新的性需求的實驗室。這正是德塞森特（Des Esseintes）*所意識到的，當他想像自己免費將一位年輕工人引進了大型寬容妓院的情色世界，使其此後餘生中都對日常性生活慾求不滿。[68]

以上所見的雙重演變，正符合性需求的雙重轉變：一是整個社會主體對誘惑的新需求，另一是少數特權階層尋求新的性行為。然而，直到一八七〇年代末，亦即封閉式妓院開始走下坡、也被人們察覺到的時候，反對寬容妓院的廢娼運動才誕生並繼而發展。反對妓院的論述，似乎只是對行為的遲來反映；這些論述其實只是在相隔一段時日之後，表達性交易的感受性與需求本質之演變。最後一種現象似乎是當時社會演變的要素之一，下文必須再詳細討論。但在談論這個問題之前，還是要先分析一下管制主義計畫其他失敗的面向。

祕密賣淫傳統形式的延伸與變異

自實行管制主義體系以來，政府將賣淫活動區分為被寬容的公娼與暗中賣淫的私娼，並聲稱將不遺餘力地打擊後者使其消失。說實話，到了第二帝國中期，「暗中」（clandestin）這個形容詞幾乎已經沒有任何意義，[69]暗娼在巴黎和外省大城一樣，公開從事拉客活動，或在長期出租的旅館和飲酒場所招搖，從此應將妓女分為順從（soumises）**和不順從（insoumises）比較貼切，但也不要忘記，不順從的妓女隨時可能被捕，並被載入官方的賣淫登記冊。

當然，要勾畫暗娼的賣淫形式及其背後的性行業操控者（proxénétisme）非常困難。首先必須界定賣淫的定義，然而也必須承認，研究這個問題的學者尚未達成共識。利特雷（Littré）認為妓女是指任何不知羞恥（impudicité）的女人，從名詞上來說，是「任何道德敗壞（mauvaises mœurs）的女人」。多數作者並沒有明確區分女人的性自由、放蕩和賣淫，也就是帕宏—杜夏特雷所見女性走向墮落的三個連續階段。一八八八年，赫斯醫生仍然把放蕩和賣淫相提並論，認為後者只是前者的通俗形式。[70]此外，「半上流社會」（demi-monde）***和「半上流社會的女人」（demi-mondaine）這兩個詞的不精確性和語義

* 譯註：于斯曼作品《逆流》（*à rebours*）中的人物。

** 譯註：指順從或服從行政管理的妓女。

*** 譯註：典故來自小仲馬（Alexandre Dumas fils）一八八五年發表的同名小說。指在上流社會的良好禮儀、文化、表面體面和貴族頭銜的背後，存在著不和諧、虛假的立場、難以逃脫的腐敗和醜陋的金錢財富。

演變，由此看來也意味深長，這些詞的原意[71]指的是獲得自由（寡婦、分居、外地人〔étrangères〕）但處於邊緣地位的婦女，其婚姻狀況並不為人知。簡而言之，半上流社會是一個因公開醜聞而與世隔絕並遠離賢妻良母之輩的環境，也是因金錢而與交際花有所區隔的環境，而組成這個環境的女人對心上人以身相許，卻不出賣肉體。[72]很快地，也就是從第二帝國衰落開始，[73]可能還更早，[74]「半上流社會」就成了一種「風流（galanterie）*的轉義」，也促成第一代幽會館的出現；「半上流社會的女人」這個詞也就從此成為高級妓女的代名詞。

對某些人來說，**性交易**是賣淫的指標，因此這些人把被包養（entretenue）的女人歸類為妓女；同時他們也因而認為，獻身給出手大方的情人，或者獻身給丈夫的上級以求丈夫晉升的女人，都算是妓女。

不過，大多數專家關注的是四個指標：（1）習慣和名聲；[75]（2）交易，對從事賣淫的婦女來說，賣淫是獲取主要收入來源的真正職業；（3）無選擇權，妓女賣身有求必應；（4）由於需接待大量嫖客，因此沒有快感或任何感官上的滿足。

例如：一八九〇年巴黎市議會成立的委員會報告員希莎[76]和診療所醫生布特[77]都採用了這個定義，將以下人員排除在妓女群體之外：交際花、被包養的女人（特別是有工作的）、斷斷續續接客的妓女、希望補貼工資而在週日賣淫的女工，或是為了應付供貨商催繳帳單而賣身的小資產階級婦女。[78]

對自由主義者和新管制主義者來說，最後這套定義都是可以接受的；新管制主義者傾向於認為，只有那些真正有傳染風險的婦女才是妓女，也就是那些沒有真正的選擇，只能向眾多嫖客賣身的女人。這套定義自然也就是量化調查中最常用的定義，傾向於淡化甚至排除資產階級賣淫，也高估了平民賣淫的相對重要性，這一點還得納入考量。

雖然「順從的妓女」概念無庸置疑，因為它指的是在行政部門登記的妓女，但「不順從的妓女」或「暗娼」的概念，卻因這些用法含義不同而有很大差異。就脫離管制主義計畫管轄這一點而言，這些「私娼」構成了一類沒有被嚴格邊緣化的妓女。「不順從的妓女」輪廓因而過於模糊，我們也沒有像針對公娼那樣的清晰成見來定義她們；私娼隱身在「賢妻良母」群體中，有時只是斷斷續續現身賣淫。與「順從的妓女」相比，私娼來自更多元的環境，工作環境也同樣多元，也因此更難在社會金字塔架構中鎖定她們的位置。更何況，「不順從的妓女」在賣淫環境的各種類別之間不斷流動，也因此阻礙了研究分析，無法進行任何有效分類。卡利耶在第二帝國末期就已經極力強調這種日後愈發明顯的流動性，而這只不過再一次反映影響了城市社會流動性日益增長。《娜娜》的作者最明顯的意圖之一，不就是要讓讀者感受妓女進入性交易週期後的這種從下到上、從上到下的永恆運動嗎？簡而言之，如果私娼讓專家感到害怕，[79]正是因為她們的外表無異於其他女人或女孩，又與社會各界人士接觸，因而增加了道德傳染與衛生風險。

鑑於上述原因，馬提諾與柯孟莒等受到帕宏—杜夏特雷方法所啟發的醫生，對祕密賣淫的研究嘗試也**相對失敗了**。

* 譯註：galanterie 原意為獻殷勤或耍風流、獻媚，後來引申為賣淫的意思。

學者試圖衡量祕密賣淫婦女的數字重要性時，也不免感到有些不確定，這是情有可原的。提出的數字有時只顯示了提出數字者的幻想，或近乎神經質的焦慮。但還是讓我們來判斷一下：卡利耶[80]估計首都巴黎的「不順從的妓女」人數在一萬四千到一萬七千人之間，而杜剛[81]在巴黎公社事件後，毫不遲疑地提出十二萬人的數字。在他之後的樂庫賀[82]得出的總數是三萬，這是在一八七〇年至一八八〇年的十年間最常見的數字；而他的對手古約和後來的菲奧[83]也都採用這個數字。一八八一年，第二處處長庫埃（Coué）在市政委員會面前，宣稱首都巴黎有四萬名「不順從的妓女」，[84]而我們知道德沛醫生藉為內政部服務之便，得出了兩萬三千的數字。[85]幾年後，保安警察提出的總數是五萬，[86]而奧斯卡・拉薩爾（Oscar Lassar）估計一八九二年巴黎妓女的數量為十萬。[87]

希莎的報告則得出不同的結論，因為他拒絕將被包養的女人與女孩計算在內，因此排除了接受資產階級情人金援的年輕洗衣或裁縫女工這個龐大的群體，根據他得出的估計，僅有一萬到一萬一千名真正以賣淫為職業的「不順從的妓女」。[88]

從後來的估算來看，一八九〇年到一九〇〇年間的人數增長相當明顯。事實上，警察總監路易・雷平（Louis Lépine）提出二十世紀最初幾年的總人數為六萬至八萬；[89]最保守的估計來自圖洛，他呈交給市議會的報告顯示，首都巴黎有兩萬名「不順從的妓女」。這又一次證明數字因私娼的定義而異；因此，雷平在一九〇五年的衛生和道德防治協會（la Société de prophylaxie sanitaire et morale）再次提到這個問題，宣稱巴黎所有的私娼中，只有六千或七千人在街上拉客，其行為因此近似於「順從的妓女」。其他則是「臨時工」（intermittentes）妓女（淡季時的服裝店員、沒有工作的女傭、失業的女工）、經常出入幽會館的已婚婦女，或者是欺騙情人的被包養女郎。[90]一九〇八年，樂琵略醫生也同樣估計巴黎只有一萬兩千至一萬五千名私娼，但他並沒有將被包養的女人計算在內。[91]

應當說，我們掌握了掃黃警隊每年在巴黎逮捕的私娼數量（參見圖十），但其實每年數字波動的幅度不大，圖表反映的更多是警察鎮壓的強度，而不是祕密賣淫的程度。

無論如何，即使只將最保守的估計納入考量，在巴黎的私娼數量明顯要比公娼多得多，這一點已由失蹤人數的規模說明。[92]還有比這更明確的證據證明管制主義體系的失敗嗎？

法國其他地區進行的調查，也得出同樣的不確定性。德沛[93]得出全國（不包括首都）共有一萬八千零六十一名私娼，要注意的是，他沒有把被包養的女人視為妓女，因此沒有將其計算在內。私娼人數按照城市行政職能和規模大小劃分如下：各省會一萬兩千五百八十五人（其中里昂五千人、波爾多兩千人、馬賽四百二十人），副省會三千零九十六人，區政府一千六百九十七人，其他市鎮五百八十五人。

遺憾的是，回覆調查的行政人員顯然沒有採用同樣的標準。否則如何解釋在富瓦（Foix）有一百零五個私娼，在特魯瓦有四百個，布爾吉（Bourges）、佩皮尼昂（Perpignan）、貝桑松、奧爾良各有一百五十個，尼姆有四百八十五個，埃爾伯夫（Elbeuf）有兩百個，科德貝克（Caudebec）有九十個，在里爾只有一百個（而在歐蒙〔Haumont〕有四十個），雷恩五十個，亞眠二十五個，凡爾賽十個，坎佩爾六個，特別是馬賽有四百二十個，而米賀醫生卻估計總人數為四千或五千人，這是有可能的嗎？[94]

當然，必須考慮各地區大不相同的習慣和心態。因此，製造業城市（里昂、利穆贊、特魯瓦、諾曼第〔Normandie〕的紡織城）回覆調查時，傾向強調祕密賣淫的重要性，還有法國南部主要城市（尼姆、蒙佩利爾、貝濟耶、佩皮尼昂）以及巴黎和波爾多也是如此；而在港口城市（布列斯特、馬賽、土倫），這種現象似乎並不普遍，因為當地註冊的妓女非常多。德沛醫生將公娼與私娼的數目相加的結果，強調了賣淫在大城市地區和法國南部阿基坦（Midi aquitain）、普羅旺斯，尤其是朗格多克的主要城市的整體重要性。

但所有這些結果仍然必須以模態邏輯（une manière modale）視之，對於祕密賣淫這個在現實中難以捉摸的現象，這些結果最多只能讓我們估算出一個總體範圍，並辨識出私娼密度最高的地方。

所有見證一致強調，各省的祕密賣淫活動，從第二帝國開始到十九世紀末可說風生水起，將一八七九年獲得的結果與我們記錄的一九〇二年抽樣調查的結果對照，也同樣可以說明這一點。儘管缺乏有效的數字資料，但否認祕密賣淫的成長是不太科學的；在巴黎和外省，祕密賣淫的增長，非常吻合封閉式賣淫的衰退和新型賣淫行為的出現時機，這將在下文詳述。然而，激烈的抗議運動吸引輿論關注賣淫，這可能導致許多觀察家注意到他們之前忽視的現象，進而高估祕密賣淫的增長狀況。[95]

無論數量上很不精確，描述**祕密性交易的結構**仍然至關重要。馬提諾醫生寫道：「祕密賣淫是一種組織，雖然它沒有正式的規則，卻按照一種既定的秩序運作」，[96]我們要從每個社會層面，藉由觀察極為多樣化的賣淫行為加以辨別的正是這種秩序，以及決定該秩序的性行業操控模式。

一、半上流社會女人、交際花、劇院女人、宵夜餐廳的女人*

我們將快速討論屬於帝國慶典傳統的高級妓女。相關的生動文獻汗牛充棟，性好此種細節的讀者可逕自參閱。[97]在此只討論將賣淫行為置於社會性交易光譜中的問題。為此，我們將首先試著辨識交際花有哪些共同點。她們幾乎全部都是「不順從的妓女」，儘管如前文所見，某些登記為公娼的妓女有時能成功發展事業，[98]但交際花無論出身和背景如何，都很少被警方追究；如果她被員警找麻煩，她所周旋的男性將會保護她，迅速解決她的麻煩。

不管是住在公寓裡（這是最常見的情況），還是住在私人豪宅裡（她們之中最高貴的），這些女人全都是在自己的家裡，按照適合自己的時間表，獨自從事賣淫。

她們的客戶全都是大有來頭的權貴、[99]外國貴族、經濟或工業界的大資產階級、巴黎「上流資產階級」（bonne bourgeoisie）[100]的成員，或是有錢的外省人、對頹廢墮落女性散發的氣質情有獨鍾的人（spécialistes des filles sur le déclin）。作為高級妓女的交際花有權選擇恩客，因此產生自願獻身的錯覺，她們有時也會獨寵一位情人，但這種情況愈來愈少。最常見的是她們像某些獨自賣淫的公娼一樣，將眾多情人組成有限合夥關係，並將自己的白天與夜晚時光妥善安排給他們每一個人。交際花從不採取拉客的行為（racolage，當時社交界流行的說法是raccrochage），她們在擬似求愛之後才會賣身給她看上的

* 譯註：十九世紀時，souper指吃宵夜，通常是去劇院之後，也就是晚上十點之後享用。Soupeuse則是指在這些宵夜餐廳物色客人的妓女，以下以「宵夜妓女」稱之。

人，或像夜間咖啡館或歌舞酒館的妓女對客人進行挑逗式「勾搭」（levage），[101]甚至是俗稱「臥女」（grandes horizontales）*的最高級妓女，在文森森林（Bois）散步時也會這麼賣弄風騷。當然，只能在大城市裡遇到這些交際花，更確切地說，是在巴黎、里昂[102]和一些溫泉與海濱度假勝地，因為她們只在首都繁榮區域出沒，並時常在此布置奢侈住所以維持其地位，當然由其情人負擔費用。

大多數情況下，高級妓女都是被「**發行**」（lancée）的，她們是知名老鴇的創造物，這些俗稱吃人魔（ogresse）的老鴇有時候不是別人，正是妓女自己的母親。事實上，這種性行業操控的形式結構在十九世紀中不斷演變，正如《煙花女榮辱記》（*Splendeurs et misères des courtisanes*）中的亞細（Asie）與左拉筆下的老鴇拉提康（la Tricon），只要比較這兩者的活動即能看出端倪。一開始，這種「發行活動」基本上是女裝用品業者（marchandes à la toilette）的工作，甚至是附近的洗燙衣業者（blanchisseuses）。她們在人行道上發掘美貌、能力出眾，或單純只是放蕩不羈的女孩，然後將有時屬於客人的華美服飾租借給這些女孩，並要求支付可觀的租金作為回報。此外，這些女裝用品業者還有當鋪、高利貸和淫媒的功能，專為她們「發行」的妓女服務。

雖然沒有完全消失，而且實際情況也跟消失相差甚遠，但在十九世紀最後幾十年裡，這些商人似乎已經失去了重要性，很可能是因為她們已經無法提供布置或「發行」交際花所需的大量資金。另一方面，供應商的角色，尤其是織毯商的重要性也同時大幅提升了。他們將挑選好的交際花安置在他們擁有或只是租用的公寓裡，並為這些公寓布置華麗裝潢與家具。他們除了向交際花索取高昂租金之外，還要求她們要分期購買家具和裝飾布置。交際花在付清債務前就已經落得無能力支付是司空見慣的事，所以她們也會偷偷地失蹤，若如此，織毯商就能再找一位新交際花，安置在家具已經部分付清的公寓中。一些供應商也會如法炮製，當交際花負債累累時，再將她們完全置於自己的掌控之下。

至於淫媒（proxénètes），她們也擴大了業務範圍，一如統御著隆尚賽馬場（Longchamp）裡優雅女子的老鴇拉提康，有些淫媒擁有廣泛的客戶群，在掮客（有時是女裝用品業者）幫助下，她們有能力招募和發行一群交際花，而不只是一兩個。淫媒雖然必須在這些交際花的職涯中投資大筆資金，但也從交際花身上獲得非常大收益。到了十九世紀末，這種大淫媒與幽會館女主人的身分漸漸合而為一。[103] 簡而言之，高級的性行業操控者是真正的商業組織，並在十九世紀逐漸結構化，可能也逐漸集中化，這是由於交際花行為在資產階級中普及，也由於封閉式賣淫凋零，使得淫媒從交際花身上獲得的利益與日俱增。

經由這個過程，交際花成了單純的工具，其暫時的財富和毀滅，都為「實業家」（industriels）[104] 或商人帶來利潤，而後者就像寬容妓院的所有權人，在變動不斷的交際花世界裡，他們是最大的受益者。交際花並非真正的「狼吞虎嚥女」，她們養肥了淫媒或織毯商，更不用說那些依賴她們賣淫為生的心上人或女性戀人了。交際花的悲慘結局，不僅僅是一個文學主題，雖然保羅・阿萊克西（Paul Alexis）所寫的露西・佩萊格林（Lucie Pellegrin）的最後時刻，[105] 似乎與這一類別中大多數女人的命運吻合，然

* 譯註：法文的意思是水準線或橫向，典故來自她們大多數時間都是玉體橫陳，不是躺著接客就是躺著休息。

而在沒有任何量化研究的情況下，我們仍須謹慎看待此種說法。

事實上，交際花的世界比上述所透露的差異更大，它是一個名副其實的大熔爐，在其中可以發現貴族、失去社會地位的資產階級婦女，或是暴發戶平民女孩。皮耶・拉諾（Pierre de Lano）強調了交際花招募的多元性，以及這種社會異常現象對資產階級的吸引力，甚至是眩暈感（le vertige）：「煩心的女堡主、懷才不遇的資產階級女人、被蔑視的演員、失去童貞的農家女，她是一切……是永遠無法破譯的謎題，使男人既好奇又不安。」[106]

位於頂層的是「半上流社會」，在這個詞的新含義中，包含了失去社會地位或單純沒有社會地位的女人、被醜聞摧毀的女人、離婚的女人、[107]分居或被丈夫還是情人拋棄的女人、幸福的寡婦、時間一到就會被政府驅逐出境的有錢外國女人；[108]另外還包含埃米爾・奧日埃（Emile Augier）在劇作中提到的「不幸的名女人」（lionnes pauvres），她們會成為交際花，是為了添置喜歡的服飾；最後還有被「發行」和成為新貴階級的女人。這些女人中，大多數似乎不是來自平民階級，[109]而是來自「大眾資產階級」（bourgeoisie populaire）的行列，[110]而這一點連左拉也搞錯了。事實上，這些女人都有一定的文化水準，卻未能因此謀得一個體面的職業，往往也有很多失敗的藝術家屬於這個背景，為了生活，她們不得不成為交際花，賺取必要的生活開銷。

這些半上流社會女人，在第二帝國時期依次稱為「洛雷特」（lorette）、[111]「母獅子」（lionne）和「母雞」（cocotte），*在第三共和時期先稱為「漂亮的小東西」（belles petites），最後稱為「臥女」，她們在文學和連載小說中早就占有一席之地。拉佩瓦（La Païva）、布蘭琪・丹堤妮（Blanche d'Antigny）和安妮・德里昂（Anna Deslions）的趣事和輝煌際遇，都是大家耳熟能詳的。[112]左拉在撰寫《娜娜》這部自詡為交際花圈子的局部寫實小說之前，曾研究過這個環境；而熟悉交際花環境的福樓拜（Flaubert），也在他的書信集中詳細提及，更有許多藝術家努力描繪過不少交際花畫作。[113]

「臥女」住在維利埃大街（avenue de Villiers）、星型廣場（étoile）附近或投卡德侯花園區（Trocadéro）的私人豪宅裡，或只在瑪德蓮教堂或聖喬治廣場（place Saint-Georges）附近的簡單公寓裡；她們被其直系雙親管理的大批家事傭人簇擁，在最浮誇的奢華居室裡過著無所事事的生活，基本上時間都用在梳妝打扮。她們只在下午四點左右穿著華麗服飾前往文森森林，參觀賽馬或參加展覽開幕酒會，藉此豐富談話內容；晚上則去劇院，特別是大型首演的時候，然後再到餐廳或朋友家打發時間，這些就是她們的主要活動。她們經常在家裡大宴各色高朋熟客。[114]要注意的是，這種描述主要適用於第二帝國的「母雞」和第三共和最初幾十年間的「臥女」，而這些行為在後來相對地更為普遍。

人數更多的夜間餐廳「宵夜妓女」（soupeuses de restaurant de nuit）和咖啡館女郎，更能代表新時代，而她們往往是在幌子商店（magasin-prétexte）裡工作的店員和妓女。宵夜妓女仍然被稱為「跪女」（agenouillée）。和「臥女」不同，跪女被織毯商安置在舒適的公寓裡，只在晚上出門，可能在接待「老朋友」和用過晚餐之後，穿著華麗而招搖的服飾到雜耍劇院（théâtre de variétés）看戲，並在餐廳經理、服務生、甚至老闆的同謀默契下，[115]在一家夜間餐廳的**包廂**裡，陪伴一位外國富人或揮霍青春的放蕩青

---

* 譯註：典故來自交際花做作的高昂笑聲，類似母雞咯咯叫。

年共度美好時光，為夜晚劃下句點。[116]

咖啡館女郎則令人想起左拉對筆下人物薩婷（Satin）最初的描述。她們位於交際花界的最底層，遊走於流鶯暗娼的邊緣。這些咖啡館女郎與街頭妓女的不同之處，她們主要是在服務生的幫襯下，尋找「留宿」（coucher）機會，也就是「她可以帶回來一起過夜的人」。[117]她們經常租用帶家具公寓來過夜，這些公寓大多位於羅什舒阿爾街（rue de Rochechouart）、沙托丹街（rue de Châteaudun）、白色街（rue Blanche）和外部林蔭大道形成的四邊型區域內。這個區域裡的許多公寓，甚至整棟建築，都被分割成多間帶家具的房間，再由租戶轉租給這些咖啡館女郎；此外，對於來幽會的兩人，租戶也會提供他們希望在過夜時享用的飲料或食物。當黎明到來，咖啡館女郎到蒙馬特高地（Montmartre）見她的皮條客，然後在翌日的苦艾酒時間（heure de l'absinthe）*回到市區。

在那些「徵集」金主情人的交際花中，還必須提到所有隱瞞交際花身分的人，[118]例如：那些自稱是水手之妻、出征軍人配偶、旅行推銷員妻子的人，或者像莫泊桑在短篇小說《墓穴》（*Les Tombales*）中描述的那種在墓地出沒的悲不自勝寡婦，梅西把她們定為「死者的石場之女」（pierreuses de la mort），[119]她們的存在並非純粹只是文學想像而已。

二、待婚期的女人與被包養的女人

這些女人處於性交易的邊緣，因為她們與情人結合的型式，往往是以資產階級婚姻模式為藍本，在這些「偽妻」（pseudo-épouses）當中最常見的是「待婚期的女人」（femmes d'attente），她們讓晚婚的年輕資產階級、藝術家、學生或雇員在進入婚姻之前能享有性生活，或者讓貧窮無力成家的小資產階級單身漢，能擁有「家庭生活」的錯覺。

「待婚期的女人」有時也經常像喬里斯─卡爾‧于斯曼（Joris-Karl Huysmans）筆下的瑪特（Marthe）一樣，身兼年邁紳士的情婦。這些年邁紳士厭倦了糟糠之妻日益下滑的魅力，受夠妻子脾氣暴躁、冷淡無情，或只是一成不變日久生膩，轉而與女侍譜下戀曲，這種心態與阿基坦東南部地區的資產階級單身學生，想要延長單身身分的想法相同。[120]

在巴黎，被包養的女人[121]一般都是內衣製作女工、裁縫師、洗衣女工、女帽製造女工，或某些在市中心工坊工作的花店店員。由於她們的薪資不高，[122]有時需要施展魅力開拓額外財源。經由工坊裡的閒聊、[123]加上前輩的榜樣、與同儕競爭和嫉妒的心態，很快就會說服年輕菜鳥學徒為自己找個資產階級的情人，有時甚至還暗自希望以後能成為他的配偶。

被包養的女人通常被安置在一個房間或簡陋公寓裡，[124]除此之外，資產階級情人僅為她們購買服飾，並支付她外出和娛樂活動的費用。有時候這位男士會包養一位已婚婦女及其丈夫，前警察總監辦公室主任路易‧普伊巴侯（Louis Puibaraud）指出，「巴黎眾多的年邁單身漢以這種方式生活在正派家庭中」，[125]並成為這三口之家的收入來源（faire bouillir la marmite）。

---

* 譯註：苦艾酒是十九世紀的大眾飲料，人們會在下午五點到七點喝一杯。

在工業城鎮，當地資產階級則在工廠的年輕女工中尋找情婦。從復辟時期開始，呂格萊（Rugles）的針製造業、[126]里昂的絲綢業、[127]里爾[128]以及瓦朗謝訥（Valenciennes）[129]的紡織業都是如此。有時是老闆，但更常見的是工頭和其他小主管，會趁職務之便敲詐漂亮的女工。工人大會和之後的工會大會始終不懈地要求廢除這種「初夜權」（Droit de cuissage）。[*130]這種陋習很常見，例如：魯貝（Roubaix）的織物修復工（piqûrières，到府修補織物的缺陷），[131]或利穆贊的瓷器工，[132]當她們必須為物品損失負責時，就必須屈服於老闆淫威，或是當她們希望受雇時，也必須向工頭就範。一九〇五年，該市工人群起反對兩名被控逼迫女工的工廠主任，點燃了革命企圖，引發了瓷器之都的「獵殺色狼」（chasses aux satyres）事件。[133]

這些連結關係，甚至可以說是準家庭關係，其重要性再怎麼強調都不為過。借用莫里斯・巴赫斯（Maurice Barrès）的說法，這些跨階級的性關係，事實上產生了雙重挫折和「無法挽回的誤解」。[134]年輕的資產階級雖然因此對無產階級有了深刻的了解，但他獲得這種了解的唯一管道，卻是藉由這些女孩與女人。他首次的性交歡體驗是與一個年輕、美麗卻無知的女工，而他很快就會對她厭倦，[135]這彰顯了奠基於金錢的伴侶關係顯然很難充分成長，就彼此結合的性質而言，會更讓年輕人傾向於將貧窮女人視為一種尋歡的工具。這種具有強迫性的性行為形象，將阻礙真正締結姻緣的夫妻充分發展幸福生活，並趁著他們婚姻失意時再度引誘丈夫，構成一種新的婚外性行為模式。這些理由使得資產階級父母（雖然真的只是其中一部分）對其子嗣的年輕情婦產生不公的敵意，例如：阿爾馮斯・都德（Alphonse Daudet）將他寫的《莎芙》（*Sapho*）一書獻給他的兒子，認為該書能讓年輕人引以為鑑。

至於被包養的女人本身，這種跨越社會階級藩籬的接觸，只會讓其感情產生很大的混亂。當然，年輕的情婦經常繼續包養一個與她背景相同的心上人，有時甚至是那個搶走她貞操的人，她的性愛行為很可能因兩個環境截然不同的男人而充滿衝突。[136]資產階級情人對她的疏遠態度以及放肆無禮，只會讓她對資產階級男性敵意更深，這種敵意有時卻也帶有一抹懷念色彩，對她未來與年輕工人成家並試圖展開幸福生活來說，相當不利。

正如下文所見，某些類別的單身漢人數增加，造成了需求的增長，也說明了性交易行為的發展。從帝國末期開始，貢捷堡的年輕人就有包養情人的習慣，[137]魯貝和圖爾寬（Tourcoing）的年輕資產階級在里爾有情婦，[138]而里爾地區的地主子嗣則在貝濟耶挑選他們的情婦。巴黎的需求過於龐大，[139]被包養的女人以及交際花都經常同時服侍多名情人；在馬賽亦然，某些被包養的女人甚至組織了名副其實的紳士協會。[140]

當賣淫行為蔓延到新圈子並逐漸失去能見度時，妓女的形象也同時變得模糊不清，區分不同類別賣淫婦女的圍牆正在瓦解。卡利耶感歎道，「**格希瑟特（grisette）**** **已經消失了，因為她已經與私娼融合為一**」，[141]他還補充說，過去印象裡「被包養的小姑娘」也正在消失。男性對於性歡愉的大量需求、對性交易歡愛的模糊界線，以及被包養的女人養成的新習慣，使年輕女孩從此更容易下海賣淫，人們甚至

* 譯註：該詞出現於中世紀西歐，是指領主具有和當地所有中下階層女性第一次性交的權利。法文用詞是「Droit du seigneur」（領主的權利），但一般通俗用法是「droit de jambage」（腿的權利）或是「droit de cuissage」（大腿的權利）。

** 譯註：指穿著廉價粗布褪色衣服的小女工。

為了促使女孩下海而安排了一系列微妙過渡時期。因此，如果不像我們這樣提及一些基本的賣淫行為，而只是討論祕密賣淫並不符合邏輯，因為這些行為對於理解上個世紀的性行為而言，至關重要，唯有特地研究這些行為才能真正闡明問題。

三、祕密賣淫

現在要介紹最古老也最普遍的祕密賣淫形式：住在長租旅館並在街上拉客的妓女，以及在幌子商店或小酒館出沒的妓女所從事的賣淫。公娼正是來自這些社會階層，大多數失蹤的公娼也藏匿於此。這種互相影響近於永久，解釋了私娼和獨自賣淫的有牌妓女之間的社會接近性，只是兩者之間性行業操控的結構不同，而這也是最重要的因素。

（一）街頭或長租旅館的妓女以及流鶯（*prostitution vulgivague*）

街頭妓女的主要工作包括拉客或「勾客」（raccrocher）。妓女在第三共和時期不再像十九世紀初那樣從事「阻街」（trimard）[142]行為；與過去相比，她們「更喜歡遊移流動」。[143]在一個擴張的城市空間裡，寬容妓院的擴散與人行道上妓女活動範圍的擴大相符。從市中心的陰暗區域開始，往郊區的林蔭大道前進，祕密賣淫已經逐漸占領了整個城市。她們無休止的獵客行動形成了複雜的活動路線，至少在巴黎是如此。妓女從她們居住的城市周邊步步推進到與客戶會面的市中心，形成了最廣闊的實際流動範圍。我們記得左拉所敘述的從布雷達區（Bréda）區到歌劇院區（Opéra）的喧鬧推進過程，[144]或者在夏爾—路易・菲力浦（Charles-Louis Philippe）的《蒙帕納斯的布布》（*Bubu de Montparnasse*）中，對白蘭琪（Blanche）的行程鉅細靡遺的描述。[145]遊移妓女的騷亂與站崗妓女（prostituées-sentinelles）的不動如山形成鮮明對比，站崗妓女於冬夜裡守候在外圍林蔭道的路燈下，等待著顧客，在綺爾維絲（Gervaise）*眼中，她們似乎守衛著巴黎，防止假想敵進攻。[146]

對於首都巴黎的花街柳巷與「歐芹女」（persilleuses）**的工作，當時的記載盡可能地提供了詳情。拉客的地理環境是遊移不定的，隨著白天和夜晚的時間而變化，也妨礙了精準的描述。淩晨兩點左右，賣淫活動在巴黎大堂[147]和威尼斯路（rue de Venise）開始進行。這個地區是當時最低等庸俗的妓女在首都市中心的活動場所，她們在菜農的貨車旁遊蕩，賣身的價格是〇・五或一法郎，[148]「接受任何酬勞，甚至是實物支付，像是高麗菜、胡蘿蔔、蔬菜，她們可以轉賣給附近街道的熟食店」。[149]這些「阻街女子」（trimardeuses）在天亮到中午之間不算太活躍，不過還是會在巴黎大堂區域走動，此時她們經常服務的對象是餐館客人、管家和前來採購食物的僕人。

「下午一點起，巴黎的妓女市場才開始營業。」[150]拉維萊特（La Villette）、梅尼爾蒙特

* 譯註：左拉《盧貢—馬卡爾家族》（*Les Rougon-Macquart*）系列小說第七部《小酒店》（*L'Assommoir*）的人物。

** 譯註：在文森森林或布隆涅森林四處走動拉客的妓女，有多種典故，一說是這些妓女為了瞞騙別人，手上會拿著籃子假裝收割或販賣歐芹；另一說是因為歐芹外貌類似陰毛。

（Ménilmontant）、美麗城（Belleville）、聖旺（Saint-Ouen）、克利希（Clichy）和城市東郊的妓女巡行獵客，直至夜幕低垂。在下午賣淫的妓女大多有家室，所以她們從不在自己住家的街區活動。白天的賣淫地點相當精確，這一點與夜間賣淫不同，主要的熱門地點是：（1）連結證券交易所與皇家宮殿的薇薇安街（rue Vivienne）與黎塞留街（rue de Richelieu）之間的街道和廊街。（2）塞凡堡大道（boulevard Sébastopol）以及從此處通往羅浮宮和皇家宮殿的街道，特別是里沃利街的拱廊，妓女在這裡向來自外省的人、[151]外國人或帶妻子去百貨公司的巴黎男士拉客。（3）巴士底區（Bastille）以及由此通往共和國廣場（place de la République）的大道，像是伏爾泰大道（boulevard Voltaire）、里夏爾—勒諾瓦大道（boulevard Richard-Lenoir）。（4）當然還應該加上格蘭大道（Grands Boulevards），從水塔站（Château d'Eau）到瑪德蓮教堂，串聯了上述三個賣淫市場，以及東站、北站和聖拉札（Saint-Lazare）車站的廣場，還有滑冰場、拍賣大廈（Hôtel des Ventes）和賽馬場。[152]

到了晚上，妓女隨處可見。成千上萬的妓女在人行道上毫不倦怠地川流往來，很難精確定位她們的位置。但仍有某些路線和地點的妓女極為密集。以下從郊區開始一一列舉：（1）所有市區以外的地方，「石場之女」及「軍人的妓女」（filles à soldats）在防禦城牆周邊的露天賣淫，至少在夏天是如此，代價是二十蘇（sou）*或一秀瓶（chopine）**的啤酒；[153]還有布洛涅林苑以及文森森林，特別是聖莫爾（Saint-Maur）營地附近。（2）香榭麗舍大街自第二帝國以降，已成為夜間拉客的專屬之地。（3）從魚鍋街（rue Poissonnière）到瑪德蓮教堂的城內林蔭大道路線。（4）大型拱廊街，特別是歌劇院附近的拱廊，在天氣寒冷的時候，是最昂貴的妓女最愛的拉客寶地。全景廊街（passage des Panoramas）是這種賣淫活動最出色的高級場所，左拉在《娜娜》一書中，將女主角的賣淫中心鎖定在這裡，不是沒有道理的；也正是在這裡，艾本女士（Eyben）被警察任意逮捕，引發了抗議警察總署最嚴重的示威運動。另外值得一提的還有茹弗魯瓦廊街（passage Jouffroy）、薇爾多廊街（passage Verdeau）和歌劇院廊街。（5）傳統上的夜間賣淫街區，例如：總是吸引外國人的皇家宮殿區、夏特雷廣場（place du Châtelet，拉荷尼街〔rue de la Reynie〕與坎康波瓦街〔rue Quincampoix〕周圍地區）、佳音區（Bonne-Nouvelle）、聖丹尼門（porte Saint-Denis）和聖馬丹門（porte Saint-Martin）附近街區、孚日廣場（place des Vosges）、巴士底廣場（place de la Bastille）及其周邊地區，以及拉丁區（Latin）北界通往塞納河的街道（包括豎琴街〔rue de la Harpe〕、聖雅克街〔rue Saint-Jacques〕、聖塞維林街〔rue Saint-Séverin〕、加蘭德街〔rue Galande〕），這些地方已經成為層次最低的夜間賣淫場所。（6）最後是大型公園：盧森堡公園（Jardin des Luxembourg）、植物園（Jardin des Plantes），以及一八七一年後的杜樂麗花園（Jardin des Tuileries）。員警逮捕的私娼街區分布情況，[154]也證實了上述賣淫的地理分布。

在這些區域內，有一些固定的地點：火車站和公共馬車站（omnibus），以及某些雜耍劇院；煎餅磨坊（Moulin de la Galette）、巴黎賭場（Casino de Paris）、巴黎公園（Jardin de Paris）、布利爾（Bullier）、蒙馬特愛麗舍（L'élysée Montmartre），以及最重要的女神遊樂廳（Folies Bergère）——那裡

* 譯註：一蘇等於五生丁（cemtime）。

** 譯註：一秀瓶約等於〇・四七公升。

的「下層長廊，也叫牛犢市場（Marché aux Veaux），是常設的妓女博覽會」。[155]還必須提到的是舞會，特別是巴黎城外的舞會（bals de barrière），市中心的年輕人到這裡來放浪形骸，而這些舞會也成為孵化年輕妓女的溫床，讓思想純正的人大感憤慨。[156]

巴黎的情況[157]使我們注意到，賣淫空間並未與大眾空間重疊，實際情況不像路易・敘瓦利耶（Louis Chevalier）說得那麼誇張，就像犯罪空間和大眾空間也不會重疊一樣；更慶幸的是，這種空間不吻合的現象在十九世紀漸趨成長，不管是賣淫和犯罪都是如此。只有賣淫的核心力量，才能在「大眾空間」（l'espace populaire）內生存，就如同它們也存在於資產階級的空間。[158]

妓院空間和節慶空間之間的聯繫雖然不是很緊密，卻更加明確：由於節慶空間向市中心的資產階級地區（從杜樂麗花園到戰神廣場〔Champ de Mars〕）推進十分明顯，也等於妓女征服了這些地區。

妓女從城市周邊高處向首都中心入侵（descente）的現象，更被強烈視為一種威脅，因為它重現了一八七一年以革命形式呈現的民眾行動。巴士底獄「毫無疑問是構成革命空間的……中心」，[159]該地抵抗凡爾賽軍隊的行為已經證明了這一點，而這裡也是性交易愛情的聖地。但我們不應驟下結論，認為賣淫空間涵蓋了革命空間。妓女向市中心的移動只是表示無產階級被征服，並沒有象徵了任何顛覆計畫，[160]這個移動只是複製了無產階級勞動力的移動路線。

歸根究底，巴黎的「賣淫空間」，就像阿隆（J. P. Aron）所定義的「食品空間」（l'espace alimentaire）一樣具有獨創性：[161]甚至超過了珍娜・加亞爾（Jeanne Gaillard）[162]和儒日里（J. Rougerie）所描述的「大眾空間」對奧斯曼都更化的抵抗，賣淫空間更為僵固。[163]但隨著城市的開放和妓女流動性的增加，賣淫空間也有擴大的趨勢，而這正是賣淫行為在整個社會中蔓延的時刻。

當然，私娼在外省大城市的分散程度較低。在里昂，她們群集在金頭公園（Tête d'Or）和周圍街道上；在馬賽，她們在賣淫保留區外的貝爾桑斯大道（cours Belsunce）和梅蘭巷（allées de Meilhan）沿線聚會；布蘭格蘭草坪廣場（Boulingrin）和柯舒瓦林蔭道（cours Cauchois）則是盧昂賣淫的聖地。[164]由於魯貝和圖爾寬在一九〇二年時尚未對賣淫進行管制，因此妓女寧願住在當地，並到里爾的聖索佛區（Saint-Sauveur）工作，就在埃塔克街（rue des étaques）附近，「傍晚時分，一列火車把她們送來，另一列火車則在早晨把她們接走」。[165]

拉客技巧隨妓女類別和客戶外表而有所不同：「你會讓我發財嗎？」是跟俗稱「米歇」的嫖客搭話時最常見的慣用語。有些妓女會大膽抓住紳士的袖子，緊緊勾住他，被拒絕時則辱罵他；據布洛伊指稱，在巴黎圍城期間，正是這種街頭妓女的叫囂，讓巴貝・多爾維利（Barbey d'Aurevilly）幾乎被人群砸死。[166]在專門從事拉皮條事業的馬車夫合謀下，利用出租馬車、汽車或豪華型出租汽車拉客的現象，也逐漸蓬勃。[167]另一方面，透過窗戶拉客的情況比過去少了，[168]妓女四處移動的發展有助於解釋這個狀況。然而，一些位置特別好的角窗，仍然是千金不換的商業資產，據馬塞說，普羅旺斯街（rue de Provence）或安坦大街（rue de la Chaussée d'Antin）的幾處公寓，由於其角窗位置絕佳，每月租金高達一千法郎，在這個街區，「連最小的窗戶每天都有三十到一百法郎的收入」。[169]擺放在窗口的獨特標誌：絲帶、花朵、鳥籠或燈，在夜幕降臨時向客戶表明「妓女身在何處」。[170]

別忘了獨自賣淫的有牌公娼，也在長租旅館的房間裡賣淫，與經常光顧這些旅館的私娼一樣。據一八九六年柯孟莒醫生的估計，[171]首都巴黎有一萬家長租旅館或餐館在從事這類活動。這些旅館和餐館不是位於中心區，就是完全相反，位於最偏僻的區域。[172]妓女很少住在她引誘顧客的旅館，通常她只是在那裡工作，並在清晨時回到位於郊區的旅館房間。當然也有妓女的顧客來自同一旅館的業主和固定租戶的情況。這類提供妓女賣淫的旅館房價通常為兩或三法郎，但房價可能也會根據男士的狀況調整，從二十五生丁到二十法郎間不等。[173]妓女和房東之間建立了默契，一旦遇到警員突襲臨檢，房東會向妓女示警。[174]這裡自然一點也不講究色情技巧，[175]因為重要的是接客的次數。

這種形式的賣淫在各省非常普遍，里昂[176]則尤其常見，而且這個城市的顧客是相對屬於上層社會的男士。在馬賽，中央警察局長在一八七六年的報告指出，[177]虔婆（entremetteuses）將私娼分組並安置在附家具出租的公寓，每組四至九人。她們每個人至少要支付三法郎的房間費用；此外，妓女每天要花將近十法郎的服飾和伙食費，還必須支付皮條客十法郎左右。因此，她每個晚上平均必須賺取二十三法郎，才能維持生計。

（二）幌子商店的增長

早在十九世紀初，皇家宮殿區的時裝店和內衣店，就已被經營這些商店的女士改造成賣淫場所。這種做法日後成功廣泛發展，在一八七〇年至一八八〇年間，專門從事這類活動的商店，主要是手套店、衣領與領帶店和菸草店。[178]到了十九世紀末，它們已經不是唯一的幌子商店，熟悉此道的行家夏爾・維爾梅特（Charles Virmaître）寫道，被警方嚴密監控的手套店已經是「老把戲」了；[179]在首都巴黎市中心，許多雕刻品和照片商店都是幌子商店，還有葡萄酒和香檳酒店、[180]香水店、書店，尤其是那些驚喜商店（boutiques à surprises），它們通常不是有一個後廳，就是在夾層或地下一樓有個讓女店員賣淫的房間。維爾梅特認為，在巴黎有三百多家這樣的商店，國會外委員會的報告員強調，這種操控性行業的形式，於一九〇四年時發展得極為可觀。當時，為數眾多的「衛生按摩」（massage hygiénique）或澡堂機構[181]也將其主要活動改為賣淫，其中一些還具有幽會館的功能。[182]這類機構幾乎都想變成賣淫場所。這種現象在各省也存在，但不同城市之間的發展非常不一樣，像是里昂就很少見，而波爾多的幌子商店卻非常多。[183]

既然我們討論的是零售業和賣淫之間的聯繫，也就必須提到流動小販進行的賣淫活動，特別是在巴黎市中心和香榭麗舍大街上出沒的眾多賣花女，她們通常是女同性戀（saphistes）。[184]十九世紀末流行的情節劇和後浪漫主義文學中，女同性戀是最受歡迎的主題，尤其致力於保護童丐（petits mendiants）的喬治・貝里（Georges Berry），在一八九二年將這個問題提交給下議院。同年在土魯斯，[185]位於拉法葉大道（avenue La Fayette）的八間花店中，其中四間被政府勒令關閉，因為這些由掮客經營的花店，已成為名副其實的公娼職業介紹所（agences de placement），他們主要派遣十二至十三歲的小妓女「送花」（porter des fleurs）到府，以提供賣淫服務。

回到幌子商店的主題，前述每家商店都藏著兩、三個妓女，她們由女店主供養，但不領取任何工資，而是與女店主平分顧客支付的費用。據馬提諾醫生的說法，[186]第二流的幌子商店通常由兩名婦女經營，分享合作利潤。而這些內衣店或時裝店的初期顧客，基本上都是富有的老先生，是店裡真正的常客，年輕女工在工作時間，會在商店後堂的作坊熱忱地招待他們，而當他們送禮寵溺女工時，就能享有放肆親暱的服務；之後的客戶群則多是「體面有教養」（comme il faut）的紳士，他們多半是藉由在大咖啡館或夜間餐廳工作的掮客、跟班（chasseur）、服務生，甚至是外國客戶的翻譯，得知了幌子商店的服務。[187]

當顧客來到收銀台為購買的商品結帳時，他會得到明示，只要額外付費，就能享有另一種商品。鑑於每家商店的妓女數量不多，「販賣」（remonte，該賣淫環境的術語）妓女非常頻繁，因為妓女的人力流動均須透過專門的採購代理人。這些人往往同時也是到府服務的虔婆，她們打著上門推銷（démarcheuses）的幌子，假裝推銷酒或藝術品，[188]甚至假裝是慈善機構的女士，[189]趁機闖入公寓住宅，誘拐遇到的年輕姑娘，她們甚至會在作業廠出口等待年輕姑娘。我們可以看到，「宵夜妓女」和咖啡館女侍，通常都來自很快就習慣資產階級男人舉止的商店女店員。

我們必須在此提到最有辱人格的賣淫活動，那就是在馬賽市的許多廁所裡進行的賣淫。每間廁所都由一名女管理人雇用一到兩名婦女，她們除了打掃廁所外，還必須滿足客戶的要求。一九一一年四月三日，警方監視其中一間位於港口碼頭的廁所，此地由一位來自科西嘉（Corse）的六十六歲寡婦經營。警員注意到兩名任職的婦女與男子一起進入廁所，十至十五分鐘後才離開。其中一個妓女是來自奧德（Aude）地區的四十一歲已婚婦女，她已經為女老闆工作了兩年，之前是一名女裁縫。另一個妓女是來自里昂的四十六歲寡婦，她住在附近的一個長租套房。她說：「十年來，我是無薪的廁所員工……我把自己交給男人取樂，屈服於他們的所有要求。我收取一法郎的性交費，並與女老闆平分。」[190]

市長在禁止廁所管理人員雇用四十歲以下的婦女後，[191]一九〇二年決定關閉其中幾間廁所。但是這項針對賣淫的攻勢失敗了，因為最高法院認為該市政命令違法。[192]一九一一年，在馬賽打擊祕密賣淫的行動中，其中幾間廁所被公開宣告為「淫亂場所」，而後暫時關閉。

（三）歌舞小酒館操控性行業的迅速發展

正如前文所見，一八八〇年七月十七日的法律取代了一八五一年十二月二十九日的命令，一八八二年則廢除了一八五二年採取的措施，這些改變，讓飲酒場所營業自由化，數量大幅增加，同時也在這個領域產生了激烈的競爭。許多飲酒場所業者於是決定雇用私娼，以引誘顧客並讓商品更易於銷售。因此，在首都巴黎的各個地區，特別在巴黎大堂地區，[193]愈來愈多飲酒場所不再只是設置黑房間，[194]而是設有一個相鄰的應召站，除非它們位於地面層或緊鄰長租旅館。但必須強調，這些私娼出沒的飲酒場所，與同樣坐落於工人階級街區的寬容妓院附設小酒館並不同，兩者不應混淆。

每個飲酒場所都有兩名妓女，通常都很年輕，[195]她們大多時候還幫忙老闆服務客人。為了不讓顧客厭倦，她們平均只在同一場所停留三個月。她們由酒商提供伙食，但沒有任何工資，每天必須支付三至五法郎不等的膳宿費。關於這一點，值得一提的是，土倫每家咖啡館為妓女兼服務生（有時一家咖啡館就有十個）免費提供伙食，她們只需支付一法郎的膳宿費，[196]直到一九〇二年這類賣淫活動開始被嚴厲打壓為止。一九〇一年在波亞克（Pauillac）一家咖啡館當服務生的瑪麗・R〇〇，每次和顧客上樓辦事，都要付老闆一至兩法郎，但這顯然並不影響她在八天之後攢下一筆大約六十法郎的積蓄。[197]

在巴黎，操控妓女的皮條客把指揮總部設在飲酒場所，他在那裡收膳宿費、玩牌，因而成為店裡最好的客戶之一。到了晚上，他回到房間與送走最後一個嫖客的妓女碰頭，向飲酒場所的店主支付「過夜津貼」（prime de nuit）。在飲酒場所工作的私娼有時並不住在這，她們只是經由店主同意可以經常出入這家店，而她們的頻繁來往，不只為她們的皮條客帶來客源，也為商店招徠顧客。

這些商店的顧客基本上是平民大眾，通常是工人和士兵，比起去妓院尋歡，他們現在更喜歡與那些他們認為是女服務員的妓女建立關係，因為這樣會讓他們覺得自己對女性具有某種誘惑力。特別是這裡的妓女要求不高，通常為了一、兩法郎就能賣身。

在某些地區，這種賣淫形式的擴展甚至比首都巴黎更明顯，這倒很容易理解，因為它的目標是大量的平民群眾，他們在休閒時間尋歡，甚至一直以來都有前往這些賣淫場所消費的習慣。北部在這方面的情況很能說明內情，而平民歌舞酒館在北方社交生活的重要性也是眾所周知。[198]一八八〇年後，啤酒店的數量不斷增加，為了維持競爭力，店主也不得不求助於妓女的服務，而這些妓女往往來自周遭的鄉村。[199]很快地，主要的啤酒釀造商，也就是連鎖飲酒店的真正所有權人，察覺到這個系統的優勢，開始有計畫地鼓勵祕密賣淫，進而成為性交易鏈的龐大受益者。

在里爾，一些公娼為了被註銷登記，甚至要求飲酒場所把所有權轉讓給她們，並在其默許下繼續從事先前的賣淫活動。[200]早在一八八一年，魯貝警方的報告已經提到，據他們所知，該市有七十四家歌舞酒館「多多少少公然地作為應召站」。[201]此外，在三公里外的比利時小村莊蒙塔略（Mont-à-Leu），「有大約四十家歌舞酒館，由兩、三或四名婦女公開從事賣淫活動」。[202]中央警察局長要求市長簽署一項法令，禁止飲酒場所的業主雇用女服務生。一八八六年，《晨報》（*Le Matin*）發起了一場運動，抗議這種賣淫形式在瓦朗謝訥蓬勃發展。[203]

一九〇四年，雅彥在監獄總會（Société générale des prisons）的支持下進行了調查，也讓人們開始察覺到這一現象的嚴重性：格勒諾布爾有五、六十家假咖啡館，藏匿了一百五十到兩百名私娼，這種場所在港口附近也很多，例如：瑟堡和馬賽。瑟堡市政當局意識到這一問題，甚至同意管理酒精和賣淫的關係，[204]並允許所有飲酒場所都能收容一名公娼，而該公娼每天向店主支付四至十二法郎不等的費用，一般為八或十法郎。布列斯特大約有五十家假咖啡館，里昂則多到難以計算。[205]喬治・艾蒂安醫生（Georges étienne）認為，南錫有一百多名歌舞酒館的女服務生從事賣淫；[206]聖馬洛（Saint-Malo）在一九〇二年時，有十六名飲酒場所的女主人被譴責雇用未成年的女服務生，並鼓勵她們賣淫。[207]這種現象也出現在小城鎮，貝熱黑醫生強調，在阿爾布瓦小鎮經營的飲酒場所，對人民健康產生災難性的後果。[208]

然而，在貝濟耶這個賣淫活動猶如星雲般令人眼花撩亂的城市，我們可以明顯看到飲酒場所與賣淫尋歡之間的聯繫。這裡建立了新的賣淫結構，中央警察局長在一九〇〇年七月二日呈交省長的報告中強調了其複雜性，當時除了被認為是放蕩場所的帶家具出租房間外，[209]城市中還存在著「二十五家咖啡館，每一家都由一位女老闆和兩名經理共三名女人經營，而經理負責從事賣淫，並定期健檢；有三十家咖啡館由一位女老闆和一名合夥經理經營，經理也必須健檢；另外，還有二十家咖啡館由一或兩名女人經營，她們也從事賣淫，但拒絕健檢，而行政部門也不能強迫她們」。[210]

一八八〇年後，掃黃警察更加無能為力，因為歌舞酒館老闆現在受法律保護，成了第一階的選舉幹事（agents électoraux）。鑑於平民大眾習於與賣淫女子來往，歌舞酒館性行業操控模式的興起，無疑成為最適合平民大眾新喜好的祕密賣淫模式。但在投訴增多的情況下，[211]多數市長開始效法勒哈佛爾市市長，禁止咖啡館老闆在咖啡廳裡雇用家庭成員以外的女服務生。當然也可以想見，法規的適用程度不一。例如：在拉羅謝爾，[212]某些飲酒場所老闆利用與女傭簽訂虛構的合作契約來解決這個難題，甚至有些人將女僕安置在一間後廳。儘管如此，對所有城鎮進行全面研究之後，可以推斷這種現象的蔓延直至二十世紀初才得以遏止。

（四）農村地區的賣淫活動

結束對傳統祕密賣淫形式的審視之前，還需要描繪一下遊蕩賣淫的情況，也就是最低等級的賣淫活動。遊蕩賣淫似乎沒有像上述提到的其他賣淫形式一樣，在十九世紀下半葉經歷快速擴張，但賣淫需求的質變，也免不了產生深刻的變革。

(a)「軍人的妓女」，神話與現實

每個人的記憶中都有對「採石場妓女」或「軍人的妓女」的刻板印象：[213]憔悴、醜陋、「衣衫襤褸又蓬頭垢面」，據說她們的年齡一般在三十五或四十歲以上。她們經常跟著一團軍隊而來，被情人拋棄後，發現自己不得不窩在狗窩般的陋室，有時只是個小木屋；她們為了一筆微不足道的錢而賣身，二、四或六蘇，[214]甚至只為了一塊軍隊配給的麵包，而且在荒地、灌木叢、樹林滿足嫖客，甚至是建築工地或舊城牆上。據說大多數「採石場妓女」只是「手動女」，也就是說，只為客戶手淫，因為客戶往往覺得太噁心而不願與她們真正「結合為一體」。

這不禁令人想起布洛伊的〈泥濘〉（La Boue）一文中的「採石場妓女」：一個受盡肺結核之苦的可憐妓女，康利營地（Conlie）的士兵為她取了「墓誌銘」的綽號，因為她慰藉了「多達十二個哀悼者，只換得五十生丁」，[215]然後「一個來自蓬拉貝（Pont-l'Abbé）或孔卡爾諾（Concarneau）的大塊頭」把她「操」得太粗暴以致窒息而死。[216]

但我們必須承認，這種來自文學生動描繪的形象，多半出於想像，當代社會學家在思考事實時便發現，文學描繪並無法衡量這些超出當局關注範圍的賣淫活動。對歷史學家來說，幸運的是有以下這個特例：從一八九六年開始，行政部門試圖在圖爾附近的農村鄉鎮建立警方監督機制。[217]對檔案進行系統性分析，可以使我們更能了解「軍營附近的妓女」。[218]我們會看到，她們與當時所描繪的形象幾乎沒有相似之處。

一八九六年，軍方和省府當局擔心圖爾的駐軍性病感染情況加劇，決定首先對駐紮在多馬爾坦萊圖鎮（Dommartin-lès-Toul）、冬熱爾曼鎮（Dongermain）的伯爵林（Bois-le-Comte），以及埃克魯韋鎮（écrouves）的正義林（La Justice）、拉馬德萊娜（La Madeleine）與營房（Les Baraquements）等地的士兵，進行農村賣淫調查。這項調查顯示，除了圖爾的八十名妓女之外，還有十二名「女僕—妓女」和八名與父母同住的年輕妓女，與許多駐軍士兵發生了性關係。在省長敦促下，市長借重圖爾警方的協助以及戰爭部的資助，制定了一項規章。自即日起，飲酒場所的女僕停止賣淫；特別規定「無論顧客為平民或軍人，凡被發現與顧客跳舞或坐於顧客腿上的女孩或婦女，都將立即被列入公娼名單」；新女僕必須有「良好生活和道德」的證明；老闆若不從，其飲酒場所將被封鎖。[219]已經被公認的妓女現在要接受健檢，所以她們寧願離開這些城鎮，「八名與家人同住的女孩」中，有兩個去了南錫，六個接受訓誡後聲稱要洗手從良。她們所釋出的空位，自此由「軍人的妓女」取代。

如果參考一九〇三年第二季度至一九〇九年六月三十日這段期間，在這三個鄉鎮中被逮捕至少一次的一百五十三名妓女的檔案，[220]便可發現「軍人的妓女」似乎是來自附近農村鄉鎮的年輕女子。被警方追究的妓女在首次被捕時有半數未滿二十一歲，四分之三以上（百分之七十七）未滿二十五歲。只有十二人（百分之七・八）已婚，一人是寡婦，兩人離婚。被捕後決定繼續賣淫的妓女被登記為公娼，這意味著要放棄祕密賣淫，因此被捕的一百五十三名妓女中，只有十一人（百分之七・二）試圖在軍營附近重操舊業。可見圖爾出現的「軍人的妓女」，事實上屬於賣淫生涯的新鮮人，只是在營地附近暫時從事祕密賣淫；被捕後，她也許恢復正常的生活，也許決定成為一名公娼並前往城市落腳。

要記得大多數被捕者都來自農村鄉鎮，她們絕大多數都出生在默爾特—摩澤爾省或鄰近省分，與經常來自遠方的妓院妓女不同。證據顯示大量駐軍的存在，必然成為鄰近年輕人道德解體的因素。一九○○年，多馬爾坦（Dommartin）爆發了一樁醜聞：村鎮裡眾多女孩都發生了性行為，而父母對她們的不當行為均不知情，警察局長認為這是「小村的真正不幸」。[221]

有些妓女來自特魯瓦、南錫、巴黎或遙遠的省分。她們通常是為了要與被徵兵的戀人團聚，來到圖爾軍營碰運氣，為了維持生計，她們向其他士兵賣淫；其中有些人是鐵路或防禦工事建設工人的情婦。與大城市的私娼不同，在從事賣淫之前，這些農村地區的「軍人的妓女」很少自稱從事其他職業，我們注意到僅有八名曾任飲酒場所的女僕、一名家庭女傭、一名日薪女工和五名女工。當然還不包括一些來自圖爾的妓女，她們在夏季被郊區軍營的士兵吸引前來，甚至有四名歌舞雜耍表演咖啡館（café-concert）歌手，與軍官同住了一段時間。

圖爾地區的「軍人的妓女」有時住在向鄰近農民租的小房間，有時住在葡萄園中的小木屋，有時住在木棚，甚至馬廄或廢棄的破屋，甚至有些人與工人一起住在食堂或停在牧場上的拖車。[222]有時，妓女們會彼此商量，在城鎮中心尋找共同住處，而在這種情況下，她們當然也一起分享士兵和附近的年輕人客戶。另一方面，自一八九六年之後對飲酒場所的監督加嚴，再無妓女的容身之地。

妓女很少在軍營門口拉客。一些妓女喜歡勾引偏遠崗哨值勤士兵，例如：射擊場（四人）、馬飼料場（兩人）、火藥庫（三人）、熱氣球場（三人）、架橋學校（一人）、洗衣場（四人）、屠宰場（兩人）或軍人浴場（一人）等。另一些妓女則在傍晚時分，在馬恩萊茵運河（Canal de la Marne au Rhin）岸邊

（八人）或在巴林丘（la côte Barine）（一人）等待士兵歸營。每個妓女都有自己習慣出沒的地點。

因此，一八九六年的法規實施之後，原本在飲酒場所中蓬勃發展的祕密賣淫，已被更加零散的賣淫活動取代。妓女們改在露天草地、運河岸邊、[223]或是木棚與小屋裡接客，其中一些人則在自己的住處賣淫。

在駐軍鄉鎮被捕的私娼，其性病感染率之高令人震驚，根據不同季度，被行政當局命令接受體檢的妓女，有三分之一或一半都患有性病。最後也要注意到，當地賣淫活動的密集度，在一年當中會有不同變化：晴朗的好天氣和預備役軍人抵達時，賣淫活動會大幅增加，甚至引來鄰近城鎮的公娼，此時為了阻礙警方的監管，駐軍士兵會毫不猶豫地聲稱這些妓女是他們的妻子。

(b) 鄉下的「蕩婦」（coureuse）

鄉下到處都是「集市遊蕩女」（rôdeuse），如某些「江湖藝女」（baladin），她們在草地或樹林角落向農民賣春。一九〇三年，一群住在旅行篷車上的藝術家劇團，在夏朗德下游省即如此從事賣淫活動：「當女人接待她們的恩客（amants de passage）時」，劇團導演就像真正的皮條客那樣，「為他們的流動妓院趕來獵物」。[224]根據維涅隆醫生的說法，東部也有這種賣淫形式，尤其在集市慶典上，像是在射擊攤位或魔術戲法師的櫃檯，「一般都有個年輕的女郎多多少少偷偷摸摸地拉客，並與客人相約在晚上」。[225]

一九〇〇年，埃羅省衛生委員會的成員抱怨現在的村莊和城鎮一樣為賣淫所擾；他們尤其抨擊那些在主保瞻禮日時雇用妓女的飲酒場所。[226]一九〇三年在多爾多涅河畔卡斯蒂永（Castillon-sur-Dordogne），*三家餐館和一家咖啡館因此被改造成臨時賣淫場所，為了準備即將到來的趕集，「皮條客都出外招募賣淫活動所必需的妓女」。[227]

菲尼斯泰爾省水手的妻子有時會趁丈夫不在，在收割草料或收穫莊稼的季節，去周圍的農村賣淫。[228]貝熱雷醫生寫道，「在阿爾布瓦，我每年都可以看到女孩完全自由並單獨賣淫」，[229]據副省長說，馬雷內區（Marennes）的剝蠔工人就是這樣賺外快的。[230]位於十字路口的個別旅店也常常是祕密賣淫的巢穴，吸引了掮客、馬車夫，尤其是運河或鐵路建設時聘僱的流動工人。在弗龍蒂尼昂鎮（Frontignan）拉佩哈德村莊（La Peyrade），位於運河邊的一家酒館因此成為附近妓女的聚集地。[231]一九〇三年，離博爾默（Bormes）五、六公里處，一家經常有義大利工人光顧的旅店也是如此。[232]

某些農村地區內甚至是密集賣淫活動的舞臺。一九〇三年，瓦爾省的賣淫活動成為省警局徹底調查的對象，當時有五十五家咖啡館，「在人口少於五千人的二十八個鄉鎮，可以被視為賣淫場所」。[233]其中二十六家由咖啡館老闆經營，他們讓女服務生在與公共大廳相鄰的房間裡賣淫；有二十二家由「行為不端的女人」（femmes de mauvaise vie）**經營，她們有時利用店裡的女服務生或附近的女孩賣淫，而後

* 譯註：現改名為卡斯蒂隆拉巴泰爾（Castillon-la-Bataille）。

** 譯註：即妓女，出現於十七世紀的用法。

者只在某些日子和某些時段前來店裡，為女老闆招攬來的恩客服務；另外還有八家咖啡館是由妓女合夥經營。擔心賣淫情況的省長還指出，「賣淫活動趨於遊牧化」，[234]它遵循「客戶的需求……在節日、集市和工人發薪日，從一個鄉鎮流動到另一個鄉鎮」。[235]管制主義者所尋求的定點賣淫宣告失敗，導致古老的賣淫行為捲土重來。

不過也必須承認，除了在法國南方地中海沿岸及阿基坦南部、軍營附近或礦區之外，農村的賣淫尋歡終究不是很普遍，一切證據也表明，上述的例子並不能代表全國整體情況。因此，在一個小城鎮或小村莊裡自發形成的賣淫中心仍然屬於例外。[236]專門研究農村地區賣淫問題的皮耶・拉爾迪耶醫生（Pierre Lardier），試圖解釋為何賣淫不容易在農村擴張，他寫道：農民不會花錢支付同樣來自農村的妓女，[237]因此在這種環境下，女人幾乎沒有機會賣身，想從事賣淫的女孩選擇移居到城市。農民幾乎沒法接觸妓女，除了在某些趕集日或婚宴後，否則農民無法隱藏真實身分。拉爾迪耶醫生補充說，「我必須指出，一般來說，我國鄉下人對交媾的需求並不發達」；[238]而就女性來說，「習慣於粗重工作的鄉下女孩，肉體慾望也發展不良」。[239]這類評語出自資產階級對農民的看法，也有意於頌揚農村人口的道德觀，但其實沒有什麼科學價值。我們終究必須承認一個事實，那就是無法計算有多少農村居民求助於城鎮妓女。[240]

(c) 礦區賣淫的增長和鎮壓：布里埃礦區（Briey）的例子

公司雇主在礦區建立一批精挑細選或現場培養的勞動力，提供他們住房，並在工作和閒暇時間監督他們的活動，這方面的戰略部署已有相當出色的描述；[241]但這項策略仍會遇到難題，例如：需要不斷招募人力，並排除與雇主規劃相牴觸的任何因素。因此，公司在興建花園城市（cités-jardins）*的同時，不道德、病態和暴力的聚集地，也以某種對稱過程在發展。雇主想推動的衛生化和道德化城市主義，與無序放蕩的臨時住所、酗酒和賣淫溫床的實際情況完全相反，這些負面描述又反過來證實了公司政策有其必要。

布里埃礦區是這種二元性的極端案例，這裡因為接近德國和盧森堡邊境而更混亂，我們看到邊境賣淫在此發展，這種邊陲地帶的不道德行為，最終引起了行政部門的注意。

一九〇八年時[242]的礦區祕密賣淫，以三種方式呈現：首先有三百二十五名私娼是咖啡館或食堂女僕，而在四百名飲酒場所老闆的情婦中，也有兩百名實際上是私娼。這些私娼是盧森堡、比利時、德國或義大利人，由外國職業介紹所派來，來自南錫的私娼反而極為罕見。其次是提供工人住宿的已婚婦女，八百人之中，有許多人賣身給寄宿者。最後，還有些父母會把女兒推下海賣淫。

這幾百位女人的賣淫對象，是前來礦區工作的義大利單身漢。事實上，一九一一年礦區內的一萬零

---

* 譯註：英國都市學家、社會活動家埃伯尼澤・霍華德爵士（Ebenezer Howard）提出的概念，將人類社區包圍於田地或花園之中的一種都市計畫。

八百八十一名工人中，只有三千五百人與他們的家人一起住在花園城市；大約四千人寄宿在工人家；至於剩下的其他人，往往不願意住在公司建造的單身宿舍，選擇擠在私人食堂。當時整個礦區的食堂數量約為兩百二十家，這些非常簡陋的食堂建築是「用舊木板做成，上面覆蓋著瀝青油氈紙，最後再用沙丁魚罐頭的底部加強結構」。[243]這些食堂經營者大多數是義大利人。

靠近法德邊境的若厄鎮（Jœuf）和奧梅庫爾鎮（Homécourt）境內，沿著蒙圖瓦（Montois）公路旁，大約有四十間這類的簡陋酒吧，據員警說，肆無忌憚的淫蕩場景在星期六晚上公然上演。不計其數的狂歡舞會，[244]與花園城市的嚴謹道德形成了鮮明對比，專業的「舞者」前來活絡這些聚會，並擴充了當地妓女的數量。

單身的義大利人經常與人合夥，例如：十來個人租一個簡陋小屋，一起享用「由一個女人巧手準備的餐點，她除了身兼廚師和管家的職責外，也負責眾人心知肚明的事情」。[245]敘述這些實況的礦場工程師強調，出乎意外地，「這種特殊的社群制度相對穩定，並不會比自由買賣產生更多的糾紛；……眾夥伴刻意排除具有特殊嗜好品味的成員，因為這些人可能會為了自己的利益，而唆使合夥人改變共同利益的分配方式。在星期天經常可以看到他們成群結隊、勾肩搭臂地散步，而女僕情婦則走在眾人中間，一個彈著手風琴的同伴走在最前面」。[246]

警方和礦場工程師認為，礦區的性病發生率令人震驚。警察局長估計，百分之三十八的單身工人患有淋病或梅毒，除外，也有整個家庭都被感染的情況，但病人通常都沒有尋求治療。斯皮爾曼教授則舉了一個月經尚未來潮的年輕女服務生案例：她被雇主強迫在五到六個星期內向「五十多個人」[247]賣淫，當她到了性病防治所時，她的外陰部位已經出現了醜陋的病變。

對於這些猶如化外之地的群居地賣淫行為，不僅地方輿論嘩然，雇主和行政部門也無法無動於衷，不能任其繼續發展放蕩、酗酒和暴力。他們首先嘗試以封閉式及受監督的賣淫活動，取代這種氾濫而不受控制的淫亂行為。早在一九〇八年，斯皮爾曼教授就呼籲在礦區內開設一到兩家寬容妓院。[248]但這次嘗試失敗了，在奧梅庫爾開設的妓院乏人問津。礦場的工程師寫道，這是由於「義大利工人天生熱情和不免天真的性格，他們不屑易於取得的快樂，比較喜歡誘惑與冒險」。[249]

同年，《東部共和報》（*L'Est républicain*）在題為〈放蕩、血腥、酒精〉（De la débauche, du sang, de l'alcool）的專欄中，發起了一場充滿仇外心理的輿論運動，以揭發它認為最醜陋的事件。為鎮壓白奴貿易而成立的協會，透過其主席拉布拉耶（Laboulaye）向政府發出警訊。一九一〇年，政府下令對「礦區的衛生狀況」進行調查；一九一二年八月，應內政部長要求，省長成立了研究「布里埃礦區人口衛生狀況」的委員會。

行政部門於是決定在冶金工業公會協助下，在整個礦區內組織一個賣淫衛生服務機構。布里埃副省長在一九一三年時寫道：行政部門進展神速，「在三個月內，我們對礦區妓女已能進行最有效的監督」；[250]除了四個鄉鎮外，此時各地的掃黃部門都正常運作。此外，舞會也受到嚴格監督，「舞者」也從此禁止。

布里埃礦區實施的政策，完美地說明在第一次世界大戰前夕，以衛生名義加強鎮壓賣淫的情況。[251]

四、皮條客的多種形式

大眾對於皮條客的印象，太常傾向於將他們塑造為賣淫活動最大、甚至唯一的受益者，然而我們已經知道，賣淫活動很可能在更大程度上，為多種形式的性行業操控者帶來利潤，遠遠不只無產階級而已。當然，從「燉鍋」榨取主要利潤的阿爾馮斯（Alphonse）*不只是個戲劇人物，但人們不禁要問，他周圍的風言風語是否在某種程度上蒙蔽了資產階級的看法，使資產階級無法意識到，真正大發賣淫財之輩就在他們之中。這樣一來，皮條客就更容易扮演代罪羔羊的角色，因為他代表了賣淫和犯罪的關聯，在這個以無產階級暴力趨緩為特點的世紀之末，他們也許以流氓的形式，成為工人階級對資產階級構成人身威脅的最後化身。馬克思主義者對流氓無產階級（Lumpenproletariat）的敵視，以及社會主義者對遊手好閒和傷風敗俗行為的敵視，很可能導致皮條客的傳說歷久不衰，或至少誇大了這群人的實質重要性，同時也掩蓋了性行業內真正操控者的存在。在這方面可以看出，立法機關拒絕就賣淫問題立法的情況，並不適用於皮條客，因為他們與出租套房的房東是唯一受到法律制裁的人，但法律事實上卻姑息了真正的性行業操控者。因此，在一九〇四年到一九〇六年的三年間，亦即一九〇三年四月三日通過增補一八八五年五月二十七日的法律條文後的翌日，僅在塞納省就有一千一百五十四名皮條客被起訴，其中五百七十三人被判刑。[252]

我們該來速寫一下皮條客的畫像了，但在這之前應該區分吃軟飯的「心上人」，和可稱之為「被扶養者」（soutenu）的真正皮條客。吃軟飯的「心上人」只是滿足了妓女對溫柔和感情上的需求，當然，妓女可以贈之厚禮，但不會完全依賴他們，也不指望他們提供任何保護。在十九世紀上半葉，妓院的妓女在所有恩客之間，會有一個最喜歡的「心上人」，但是我們也看到這種做法後來趨於式微。[253]餐酒館女侍的「心上人」往往是學生、藝術家或年輕資產階級。之前我們也提過，被包養的女孩也經常將感情保留給某個背景相同的年輕人，[254]而嚴格說來該位年輕人並不是皮條客。

赫斯醫生認為「被扶養者」雖然不具備所有的功能，卻更接近於真正的皮條客，[255]即一個靠交際花、宵夜妓女或咖啡館女僕養活的男人（或女人），[256]而妓女實際上不需要靠他們才能從事賣淫，他們也沒有殘酷地控制妓女。赫斯醫生又說，[257]某些年輕記者、律師、醫生和作家作為「被扶養者」，每月從他們的情婦取得多達六百或八百法郎。

皮條客則是靠一名或多名妓女養活的人，他持續監督妓女，隨時準備出手干預過於粗暴的客人。他在掃黃警察前來時向「燉鍋」通風報信；如果遇到警方搜捕，他就把她摟在懷裡假裝成夫妻，[258]或試圖拖延警員讓她易於脫身。皮條客指示妓女應該去哪些旅店或飲酒場所，必要時還會幫助她誘騙和敲詐。

簡而言之，皮條客是妓女的嚮導，妓女通常由他一手訓練，甚至有時還被奪取童貞，因此也只能對他言聽計從。最後，而且可能也最重要的一點，皮條客其實才是妓女真正的戀人與同居人。妓女因工作而產生的性慾低下症（frigidité），在與心愛男人享受魚水之歡時得到補償。[259]皮條客掏走妓女大部分的收入，向她要求每日供應「津貼」（prêt），當她抗拒或只是帶回來收入太少，就會遭受拳打腳踢；必要

* 譯註：十九世紀極為普遍的名字，用來指稱靠妓女維生的龜公皮條客。

時，皮條客會阻止妓女離開他。上述這些都是顯而易見的事實，眾議員莫尼耶向議會外委員會提交的報告中，便有一段生動的文字，以所謂人行道公會（syndicat du trottoir）的名義，列舉妓女必須對「魚」（poisson）*履行的義務。[260]妓女和皮條客之間的虐戀（sadomasochiste）性質已經被強調過太多次，因此不必再多著墨。然而，在這個感情表現方式與資產階級完全不同的環境中，我們有必要辨別誇大的說法，並考量這種夫妻行為的本質。

我們擁有的唯一書面證詞，呈現出妓女對其男人的深厚感情，其中包含《法庭公報》（*Gazette des tribunaux*）報導的妓女證詞、被囚禁或僅僅關押在醫護所或醫院的妓女寄出的幾封信件，[261]以及當時某些擁有通信摘錄的人留下的記載。皮條客與妓女的關係是互相的，某些皮條客在他們的「燉鍋」被囚禁治療時，對她的關懷程度並不僅僅是希望她在康復後能再次效勞，為他賺錢而已。菲力浦相當精彩地描述了《蒙帕納斯的布布》書中同名主角，對他的貝爾特（Berthe）那種曖昧而殘酷的愛情；雖然這的確只是一部文學作品。

紋身可以衡量妓女對皮條客的感情強度，這是個非常有意義的參考來源。當然，有一定數量的紋身是專業人士的作品，且圖樣多由因為妒忌、或渴望與對手一別苗頭的妓女，從圖冊中挑選。儘管如此，大多數妓女的紋身都出自素人之手，由本身也紋身的情夫笨拙地操刀完成。妓女非常重視這些紋身符號，很少有人在分手後想要「去除紋身」。

妓女身上業餘紋身的符號學很簡單：首先，臉上有假痣的話，通常表示身上有其他更重要的紋身。最常見的紋身，是在前臂或手臂刺上愛人的名字或名字縮寫，後面是「一生一世」（pour la vie）或 P. L.

V.字母，前面常有「我愛○○」的字樣。這種愛戀的標記有時還附上一朵三色堇、一顆愛心或意中人肖像，但比較少見；兩手在匕首上交叉的圖樣，則表示至死不渝，若是專業的紋身更為精緻，並往往以白鴿、展翼的愛神或一盆花的圖樣為主。紋身符號有時代表情人的職業或其軍事行動的地點，舉例來說，一枚星表示一個前「殖民地軍人」。紋身有時也向遠在他鄉服兵役的愛人表達忠貞之意，若紋身圖案為一隻孤鳥，表示所愛之人長期不在身邊。

女人身體上一箭穿心的紋身圖案，清楚地表示分手後心碎的感覺。當妓女有了新歡，除了紋上象徵與前一個情人分手的箭矢紋身之外，還會有第二個代表新意中人的紋身，位於第一個紋身下方或另一隻手臂上。如果分手的痛苦過於強烈，那麼箭矢椎心的紋身圖案還會加上一些符號，宣示想報復或以酒澆愁的慾望：被甩的妓女有時會紋上墳墓或一瓶酒的圖案。難忘的愛人去世，則由粗黑的十字架紋身來表現，或只簡單地在心臟圖案上添加一朵花瓣展開的三色堇。

艾伯特・勒布隆醫生（Albert Leblond）和亞瑟・盧卡斯醫生（Arthur Lucas）轉印了聖拉札監獄醫護所的妓女紋身，[262]無疑是現存最感人的檔案之一。這些檔案呈現出妓女對皮條客或心上人用情之深之烈，令人不忍直視，而這些態度是否能被視為虐戀關係的徵兆，其實已無關緊要。紋身上很少見淫穢的告白，這些女人對其依賴的男人傾注的愛情簡單而強烈，其紋身呈現的符號學帶有天真、幼稚、猶如

---

* 譯註：法文俚語稱皮條客為鯖魚（maquereau），但典故相當分歧：一說來自於荷蘭語「makelaar」；一說指鯖魚具有使雄性鮭魚接近雌性鮭魚的作用。

「藍色花朵」*般多愁善感的色彩，但也留下令人難以抹滅的印象。妓女的紋身檔案呈現了妓女的奉獻與忠貞之情，為上世紀末賣淫狀況留下最佳見證，也顯示妓女渴望為了被出賣的肉體贖罪。

皮條客的面孔十分多元。幾乎所有的證詞都提到其形象的演變。多年來，皮條客愈來愈少被形容為「城牆邊的海格力斯」（hercule de barrière），[263]而愈來愈常被描寫成早熟、背信、機靈和狡詐[264]的「衣冠小癟三」（petit crevé en blouse）。[265]十九世紀末的巴黎皮條客，就像他賴以維生的私娼一樣，已經放棄穿著華麗浮誇的服飾、黑絲高帽（casquette à pont）、淺色格紋喇叭褲（法文稱「象腳褲」〔à pieds d'éléphant〕）；他現在的穿著與常人無異。只剩下經常光顧市中心咖啡館的皮條客會繼續打著淺色領帶，用情婦給的戒指點綴雙手，並戴上黃色手套。[266]另一方面，皮條客自取綽號的習慣則沒有改變，例如：鼎鼎大名的萬人迷（le Tombeur）、公牛（le Taureau）、蒙特魯日的帕夏（le Pacha de Montrouge）和格勒納勒的霸王（la Terreur de Grenelle）。

當時的社會學家運用真正昆蟲學方法的癖好，使得他們進一步將皮條客區分如下：

(1)妓院的皮條客：為妓女的心上人，但正逐漸消失。仍要注意的是，一九〇二年凡爾賽的賣淫環境中，仍然存在著這種人，當時仍有些人將他們的情婦安置在城市的妓院中。[267]

(2)羞愧的皮條客：有時是勞工，將閒暇時間用來支援情婦，往往會在情婦年老時與她結婚。[268]

(3)已婚的皮條客，自一八五二年七月九日的法令通過後，為了逃避被驅逐的威脅而與自己的「燉鍋」結婚，或者只是個慣於縱容妻子的丈夫。

(4)壞蛋皮條客，除了監視自己的妓女，還毫不猶豫地搶劫路人。這種類型在格勒納勒、拉維萊特、美麗城、梅尼蒙當（Ménilmontant）以及市中心的巴黎大堂和莫貝爾廣場附近都很普遍。「無賴」（nervi）**也屬於這一類型，據警方計算，這種人一八七五年在馬賽有一千多名。[269]里爾中央警察局長在一九〇三年寫給省長的信中說，埃塔克街上夜夜都有人被搶劫，但受害者擔心自己的名譽受損，通常拒絕報案，使得警方最終只掌握了「因為自衛而被毆打倒地」之人的不幸遭遇。[270]

(5)巴黎市中心咖啡館裡的皮條客，甚至是「半上流社會的女人」的「發行人」。前者被稱為女士理髮師、賣藝力士（athlète de foire）、[271]歌舞雜耍表演咖啡館歌手，[272]或賭馬莊家（bookmaker）；「發行人」皮條客則像謀殺情婦的亨利・普蘭奇尼（Henri Pranzini，又稱普拉多）***一樣，[273]被柯孟莒醫生描繪成「膚色黝黑、頭髮油膩、戒指刺眼的暴發戶（rastaquouère）」。[274]

(6)另外也別忘了從事同性戀賣淫的年輕男子，他們當然也有皮條客，但這不是我們討論的主題。

無論其他人怎麼說，[275]第一次世界大戰之前，並沒有皮條客真正組成工會的跡象，[276]頂多只能識別出一種基於長期親近而形成的廣泛團結意識。這種團結是在遊手好閒的下午，聚在桌球檯或牌桌旁，或只是在人行道上沒完沒了地散步時所形成。[277]年輕皮條客由資深皮條客一手培訓，從工作中學習經驗，十五歲就開始扮演「示警小廝」（avertisseurs）的角色。[278]但在馬賽，當幾名妓女一起在同一條人行道

---

* 譯註：藍色花朵的花語為「不言自明、謹慎和理想的柔情」。典故來自德國浪漫主義詩人諾瓦利斯（Novalis）的《亨利・歐福特丁根》（*Heinrich von Ofterdingen*）。

** 譯註：馬賽稱呼搬運夫（portefaix）的黑話。

*** 譯註：他於一八八七年三月十七日殺害了交際花克羅婷—瑪麗・賀尼奧（Claudine-Marie Regnault）及其女僕母女。

營業時，她們各自的皮條客以團體為單位共同行動，「在賣淫場地的盡頭四周分開站哨」。[279]當警方逮捕其中一名妓女，他們會聚攏並試圖掩護他們的「燉鍋」逃跑。馬賽還曾經發生過兩個皮條客互相合作，為同一個妓女工作的情況。[280]

除了一八八九年在塞納河下游省進行的一項調查外，我們沒有太多量化分析，自然也無從描述某一皮條客群體足以代表整個類別的特徵。卡利耶[281]在第二帝國末期，曾試圖對被控拉皮條的人進行系統研究。六年間，在首都巴黎被捕的六百九十五名皮條客或被認為是皮條客的人，有三百七十一人（百分之五十三）來自巴黎、三百二十四人（百分之四十七）來自外省或國外，因此可以看出，皮條客為巴黎人的比例，高於公娼和私娼是巴黎人的比例。當時的皮條客往往都有前科：其中三百三十人，也就是百分之四十七・四的皮條客，曾被判定犯下五百七十五項罪行，包括兩百七十五項（涉及九十五人）毆打和傷害或反抗官員，兩百六十二項（涉及九十一人）單純偷竊或背信，以及三十八項（涉及三十一人）攜帶武器、夜間襲擊或暴力搶劫。當時巴黎的皮條客確實屬於重大犯罪世界裡的常客，這也說明為何許多建議都傾向於將他們囚禁在殖民地。柯孟莒在一八九六年指出，[282]過去二十年來，有一百多名皮條客被判處死刑或終身勞役。

在盧昂，一八八九年時有四十七人「完全依靠其妻子或情婦的賣淫收入生活」，[283]但他們都聲稱自己有職業，像是有十七人自稱是工匠和手工業者，八人是日薪工人，七人是流動推銷員或小販，六人是歌手、說唱藝人或流動樂手，兩人是商人，兩人是咖啡館服務生，兩人是商店雇員，兩人是船員。這些皮條客中。有九人曾被判定犯下十八項偷竊或攻擊和傷害罪。

一般來說，真正的皮條客都很年輕，因此卡利耶下結論說：「有些是十八歲，但沒有一個超過五十歲。」盧昂的皮條客年齡分布圖證實他的結論（參見圖十四右）。警察總署的檔案中載有幾群被視為「皮條客」之人的行為報告，但遺憾的是執法機關與媒體及輿論如出一轍，都蓄意將青少年團體某些非法行為與皮條客的活動混為一談，警方在一九〇二年就是這麼處理一個由五十多名女孩和男孩組成的集團。這些女孩與男孩們在每週一晚上的舞會結束後，在由杜樂麗花園航行到敘雷訥（Suresnes）的船隻上，製造暴力和「淫亂」的場景。事實上，每個星期他們都會在下午五點左右從皮托（Puteaux）上船，根據筆錄所述：「船被他們攻占，皮條客把婦女和兒童從座位上趕走，損毀設備，唱著淫穢的歌曲，威脅要殺死抗議的乘客。接著，他們弄壞電燈，開始淫亂的活動。」[284]在警方的一次伏擊和圍捕中，「約有三十五名皮條客被捕，其中大部分是十五至十九歲的年輕人」。[285]而媒體大力呼籲警方干預這些實際上是邊緣青年的皮條客。[286]

一九〇二年十月二十八日晚上發生的案件更加發人深省。[287]當天晚上九點三十分，約有二十名已經被警方登記在案的皮條客，在博耶街（rue Boyer）和比達索亞街（rue de la Bidassoa）的拐角處，以左輪手槍和刀子結束了他們的爭吵。這次群架事件有兩人受傷：一個是十九歲的屋頂工人，另一個是二十三歲的洗衣店服務生。警方也當場逮捕一名二十一歲的「切割工」和一名十八歲的日薪工。凌晨一點的警方搜捕行動，也抓住了在梅尼蒙當街四號歃血為盟的幫派成員，並逮捕前一天的六名鬥毆者：他們分別是十八歲的屋頂工人、十九歲的日薪工、十七歲的玻璃裁切工、二十歲的「切割工」、十七歲的細木工匠和二十四歲的模型工。除了最後這位模型工，其他所有人都非常年輕，而且都有職業，但這是因為針對累犯（récidiviste）的新法令實施之後，皮條客為了避免觸法，都另外有自己的職業。

還有一個關鍵問題，就是皮條客這類人在數量上的重要性。這一領域的研究有很大的不確定性，我們只能提供關於巴黎的兩個極端估計值。一八九一年，《時代報》（*Le Temps*）在對皮條客的調查中，估計他們的人數為五萬人；而警察總署的專家[288]認為數量不超過一萬人。警察總署的估計肯定更接近實情。至於試圖勾勒出皮條客數量演變的研究，我們必須承認，就目前而言這是一項完全不切實際的工作。

五、私娼人類學研究的困境

從量化數據來看，描繪私娼的形象要比公娼困難得多，私娼通常能逃脫社會學家和警方的調查，因為她與普通女孩幾無二致。研究者既沒有掃黃警隊的檔案，也沒有妓院女老闆的紀錄，更沒有入獄服刑紀錄可以用來研究這個問題，僅剩的參考資料是在開放給染病婦女自由就診的醫院裡進行的觀察紀錄，以及私娼被逮捕的紀錄與健康檢查的檔案，但大部分的私娼也因此擺脫了原先的身分，加入註冊公娼的行列。在此必須補充，這些檔案無法涵蓋交際花，所進行的量化調查也幾乎不涉及遊走在街上的妓女。

這些私娼終究有一天會被登記為公娼，或是在失蹤前已經被登記，如此一來，報告這些調查的結果似乎不具意義。我們很清楚，祕密賣淫只是正式賣淫的實習過程或「必然的前奏」。[289]直接進入妓院的女郎艾莉莎是個例外，于斯曼筆下的瑪特則有不同的命運，反而與現實更為吻合。但是，我們仍然必須驗證公娼與私娼兩者之間的相似性，若是相似性不高，就必須辨別出能區分兩者的主要特徵。

從涉及這一問題的大量醫學文獻來看，[290]私娼的出身背景乍看之下與登記的公娼一樣正常。一八七二年至一八八二年間被馬賽警方釋放的一千名私娼中，[291]只有一百一十二人是私生女；柯孟莒醫生則指出，[292]他研究兩千三百六十八名染病私娼的家庭背景，其中只有一百八十四人是非婚生子。不過，孤兒和失去父母任一方的妓女數量，的確高於社會平均數值。在被逮捕後釋放的馬賽私娼中，有百分之二十七．一失去了雙親；另外，百分之十六．六的人失去了父親；百分之十五．三的人失去了母親；百分之七．三的人出生時父母不詳。[293]柯孟莒醫生研究的巴黎私娼中，有六百九十二人（百分之二十九）是孤兒，八百一十一人（百分之三十四）失去了父親，四百五十六人（百分之十九）失去了母親。

私娼的地理來源似乎沒有公娼那麼遙遠。同樣根據柯孟莒醫生的研究，巴黎的私娼百分之三十四來自塞納省、百分之六來自塞納—馬恩省（Seine-et-Marne）或塞納—瓦茲省。至於其他招聘的區域，結果也相同，也就是說，來自南部地區的私娼少之又少，而來自西部布列塔尼和北部的私娼則相形眾多。巴黎東邊的行政區和郊區成為私娼最大的供應區：按照人數遞減的順序依次是第十一區（伏爾泰大道和里夏爾—勒諾瓦大道）、第十八區（蒙馬特、克里尼昂古〔Clignancourt〕、黃金滴〔Goutte d'Or〕）、第二十區（美麗城、梅尼蒙當、沙宏〔Charonne〕）、第十九區（拉維萊特）和第十區（聖殿郊區〔Faubourg du Temple〕、聖丹尼門和聖馬丁門）。

布列斯特的私娼大部分來自城市，其中馬賽市提供的私娼人數比例（百分之二十六．二）高於註冊的公娼。但該市的絕大多數妓女卻又都來自隆河口省和鄰近省分的市鎮。此外，外國人（百分之二十二）也相當多。一八七五年，勒哈佛爾的員警逮捕了一百零三名私娼，其中二十二人出生在該市，二十六人出生在塞納河下游省的另一個市鎮，十六人來自鄰近的卡爾瓦多斯省（Calvados）。[294]

如果比較私娼與公娼的年齡分布，就會發現被馬賽掃黃警隊逮捕後又釋放的私娼中，比例較多的是非常年輕和有點年紀的妓女，而這個狀況其實很容易理解。據悉，一些私娼即便超過六十歲仍在工作。對一八七五年在勒哈佛爾被捕的一百零三名私娼的年齡進行分析，可以得出同樣的結論。（參見圖十三）。

馬賽的私娼宣稱自己從事的職業（參見圖十四左），與公娼在登記時所宣稱的情況差別不大，我們發現大多數是工廠工人、家庭傭人、廚師、女僕、商店店員和酒館女侍。我們還注意到在米賀醫生列出的一千名私娼名單中，有五十六名戲劇或歌劇演員、十二名語言教師或鋼琴教師，以及五名小學教員。一八九五年至一九〇〇年間，費福希耶教授（Février）在南錫良善救濟院所服務的病房中，有兩百二十五名染病婦女，[295]而在同一救濟院接受治療的四百零三名妓女，[296]類別與馬賽的私娼相同。雖然南錫已經工業化，但只有非常少數的私娼來自工廠女工；另一方面，在十九世紀末的南錫，咖啡館女服務生成為私娼的比例大為增加，幾乎占了私娼總人數的一半。一八七八年至一八八七年間，在首都巴黎被捕的六千三百四十二名染上性病的私娼中，非常清楚地顯示私娼的職業主要來自女裁縫、內衣製作女工、洗衣女工，尤其是家庭傭人。

馬提諾醫生對於路西納醫院治療的性病妓女的研究，[297]讓我們得以一窺她們成為妓女之前失去童貞

圖十三：年輕皮條客與私娼的年齡分布圖

1872年至1882年，
1,000名馬賽私娼

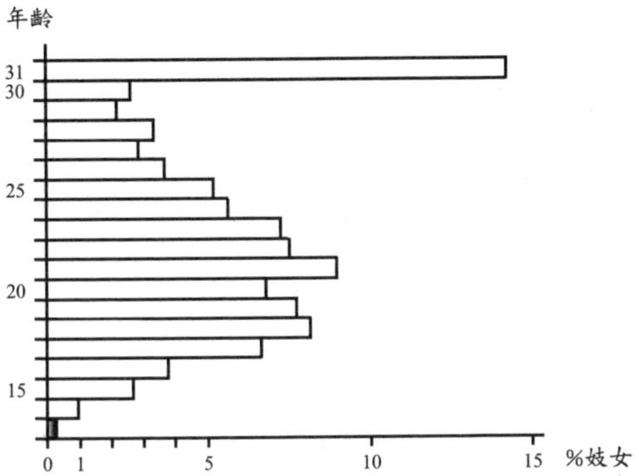

根據米賀醫生資料

1904至1909年，
圖爾地區148名「軍人的妓女」

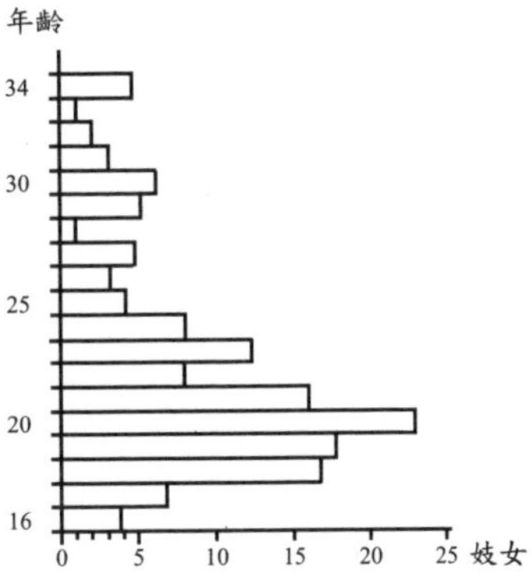

地方檔案

1875年，
勒哈佛爾103名被逮捕的私娼

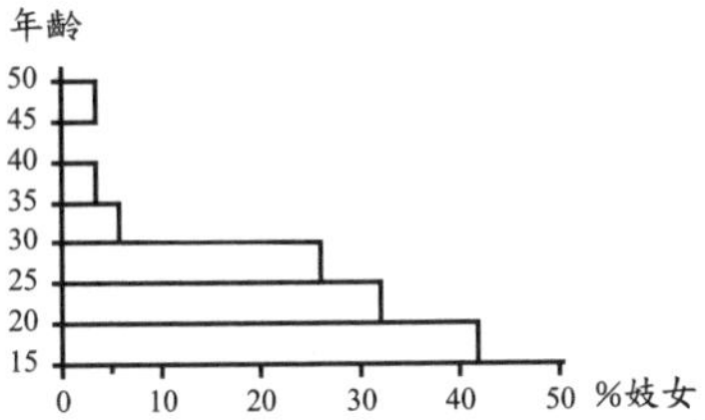

地方檔案

1889年，
盧昂47名皮條客

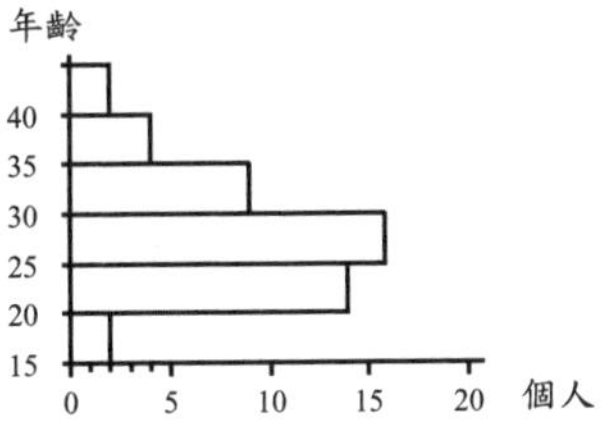

地方檔案

圖十四左：私娼宣稱從事的職業（根據維涅隆、米賀、柯孟莒）

南錫：1895年至1900年，403名私娼

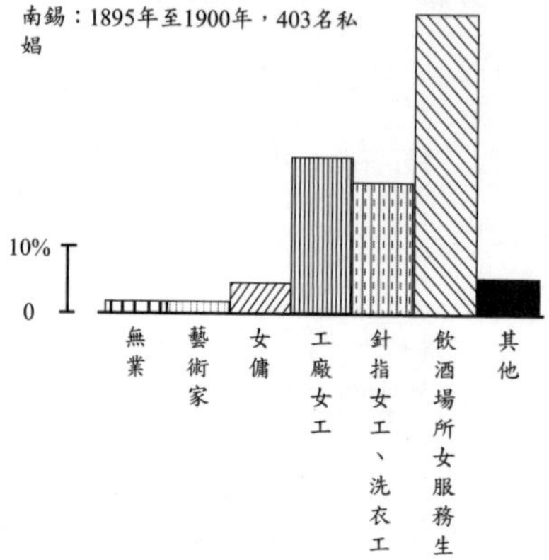

馬賽：1872年至1882年，1,000名私娼

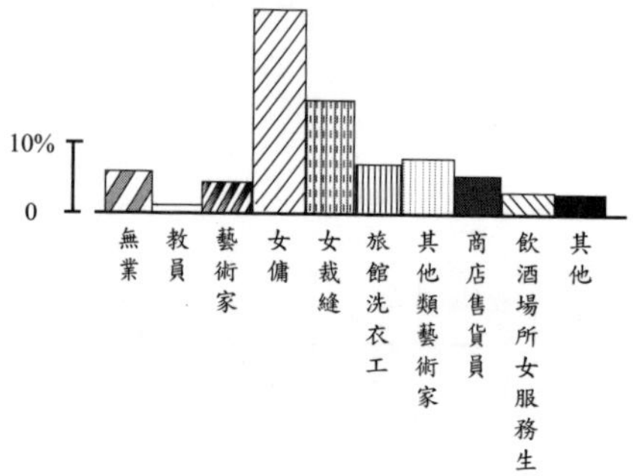

巴黎：1877年至1887年，6,342名私娼

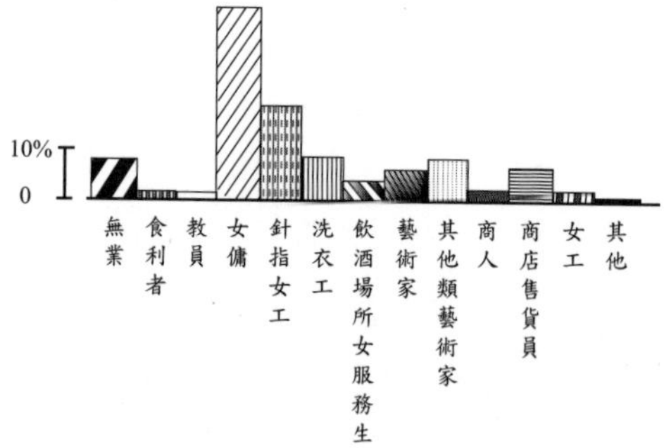

圖十四右：一九〇二年，巴黎的妓女掮客—供應商（警察總署檔案）

年齡分布　42人

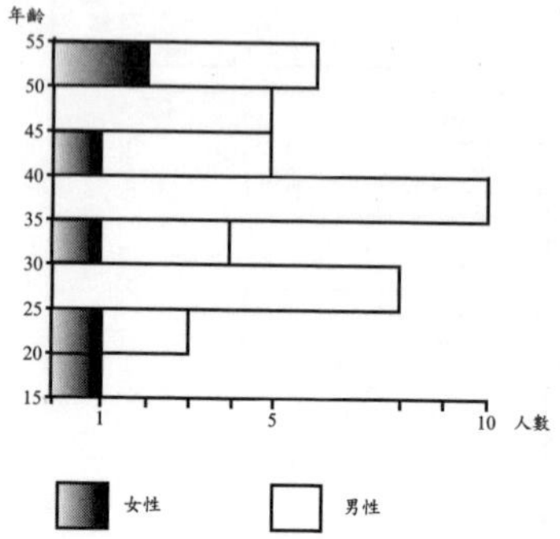

出身地　38人

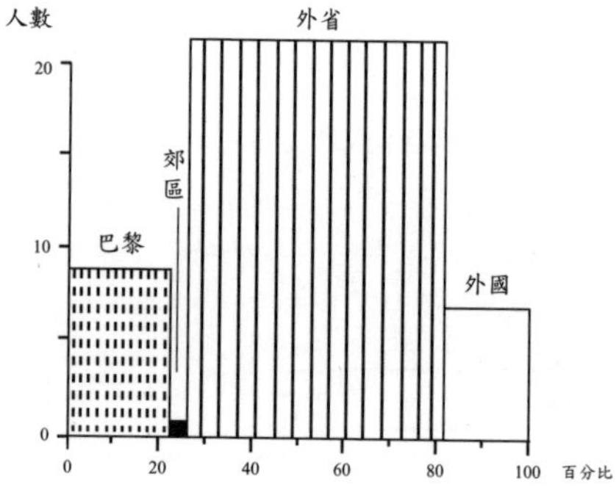

圖十五：在路西納醫院被馬提諾醫生治療的私娼，失去童貞的年齡

（根據她們自身的證詞）

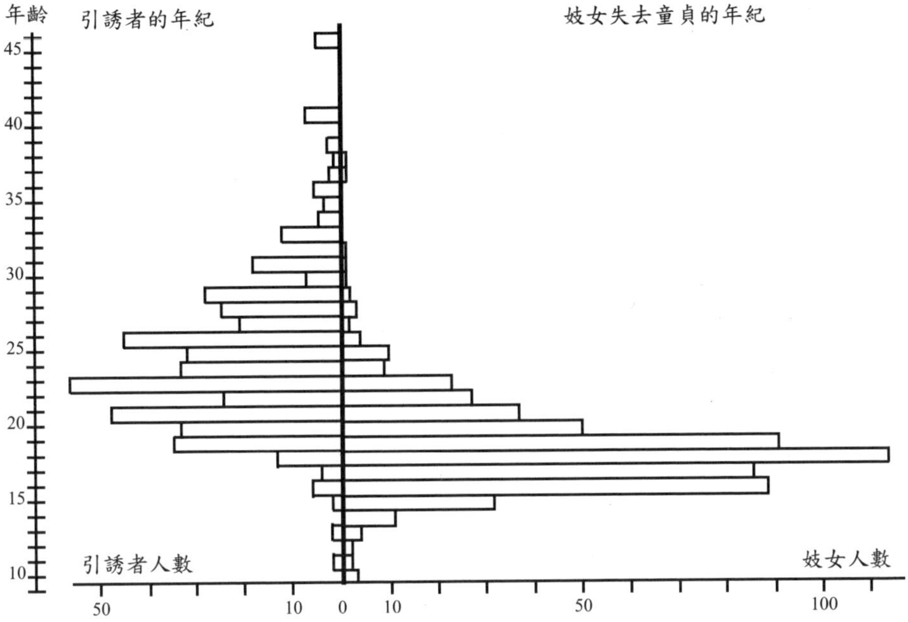

注意：有幾名妓女無法指出引誘她們的人的年齡

圖十六：被引誘的巴黎未來暗娼與引誘者職業別（根據馬提諾醫生資料）

（• 代表一名妓女）

被引誘的妓女＼引誘者	家庭傭人	日薪工人	農場主	工匠	軍人	工廠工人	侍者	雇員及旅行推銷員	藝術家及設計師	工商業老闆	自由業者及學生	房東、食利者	公司幹部	雇員
家庭傭人	•••••••••••••		•	•••••••••••••••••••••••••••••	••	•••••	•••••••	••••••••••	•••	••••••••••••	•••••••	•	•	••••••••••••
日薪工人	•	••		••••••	•							•		•
農場主														
洗衣、燙衣女工	••	•		•••••••••••••••••••••••••••••••		•		•	•	•••	•••	•		•••
針指女工		•		•••••••••••••••••••••••••••••••••••	••••	••••••	••	•••••••••	••••••	•••••••	•••••••••••••••••	•••	•	••••••••
其他類藝術家			•	••••••••••••••••••••••••••••••••	•	••••••••		•	•	•	••	•		••
工廠女工			•	•••••••••••••	•	•••	•	•				•		••
飲酒場所服務生	•			••						•				•
商店售貨員				••				•			•			••
流動攤商				••••		•					•		•	•
藝術家及造型師				•					•		•			
家庭老師											•			

的詳情（參見圖十五和圖十六）。這位執業醫生提供的資料，其實超出了本研究的主題，因為它們揭示了社會下層階級少女的性活動，使我們能勾勒出關於引誘脈絡的社會學研究，也讓人口學家對於婚姻結合和私生子的學術探討更為完整。當然，我們可以質疑馬提諾醫生的研究不夠嚴謹，所選擇的研究樣本也不能代表整個女性人口，而從另一方面來說，雖然接受採訪的病人不可能忘記她們失去童貞的年齡，但很明顯地，有些人一定是真心誠意地刻意謊報其開苞

者的職業，尤其年齡。甚至有些人會撒謊，為了證明自己的行為是正確的，或是為了美化過去，掩蓋不堪的過往。這種將一個完全模糊的現象具體化的嘗試，幾乎是獨一無二的，而且意義重大。

我們發現，在路西納醫院接受治療的妓女，失去童貞的年齡很早，而這與在聖拉札監獄醫護所進行的研究結果一致。幾乎所有病人（百分之七十八）都是在十五至二十一歲之間失去了貞操，其中在十六歲之前就失去貞操的比例很高（百分之二十一）。開苞的年齡最常發生於十七至十八歲，二十二歲以後還保有貞操者則屬例外。

妓女的開苞者年齡較大，這是當然的，其中年齡低於十八歲的人很少（百分之五・二）。因此，可以說失去童貞的情況，並不是發生在同齡青少年之間。絕大多數開苞者（百分之七十三・五）的年齡在十八至二十八歲之間，最多的是二十二歲的人。成年男子只占少數，年長男士更少——三十歲以上的人只占總數的百分之十・四，四十歲以上的人占百分之二・七。

如果研究調查只考量被奪取童貞女孩的職業，可區分為下列三種模式：

（1）家庭女傭的開苞者職業種類最多：這類婦女的開苞者職業範圍最廣。家庭女僕、廚師和房間女僕，與老闆、服務人員、工匠、供應商和店員之間保持著多種聯繫，也因此可以理解開苞者的職業類別相當分散。（2）另一方面，洗衣工、熨燙工和醫院或旅館洗衣工，絕大多數都被相同職業類別的男性吸引，即手工業者（百分之六十六）。除了針指工人之外，其他從事工業和工藝的婦女也是如此，儘管有些不太明顯。（3）在針指工人之中，女裁縫的行為較為獨特。她們之中沒有任何人被家庭男傭引誘，但她們的開苞者幾乎涵蓋所有的職業類別，其中自由業者和學生（百分之十七）占了相當大的比例。

來自不同背景的男性如何嘗試突破婚姻束縛以滿足性慾，這方面的資訊也可以從開苞者的分析結果中瞧見端倪。首先必須注意，名單中幾乎沒有軍人，雖然該研究調查的是巴黎失去童貞的妓女，但這不足以解釋軍人為何沒有出現在名單中。在路西納醫院未來的染病婦女，她們的開苞者常是手工業者和工藝匠人，事實上，這兩種職業的男性，征服了所有職業的女性，可見他們散發著全方位吸引力，而與他們同一領域的女孩則誘惑力非常有限，兩者形成鮮明對比。

服務業男性與女性行為之間的失衡甚至更加明顯，只不過情況恰恰相反。家庭傭人誘惑的對象，大多侷限於本身所處的社會類別。二十一名被家庭傭人開苞的婦女中，有十七名同屬家僕類別。而處於社會出走（une fugue sociale）狀態的自由業者和學生，絕大多數選擇誘惑針指女工和家庭女僕，只有極少數奪取工坊或工廠女工的貞操。店員和旅行推銷員也採取相同的誘惑行為，這種行為的相似性反映了一種模仿的慾望，本身也顯現了他們的社會野心。商業和工業老闆也會引誘針指女工和家庭女僕，只是占有家庭女僕貞操的比例仍然大幅領先。

這一簡述足以說明婚前或婚外性關係錯綜複雜的脈絡。日常生活當中的近距離身體接觸，往往具有決定因子，它說明了男人和女人在辦公室、工作室或資產階級私人屋內所衍伸的親密關係，只是遠遠不足以完整解釋產生慾望和滿足誘惑的複雜過程。[298]

我們必須承認柯孟莒醫生的說法，「我們現在也許太一廂情願地誇大學校教育的道德影響」。他在一八七八年至一八八七年間詢問的一萬名性病私娼中，只有百分之十六是文盲，大致相當於社會的平均水準。的確，一八八二年在馬賽被捕後釋放的妓女中，文盲的比例為百分之四十二・三，高於地區平均水準。

總而言之，被掃黃員警逮捕或在性病醫院接受治療的私娼，從本身的多樣性來看，她們與公娼在登記時提供的資訊極為類似，而這一點都不出乎意料。她們頂多看起來似乎**比較融入營業所在的城市環境**；她們往往是本地人，而公娼不是；她們幾乎都擁有職業，而教育程度也比她們的公娼同行還要高一些。

新的賣淫行為

此處將討論法國賣淫史在十九世紀最後三十年的主要現象，也就是不能再被稱為祕密行為的妓女和婦女賣春行動的發展，這些人雖然不是高級交際花，但也幾乎完全逃避了管制主義體系；她們不會被警方追捕；[299]她們雖然患有性病，但不被認為是妓女，也不會被醫學界人士譴責。這些妓女與前文提到的那些「不順從的妓女」不同，她們不再懼怕著警方而過活，也很少依賴皮條客，儘管還是會包養「心上人」。另一方面，她們是新型態性行業操控者的受害者，這種新型態性行業以真正的商業機構為幌子，控制婦女群體，並構成頗具規模的賣淫網絡，成為二十世紀初期白奴貿易主題興起的濫觴。最後，可能也是最重要的一點，就是這些新的賣淫行為的定義，從此變成：**妓女讓客戶認為是自己主動採取誘惑**，而妓女則不再是無權拒絕客戶的單純生物。

一、啤酒館女侍應生

自從一八七六年賣淫問題搬上檯面以來，女侍應生在性病方面的高發病率幾乎每年都會引起輿論抨擊，要求關閉「女子啤酒館」（brasseries à femmes）。[300]女子啤酒館在第二帝國時期興起，誕生於一八六七年的萬國博覽會，女侍應生也從此開始取代男服務生。[301]一八八〇年七月十七日通過的法律，使這些場所及其服務生的數量急遽增加，直到一八八八年二月二十四日，警察總監萊昂・布爾卓（Léon Bourgeois）頒布法令，才阻止這個現象繼續發展。

「女子啤酒館」也出現在首都巴黎的中心區域，其中大部分座無虛席的啤酒館位於左岸的拉丁區。一般來說，這些場所都由富有的出資人委託管理。與寬容妓院本質不同，「女子啤酒館」事實上由男性淫媒操控。

這些「女子啤酒館」的店招，都別出心裁或別具暗示性：最著名的是流氓頭子（Caïd）、奶媽（Nounous）、最後一招（Dernières Cartouches）、邱比特（Cupidon）、後宮姬妾（Odalisques）或地獄

表十　巴黎的「女子啤酒館」成長數量[302]

年份	啤酒館數量	斟酒女數量
1872	40	125
1879	130	582
1882	181	881
1888	203	1,100
1893	202	1,170

（l'Enfer）。[303]在嘉年華狂歡節上，店老闆會組織引人注目的車馬行列，向圍觀看熱鬧的人群宣傳啤酒館的特色。

客人由漂亮伶俐的「斟酒女」（verseuses）提供服務，她們通常身穿短裙，整體打扮往往看似戲劇表演的道具服裝，所以經常以農家女、安達盧西亞女人、義大利女人或蘇格蘭女人的裝扮出現。[304]「斟酒女」向顧客斟酒之後會坐下來與顧客一起喝酒，並努力敦促顧客消費。如果顧客願意，她會陪他到附近的應召旅館開房間，當然旅館老闆與啤酒館經理早已達成協議；「斟酒女」也會在啤酒館的一個房間或後堂向顧客賣淫，這種狀況比較少，但有愈來愈多的趨勢。這些房間往往裝飾華麗，甚至改造成維納斯的石窟。[305]

除了某些右岸的啤酒館之外，店裡的女人由店主提供伙食，她們則支付「服務費」（droit de servir）作為回報，當然金額十分低廉，例如：左岸啤酒館的行情是每天五十生丁到一法郎不等。另外，還有一筆使用費，其數額根據指派給她們的桌位而不同。不僅如此，根據女服務生的素質和被應召的次數，店主會收取相應的稅款，他還可以收取各種罰款，像是物品損壞的補償費用。「斟酒女」必須支付服裝費和為顧客提供的火柴費用，[306]而據馬提諾醫生的說法，在某些啤酒館，「斟酒女」甚至還必須給服務生小費。[307]即便如此，據梅西估計，啤酒館女人每天的收入仍在五到二十法郎之間。[308]

定期更換服裝和裝潢，就可以避免經常性的「添補成員」（remonte）。[309]「啤酒館女人」與其他類型妓女不同，她們很少更換工作場所，也因此能成功建立一批忠實的顧客群。最優秀的「斟酒女」則由店主安置在附近的公寓，讓她們更容易從事賣淫活動。「斟酒女」的工時不像妓院裡的妓女那麼嚴格，她們從下午三點到午夜提供服務，其餘時間的啤酒館只有幾個孤單的妓女，專門服務早晨時段的客人。

「女子啤酒館」的主要顧客是年輕人：高中生、大學生、藝術家、年輕雇員和時興百貨行（calicots）職員**群集於此**，氣氛熱絡，年輕的知識分子也在拉丁區的啤酒館歡聚。自此，學校的年輕人在這些場所展現凝聚力，而不再像限制選舉君主制時期那樣在劇院中聚會。「女子啤酒館」無疑促成了這一群體的身分識別，也讓外省青年能融入巴黎社會。學生對「斟酒女」的依戀，甚至表現於他們製造的「惡作劇」（canulars）之中，這樣的發展，使得道德協會成員於一八八三年四月舉辦了一個旨在倡導關閉啤酒館的會議，五百名與會者齊聲呼號，提議將這些啤酒館收編為公益事業。[310]必須指出的是，這些妓女美麗又年輕，在啤酒館工作也很穩定，因而客人有可能與她們建立包含感情在內的關係。任何人都可以期望成為「斟酒女」的「心上人」，不需擔心與真正的皮條客競爭。

于斯曼對於這種變相的賣淫行為極為不齒，也經常嘲諷受騙的年輕人過於天真無邪。[311]另一方面，年邁的巴赫斯懷念他年輕時的「女子啤酒館」，當時這些啤酒館允許「無產階級的中學畢業生」[312]建立浪漫的愛情關係，畢竟這種關係在格希瑟特逐漸消失後相當難尋。《離鄉背井》（*Les déracinés*）一書的主角拉卡多（Racadot），將情婦蕾翁婷（Léontine）安置在其中一家啤酒館，以便享有「必要的憐憫」（pitié utile）。[*13]嚴謹的羅默斯巴赫（Roehmerspacher）自己在巴黎的第一個晚上，就和一位啤酒館女人共度春宵，並引領蘇特爾（Sturel）到這類場所大開眼界。[314]巴赫斯還寫道，「當時鄰里生活的兩個主要特點是賽局和女子啤酒館」，[315]他是這麼形容的：「密密麻麻的妓女和學生，聚集在這個煙霧瀰漫的場所裡……猶如一塊以青春烘焙的糕點，點綴著煤氣、煙霧、醉意以及各色慾望，灑落著紅黑交替色彩鮮明的斑痕。這麼多各色各樣的青少年，尖叫著，躁動著，卻讓人覺得其實只有一個人。他們彼此整合成單一動物，所有的手臂伸展著，所有的嘴都向酒精和賣淫敞開……。[316]自由戀愛紛呈的各種微妙色彩，都與這些啤酒館融為一體，一八八三年時，學校街（rue des écoles）、王子先生街（rue Monsieur-le-Prince），以及在奧德翁劇院（Théâtre de l'Odéon）附近的沃吉哈街（rue de Vaugirard），充斥著難以計數的啤酒館」。[317]

「女子啤酒館」跟歌舞雜耍表演咖啡館一樣，也開始在外省大城市流行。自一八八二年開始，里昂、馬賽和土魯斯就出現了啤酒館的蹤跡，雅彥的調查也顯示了啤酒館在康城（Caen）、第戎、格勒諾布爾、里爾、奧爾良和魯貝—圖爾寬（Roubaix-Tourcoing）等地的重要性。[318]其中，昂蒂布的市長極為重視公眾輿論反感，所以查禁了啤酒館。[319]與日俱增的啤酒館，自然引起了檸檬水店服務生（limonadier）**和咖啡館服務生的敵意。一八八五年，巴亞爾街（rue Bayard）的服務生向土魯斯市政廳提交請願書；[320]前一年，馬賽的檸檬水店服務生也大力攻擊啤酒館女服務生。[321]

在港口城市，特別是布列斯特、土倫和馬賽，某些啤酒館女人在她們的公寓設立鴉片菸館。[322]一九一三年，憂心的司法部長決定調查賣淫和毒品之間的關聯。在布列斯特、洛里昂和雷恩，經常光顧菸館的幾乎都是海軍或殖民地軍隊的軍官，以及少數「女子啤酒館」的年輕顧客。[323]在馬賽，人們在一些啤

* 譯註：年輕客戶希望得到啤酒館女人的憐憫。

** 譯註：凱瑟琳・麥地奇（Catherine de Médicis，十六世紀法國王后，出身佛羅倫斯麥地奇家族）將檸檬水與橘子水等水果飲料文化帶進法國，而檸檬水特別受法國人青睞，並形成專業的職業與飲料場所。

酒館的附屬建築吸食鴉片。而在毒品使用最廣泛的土倫，菸館「以一種整體、甚至豪華的方式」設置。[324]

二、「扯嗓咖啡館」女孩與「歌女交易」

現在我們要討論的是更具體的外省現象。一八七〇年代，歌舞雜耍表演咖啡館在各省廣泛流行起來，此後，無論是多麼小的城鎮，都有至少一間「扯嗓咖啡館」（beuglant）。*[325]佩里格（Périgueux）有八家，奧約納克斯（Oyonnax）有七家，德拉吉尼昂和埃夫勒（évreux）有六家，門德（Mende）有五家，總共有三百八十八家——這個數字還不包括性質相同但更低一等的「布伊布伊」（bouibouis）**，例如：一八九五年在隆維（Longwy）和古蘭庫爾（Gouraincourt）地區經營的六家咖啡館。[326]在夏季的主保瞻禮或鬥牛活動，朗格多克或普羅旺斯的某些村莊，會舉辦抒情演唱音樂會（concerts lyriques），讓慶祝活動更形熱鬧。「扯嗓咖啡館」和「布伊布伊」總共會雇用幾千名婦女，根據店裡的規模，每家會招募五到二十名歌手。法國歌舞雜耍表演咖啡館的風潮也傳到國外，特別是荷蘭和俄羅斯帝國。

「扯嗓咖啡館」利用抒情藝術的幌子從事賣淫事業。一九〇六年，安德列・伊貝爾（André Ibels）在《晨報》上發起反對「歌女交易」（traite des chanteuses）的倡議運動，並提供了令人信服的說明。實際上，有意願的顧客可以在表演進行時與其中一位表演者飲酒，演出結束後，再到熟客專屬的會客室或私人包廂與她共進「宵夜」。這種形式的賣淫在資產階級男人圈大獲成功，甚至在外省城市男性店主之間也是如此；另外，有許多被「布伊布伊」吸引的客戶來自工人階級。[327]事實上，「扯嗓咖啡館」的音樂與歡樂氛圍並非沒有吸引力，男性的虛榮心也因為與這些「藝術家」搭上關係而獲得滿足，他們有時還能因搶走其他熟客交好的藝術家而自豪

與啤酒館的老闆不同，歌舞雜耍表演咖啡館的老闆並不會直接向他雇用的賣淫婦女抽成。[328]基本上老闆只是希望提高咖啡館的飲料消費數量，並讓顧客鉅額下注。要達到這個目的，他需要為他的咖啡館招募漂亮和善解人意的女孩。另外值得一提的是，店老闆本身也只是經理，「扯嗓咖啡館」的所有權往往屬於有錢的出資者。伊貝爾指出，北方一家大型蒸餾酒商擁有三十多家該類型的「扯嗓咖啡館」。[329]

招募女孩的管道相對簡單：店老闆與巴黎的「藝術歌手經紀人」（agent lyrique）聯繫，這類經紀人通常位於共和國區（la République）的塞凡堡大道或聖丹尼門和聖馬丹門附近。「藝術歌手經紀人」不受職業介紹所的管理法規約束，他只需利用誘人的廣告吸引希望成為藝術家的年輕女孩，並在模擬試鏡後，將她們送到這類買賣的樞紐地，例如：亞維農（Avignon）或土魯斯。許多「藝術歌手經紀人」事實上招募的宵夜餐廳女人，比真正的歌手還要多。

到達目的地後，他會提供女孩一份條款相當明確的制式合約，這份合約讓老闆能有效地控制招募的員工。一般來說，歌手藝術家的義務是唱歌、留宿，最重要的是與客戶「共進宵夜」，而且視客戶要

* 譯註：指有音樂表演的低階咖啡館，類似歌舞雜耍表演咖啡館。

** 譯註：指最簡陋的音樂酒館。「布伊布伊」典故可能來自布列斯地區，boui為鴨鵝的叫聲，發音類似bouic，原意為家禽的小屋舍，後用來指稱寬容妓院。

求，陪伴直到凌晨兩點，有時甚至到早上五點。合約中很少規定支付工資，因為一般來說，合約中詳細規定了女孩以大廳裡的抽獎遊戲（tombolas）或捐款（quêtes）所得來維持生計。[330]更妙的是，大多數合約還規定她們必須支付膳宿費及服裝費，甚至圖書館樂譜的使用費，更不用說她們可能會因為沒有履行某項義務，而必須支付罰款。有時她們還被要求陪同顧客一起賭博。店老闆合法保留隨時解雇女孩的權利，也因此女孩經常被迫在解聘後加入私娼的行列。

一八九〇年至一八九三年間，曇花一現的「藝術歌手經紀人」工會聯盟（Union syndicale des artistes lyriques）曾大力反對「歌女交易」。聯盟於一九〇三年改組，擁有兩千多名成員，並附屬於總工會（CGT），隨後，他們在勞工聯合會（Bourses du Travail）支持下再次展開抗爭。僅在一九〇五年，該聯盟就張貼了五千張譴責醜聞的海報，[331]也曾多次向市長發出公開信。特別是在一九〇六年，伊貝爾向當時的法國總理喬治・克里孟梭（Georges Clemenceau）和內政部副部長艾伯特・薩羅（Albert Sarraut）提交了他的調查結果，而伊貝爾的調查，也深受始終不屈不撓抨擊操控性交易者的參議員貝勒內・宏爵（René Bérenger）支持。一九〇六年十二月六日，一份部會通報明令禁止在演出期間募捐，禁止「藝術家在舞臺上擺姿勢」，也禁止「觀眾和藝術家在演出期間互相交流」；[332]另外還禁止經理為藝術家提供食物、住宿或讓她們在表演場所享用宵夜。與此同時，一百五十位市長共同簽署了消除弊端的決議。

事實上，這場抗議運動的結果令人失望，因為各市鎮採取的措施以及部會通報的實施情況相當糟糕，而且多半在幾個月後就被置之不理。作家、作曲家和音樂出版商協會長期以來拒絕介入，歌舞表演咖啡館的店老闆同時又是第一階的選舉幹事，因此，補助這類咖啡館的市政當局，很難施展嚴厲打擊並正式承認它們為賣淫事業。最重要的是，顧客的需求過於龐大，以致很難阻止「扯嗓咖啡館」老闆去滿足這些需求。

三、幽會館

幽會館不能與寬容妓院或應召旅館混為一談，它的發展、改良，以及在一九〇〇年至一九一〇年間獲得正式認可，都是賣淫行為演變最明顯的見證，更廣泛地說，也同時見證了資產階級性行為的演變。

當然，嚴格來說，它並不是什麼新奇的事：長期以來，「不幸的名女人」（lionnes pauvres）以及羞於勾引夢中情人的紳士，[333]都求助於皮條客負責安排會晤。從某種程度上說，幽會館承襲了十九世紀上半葉的「賭局之家」（maison à parties），隨後才被真正的應召站取代。一八八五年前後，巴黎的主要幽會館都集中在杜佛街（rue Duphot）、拉瓦諧街（rue Lavoisier）和水塔街（rue du Château-d'Eau）。[334]從一八八五年到十九世紀末，我們看到在寬容妓院數量減少的同時，幽會館也在迅速增加。我們在此將盡力描述在警察總局為幽會館制定特別規定之前，首都巴黎當時的情況，然後會以馬賽為例，分析一九〇〇年代幽會館在各省主要城市的運作方式。[335]

原則上，巴黎的幽會館沒有任何寄宿妓女。顧名思義，幽會館的功能是安排有錢的客戶與女演員、已婚婦女、寡婦或離婚的女人幽會，這些女人同意賣身的同時，都聲稱自己是資產階級良家婦女。事實上，如果我們相信警察總局員警的證詞，會發現幽會館的女人經常是經註冊的正牌公娼，只是假裝成背景良好的資產階級婦女，甚至是異國公主。在第二級的幽會館裡，女主人甚至雇用真正慣於此道的婦女，並嚴格安排她們接客的時間，[336]還要求她們在幽會館吃午餐甚至晚餐。但對於不喜歡的客戶，幽會館的女人始終保有拒絕的權利。

幽會搭檔的會晤其實會偽裝成一場誘惑遊戲，表面看來與金錢無關，但事實上男士在獲得幽會女士芳心之前，已經先向幽會館的女主人支付約定的價格，並直接指定或根據相冊挑選幽會對象。大型幽會館並非情色殿堂，人們來此追尋的是別人的妻子；一言以蔽之，幽會館是**買春通姦的聖地**。在慾望的層面上，這是名符其實的變革，反過來改變了大部分城市資產階級女性的性行為。如果沒有通姦行為的廣泛發展，[337]這一機構不可能發展得如此廣泛和迅速。即使事實上是一樁性交易，但男性對通姦的好感增加，幾乎能與追求處女的心境相提並論，這似乎也是當時性行為的一個特殊現象。[338]通姦與追求處女這兩種情況同屬違抗禁忌，由此更能助長情慾。

幽會館與寬容妓院不同，通常只占用所在建築的一到兩間公寓，而且沒有特別的標誌引來好奇的路人或訪客。這些公寓位於市中心的富裕社區，通常靠近百貨公司，方便婦女在下午時分可以經常出入，而不會太引人耳目。

一八八八年的幽會館數量還相當少，可能只有十五家，而在二十世紀初，數量可能飆升至兩百家。[339]一九〇四年，警方的官方數據是一百一十四家，其中第二級有八十三家，第一級有三十一家。[340]同一時期，圖洛則只統計出七十六家，[341]據他的說法，這些房子裡有三百一十三名「寄宿女」，但顯然他只計算了第二級的幽會館，也就是被當成附家具出租的套房，並由警方專責部門監督的那些場所。[342]

公寓的裝飾和家具的豪華當然不在話下，但並非華而不實，因為這裡的一切都是為了展現資產階級的衛生和舒適，而這與重構家庭親密關係的問題息息相關。客廳和相鄰的房間經常擺放著昂貴的家具，牆上或壁爐上擺放的幾件藝術品，讓室內裝飾顯得更加體面，以迎合那些厭倦或排斥寬容妓院俗麗裝潢的男士。當然，這裡也沒有小酒館強迫消費的問題，幽會的廳室也與第一流的妓院相去甚遠。婦女一般都穿著午後的衣服，樸素而得體，幽會的氣氛就像半上流社會女人「下午五點鐘的下午茶」時刻：「毫不粗俗，社交風度絕佳。」[343]有時候還會有一位女士彈奏鋼琴，為朋友的歌聲伴奏。有些幽會館的確以女性裸體為特色，[344]其他幽會館則擅長某些「性變態」的做法，例如：鞭笞（flagellation）。[345]但這些都屬罕見做法，也沒有代表性。我們可以說，幽會館正是受到妓院的浸淫濡染，並青出於藍地篡奪了一流妓院的角色。

幽會多在下午進行，因此幽會館一般在晚上七點停止活動，[346]雖然有些幽會館確實在晚上十一點或午夜才關門，但「被容許在此接客的女士從不過夜」[347]。

幽會館的房價自然要比妓院高得多，然而還是會根據類別而不同。一九〇〇年，警察總監雷平起草了一部關於巴黎幽會館的條例，他將這些幽會館分為兩類：收費低於四十法郎的幽會館和其他幽會館。在最高雅的幽會館，例如：位於凱旋門星狀廣場附近，那棟亞森·奧賽耶（Arsène Houssaye）*於一九

* 譯註：法國文學家。以阿爾弗雷德·穆斯（Alfred Mousse）的筆名為人所知。

〇三年曾住過的房子；[348]或是股市中人最常光顧的普羅旺斯街或布德羅街（rue Boudreau）的幽會館，這些地方的房價均為天文數字。一九〇三年在大型幽會館裡幽會的最低價格是六十至一百法郎，[349]最常見的價格是五百法郎，其中兩百五十法郎是給「女經理」（la manager）的。然而根據菲奧的說法，該業界的某些女士「只肯為幾張千元鈔票**折腰**」。[350]另一方面，在一九〇〇年後被稱為「登記所」（maisons à registre）[351]的某些三級幽會館，婦女有時會以五法郎的價格賣身，她們躺在沙發上等待男士顧客，玩著「雷納克」（renaque）或閱讀連載小說。在這裡，除了沒有粗俗蠢物外，氣氛與街坊妓院雷同。

幽會館系統如何運作以及誰能從中受益還有待了解。幽會館的負責人是女主人，是昔日大皮條客的繼承人，外表通常極為體面，穿著盛裝待客。幽會館的女主人有一個由招募者、掮客和經紀人（intermédiaires）組成的人脈網路，使她能夠安排各種幽會業務。別忘了，她吸引來的婦女有時、甚至經常是註冊的公娼。但大多數婦女都像卡利耶曾經說過的，是「沒有得到充分供養的女人」，[352]不管是被她們的情人還是丈夫供養。證據也顯示，她們往往是雇員和小店主的妻子，[353]有時候倒真的是夫妻合意的拉皮條，丈夫是完全知情和同意的。左拉在《娜娜》中已經提過這一類型的夫婦；而我們也知道福樓拜在他去世之前，正著手準備幾部小說，專門描寫這種在資產階級圈子裡流行的夫妻合意的拉皮條情況。[354]到了十九世紀末，這種做法似乎已經蔓延到小資產階級的圈子。

幽會館也是拮据的寡婦甚至是缺嫁妝女孩的一線生機，她們到這裡來尋找必要的資金，以實現能符合她們社會地位的婚姻，因此女主人會按月或按年提供可靠的情人給她們。[355]最後別忘了假處女的交易，這是幽會館的專長，下文會再討論。總而言之，維爾梅特認為這是一個由性格多樣的人組成的團隊，[356]可根據出勤率分為兩類：「當日特餐」（plat du jour）和「臨時工」。

在幽會館工作的婦女，往往原本是良家婦女，她們被捲入該賣淫系統的方式非常微妙，通常是透過認識的人才被招聘：比方朋友之間的體己知心話，與孩子在公園散步時聽遇到的女人吐露隱情，想要獲得報酬的供應商故意說溜口的建議，偶然在商店裡聽到旁人談論，理髮師、美甲師甚至是女僕的親眼所見，賣墮胎藥粉的草藥商的指示，[357]或由幽會館女主人以送貨為藉口派虔婆前來，並以情郎嫖客的優點進行直接遊說等等，這些都是莫大的誘惑。更為普遍的情況是，她們親眼看到賣淫活動的景象，或出席某些特殊場合，即足以芳心大亂並導致沉淪。文學作品也見證了這種永恆的誘惑。例如：左拉《貪慾的角逐》（*La Curée*）書中的荷內・薩卡德（Renée Saccard），在一位妓女家的晚宴結束後，在夜間餐廳的特別包廂裡感到心蕩神馳，因為她從那裡可以透過窗戶，看到林蔭道上的街頭妓女在搜尋獵物，也正是在那裡，她第一次沉迷於亂倫。同樣地，她前往茜東妮・盧貢（Sidonie Rougon）主掌的幽會館房間，獻身給一個年輕的雇員，並實現她獨特的社會性逃離。這種行為說明了吸引資產階級婦女的賣淫模式當中，場地所具有的重要性。[358]莫泊桑《符號》（*Le signe*）一書中的穀倉小男爵夫人（la petite baronne de Grangerie）也屈服於類似的意亂神迷，她長時間觀察對面窗戶的一個妓女拉客，並注意到每次接客的時間在十二到二十分鐘之間，她無法抗拒自己想和這名妓女競爭的慾望。這個遊戲最終迫使她以兩個金路易的價格，賣身給一個她邀請上樓的英俊金髮青年，因為她不能把他打發走，否則就會引起軒然大波。

在一流的幽會館裡，由女人自己訂價，如果價格太高，她會找不到買主，最終不得不降低價格。當然，當時的文學作品和報告，也充滿了在幽會館發生的有趣軼事、[359]意外邂逅和滑稽奇遇。這裡面可能有很多誇張的成分，但也特別清楚地呈現想要嘲弄資產階級家庭的慾望，當時的戲劇也證明了這一點。[360]

有意尋歡的男士，主要是透過關係來到幽會館，也有一些是透過邀請，像是有錢人或被催促尋找伴侶的人會在家裡收到邀請卡，請他們前來參觀時裝表演、談話沙龍、繪畫或珠寶收藏、現代語言課程或某夫人的東方風格下榻處。[361]除此之外，還有報刊上的小廣告，這些小廣告雖然沒有寬容妓院或社會妓院（maison de société）的廣告那麼明確，但訊息也相當清楚。

正如前保安警察首長瑪麗－法蘭索瓦・歌弘（Marie-François Goron）記述，客戶往往是尋求外遇的已婚男子，他們拒絕光顧妓院，但也「不想把時間浪費在鋪陳前戲，也不想糾結於枝微末節，因此每月、每兩週、每週、甚至每小時進行魚水之歡，幾乎可以說是在競賽」。[362]有時候，一小時的尋歡時間會延長，正式成為「姘居」（collages）狀態，其中一些露水姻緣甚至演變成婚姻，從性交易演變為合法性行為。除了這些客戶外，還有一些路過巴黎的有錢外國人，某些幽會館專門為他們提供服務，甚至舉辦社交招待會來進行聯誼。

描述幽會館別開生面的場景並非本書目的，因此我們會在參考書目提供有關巴黎幽會館的豐富資料。此處將只討論一個事實上相當早期的例子，根據警察總署第一局局長梅西所描述，事情發生於一八八八年，在寡婦弗雷蒂爾（Frétille）經營的幽會館裡。[363]幸運的是這名寡婦保留了她所有活動的紀錄，當員警闖入她的幽會館時，查獲了數千份檔案。梅西查閱了這些檔案後，做了簡潔但極具價值的摘要。寡婦弗雷蒂爾可謂無心插柳的社會學家，她根據客戶的社會地位和可以向他們收取的價格，將客戶分類，她還一一記下所有在她的幽會館相遇的幽會情侶姓名。她的男性客戶大致來自下列領域：「賽馬會、陸軍、海軍、司法人員、金融業、大工業家。」

至於為幽會館拉客的淫媒，其職業清單更是族繁不及備載，[364]但為了清楚顯示人脈網路的範圍和其影響之大，我們仍有必要一一詳盡列出：裁縫和女裁縫、製帽女工、內衣製作女工、洗衣工、服飾商人、音樂教師、歌唱教師和舞蹈教師、鋼琴調音師、職業介紹所主管、婚姻介紹所主管、戲劇或商業機構主管、攝影師、占卜師（tireuses de cartes）、牙醫師、理髮師、修趾師、美甲師、脫毛師、助產士、馬車夫、咖啡館服務生、餐館和酒店服務生……。簡而言之，在首都巴黎市中心的資產階級人妻，確實受到來自四面八方的掮客包圍誘惑，這些掮客為了增加個人的職業收入，對於從性交易中獲取仲介利潤毫不心軟。此外，閱讀寡婦弗雷蒂爾的信件可以發現，淫媒無處不在，「在溫泉鄉、在海水浴場、在波西米亞的森林」。[365]幽會館實際的利潤金額雖然鮮為人知，但有時相當驚人：莫尼耶舉了一個費用不到十法郎的二流幽會館為例，其女主人每年能賺到七萬法郎的收益。[366]

然而也必須承認，上面描述的幽會館形式，乍看之下似乎是一種本質上專屬於巴黎的現象。這些幽會館之所以能繁榮和擴展，是因為這個大城市提供的匿名性。此外，儘管我們擁有某些統計資料，但檔案性質也並非沒有任何問題。在小說家和劇作家獨厚幽會館這個主題的時代，當時見證幽會館蓬勃發展的人，無論是員警、行政人員、醫生或只是簡單的證人，難道沒有誇大其詞嗎？幽會館在較大的外省城市究竟發展到什麼程度？又以什麼形式發展？光顧幽會館的女性顧客主要是妓女，還是正好相反，是那些行為放蕩且令人們著迷的已婚婦女？這些都是需要借助第一手資料來解決的問題。

幸運的是，隆河口省檔案館擁有一系列非常精采的檔案，內容涉及一九〇九年至一九一三年間被省行政部門宣布為「淫亂場所」的馬賽公寓和建築。[367]這批檔案包括四十八份內容極其豐富的資料夾，記載了員警的各種報告。這些員警對幽會館進行了密切監視，有時長達數週，然後進行「臨檢」，旨在蒐集賣淫場所的確切證據。精密分析這些檔案後，我們發現其中有三十六份檔案涉及上述的幽會館。[368]當然，這些檔案勾勒出的景象，並不能替代先前的概括描述；此外也無法證明馬賽的實況能代表全國整體的狀況，尤其我們知道馬賽這個福西亞（Phocaea）城市*的賣淫結構有多麼獨特。然而，這些檔案將顛覆我們最初的想法，也讓我們知道本世紀初的幽會館並不是一個獨屬巴黎的現象，而我們也能依據這些檔案，準確地分析幽會館在外省大城市中的經營模式。

根據這份檔案，由三十二位女士經營的三十六所幽會館分散在整個馬賽，[369]它們位於二十五條不同的街道上。[370]顯見這些幽會館的位置與兩個保留區中的封閉式妓院有很大的差異。幽會館女老闆仍然是租戶，[371]其中十七個女老闆的情況已由警方說明，而其他女老闆的情況也很容易核實，因為省府的決定也會告知房屋的所有權人。

根據定義，幽會館並不占用它所在的整個建築，而只是其中一間公寓，但是組成幽會館的房間，可能恰好分布在幾個不同樓層。馬賽的三十六所幽會館中，有十一所的情況即是如此。大多數情況下，建築都相當體面，像是瑪瑟蕾・V〇〇女士所在的樹木街（rue de l'Arbre）九號，該建築內的房客分別是報社老闆、靠定期收益的食利者、舞蹈老師和女裁縫。對了，一般來說，是因為這些尊貴體面的租戶向警局告發，才會啟動警局的調查程序。其中一些告發信件的精確程度令人吃驚，也見證了當時的恐懼如此普遍，人們懼怕看到家庭親密關係被任何視覺上、尤其是聽覺感知上的性自由所擾亂。一位二十八歲的刀剪商作證檢舉位於他樓上的S○○女士，因為他經常聽到「搖動床鋪」的聲音，他還說：「當客戶很多的時候，床鋪每時每刻都在搖啊搖，讓我幾乎可以確知接客的數目。」

馬賽的幽會館從不位於建築的地面層或夾層，它最常位於三樓，也很常位於二樓，有時是四樓，但很少在五樓。幽會館離門房和女僕的房間很遠，因此可說是位於整棟建築最尊貴和最豪華的樓層。公寓內一般有三到六個的房間，[372]幾乎有半數是「五室公寓」：包括三個臥室、一個客廳、一個前廳（vestibule）或一個廚房。幽會館的位置、規模、房間構造、分布，所有的一切都對應著中產階級的居家內部，與寬容妓院的模式不同。

在我們提過的二十三名幽會館女老闆中，只有六人是單身，其中有兩人與情人以夫妻名義共同生活，另外四人是新近被除名的前公娼。最常見的情況是由寡婦（二十三人中至少有六人）或與丈夫分居的獨居已婚婦女主掌幽會館，調查過程中很少提到她們的配偶，只有一個公寓租客女士是例外。為了更容易躲避警方搜查，三十二名幽會館女老闆中有十三人使用假名：其中八人從妓院妓女常用的名單中選擇名字；五人則使用假姓。

平均而言，幽會館的女老闆比寬容妓院的女老闆年紀大一點，[373]我們知道其中二十二人的出生日期，只有七人不到三十五歲，十一人超過四十歲，而最年長的人已經七十一歲了。另一方面，出生地的

＊譯註：來自福西亞的希臘殖民者於西元前六百年建立了馬賽。

分散程度似乎也很高：我們知道的十七人出生地之中，只有三人出生在馬賽，兩人來自巴黎，兩人來自國外（西班牙、義大利），一人來自阿爾及利亞，*其他的都出生在不同的省分。[374]

這些幽會館都是由單獨一位女士管理，除了兩個例外：其中一位女老闆有母親從旁協助，另一位則與她的嫂嫂一起工作。三十二位女老闆中，有十位聲稱從事某種職業活動，這是為了取得在社會走跳的社會標識性（raison sociale）：其中四位女士聲稱經營按摩機構，兩位聲稱經營女士美髮沙龍，一位自稱是製帽商，另一位是裁縫師，還有一位是服飾商，而最後一位聲稱家裡是蕾絲花邊製造商和雪茄製造商。可見二十世紀初的馬賽幽會館承襲了幌子商店的傳統，但是警方在突擊檢查時，幾乎沒有發現任何可以證明這些職業活動的事證。[375]

對我們來說，幽會館成員的組成仍然是關鍵問題。其複雜程度從員警所做的細緻描述裡可見一斑。我們可以概括地將其分為四種類型：

(1)首先，是未成年的年輕妓女，有幾個幽會館以少女賣淫為特點。有一個例子是稱為愛薇樂的瑪麗・B○○女士，媒介十一歲的波琳・T○○賣淫，波琳原先在聖路易大道（Cours Saint-Louis）上賣《激進報》（*Le Radical*），後來被一位女性朋友拉攏來賣淫。這位小女孩告訴警方「從那天起，我每天從十一點到十二點半，以及傍晚五點到七點去那個女士家，她給我二・五法郎到五法郎不等」。她的工作只限於用手或口的愛撫，她補充說，「只有一個人完全占有了我，讓我非常痛苦」。被稱為「母夜叉堤婷」的瑪堤爾德・S○○女士，則媒介十四至十五歲的女孩賣淫。其中有一位女孩，連續三個月每天都去幽會館女老闆家，因為她能收取一半的接客酬勞，金額為十、二十或三十法郎不等。但指引女孩去幽會館賣淫的朋友路易絲特（Louisette），事實上也向她要求一半的收入當作抽成。路易絲特本人只有十五歲，是堤婷的情婦，她還負責為路易絲・M〇〇女士招兵買馬，後者也向顧客提供雛妓。其中有些雛妓是由她們的母親帶來賣淫，一個三十五歲的婦女就經常帶她十三歲的女兒來幽會館賣淫；但大多數賣淫的年輕妓女仍是商店雇員。

(2)最常見的情況，也是大多數的情況，就是幽會館成員部分或是全部由公娼或「公認的私娼」組成，這些私娼可能是賣淫的平民女孩，也可能是高級交際花。無疑也證實了員警的論點，他們認為幽會館內所謂的已婚婦女實際上就是妓女，所以非常知道如何迎合客戶的新嗜好。其中，安娜・O〇〇、安娜・N〇〇、C〇〇夫婦、I〇〇女士和羅絲・G〇〇就是這種情況，她們已經在普里瓦（Privas，一八九六年至一九〇一年）、阿雅克肖（一九〇七年至一九〇九年）和馬賽（一九〇九年至一九一二年）經營過妓院。

(3)某些幽會館女老闆[376]會拉攏失業婦女、日薪女工或一般女工等這些只差臨門一腳就會下海賣淫的人，如果沒有遇到皮條客，她們很可能會去妓院，或者認命地在人行道上拉客。

(4)但是我們可以肯定已婚婦女賣淫不是傳說，即使炫耀已婚頭銜的妓女不一定都擁有合法婚姻。某些第一流的幽會館女老闆，為小資產與中產階級的婦女以及商業雇員的妻子安排幽會，還有一些幽會館為售貨員和自稱是歌劇演員或戲劇演員的女孩提供服務。[377]

---

* 譯註：當時仍屬於法國殖民地。

對於非由幽會館牽線的違法情侶，馬賽的幽會館女老闆也會在幽會館以外的地方替他們安排場合，讓他們享受幾個小時的肌膚之親，一些幽會館甚至只提供這項服務。在其他方面很愛撰寫冗長報告的警方，在這一點卻非常守口如瓶，實在令人遺憾。

以上的類別區分可能有些不太自然，加上在許多情況下，幽會館女老闆讓不同類型的妓女同住並同時工作，也讓我們更難以描述幽會館的樣貌。公娼和「已婚婦女」（不管是真的還是假的）有時會混雜在一個也接待情侶檔的幽會館裡工作。在艾莉瑪・B〇〇的幽會館，未成年少女在上午接客，成年女孩在下午接客；在C〇〇女士的幽會館，「已婚女子」在客廳接待客人，其他人在廚房坐檯。別忘了這些幽會館的特色，就是裡面所有的婦女都穿著外出作客的衣服，因此她們進入建築或離開建築時是「戴著帽子」，而不是「披髮」而行。她們首先在客廳或廚房招待客人，與客人聊天閒談，有時喝點利口酒或香檳。我們又一次感受到幽會館與大型寬容妓院相去甚遠，不再有貼心鋪陳的寧靜沉默，以及刻意激發動物本能的狂野慾望。雖然也上演過妓女在幽會館裡只披著一席晨縷的情節，但這屬於例外情況。[378]而這種例外狀況更彰顯了寬容妓院的模式影響甚鉅，以致幽會館女老闆也無法完全擺脫其束縛。

這三十六個幽會館只在白天運作，只有兩家例外，其中一個在晚上仍然開放，另一個則日夜接待客人。在上午營業的只有兩家，原因眾所周知。[379]我們能夠記錄下其中十二家幽會館的接客時間，都要拜警方堅持不懈地監督所賜。總體來說，馬賽幽會館接客最頻繁的時間，是在下午四點到六點之間，並非像一般成見所說的「五點到七點」。另外，從下午三點到四點，以及晚上六點到七點，接客頻率也相當密集，下午三點前營業和晚上七點後接客的幽會館則純屬例外。

至於顧客在警方檔案中出現的次數，一如既往地不太多，卻也並非完全付之闕如。警方一致同意將顧客描述為「先生」，但這裡的「先生」可能屬於不同的社會階級，也就是有一些中上層資產階級的成員，甚至是某些路過馬賽、[380]經常光顧妓院的貴族；還有小資產階級、手工藝業者或店主；但沒有工人，沒有水手，沒有士兵，除了一個例外。有些幽會館似乎專門接待特定類型的客戶，但多數幽會館聚集了不同社會地位的「先生」。B○○夫人、喬瑟芬・L○○和瑪格莉特・G○○專門接待來自「馬賽上流社會」的男士，其中有三位省議員、一位區議員、三位市長和一位第一副市長，曾為了昂希葉特・D○○與政府交涉；一位參議員則力挺艾莉茲・C○○；一位員警在珍娜・G○○公寓所在的大樓前站崗的那個下午，看到七位「先生」上樓，包括一位「受勳者」和一位海軍軍官；至於席琳・G○○則專門接待「上層商業社會」。

顧客在幽會館逗留的時間比在應召站還長，這倒情有可原，因為互相介紹、談話或喝飲料都需要時間。執勤員警一貫力求精確，計算了三十六家幽會館其中九家顧客的平均逗留時間：根據不同情況，從二十五分鐘到一個半小時不等，[381]在其中一家幽會館，一些常客與「白日美人」（belles de jour）*可以消磨一整個下午。

分析十家幽會館的收費標準，可以區分出兩種類型的幽會館：其中六家的收費在三到五法郎之間；

* 譯註：約瑟夫・凱塞爾（Joseph Kessel）原著書名，描寫與丈夫失歡的女子偷偷跑到妓院賣淫。由於只能在丈夫出診的下午兩點到五點接客，因此得到「白日美人」的別名。

另外四家則在十到三十法郎之間不等，收費的依據基本上取決於「先生」和女士的身分。但無論如何，女士都可以抽成一半。根據我們所掌握的些微線索，幽會館婦女與顧客發生性行為的次數比寬容妓院少，平均每天兩到四次。也因此這類幽會館在下午可以接待的顧客數量有限，根據警方計算，每天大約在四到二十人次之間。382

艾莉瑪・B〇〇位於楓圖街（rue Venture）的女子美髮廳，是馬賽一流幽會館的典型代表。該幽會館有五個居室，居室布置得美輪美奐。女老闆「讓未成年人在上午工作」，當警方在一九一三年的某個下午進行臨檢時，客廳裡擠滿了年輕女人，其中一位正在彈鋼琴；一名已婚的十七歲女子，她向每個顧客收取九至十五法郎；有兩名女性歌劇演員，分別是二十五歲和二十八歲，她們每次可以得到十法郎；第四位則是三十一歲，她六個月前開始每週來幽會館工作四次。警方還發現了一名三十三歲與一名二十四歲的女人，她們聲稱是誤打誤撞來到這裡做頭髮；還有一名二十二歲的已婚女人，她發誓只是來此應徵店員的工作。當時在客廳裡有兩名顧客，一名五十三歲的保險業者和一名五十一歲的醫生，女老闆向他們收取的費用是四十法郎。

因此，如果根據警方檔案中顯示的馬賽實況，似乎可以肯定幽會館裡的賣淫形式，在二十世紀初相當普遍。省長心知肚明，而且也擔心幽會館繼續氾濫，所以決定盡其所能遏制幽會館的發展。這些幽會館對於善良風俗危害更大，因為公娼、暗娼、已婚婦女和通姦的夫婦通通都能在此找到立足之地，偶爾還同時託庇於此。即使幽會館女老闆使勁將這些不同的成員分開安排，仍然無法完全避免這些人行為互相影響的風險。但在比較過巴黎和馬賽幽會館之後，我們發現省城幽會館中真正的妓女比例更高，首都巴黎幽會館則是已婚婦女比例較高，而這是因為巴黎的女人可以享有匿名的自由。

＊＊＊

即使我們只研究平民階級，但很明顯，十九世紀初制定的管制主義計畫，從第三共和初期的幾十年開始已經完全失敗。管制主義明顯過時的性質，使它在一八八〇年後幾乎找不到支持者。而管制主義的失敗，不只是因為傳統祕密賣淫擴張了版圖；而是因為在各個層面上，賣淫已經被欲拒還迎的誘惑遊戲所滲透，這使得管制主義的失敗更加顯而易見。

讓我們現在停止繼續長篇大論地描述，並試著找出性行為的劇變，是如何與歷史學家告訴我們的那些經濟、社會和心理演變之間產生聯繫，這樣才能解釋性行為何得以改弦易轍。即便我們只能提出簡單粗略的解釋，研究賣淫的論述，將有助於我們理解這些論述如何同時反映、影響並試圖遏制性行為的演變。

第二章　性苦悶與賣淫供給

封閉式賣淫的做法潰不成軍，大街上充斥妓女的景象，私娼在飲酒場所或精品商店中蓬勃發展，例如：「女子啤酒館」、歌舞雜耍表演咖啡館和幽會館的產生並迅速興起，都清楚反映賣淫需求出現了新變化。在限制選舉君主制時期，移居者湧入尚未準備好接待移居者的傳統城市，這些未能完善融入城市社會、且不得不以最低成本滿足最基本性需求的個體，首先造成了一波性交易的需求。數十年後，性交易需求受到城市動盪的影響並逐漸下降，而人數倍增、發家致富，且逐漸習得貴族社交需求與形式的資產階級內部，則承繼了性交易的需求。資產階級愈來愈難以忍受性行為的約束，而這種約束隨著新社會階層的資產階級化（embourgeoisement），以及工人階級的道德整合運動，不斷蔓延至近乎普及。新的客戶群於焉形成，他們更加渴求情色和親密並存，簡單的生殖器行為無法解決他們在性方面的失落感。

初始模式的緩慢毀滅

一、遊移的性行為

不要忘記，本書宗旨並非研究十九世紀上半葉的賣淫需求，但為了更全面理解這種需求的衰落，必須概述一下賣淫模式。我們說一下巴黎的例子應該就夠清楚了。敘瓦利耶指出，要讓移民人潮融入城市社會，而不只是安置他們，是非常困難的事情。[1]直到一八六〇年左右，在這片道德的「化外之地」（Far West）上，移居的現象仍然導致非常嚴重的性別失衡，當時的女孩和婦女人數過少，尤其年輕女孩更屬鳳毛麟角。[2]工人階級大規模同居、[3]眾多曇花一現的伴侶關係，以及因而產生的私生子和被情人拋棄的「未婚媽媽」，反映了農民大家庭的傳統難以適應無遺產基礎的城市伴侶家庭。[4]

城市中已出現眾多性苦悶的男性無產階級，來自鄉村的大量臨時移居者又讓情況雪上加霜。這些移居者，例如：我早先提過在性生活方面受挫的克勒茲磚瓦匠，[5]成群擠在巴黎、里昂或聖埃蒂安等大城的市中心出租套房，且大多位於左岸與最貧窮的街區。他們總是群集生活，只念著省吃儉用，視情況返回鄉下過冬或放暑假，事實證明，他們無法與立足於大城市的各類生意人建立持久的關係，而且這些人也瞧不起他們。這種邊緣化剝奪了移居者在城市環境中接觸任何情慾誘惑的可能性，也讓人聯想到二十世紀移工的同樣情況。

所有這些因素都促成了大眾賣淫的發展機會，以至於在某些群體中，性活動和賣淫需求趨於融合，就像夫妻性行為和群體性行為之間的界線有時蕩然無存：在這方面，巴黎商會在一八四七年對巴黎的出租套房展開調查，其中有些紀錄清單意義重大。

資產階級並未接管城市，但他們卻害怕工人階級，並以誇張的方式感受到犯罪和賣淫之間存在著聯繫，而這聯繫植基於犯罪和賣淫共同遭受的邊緣化。在這個「內向型」（introvertie）[6]的城市裡，藉由城市規劃者大量設計的封閉或半封閉空間（廣場、拱廊街或綠樹成蔭的步道），讓資產階級能避免與街上平民龍蛇雜處；劇院的空間劃分或極為精細的文藝沙龍等級制度，也都能證明他們對於接觸平民懷有莫大恐懼。

對資產階級來說，妓女本質上仍然是躲在陰暗處的女孩，不是被關在平民階級的巴黎妓院，就是埋伏在危險街區的黑暗小巷，妓女像其他平民人物一樣，在資產階級眼裡經常只是一種偽裝，有時會被一束光殘酷地照回原形。[7]管制主義計畫的實施在一八三〇年達到巔峰，當時的巴黎警察總監克勞德·孟然（Claude Mangin）決定禁止所有妓女出現在首都的街道上，這套計畫極為符合城市該有的面貌，以及城市內部形成的社會關係本質。

資產階級通常投資多於消費，他們對性交易的需求暫時還不能公然廣為流傳；此外，資產階級也很難採取買春這個手段，對他們來說，賣淫基本上是一種屬於社會底層的現象，也是帕宏—杜夏特雷決心去探索的淫穢之地，就像研究垃圾和下水道一樣。

二、家庭整合與夫妻親密關係

讓社會底層賣淫大規模發展的社會結構，正逐漸瓦解，而決定性時期無疑是第二帝國的第二個十年，[8]移居城市的無產階級正是在此時逐漸融入城市。這種適應具有多方面向：它首先導致了人口回歸「正常狀態」，因為移民流入的規模在一八六〇年後相對降低；性別平衡有逐漸恢復的趨勢，儘管年輕女性仍然短缺，但是仔細說來，在某些街區和街道，男女性別比例的不均仍然很明顯，因此一些拱廊街、小巷道、「路尾」（bouts de rues）以及這些地方附家具的出租房，在很長一段時間內仍然陽氣十足。[9]毫無疑問，臨時性移居者的行為正在發生變化，只是變化的速度被誇大了：他們回家鄉的時間間隔愈來愈長；與新環境融合得如魚得水的移居者，一般會讓妻子前來團聚；臨時移居正慢慢變成終生，甚至永久定居。[10]

更重要的改變，則是城市無產階級逐漸接受夫妻家庭和資產階級親密關係的模式。原本他們離開農村家庭後心情混亂不安，因而進入性非法（illégalisme sexuel）時期，從此將隨之進入適應期。加亞爾寫道，城市中的融合首先是家庭融合，「工人渴望家庭、婚姻生活和安定的生活。」[11]這個過程在一八六〇年代的巴黎迅速發展，並反映或更加凸顯在受到實證主義啟發的民粹主義文學上，其中以朱爾・西蒙（Jules Simon）的《女工》（*L'Ouvrière*）一書最為傑出。皮耶・皮耶哈德（Pierre Pierrard）也注意到里爾市舉行自發運動，呼籲讓工人的配偶關係合法化，以及聖法蘭索瓦—雷吉斯協會（Société de Saint-François-Régis）成員加速配偶關係正常化的行動獲得成功。[12]十九世紀末工人的相關論述記載且放大了工人階級家庭化的現象，蜜雪兒・佩羅（Michelle Perrot）分析這些論述的內容，指出工人家庭的原始構成，不僅植基於舊法國的農民家庭，也源於圍繞兒女而建立的資產階級夫妻關係。從今爾後，「工人的角色首先是一個家庭的父親，有妻子和孩子的一家之主，他在工資或其他方面的要求、他對教育、工作、學習和安全感的想法，始終基於這一現實考量」。[13]

減輕貧窮狀態有利於融合，特別是「長期貧困」減少，正如加亞爾指出，「長期貧困」隨著巴黎的奧斯曼化發展而減少。[14]由阿德琳・多馬爾（Adeline Daumard）[15]和皮耶・萊昂（Pierre Léon）[16]共同主導的研究非常精確也極具說服力，依夫・樂甘（Yves Lequin）[17]的最新論文，以及費立克斯—保羅・柯達瓊尼（Félix-Paul Codaccioni）[18]更為細緻的研究，也證實了法國主要城市（巴黎、里昂、土魯斯，里爾和波爾多程度則較低）的工人，共享了十九世紀下半葉的整體致富成果。此外，某些包藏於大城市中心的邊緣化群體，如巴黎的拾荒者[19]和運水工人，這些一向被視為是「危險」群體，也正逐漸消失。

教育方面的進步也有利於移居者與社會融合。我們如今已知，第二帝國末年，即使在城市最落後的地區，文盲的人數都已微不足道了。[20]

隨著城市無產階級內部的暴力和普遍存在的非法行為減少，犯罪和賣淫之間的聯繫也趨於瓦解，而這一現象也源自工人階級的配偶模式和家庭親密關係的整合同化過程。查爾斯・堤利（Charles Tilly）、路易絲・堤利（Louise A. Tilly）和理查・堤利（Richard H. Tilly）有力地強調十九世紀下半葉無產階級暴力整體衰減，[21]蜜雪兒・佩羅則注意到「城市暴力趨於減少，變得不太普遍，但更加具體」[22]的程度，這是因為工業文明具有調節力量，「能夠使所有的本能臣服於自身目的」，包括享樂本能。[23]違法行為本身產生了變化，施展詭計勝於使用野蠻暴力，欺詐財物當然比偷竊食物更勝一籌。[24]在這種新形勢下，資產階級對於獨立賣淫的妓女或私娼，也不再像以往那般恐懼不安。

這種大眾道德化，以及包括性問題在內的普遍非法行為減輕，其重大意義再怎麼強調都不為過。資產階級逐漸不再將工人階級與危險階級混為一談，因為犯罪和違法行為如今被認為是流氓無產階級（sous-prolétariat）*的專屬領域，傅柯確信這個階級被巧妙地邊緣化了。[25]與家庭化一樣，這種道德化也清楚地反映在工人論述中。[26]傳統觀點實際上被全面顛覆，墮落惡習現在由資產階級體現，雇主由於只顧著吃、喝、睡和坐擁豪奢精品而遭受非議，並被描繪成一個追求享樂、熱愛狂歡的人。[27]工作和享樂再次被當成是對立的二元，只是這一次將兩者對立的是工人，由此呈現出工業文明賴以建立的價值觀。與此同時，工廠或礦區工人逐漸順從於大規模生產的苛求。[28]

自從蜜雪兒・佩羅的研究發表之後，萊恩・穆哈（Lion Murard）和派翠克・齊柏曼（Patrick Zylberman）更有系統地闡述了工人階級的道德化過程，以及礦業公司為加速此一過程，而在礦業城鎮實施的相關策略。他們發現，「一八六〇年至一八八〇年左右，在住房、工作和道德方面同時發生了巨大變革」，[29]主要目標是建立工人階級的家庭。這次事件只是工人「體質矯正」（dressage somatique）的

* 譯註：來自德文「Lumpenproletariat」，馬克思主義用語，指失去社會地位的底層族群，如妓女、小偷、乞丐等受剝削最嚴重的階層。

一個新階段。事實上，本世紀上半葉最重要的任務是讓生產者全面投入工作，這對資產階級掌權者來說，代表著接受工人男女混雜並且壅塞得水洩不通。另一方面，在一八六〇年至一八八〇年左右，為了實現序列化（sérialiser）及「消除混亂」，展開了一項龐大規劃，著重發展城郊住宅區，將妓院排除在外，並有條不紊地努力推動道德正常化。

這種「體質矯正」或道德化，是同一計畫不可分割的一體兩面，由於工業生產所需，工人的道德素質必須提升，由此改善工人之間的擁擠狀況，並催生**工人之間的親密關係**。為了達到這個目的，「我們試圖在住宅內部將同一家庭的成員隔開，並分配空間給每一個人，以避免肢體接觸」，[30]如此便創造了一個「性的和平」[31]空間，「無痛地約束了性行為」，[32]同時提升家庭感情。「為愛指定精確、封閉和強制性的場所」、[33]壓縮「情慾行為的總量」，[34]**使臥室成為愛情的專屬場所**，「**才能贏過歌舞廳、小酒館和其他不良場所**」。[35]讓人人各有其室、各擁其床的原則實現，剷除無產階級的男女雜處、貧民窟和共睡一張床的現象，才能驅除資產階級的心魔。

建立親密關係，意味著廢除獨身主義和姘居。因此礦業公司（和整個社會）[36]有計畫地實施「單身人士隔離政策」（apartheid des célibataires），[37]也順理成章地抨擊工人家庭收留的寄宿者和「上床者」（coucheurs）。*該政策對我們的研究至關重要，因為單身人士的性行為受阻，使他們不得不求助於性交易。他們也沒有辦法姘居，因為不僅礦業城鎮明令禁止，教士也會窮追猛打。

同時，在集體建築內部將每個家庭彼此隔開，將相遇的機會減少到最低，以消除「走廊和樓梯的色情」發生的機會。[38]所有這些政策同樣也破壞了原先的橫向關係，例如：破壞了有利於大眾賣淫的男性社會。但雇主也試圖將工人在工作和休息之外的空檔填滿，所以工人在閒暇時間被分派去花園蒔花弄草，也就是讓舞客、歌舞廳和妓院的常客搖身一變為辛勤的園丁。[39]雇主藉此提高工人的德行舉止，並為這種以增產為己任的新類型工人創造新的親密關係模式。

上述方案極具吸引力且令人信服，因為這個計畫是奠基於對法規、質化證詞、都市地景及工人住宅結構的紮實分析。這個以特定例子為基礎的論據，也進一步確認了賣淫行為研究的整體，所要提示重點。當然，這些假設還需要進一步證實。遺憾的是，目前很少有計量史（histoire quantitative）的研究可以讓我們推翻或確認這些觀點。十九世紀下半葉的差異人口學（démographie différentielle）仍在醞釀期。[40]但從現在起，我們還是可以做出區分：我們要小心留神，不要把雇主的策略和行為的現實混為一談。馬賽爾・吉列先生（Marcel Gillet）和他的學生確實注意到北方省的同居情況減少，但只在十九世紀最後幾年間的現象。同居生活蓬勃發展和私生子激增的景象，甚至是這個地區於一八五〇年至一八九〇年間的特色。傑哈・傑奎默（Gérard Jacquemet）關於美麗城人口的最終結論也需要謹慎看待，因為實際上，筆者並未看出一八六〇年至一九一〇年間工人階級的姘居現象有任何顯著下降。其實，唯有在同居行為類型學的基礎上進行精確的分析，才能充分揭示這個微妙問題的真相。尤其是有必要區分「交往型同居」（concubinage de fréquentation，相當於訂婚）這種等待期內的性行為形式，還有興起於北方省、缺乏合法手續但幾與婚姻無異的「永久最終同居」形式，與和賣淫密切相關、乃是衡量「道德觀」

＊譯註：有「睡覺」與「跟別人上床」兩種意思。

（moralité）唯一指標的短暫不固定同居形式，彼此之間的不同命運。

無論如何，在我看來，研究現狀總體上讓我們相信，在我們討論的這個時期，發生了工人階級的「家庭化」和道德化。[41]在蜜雪兒・佩羅恰到好處地稱為「工人世紀」（一八八〇年至一九三六年）[42]期間，家庭化與道德化的過程無疑正在加速。在這一時期，身分認同的意識也強化了，並表現在切口行話的使用、特定形式的社交活動、以體力勞動者身分自居，以及自豪於總能隨機應變使用「錦囊妙計」，更表現出不受制於既定權力的強烈自由意識。即使道德化的過程來自雇主的策略，仍然有助於表現並加強工人階級的自尊心。

上述情況說明了舊的賣淫結構為何已經分崩離析。概括而言，賣淫**首先**不再是一個不可或缺的發洩方式，遭受無情邊緣化的男性無產階級，不再需要以這種不是太巧妙的方式滿足性需求；妓女逐漸傾向於構成一個自願被邊緣化的群體，並為人數不斷增多、卻無法解決性生活禁錮的資產階級服務。賣淫改變了功能，妓女也改變了面貌，而這個變化反映出城市社會中資本主義結構發展的新階段。

這當然是個非常緩慢的過程，因為在大城市中，總是會有些無產階級的單身群體處於性飢渴的狀態，有時會出現在人們最不希望遇到他們的地方，例如：奧斯曼化的巴黎市中心。[43]後來甚至形成一種新的「流氓無產階級」，主要由難以同化的外國工人組成，他們與法國民族群體之間隔著一道互不理解的屏障。義大利和比利時工人、中歐的猶太人以及殖民地居民湧入法國，導致低下階層賣淫的新形式興起，當然以祕密賣淫最為常見，正如我們在布里埃礦區看到的情形。因此，可觀的大眾賣淫活動仍然存在，但在一八六〇年後的情況是這樣的：

(1)這種賣淫形式不再擴張、它不再滿足不斷擴大的需求、它不再被列入討論議程，因為它不再是資產階級所感知和懼怕的事情。

(2)此外，必須強調無產階級的品味、需求和賣淫行為本身已經發生了變化，前述無產階級暴力的減弱，以及與資產階級價值觀和模式的同化也已經發生。透過模仿小資產階級，無產階級也接受了小資產階級的部分挫折感和幻想。他們現在也要求妓女玩起誘惑遊戲。

新的賣淫需求

一、「先生的開支」

新的賣淫需求主要是數字成長的結果，尤其是**資產階級**內社會類別的財富增加。多馬爾指出，[44]在十九世紀下半葉，商業資產階級成員（批發商、工業家、銀行家）致富的速度飛快，特別是與限制選舉君主制時期，主導城市社會的地主和公務員資產階級相比更為明顯。這種轉移如何體現在統治階級層面上，也是本書研究的一個基本主題。所有研究這個主題的學者都表明，由當時所謂的「城市中產階級」[45]構成的中間層已經發展到一定程度，他們也參與了統治階級的致富過程，即使程度不一。[46]多馬爾談到巴黎的情況時寫道，中產階級和上層資產階級的財富增長最可觀，[47]並強調「**平均水準的向上發**

展」。[48]至於小企業、商店和手工藝者的致富速度，確實似乎不那麼快，雇員和下級公務員的致富速度也比平均水準低得多。不過，這些類別的人都從整體的發展中受益，自由業者、中層管理人員，以及十九世紀末的工程師也不例外，莫里斯・利維－勒博耶（Maurice Lévy-Leboyer）最近就指出，這些工程師在第一次世界大戰前幾十年的發展相當迅速。[49]在這些階層裡，消費習慣已經發生了變化；當然，性交易應該也被視為一種消費行為。多馬爾和萊昂清楚指出，致富程度與財產結構的變化息息相關：首先增值的一定是動產，也就是一種更能靈活運用的資產；此外，收入也會逐漸超過既有的財富。

資產階級男性四處游走的機會大增，雖然隨之帶來關係決裂期和婚姻等待期，但也有利於尋求露水姻緣。國際旅遊興起、[50]巴黎和溫泉療養地出現眾多外國人、火車旅行、[51]航海旅行、海邊旅居、[52]長途朝聖的新風尚、萬國博覽會期間大量湧向首都的外省居民、[53]戲劇巡迴、星羅棋布的對外貿易代表處，上述因素全都有助於增加資產階級的賣淫需求。

致力研究資產階級家庭帳簿的瑪格麗特・佩羅（Marguerite Perrot）認為，[54]帳簿的欄目類別極為重要：比方「先生的開支」、「賑濟」和「旅行」，當然，記帳的妻子不太可能為丈夫不端行徑做賬。不過，這種開支項目的增加，也可能反映了這種消費的迅速興起。地方上的資產階級中，至少會將國家年金收入（**les revenus des rentes sur l'État**）的一部分用於先生的消遣娛樂，這難道不是傳統嗎？雨果沒有在他筆記本的**賑濟**欄目上，記下支付給妓女的款項嗎？

二、挫折的強度

資產階級圈子逐漸擴大也更形富有，其男性性行為的蓬勃發展受到多重因素的阻礙，但並非所有因素都與婚姻義務有關，即使是因財富考量而決定的婚姻也絕非如此。[55]西奧多・澤爾丁（Theodore Zeldin）研究資產階級夫婦的情感關係時精準地指出，男性理想化了女性的浪漫，讓賣淫更加成為必需。他寫道，對女性貞潔的崇拜，使資產階級環境中的女孩變得遙不可及。[56]佛洛伊德（Sigmund Freud）很早就看出維多利亞時代*的男人具有兩個截然相反卻又互補的情慾端點：理想化和墮落性；[57]尚・博利（Jean Borie）將之描述為當時男性性行為的「心律跳動」（le rythme cardiaque），即擺盪於「逛妓院的豐功偉業」和「天使般高尚又熾烈的祈願」兩種心情之間。在兩邊不討好、雙雙失敗之後，這種兩極性使得當時男性最後只能決定接受麻木不仁的夫妻生活。

追求「妻子等於母親」（femme-mère）**的信仰，在朱爾・米什萊（Jules Michelet）後，持續由以雨果為首的進步主義預言家鼓吹，接著是撰寫《帕斯卡爾醫生》（*Le Docteur Pascal*）時期的左拉，就連醫學論述[58]也鞏固了這個已經阻礙夫妻性生活發展的信仰。澤爾丁又寫道，[59]「妻子不能再尋求交媾的樂趣，她們注定要當母親」。娜歐蜜・舒（Naomi Schor）則透過伊蓮・格朗讓（Hélène Grandjean）與女兒的行為，得出合情合理的結論：母親享受高潮愉悅在當時是天大的醜聞，或者說難以想像。[60]博利

* 譯註：一般定義為一八三七年至一九〇一年，即維多利亞女王（Alexandrina Victoria）的統治時期。

** 譯註：限定妻子只能扮演母親的角色。

與沙特、傅柯的觀點一致，強調這方面自十八世紀以來發生了逆轉，慾望和高潮愉悅不再受到讚揚，而是與傳宗接代相連，並被降格到生殖本能的新地位。從那時起，夫妻交媾與責任的關係變得更加密切。[61]實證主義的影響、唯物主義和自由思想的進步，不會從根本上質疑這種婚姻關係模式。[62]在這方面，西蒙的作品十分發人深省：進步主義人士和激進派人士都像天主教徒一樣，急於宣傳「責任優先於肉體快感」的觀念。

更普遍地說來，家庭感情的增強和對性行為的無痛約束，是資產階級夫妻關係和親密關係的特點，而這些特點在普及於整個社會主體後，便將情色塑造成一種特殊的專業。福樓拜小說《情感教育》（*L'Education sentimentale*）中的人物，妓女羅莎妮（Rosanette）能獲得成功，正是因為主婦阿爾努夫人（Mme Arnoux）的魅力，以及在主婦家裡感受到的溫暖。年輕資產階級的情感教育不能缺少這種二元性，即使他們不像弗雷德里克・莫羅（Frédéric Moreau）那樣拒絕貴族風格的落伍情色誘惑。

生理學家[63]在整個十九世紀，都致力以科學方式確立這種「女人即是配偶和母親」的概念，且這種概念直到一九〇〇年前後仍居於主導地位，儘管男性品味和慾望模式的變化，讓人們相信當時正在發生深刻的轉變。繼著名的加尼耶醫生之後，菲奧醫生提及他所處時代和環境中婦女的性行為，他在一八八〇年認為以下主張是「實證社會學的公理」：「大多數婦女每隔二十或二十五天就會出現生殖危機（或需要親密接觸）。在成年的健壯男子中，這種情況要頻繁得多，這可能因個人主體的體力和習慣而異，但與阿爾布雷希特・哈勒（Albrecht von Haller）、阿爾芒・特盧梭（Armand Trousseau）和大多數生理學家一樣，我們認為生殖危機最遲每三或四天就會復發一次。」菲奧高興地表示：「她們（此處指婦女）

在生殖當中的角色比較被動，她們的性危機和熱情的時期不多，一般來說，可以使我們免於被她們的束縛。」他補充：「我甚至相信，女人對調情與關愛的要求，比對放蕩及性快感的要求更高。她們了解我們的需要，所以提出很多要求，以便將我們拴在她們身邊，才能保護自己，不因我們不忠而受傷害。」[64]

這樣的發展充分總結了當時對於婦女性行為最普遍的看法。閱讀婦科文獻，[65]特別是專門討論防治不孕症的文章，加強了人們認為性行為非常單調、尤其非常短促的印象。[66]這就更容易理解了為何在阿弗雷德・奈瑟（Alfred Neisser）的研究發現公布之前，淋病和尿道炎會被歸咎於「過於激動」[67]的性交，當時某些最傑出的學者，如阿弗雷德・傅尼葉教授，認為「特殊的刺激」和過於頻繁的重複親密接觸會產生病理後果。所有這些心理環境所造成的女性矜持，有時會以攻擊性的方式表現，正如菲奧醫生指出，很多人被他們的妻子咬傷，因為她們拒絕口交。[68]

這樣的女性行為導致丈夫尋求婚外情、與女僕發生性關係或買春以自我滿足，這很容易理解。因性別而異的性慾不平等週期，也被認為是一個科學的事實，成為賣淫存在的正當理由，並讓男性通姦被視為「安全閥」（soupape de sûreté）。[69]此外，正如澤爾丁指出的，[70]一夫一妻制的婚姻狀態，並不利於丈夫定期與妻子進行性結合。當然，妻子拒絕履行她的婚姻責任也相當常見；而在月經、懷孕以及哺乳期內的性交次數必須適度或減少（可能的話都不要最好），特別是女性生殖器疾病的高發率，[71]所有這些因素都讓慾望節奏的失調雪上加霜，並讓男性產生挫敗感。最後，更不用說對於所有擔心妻子意外懷孕的丈夫來說，最重要的是妓女是個不必體外射精的性伴侶。

自米什萊之後，人們也很常指責神父影響了妻子的行為，因為在提供良心指導的範圍之內，懺悔神父是唯一能聽取婦女隱私性事的男人。他不斷拋出禁令，妨礙夫婦盡情享受性愛，無論這些踰矩性行為是否含有情色成分。事實上，當時許多懺悔神父敦促婦女拒絕那些慣於體外射精的丈夫，還有些神父讚揚在生育後經雙方同意的禁慾，並建議避免任何可能引起配偶慾望的事物，鼓勵大家以聖母瑪利亞和若瑟這對守節夫婦為典範。神職人員心心念念的是男人的需求，而不是夫妻的性愉悅，因為他們將性關係描述成一種順服行為。[72]這一概念與聖奧思定對賣淫的觀點完全一致。妻子經常在懺悔神父的建議下，認為讓懷抱自由思想的丈夫改邪歸正，是她責無旁貸的任務，但這個想法卻可能會阻礙夫妻感情的融洽。另一方面，丈夫透過嫖妓可能會體驗到左拉所謂「男人在妓女處的兄弟義氣」。[73]從這個角度來看，對資產階級男性而言，嫖娼和對娼妓採取的行為，成為了對資產階級肉體文化的抗議。[74]

三、貧民區陡增

小資產階級單身漢數量的增長，是賣淫結構變異的主要面向之一。某幾類人不是很富有，但在文化、品味、行為和抱負方面屬於小資產或中產階級，他們取代了十九世紀前半的單身無產階級，在嫖娼的需求中扮演重要的角色。這些單身漢在表面上極為融入城市，但實際上他們生活在邊緣，在性生活領域中更是如此。

其中第一類是所謂的「公家和私人雇員」，包含辦公室雇員和商店、批發店和百貨公司店員。此類的人數增長極為迅速，且批發商的職員都是男性，例如：巴黎市中心小徑街（rue de Sentier）上的成衣店和五金店；在百貨公司中，男店員也負責管理對企業來說最重要的時尚服飾部門。此外也別忘記店員的人數陡增，因為至少到一八八〇年，商業結構的動盪並沒有妨礙零售業眾多分支機構的崛起，而是恰恰相反。[75]

多馬爾談到巴黎、或萊昂談到里昂時，明確指出這個雇員類別中的財富分配，是陀螺尖朝上的倒置形式。就財富而言，大群雇員深深扎根於工人階級，只有極少數菁英成功脫身並晉級中產階級之列。另外，如果說雇員也是十九世紀下半葉整體致富現象的一份子，那我們必須再次指出，其比例遠低於平均。[76]

在辦公室裡，員工的從屬狀態相當驚人：一旦進入辦公室工作，往往成為終身職：[77]不要忘記莫泊桑，甚至是喬治・庫特琳（Georges Courteline）的作品，更別忘了斐迪南（Ferdinand）的父親在《死緩》（*Mort à crédit*）中的悲慘命運。雇員面臨嚴重的性生活問題，很多人的財富不足以在年輕時建立家庭，甚至沒法進行「共同生活」，無論如何，他們都沒有足夠的收入能像資產階級一樣養家活口。對他們大部分人來說，**晚婚**和**獨身**是唯一的出路。從第二帝國開始，法國單身漢和晚婚的最高紀錄保持者一直是巴黎人。[78]這兩項指標在波爾多[79]和首都的演變情況，都說明了問題所在。

在十九世紀下半葉，雇員的性苦悶及其應急措施，是一個用之不竭的文學主題。年輕雇員由於太過貧窮而無法結婚或進行「共同生活」，但他們有足夠的收入來貢獻給妓女。從福樓拜、莫泊桑再到菲力浦，小說家不厭其煩地描述了雇員、店員或藝術家利用獨身主義逃避婚姻苦悶時，可能求助的各種性交易過程。博利指出「獨身主義文學」出現於一八五〇年，而于斯曼是「獨身主義文學」的箇中翹楚，他在小說情節中為小資產階級成員的性挫折和應急措施，制定了一套最佳目錄。「持家」問題是他作品的核心，與性病的危害共同構成了他筆下主角的根本執念。《家庭生活》（*En ménage*）的安德列（André）在恣意嫖妓尋歡後，重新與他那不忠又性冷感的妻子重修舊好；《瓦塔德姊妹》（*Les sœurs Vatard*）、《家庭生活》的西普里安（Cyprien）因為包養一名年輕女工而破產後，決心與一個阻街老妓女一起生活。《瑪特》（*Marthe*）一書中的萊昂（Léon）試圖與瀕臨賣淫的瑪特（Marthe）建立家庭關係，但以失敗告終；佛隆坦（Folantin）則是《隨波逐流》（*À vau-l'eau*）中未老先衰的雇員，已經放棄了性生活，但卻與一個年華老去的私娼，進行了最後一次不愉快的同居試驗。于斯曼筆下的人物基本上把婚姻本身設想為一種權宜之計，並作為確保舒適安逸和性生活的手段，《擱淺》（*En rade*）對此敘述得相當清楚。這是一個非常悲觀的看法，反映了城市社會中很大一部分人所遭受的可怕性苦悶。文學作品進一步揭示了對婚姻「煩惱和後果」[80]的恐懼心態，如何促使單身漢尋求妓女慰藉，並對抗婚姻的誘惑。

性方面屬於無產階級的另一群人，命運似乎也相去不遠，他們是省立學院的學生或巴黎的學院青年，也就是說，所有這些「背井離鄉的人」在成為保羅・傑柏（Paul Gerbod）所描述的悲慘中學教師之前，其中一部分人注定要成為持有中學畢業證書的無產階級，[81]朱爾・瓦萊斯（Jules Vallès）書中也描寫過他們的痛苦。*

這類人的數量增長非常明顯，但女性高等教育的匱乏，使這些年輕人失去了在品味和文化上能與之匹配的女伴。現在的我們很難想像，這些無法與女學生為伍的學生群體，性生活會是什麼樣子。

當然，我們知道他們傳統上也求助於性交易。一七九九年，年輕人亨利・貝爾（Henri Beyle）**的哥兒們離開家鄉格勒諾布爾，到巴黎尋求低階層妓女的服務；[82]都德筆下的主角尚（Jean）與莎芙（Sapho）建立家庭關係後，才解決了這個問題；文學作品中的例子不勝枚舉，很多年輕人在求學期間包養女孩，或者被她包養。[83]在這個環境中，非法的性生活是合乎慣例的，學生的性行為和性交易因而密不可分。但這些文學描述未能提及的性匱乏甚至性饑荒，又是何等嚴重！在這方面，沒有比阿萊克西的短篇小說《勒菲弗爾神父的女人》（*Les femmes du père Lefèvre*）寫得更清楚的了。普羅旺斯艾克斯一所學院的學生，其性生活的挫折顯露無遺，也因此勒菲弗爾神父（退伍軍人，也是這些年輕人的酒伴）從馬賽港招募的大量「石場之女」抵達該市後，學生集體如野獸般發洩性慾。

更普遍說來，禁錮資產階級青少年的「性生活貧民窟」（ghetto sexuel），[84]其數量也隨著小資產階級、中產階級和上流資產階級的人數發展而增長。事實上，平民男青年從青春期開始，就可能與他所處環境中的女孩發生性關係，但資產階級青年則幾乎注定要被妓女啟蒙床笫之歡，接著是去嫖妓或與女僕發生關係。[85]在這些圈子裡，年輕女孩在結婚當天的處女身分，連同嫁妝一樣極受重視，加上資產階級直到十九世紀最後，都拒絕採用曾是農村社會慣例的等待期性行為，[86]這些理想都為妓女提供了大量的中學生客戶，儘管當時掃黃警隊已經存在。

* 譯註：瓦萊斯的自傳體小說《中學畢業生》（*Le bachelier*）。

** 譯註：斯湯達爾（Stendhal）的本名。

一八七二年七月二十七日實行的徵兵制，當然也對賣淫業產生了複雜的影響，而最顯而易見的是，[87]它立即大規模增加了駐軍城鎮和軍港的賣淫需求。這些年輕阿兵哥在慾望驅使下，從此擺脫了家庭的壓力，逃離賣淫情況極少的鄉村生活圈，在大城市享有全新的匿名性。閒暇之餘，他們免不了被前輩、甚至長官吹噓的樂趣所誘惑。在這方面，維涅隆醫生指出，[88]新兵必須輪流為同袍買單。此外，許多預備役軍人利用點召的十三天或二十八天期間，短暫擺脫婚姻的枷鎖。[89]

最後，可能從一八八〇年起，工人階級中的一個小派別出現了一種新現象，減緩了進行中的道德化進程。事實上，我們知道當時技術和工業管理形式的變革，導致工人在很大程度上被剝奪了技術能力。[90]這種剝奪似乎讓受挫的生產者亟欲消費，進而擴大了對享樂的渴求，而這種心理過程主要發生在那些技術素質最高的工人之間。若這個假設為真，將有助於解釋工人無產階級本身為何發展出新的買春形式。

資產階級不斷擴增，也愈來愈富有，但他們的性挫折感卻更為強烈，愈來愈多的年輕人發現自己被禁錮在性生活的貧民區，城市單身漢人數大增：所有這些因素都有助於創造一種新的需求，接替城市邊緣無產階級的需求。這種新的需求當然具有不同的性質，因為它不再僅止於在出租房間賣淫的問題、不再是人口異常所造成的簡單結果，客戶群的轉移與感情喜好的變化脫不了關係，因此在賣淫方面的行為也不免發生變化。

四、慾望形式的轉變

當然，這種轉變根據社會類別而有細微變化，但我們必須首先討論它所反映的整體現象。為了充分理解，我們必須考量資產階級的家庭親密關係和性行為的本質，因為它們往往在整個社會金字塔中擴散。

顧客如今要求的是誘惑的表象、情感的模擬，甚至是依戀，這也意味著嫖客與妓女的關係存有某種連續性。總之，現在大眾妓院量產式的消費方式令人避之唯恐不及，除非是有特殊技術專長的妓院。如果嫖娼行為沒有受到正確的情色環境提振，[91]就會讓嫖客感到不適，並產生挫敗感，而感到失望和屈辱的嫖客只想一溜煙迅速逃離妓院。[92]

這種感覺也能解釋過猶不及的專業性色情同樣令人厭惡，以及男人偏愛祕密性活動。所以獨自賣淫的有照娼妓，必須盡力使自己看起來像私娼，或以私娼方式出現。而在妓院衰落同時，我們看到假私娼如雨後春筍般氾濫、冒牌幽會館大行其道，還有隨後的偽裝未成年雛妓風潮。在資產階級觀察家眼中，這些現象都讓人覺得祕密賣淫正在急速增長。

顧客往往希望與妓女之間的關係除了情色之外，還能模擬夫妻形式，尤其是追求舒適感的資產階級更好此道。如果顧客已婚，他會希望與妓女形成一個與婚姻類似的結合；如果是未婚，與妓女的關係則是婚姻的替代品。也因此出現了大量的被包養妓女，或至少是會「一再相見」的妓女，就像十九、二十世紀之交極具魅力的幽會館妓女。讓我們回憶一下，幽會館的顧客認為他們進行的是類通姦的性交易，甚至是想像自己占有地位比他高的女人、他朝思暮想卻追不到的女人。[93]這已無關意外的衝動，也不再是洩慾的問題，而是男性購買女孩或女人來滿足他的幻想，否則在其他情況下，他無緣一親芳澤。

貴族的品味正大舉入侵中上層資產階級和某些類別的小資產階級。這個過程中有許多眾所周知的面向：阿隆分析了貴族的美食文化逐漸滲入資產階級圈子的方式；[94]加亞爾則說明百貨公司如何讓資產階級擁有在此之前只屬於貴族的華貴服飾。[95]交際圈方面也是如此，而且似乎只比美食侵略稍晚一些。這些模仿貴族社交活動的方式，彼此具有顯而易見的關聯，正如我們已經提過大型咖啡館、宵夜餐廳和精品商店內發展的賣淫活動。性與肉體快感方面的新行為，只是資產階級新需求的冰山一角。

但這些需求和它們所決定的行為，經由滲透作用傳遞到社會金字塔的底層：啤酒館女侍現在對商店店員極具吸引力，還有促使工人放棄大眾妓院妓女，轉而選擇飲酒場所女侍的看法，都反映了這個滲透過程。

士兵的情況更為複雜，值得單獨研究。只要軍隊中有入伍七年、已成為正式專業軍人、被迫保持單身、被迫經常調動駐地的兵員，那麼妓院似乎就是軍營不可或缺的補充物。軍官們本身通常出身行伍，或多半來自小資產階級，[96]因此他們並不反對經常出入寬容妓院。[97]軍人世界的成員難以融入整體社會，也證明了賣淫活動有其必要。此外，在整個十九世紀，軍方高層對妓院所表現的關心，可以解釋成是為了保障部隊健康，疏導士兵和軍官的強烈慾望，同時也為了化解龐大駐軍在城市中必然引起的性行為壓力。

平民社會和軍事社會之間的關係，相互交織著性生活的焦慮，若要避免可能失控的騷亂，那麼寬容妓院幾乎是不可少的存在。簡而言之，軍隊妓院，或者說士兵經常光顧的妓院，是最符合管制主義計畫指定功能的妓院，因為在軍隊環境中的性挫折最為嚴重。也難怪軍方高層會成為該體系最忠誠也最持久的宣導者。

妓院是平民與軍事社會之間的接觸點之一，[98]也因而同時引起士兵的注目和敵意。萊昂・亨尼克（Léon Hennique）的小說《大七之戰》（*L'Affaire du Grand 7*）很完整地詮釋了這種矛盾心理，作者描繪妓院老闆在謀殺一名駐軍後，憤怒的駐防部隊劫掠了該妓院，並將妓女屠殺殆盡。作者利用駐軍指揮官之口說出結論：「這些懶鬼比小孩還笨！……還弄壞了自己的玩具。」普法戰爭自然凸顯了妓院在軍事社會中的重要性。對妓院的描述此時成了自然主義小說的固定主題。

國家徵兵制、一九〇五年之前逐漸縮短的役期，以及「公民軍人」（soldat-citoyen）的概念回歸，都慢慢改變了性行為。別忘了，大批新兵入伍勢必促進賣淫全面的增長，但在這個環境中，性慾的感受度也會隨之改變。服役時間逐漸的縮短，促進了士兵與平民社會的融合，或至少彌合了兩種環境之間形成的部分差距。士兵的性生活邊緣化問題得到紓解，他們從此保有「昨日平民生活的**記憶**」；[99]即使不和他的未婚妻在一起，他仍然和家人、家鄉的女孩保持著密切的聯繫，而依照地區徵兵入伍和准假外出情況增多，也加強了這一進程。比起第二帝國時期的部隊，「公民軍人」對真正的情慾關係更有概念，因為他們經常有超越簡單生殖器慰藉的豐富性經驗。妓院似乎不再成為必要，在妓院買春的經歷也令人失望。與妓女往來逐漸脫離了**制式的教條**，這必須被視為中下階層妓院危機的主要原因之一。

此外，軍營的生活改變，也加強了對妓院的疏離感，特別是在二十世紀初年。當軍營開始發展教育，並特地提供勸阻性行為的資訊，[100]軍營變得更加宜居，也增加了許多宿舍和圖書館。此外還有其他促進禁慾的因素，例如：從軍校畢業的軍官人數愈來愈多，而且往往來自貴族家庭，即使妓院女老闆按照慣例，為他們保留最好的房間和最豪華的會客室，他們仍然厭惡安排或陪同他們的士兵去妓院。一言以蔽之，環境逐漸在改變，風俗與習慣也隨之改變，而在第一次世界大戰前夕，軍方高層主導的性道德化行動，更加強此一變動過程。

因此，大約從一八六〇年到一九一四年的這段時間裡，出現了對賣淫的新需求，**屬於質變而非量變**，因為這種新需求具有不同的社會和精神性質，會產生更明顯的消費行為，更能被資產階級的目光察覺。此後，賣淫的需求主要來自性壓抑造成的挫折，而性壓抑則源於對資產階級夫妻模式的維護與推廣。很自然地，這種需求和引起這種需求的社會經濟結構演變，將進一步提供相應的供給，這也讓賣淫更加順利，因為滿足新需求的成本更高，賣淫相關工作人員的**利潤也大大增加**。然而，是否可以如當時證人所言，宣稱賣淫活動總體而言有所增長？儘管祕密賣淫活動有了明顯進展，但考量到封閉式賣淫的沒落，如此宣稱似乎過於大膽，因為在性行為問題上，對現象的衡量經常取決於觀察者的感知和幻想的程度，而不是事實真相。

供給與需求的調整適應

我們發現，妓女向顧客賣身的方式已經發生了變化，賣淫人員的招聘也已經適應了嫖客的新感受。首先，我們必須承認，如果城市環境沒有深刻變化，不可能產生這種情況。由於城市環境改變，資產階級和妓女同時占有了城市，而新的城市主義更進一步導致管制主義封閉式賣淫計畫的失敗。

一、「外向型城市」[101]與招搖女子

這是所謂奧斯曼化（有點不恰當的稱呼）的後果之一，或許也是最明顯的。近年關於巴黎（雷歐納〔C. M. Léonard〕、加亞爾）、里爾（皮艾拉爾）、里昂、[102]波爾多（季堯姆〔P. Guillaume〕）、馬賽和土魯斯的一系列研究，儘管有些細微差別，[103]卻也清楚呈現這些城市所容納的資產階級，在同一時間激增並占據了城市的中心。王政復辟時期城市規劃的典型封閉空間，被寬闊的通道所取代，廣大的交通要道兩旁則寬敞的人行道；這些大城市中心建立了商業區，並在此設立銀行、上市有限公司的總部和百貨公司，也使得時尚的咖啡館和餐廳數量愈來愈多；建造火車站並增加候車區，有助於改變城市面貌和市民行為，街道的氣氛為之一變、人行道「符合道德規範」，[104]障礙也被清除；城市開始使用煤氣**照明**，並建立了城市警隊加強治安，至少在首都巴黎是如此。左拉在小說《婦女樂園》（*Au Bonheur des*

Dames）中，巧妙地表達了城市居民占據城市所引起的入侵感，尤其是當中的資產階級。作者利用巧妙的對位法，同時指出道路工程的進展、商業結構的變異和蜂擁而至的人潮；人們再也無法確定是奧斯曼化帶來了人流，抑或是阻擋了不可逆的人潮。

妓女也於此時走出陰暗角落。她們從此開始尋找能襯托妝容的亮光，她們出門展示自己，在城市中毫不厭倦地流動攬客。推動資產階級的同一發展，也激勵了妓女，使得妓女部隊湧向附近的高地。在里爾，[105]妓女能向資產階級客戶收取高額費用，因而她們往奧斯曼化的市中心回流，妓女向市中心遷移的現象，似乎成為了大城市的常態。

城市在十九世紀下半葉盡情展現自我的程度，前所未見。各類展覽激增，我們也很清楚它們在賣淫行情中扮演的角色，正如同百貨商店的櫥窗本身就是個展覽。巴黎已經成為「供應食色的城市」，[106]妓女前來賣弄風情和賣身。這些都說明了所有觀察家對於賣淫活動入侵街道的印象，儘管無法確定這是妓女數量增加的結果，或是流動性和賣弄風情增強的結果。上述這些還伴隨著一種你爭我奪、使先前努力分配的成果失效的社會混亂，這就意味著掃黃警察需要擬訂新的對策。

對道德主義者來說，危險似乎更大，因為這種情況激增導致了奢華的勝利。以資產階級為對象的妓女，也成了「招搖女子」（femme-spectacle），她在大咖啡館的露天座、在啤酒館、在歌舞雜耍表演咖啡館、在人行道上趾高氣揚或賣弄風騷。描繪資產階級寬容妓院沙龍的畫家土魯斯－羅特列克，也以這些在燈光下待價而沽的女人為畫作主題，她們的賣弄風情助長了這環境中因性挫折而萌芽的性幻想。也就在此時藉由這種方式，揭開了**視覺在性誘惑中至高無上的地位**。[107]這種展示最能顯示出管制主義的失敗，同時也引起前文所述焦慮的「超管制主義」。這種變化被歸咎於帝國宴會，並在第二帝國政權垮臺後受到人們一致地譴責，但這並沒有制止變化產生。

從那時起，掃黃警隊就將注意力集中在**街頭監督**，他們的首要目標是不讓妓女阻礙通行、確保人行道通暢、清除道路障礙，因為妓女變得執迷於街頭拉客。街頭妓女的存在形成一種騷擾，使得家庭親密關係無法延伸到戶外。當時對妓女的投訴幾乎全都來自體面的紳士，他們抱怨不能**與家人**、女兒或年幼子女一**起外出散步**，這些文獻證實了真正的恐懼症以及被抑制的接觸慾望。[108]直到第一次世界大戰，**街道的道德化**仍然是資產階級論述的首要主題，一如先前的無產階級暴力和犯罪，以打擊街頭淫亂為主旨的道德協會激增，就是這方面的明確證據。「道學家」清楚認知到賣淫這項供給對傳統倫理的嚴重威脅，而愈來愈關注性交易的資產階級逐漸成為賣淫的對象，甚至是首要對象。

二、性交易的誘惑

讓我們回到供給的改變上。當然，如果只拘泥於專業術語，[109]那麼賣淫的類別似乎與帕宏—杜夏特雷，或最近理察・科布（Richard Cobb）就革命時期所分析的類別沒有什麼太大不同，[110]甚至與雷蒂夫（Restif de La Bretonne）[111]或路易—薩巴斯欽・梅西耶（Louis-Sébastien Mercier）[112]所提到的類別也沒有什麼不同，但我們不應被這種表面的不變性誤導。與資產階級或資產階級化的需求增長相對應的新型賣淫供給，來自於本身生活條件也正在改變的類別。

家庭服務工作比以往任何時候都更容易成為賣淫的溫床，因此在城市地區的數量增長強勁。在大城市裡，家僕不再是家庭的一部分，只是勉強屬於同一戶，因為資產階級家庭建立親密關係後，便把家僕流放安置在公寓的七樓。眾所周知，家僕因而逃脫了家父長控制，並引起極大的恐懼，例如：《家常事》（*Pot-Bouille*）中，對公寓側樓梯或「阿黛爾的那塊抹布」的描述就足以證明。自從西蒙的《女工》出版之後，[113]對公寓七樓及女傭房間的抨擊，成了資產階級訴苦的固定主題，在這些地方，結合在一起的不再是犯罪與淫亂，而是盜竊和淫亂。一八九六年，柯孟莒醫生對這一問題進行了長期而深入的研究。[114]艾薇兒・聖克魯瓦夫人（Madame Avril de Sainte-Croix）以薩薇歐絲（Savioz）的筆名專門討論這個問題，[115]甚至到了一九一二年，莫翰醫生（Morin）仍提出預防建議，「盡量防止女僕從七樓帶東西來污染公寓，像是淫穢小冊子或性病微生物」。[116]

還需注意家僕編制是一個等級森嚴的環境。女主人貼身侍女和女僕往往因其美貌而雀屏中選，[117]並與夫人有朝夕相處的機會，她們有時因男主人吐露知心話而掌握女主人的隱私，並以此來模仿女主人；她們也因此發展出新的需求，滋生新的野心。由此形成的性交易類別，是奠基於與資產階級親近，[118]而激起了逃離現狀的渴望，這也使得與僕人結婚從此被視為一種身分降級。女僕在七樓的相對孤立狀態，使她終於能夠逃脫女主人的監視，使得她更有可能與男主人發生婚外情。[119]

我們知道，僕人的吸引力是當時資產階級性生活的一部分，小說文學中也經常提到：我們想起《翟米尼・拉賽特》（*Germinie Lacerteux*）[120]「殘酷而神祕的誘惑」，想到《家常事》中的人物屠布羅（Trublot），還有奧克塔夫・米爾博（Octave Mirbeau）《女僕日記》（*Le Journal d'une femme de chambre*）

中的蘭雷先生（Lanlaire），這也是莫泊桑短篇小說《得救》（*Sauvée*）的主題。在其他國家的文學中，雷蒙德·雷克爾（Raymond de Ryckère）[121]對此有詳盡描述，易卜生（Henrik Ibsen）的《群鬼》（*Les revenants*）和托爾斯泰的《復活》（*Résurrection*）也都證明了女僕的魅力。當時的性學家，特別是克拉夫特－埃賓，[122]甚至提出了一套解釋：在服裝形成兩性之間真正障礙的時代，圍裙會讓人聯想到女性的內衣，並暗示容易親近。這種對圍裙的迷戀，也導致一些妓女在上街拉客時，會把自己打扮成小女僕的樣子。

因此可以理解，習慣了性行為自由的女僕，陶醉於男主人的愛撫和恭維，而且常常被男主人的友人吸引，一旦被解雇的日子到來，並預見痛苦的前景，她們就很容易屈服於性交易的誘惑。

零售商店女店員、**百貨商店女店員**和飲酒場所女服務員的人數大幅增加，與此同時，提供員工住宿的商店[123]數量也激增，且表面看來很嚴格的規定，實際上伴隨著高度放任。百貨商店女店員和男店員一樣，已經不再受老闆的道德監督。這在大型貿易企業中發展的更進一步，幹部和低階管理人員採取誘惑性勒索行為，與某些行業監管人員的傳統做法相同。我們都知道，這些做法是《婦女樂園》一書的主題。「百貨商店女店員不僅受其社會出身的影響，工資也限制了其生活條件，因而使得她們一直處於工人階級，在與另一個世界的富人及其所有物的日常接觸中，她們將成為邊緣階層的一部分。」[124]比起女僕，百貨商店女店員發現自己更「**處於一種逃離現狀的境地**」，[125]尤其當她們感到工作不穩定的威脅時，而她們工作環境的不穩定性極高。

對於許多努力使自己和顧客一樣美麗的店員來說，婚姻將是一場悲劇，意味著她們將回歸真實的社會階級環境中，永遠放棄成為貴婦的希望。因此，在百貨商店貨架之中很少出現婚姻的蹤影，這一點完全情有可原。管理階層也反對此類聯姻，直到一九〇〇年，[126]百貨公司才放寬規定，鼓勵其員工通婚。[127]另一方面，被包養然後成為賣淫的女人，似乎是滿足自己野心的一種方式。由於她們大多數的朋友都有情人，這種誘惑更形強烈；若非如此，這些「差不多貴婦」（dames à peu près）[128]就不可能添購華服鞋履，簡單說，就不可能拋頭露面出風頭。[129]百貨商店裡出現某些年輕姑娘，甚至是由資產階級的紳士協商的結果，因此被包養女子經常以女帽銷售員的名義作為「社會門面」（raison sociale）。可見，賣淫滲透百貨業職場環境，也更煽動人心。

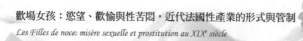

巴黎的例子則可以證實，「**針指女工**」、「**家庭縫紉女工**」、精品女工的人數也不斷增加，而且重要的是，她們在城市中心。奧斯曼化並未將地位卑微的族群普遍驅離商業中心，與簡單化的分析可能暗示的結果並不同，對於此處提及的賣淫類別，奧斯曼化甚至導致了相反的進程。百貨公司的發展，刺激了裁縫女工的活動；也不要忘記，即使這些商店培養了女性顧客的奢華品味，但也激發了她們的節儉意識。左拉對這種矛盾心理做了很好的詮釋，他將馬蒂夫人（Marty）及其女兒與布德萊夫人（Bourdelais）兩相對照，前者因揮霍無度而毀了她的教師丈夫，後者則知道如何精打細算。讓這些商店生意興隆的新品部門，最初只是原料部門，顧客在此購賣布料後再拿給裁縫巧手縫製；同樣地，掛毯部門也促進了掛毯商的業務，而他們在資產階級的性行業操控中扮演的角色，更眾所周知。

此外，小型手工藝作坊非但沒有消失，反而在首都中心大量湧現，因為這些作坊的主人最不希望遠離供應商和客戶，這種迅速的湧現是基於當時正在發生的「極為靈活的傳統行業改造」。[130]正如加亞爾明確指出的，這種現象來自「對現代性的全神貫注」，[131]並非微不足道。

這種「老巴黎持續進行的兩極分化」，證明了「居民拒絕城市的分散」，[132]導致女裁縫、所有家庭女工和店鋪女店員都擠在市中心的住宅，而這些住宅是某些類別的工人或邊緣化的人遷往市郊後所讓出的居處。在大城市的中心，一方面是學生、店鋪店員和雇員，另一方面是商店女店員和針指女工，兩者共存並形成熱鬧的商業和節慶活動，吸引了資產階級的紳士，這說明了此處建立的賣淫關係，獨立於行政部門所設制度之外的程度。

在這些活動領域中，女工或年輕店員的工資確實不足以支持她們的生活，因為她們並未受益於男性提供的額外資源。這是家喻戶曉的事實，自限制選舉君主制以來的所有社會調查都指出了這一點，例如：西蒙、[133]夏爾・伯努瓦（Charles Benoist）[134]，以及洛洪・博內維（Laurent Bonnevay）；[135]在工人代表大會上，以及賣淫文獻和小說文學中，也都不厭其煩地重申這一點。更普遍的情況是，如果沒有男人，女性很難融入當時的城市社會，[136]因為她們幾乎不可能找到住所：喬治・皮科（Georges Picot）在《社會改革》（*La Réforme sociale*）中寫道：「狀況完好的附家具出租套房將她們拒於門外，不附家具的單人房間很昂貴。除了工作之外，賢慧高尚的女孩幾乎沒有什麼消遣：單身的女工不能像男人一樣獨自造訪歌舞小酒館，街道本身對她們來說也很危險。」[137]此外，在這些行業中，淡季的時間相當長，更糟的是，隨著時間流逝，淡季增加為四個月，甚至六個半月。最後，這些產業對變幻莫測的經濟形勢極為敏感，出口產品額度不斷增加的行業非常脆弱，說明了經濟波動與在這些部門中的賣淫規模之間存在著密切聯繫。零售商店的活動對經濟形勢也很敏感。尚・姚安克（Jean Le Yaouanq）指出，巴黎第四區的零售業歷經一八七〇年至一八八〇年的繁榮之後，受到了一八八〇年至一八九〇年危機的嚴重影響。

此外，大城市裡學徒的特殊條件，也有利於年輕女孩賣淫。城市裡的女性學徒遠離家人，還被使喚去送貨，不得不在街上長途跋涉，[138]因此面對男人的勸誘毫無招架之力。

步入婚姻對針指女工來說很困難，與富人客戶的關係經常讓她們野心勃勃。[139]當職員或雇員可以選擇結婚對象時，他們偏好選擇「來自家族」的未婚妻，[140]或與老闆的女兒結婚。例如：老埃爾勃夫（Le Vieil Elbeuf）的管理層由前老闆的女婿繼承，就算這不是典型例子，也仍然很能說明問題。由於結婚對這些女孩來說遙不可及，她們必須找到一個情人來維持她們的生活，或者持續或暫時地從事賣淫。因此也可以理解，在作坊招募的妓女數量比在工廠招募的還要多。在瑪特當學徒的地方、[141]在瓦塔德姊妹工作的地方，這些女孩的戀人是茶餘飯後聊天與虛榮心的主題。博內維談到里昂的勞動力時寫道：「在某些產業中，過了二十歲還沒有找到愛人的女孩，就像怪胎一樣讓人吃驚。」[142]西蒙則指出：「有些人的母親，建議她們找一個情人。」[143]就這樣，形成了滿足新需求的性交易關係。

但是，新的賣淫活動不只由這些湧入的人口滋養，在精品消費的誘惑下，一種不同性質的賣淫供給也因運而生。新的商業結構實際上反映在刺激和利用婦女的慾望上，這也就是「商業版寬容妓院」[144]之一的主管奧克塔夫・穆雷（Octave Mouret）從事的活動，在許多方面都與娜娜如出一轍。在這方面意義重大的是，左拉認為內衣部門是一個巨大的密室，眾多慾火中燒的女性都在此褪下她們的褻衣。[145]現在，資產階級妻子在外向型城市中能公開活動，因而比過去更容易沉溺於通姦。光顧商店為她提供了難以核實的不在場證明，也讓禁忌的幽會更為便利，交通要地也變成了匿名的幽會地。正如我們所見，由於對這種類型女人的需求迫切，誘惑也就更加強烈，因此許多紳士願意滿足一個高尚伴侶的奢侈品味。百貨公司的蓬勃發展不僅引起上流社會的偷竊癖，[146]也促進了資產階級賣淫的興起，特別是總處於階級邊緣、不斷受到地位降格威脅的小資產階級婦女，她們因而被引誘賣身，藉以繼續保持地位。

婦女教育的進步，以及隨後為年輕女孩設立的中等教育，有助於增加奧森維爾伯爵所認為的「未分類」的人數，即「婦女，或者說少女，她們出生於平民階級並力爭上游，卻仍徒勞無功，她們徬徨於未來，在已經離開和尚未達到的環境之間游移不定」。[147]對於許多家庭教師、鋼琴教師和學校教師來說，孤獨和精神壓力非常強烈。從十九世紀末開始，中學教育培養的少女形成一個新的群體，她們雖然對應於持有中學畢業證書的無產階級，但她們的生活條件卻更加惡劣。與女工一樣，嚮往資產階級卻尚未融入家庭的女孩，必須找到男人來支持她。但「未分類」的女人很難找到一個符合她期望的丈夫。那麼，在幽會館而非一流妓院的人員裡頭發現其中一些女孩，又何需大驚小怪？

對賣淫的新需求和新供給的成長，可能並非簡單的線性關係，因為它們只是反映了城市社會結構的演變。[148]我剛才提到的過程，在第二帝國時期依然看得見、也能衡量：如我們所知，城市居民的致富、城市環境的改變和世界主義是這一時期的特點；但與人們所說的相反，[149]儘管在第三共和最初十年間，悲觀和道德懺悔的意願顯而易見，但從一八七一年到一九一四年的整個第三共和時期，新的賣淫活動並沒有減少。一八八〇年代遭遇的困境即使沒有刺激需求，也刺激了供應；[150]此後，一八九六年至一九一三年期間城市消費的擴增，使得賣淫活動恢復了發展。正如我們所知，[151]這是一個以城市需求為基礎的經濟快速成長時期，也由此加速了致富的步伐。[152]因此不難理解，資產階級的賣淫活動展開了它的黃金時代。

三、走向拋棄緊身束腰運動

然而，如果社會經濟的這些變化沒有伴隨著更大包容性，那麼新賣淫行為的擴散就不會那麼明顯。性挫折感的加劇，擴大了資產階級婚姻的裂痕，在十九世紀末年，男性的追求變得愈來愈開放。在為資產階級的尊貴身分所奠定的基礎價值觀之中，有一些獲得大部分無產階級採納，與此同時，資產階級女性的性行為也得到了相對的解放。這種相互矛盾的發展，使得對整體現象的衡量變得特別困難。

造成這些裂痕的原因顯而易見：小資產階級和中產階級人數的成長，使原有的模式瀕於崩潰，幾個造成性壓抑的因素影響力下降。一八七〇年代天主教反攻失敗後，資產階級的宗教信仰行為也明顯減弱，主教費利克斯・杜邦魯（Félix Dupanloup）悲哀地結束任期。[153]與一八四八年社會恐懼所引起的過程相反，宗教懷疑論在這些階層中逐漸恢復。自由思想的進步、世俗標準的發展、神職人員與政治保守主義過於緊密的結合，導致教會影響力式微；教會在對於壓制性生活方面的作用，從特利騰大公會議過後的文化攻勢（l'offensive post-tridentine）早已眾所周知。[154]為年輕女孩設立的世俗中等教育及其進一步變遷，更促使教會學院由於懼怕競爭而展開創新，也加速了女性思想精神的進化。

一般來說，保守主義在政治上的衰退、權威性原則在「道德秩序」政府失敗後的倒退、源自一七八九年人權原則的自由主義進步，以及對一切攸關個人自由問題新近產生的敏感度，都創造了一個有利於道德演變的氛圍。激進主義對女性主義的影響，以及共和制度勝利後制定的離婚法令，都清楚地表明這種關聯性。更妙的是，一八八一年廢除審查制度和出版制度自由化，使得正在取得進展的「性科學」（scientia sexualis）成就，以及性解放的訊息得以普及散布。

在這方面，還有個極具啟示意義的現象：一八七六年至一八七九年間，亦即在共和國政權即將勝利的決戰之時，文學和藝術正是藉由描寫賣淫來呈現毫不掩飾的性行為。值得一提的是，《瑪特》、《女郎艾莉莎》、《娜娜》、《露西・佩萊格林的末日》（*La Fin de Lucie Pellegrin*）、《脂肪球》以及奧森維爾伯爵在《兩個世界雜誌》（*Revue des Deux Mondes*）上刊載的關於放蕩和淫亂的文章，幾乎是同時出現的。不管他們是否意識到這一點，于斯曼、龔固爾、左拉和莫泊桑對於妓院與應召站的描述被強加於大眾，並贏得了政治上的勝利。只要想想審查制度為福樓拜或多爾維利帶來的麻煩，就能充分理解。

正如我們所知，如此毫不遮掩地描述賣淫性行為，對道德秩序的破壞，[155]還帶來其他許多本書無法探究的裂痕。在此僅重申，在我看來，女性主義的進步、通姦的發展、離婚制度的建立和普及、對自由結合（l'union libre）權利的要求、新馬爾薩斯主義（neo-Malthusianism）運動、[156]為支持婦女性解放而進行的宣傳，[157]以及成年人性資訊的進展，[158]都源自同一個過程。醫學上關於女性的雙重性格，同時也是女性特色的論述，逐漸被人口不足的論述取代。母職不再是一種天命，而成了一種義務。[159]當「男性的觀感改變，品味脫離豐滿、圓潤、靜態的美感，朝著更苗條、更活潑、更志同道合的伴侶方向發展」時，[160]女性的身體本身在形式和意義上也發生了變化：正是在一九〇六年，保羅・波烈（Paul Poiret）讓女人拋棄了緊身束腰（corset）。

等待歷史的性學研究取得進展之際，我們目前已經可以看出城市社會和城市心態演變的主要面向，即使這些面向不能完全解釋見證者的簡單描述所揭示的賣淫結構和行為的變化，至少也是助長這些變化的因素。可想而知，管制主義計畫的失敗與受其啟發創立的機構沒落，反映了這種演變，由此產生了新的賣淫論述，而這就是接下來必須分析的內容。

第三章　被質疑的體系

廢娼主義的活力和多樣性：一八七六年至一八八四年

關於賣淫問題的辯論，從來不曾如同此時一般激烈。事實上，到了二十世紀最初幾年，國際上對該議題調查研究和反思的重大努力，確實已進入了一個更加平靜的氛圍。官方賣淫的存在會在一八七六年至一八八四年間成為棘手話題，是由於涉及了當時政治與社會的重大辯論。就在當時那些看似十字軍討伐的激烈運動過程中，建立了不只一種、而是好幾種廢娼主義（abolitionniste）的論述，因此，對於不屑於有條不紊、抽絲剝繭的人來說，這一切顯得非常複雜、甚至混亂。歷史學家的任務，因這種同時性而變得複雜，特別是他們必須寫出一部廢娼主義的戰鬥史，同時詳述條理分明的反管制主義理論之產生與漸進構築。

為了便於理解，我們將不再嚴格遵循時序。事實上，最重要的是將廢娼運動的來龍去脈納入賣淫問題的長期辯論中，並辨別它在哪些領域，以哪些論據和手段，對敗象已露的管制主義體系提出挑戰。

一、巴特勒的征戰和廢娼聯合會的開端

對「法國體系」的挑戰，正是誕生在英國和瑞士的新教環境。事實上，一八六六年至一八七六年間，一股充斥著激進女性主義、本質上主張壓制和禁止賣淫的福音派（évangéliste）潮流，在英吉利海峽彼岸以及瑞士的日內瓦州和納沙泰爾州（Neuchâtel）發展起來。

英國的《傳染病法》（*Contagious Diseases Acts*）在一八六六年、一八六七年和一八六九年引入了管制主義的雛形，並在英國某些城鎮建立了受到官方寬容和控制的賣淫業。從一八六九年開始，這一舉措引起了諾丁漢（Nottingham）一群醫生抗議。一八七〇年一月一日，利物浦（Liverpool）一所學院院長的妻子約瑟芬・巴特勒（Joséphine Butler），在《每日新聞》（*Daily News*）上發表了一份全國婦女協會（Ladies National Association）宣言，強烈譴責新法規。雨果正式附和這次抗議活動的訴求，他筆下的《悲慘世界》（*Les Misérables*）讓未來抗議運動的主題變得更廣為人知。[1]此時，英國各地[2]的貴格會（Quakers）教徒著手抗爭，以期廢除這些法案，共有三百多個協會以此為成立宗旨。同年三月，為了支持這項新目標，並配合以廢除管制賣淫為宗旨的英國協會（Fédération britannique）行動，而成立了期刊《盾牌》（*The Shield*）。

四年來，英國女士的運動僅侷限於英國境內，要求撤廢法案。但一八七四年六月二十五日，在約克（York）的一場會議上，巴特勒和她的朋友與納沙泰爾的艾梅・亨伯（Aimé Humbert）聯手，發起了跨國規模的廢娼「十字軍」。該年十二月，這位新時代的「十字軍戰士」跨越英吉利海峽。她首先抵達

巴黎，要求與樂庫賀會晤；她雖然受到冷淡接待，仍然獲准造訪聖拉札監獄醫護所，並對監獄情況感到震驚。她與某些新教徒取得聯繫，並從此獲得他們支持：她受到了經濟學家弗雷德里克・帕西（Frédéric Passy）、泰奧多・莫諾（Théodore Monod）與其叔父古斯塔夫・莫諾醫生（Gustave Monod）、以及浸信會（baptiste）牧師的善意支持。此外，維克多・舍爾薛（Victor Schoelcher）、西蒙和路易・白朗（Louis Blanc）也致函鼓勵她。政治家朱爾・法夫爾（Jules Favre）同意接見她，見過她之後便轉而激烈反對管制主義，[3]並為她寫介紹信，引薦幾位天主教重要人士。最後由西蒙夫人邀請她參加萊蒙尼爾夫人（Mme Lemonnier）舉行的女性主義會議。

巴特勒隨後前往里昂和馬賽，爭取到一些支援，接著轉往熱那亞（Gênes），與朱塞佩・馬志尼（Giuseppe Mazzini）的追隨者會面。她的征戰帶著她從熱那亞來到瑞士，在此與亨伯夫婦重逢，並與日內瓦的廢娼主義者取得聯繫。當時，日內瓦的廢娼主義者實際上已經發起自己的運動，尤以薇樂莉・加斯帕琳伯爵夫人（Valérie de Gasparin）出版的《社會痲瘋病》（*Le lèpre sociale*）為標誌。巴特勒回到巴黎後，結識了艾蜜莉・莫爾西耶（Émilie de Morsier），而艾蜜莉與其夫婿將成為這場新運動中極為活躍的主戰派。賣淫問題研究專家德沛醫生也極為關懷巴特勒這位英國女性主義者。她的第一次征戰純屬私人性質，除了新教徒小圈子和滿懷善意的知名人士之外，並未聚集起足以策劃大規模運動的群體。時隔兩年，在古約猛烈抨擊掃黃警隊之後，情況就大不相同了。

一八七七年初，巴特勒在該組織主要代表的陪同下，再次跨越英吉利海峽，這次是為了參與一場大眾運動。[4]她前來聲援反對掃黃警隊的巴黎極左派人士，並與少數資產階級群眾舉行了三次會議。此外，她還參加了古約及其友人在阿拉斯街（rue d'Arras）上的大廳內舉辦的兩千多人集會。最後在一月三十日，巴特勒應「工人代表大會婦女委員會」（comité de dames du congrès ouvrier）邀請，在佩特雷爾廳（Pétrelle）為當地女裁縫演講。除了在阿拉斯街的會議上被極左派市議員吸引來的大批激進派群眾外，其他場合出席者都寥寥無幾，這證明了巴特勒的十字軍行動影響力不大。但不得不說，該運動的色彩和巴特勒的誇張言辭，可能會讓首都的大眾感到厭惡。此外，來自警方的敵意，導致其中一場會議被強制解散，會議主席也因違反一八六八年法規而被定罪，這個結果可能也多少削弱了巴黎人的善意。只是來自不同背景的參與者，像是來自市議會和國會的激進派和進步主義者、新生的女權運動領袖、工運積極分子、新教牧師和資產階級成員，甚至位居銀行高層的新教徒，他們站在巴特勒和英國協會主事者這一邊的事實，仍證明了一個不容小覷的遊說團體已然成立，也構成日後廢娼聯合會法國委員會的雛形。另外補充，「巴黎會議」（les conférences de Paris）也促進了日內瓦大會的籌備和國際聯合會的建立。

該協會的領導人此時有意賦予協會**宗教性質**。在巴特勒看來，「法國體系」和受其啟發的英國《傳染病法》，在兩個方面極為不妥：它們意在奴役婦女，並鼓勵男人縱慾，因此不僅危害自由也有損道德。必須以《聖經》和「政治聖經」（Bible politique）[5]的名義對抗這種體系，而所謂的「政治聖經」，即是昔日《大憲章》（*la Grande Charte*）、《權利請願書》（*la Pétition des Droits*）和《權利法案》（*le Bill des Droits*）所記載的「偉大憲法原則」。[6]這場抗爭必須在反對現代民主和社會主義傾向的框架下，對抗這些傾向所產生的「國家拜物教」（étichisme de l'État）[7]和「醫療立法的暴政」（tyrannie médico-légale）。[8]

巴特勒因而呼籲，除了捍衛「公共自由」的「共同遺產」，[9]特別是婦女的自由，還要捍衛道德和家庭的共同遺產。十字軍征戰的第二個目標，不僅針對「賣淫合法化」，更針對一般的放蕩行為，即所有婚外性關係。愛德華・沛桑瑟（Édouard de Pressensé）在一八七六年呼喊：「我們必須追尋罪惡的源頭，我們必須注意它的任何形式，清剿它的所有巢穴；我們必須攻擊與它密切相關的下流文學、猥褻藝術、墮落戲劇。當務之急在於，我們有責任打擊許多人心中根深蒂固的不幸錯覺，他們認為罪惡是不可避免的宿命。」[10]巴特勒認為，真正的衛生應以道德化為目標，因此她並不害怕運用強制手段來推行美德。她在一八八二年寫道：「法律規定的最佳限制是鼓勵，並在必要時**迫使男女**公民自我尊重。」[11]

不要忘記了，巴特勒把這場抗爭設想為一場效法廢奴運動的十字軍征戰，廢奴運動便是在相同環境中發展，並促成廢止奴隸販賣，接著廢除了黑奴制度。巴特勒是真正的「近代底波拉（Déborah）」[*2]，她主要進攻她心目中的「大巴比倫」：巴黎。[13]

與她共同奮鬥的牧師和朋友也向罪惡宣戰。這些人全都拒絕認可管制主義的基本假定，亦即他們不承認精力充沛的年輕人和獨身者的婚外性關係是正常、甚至是必要的。[14]他們全都激昂地頌揚禁慾行為並宣揚禁慾的益處，這點與當時許多醫生看法一致。[15]然而聯合會的領袖喜歡強調獨身狀態的危險和害處，路易・紹特爾（Louis Sautter）對廢娼聯盟的年輕人說：「這是最可恥的事情，因為它注定使我們自甘墮落。」[16]淫樂行為和導致荒淫的獨身狀態，不只造成出生率下降，也增加了私生子的數量。廢娼

＊ 譯註：聖經人物，以色列的士師與先知。

主義者的論述，在此呼應了天主教人口再增殖論者（repopulationnistes）的焦慮。

在古約的行動開始前六個月，也就是一八七六年五月，愛德華・沛桑瑟在倫敦會議的演講內容就集結了所有這些強烈譴責。他抨擊奉行管制主義的部長們，大聲疾呼：「你們忘記了，你們促成的這種淫樂行為助長了年輕一代的墮落。即便淫樂行為沒有讓他們從此遠離家庭，也會讓他們的家庭生活回到乾枯、腐敗、早衰的狀態，而這種情況正如同當今的某些國家，那裡的婚姻數量正在減少，彷彿衰亡的羅馬帝國，政府必須獎勵那些願意結婚和生孩子的人。」[17]他所訴求的做法與第二帝國大相逕庭，並非有系統性地讓年輕人易於接觸淫樂場所，而是**廢除被寬容的淫樂行為**。[18]

這種禁止主義式的廢娼主義，既反對公娼的奴隸狀態，也反對官方寬容婚外關係，由此啟發了一八七七年九月十七日至二十二日在日內瓦舉行的大會。這次大會集結了六、七百人，並成立了英國和歐陸廢除賣淫聯合會（la Fédération britannique et continentale pour l'abolition de la prostitution），法國極左派也由眾議員路易・科戴特（Louis Codet）[19]代表與會。禁娼主義者的雙重鬥爭，清楚表現在最後的宣言中，這些宣言最終構成了這套廢娼主義的實際章程，得以明確揭示其根本動機。我從這些宣言中，摘錄了我認為最發人深省的條款：[20]

> 「性關係中的自制，是個人和民族健康不可或缺的基礎之一……」——德沛醫生和莫諾醫生以醫學權威保證的衛生組，決議一。
>
> 「國家制裁將淫樂視為人類之所需的不道德偏見」——愛德華・沛桑瑟出席的道德組，決議八。

「從事不潔行為的男性與女性同受譴責」——道德組，決議一。

「公共衛生的真正功能，是發展一切有利於健康的條件，使公共道德能得到最高展現」——衛生組，決議二。

「強制登記構成對自由與普通法的侵害」——道德組，決議五。

「警方必須維護街道風化」——衛生組，決議六。

在衛生組的辯論中，菲利普・拉阿普博士（Philippe de La Harpe）提到諾伊曼（Neuwmann）醫生的書《論健康所需的禁慾》（*De la continence envisagée comme nécessaire à la santé*），要求聯合會應致力使人們了解「禁慾不僅是一種美德，而且是健康、體力和道德力量的泉源」，他最後感歎道：「但願寬容妓院全數關閉、掃黃警隊廢除、賣淫徹底根絕。必須『毀滅迦太基（Delenda Carthago）！』*以上。」[21]

因此，新誕生的廢娼主義，具有曖昧性是可以理解的：一方面而言，捍衛普通法和個人自由的主張，與法國極左派的訴求完全吻合；另一方面，新廢娼聯合會幹部所揭示的禁娼主義（prohibitionnisme）、為維持街道風化和早婚而鬥爭，都會成為他們日後所催生的諸多道德協會之宗

* 譯註：西元前二世紀，羅馬共和國的主戰派對於希臘漢尼拔（Hannibal）的威脅耿耿於懷，決心消滅迦太基。主戰派的代表老加圖（Cato）在元老院的任何演講最後，必定加上一句「還有，我認為迦太基必須被毀滅」，從而不斷提醒羅馬人消滅迦太基。

旨，尤其是對性的壓制和禁止一切婚外關係的渴望，但這些壓抑讓自由派人士感到不快。

一八八〇年九月二十七日至十月四日，在熱那亞舉行的聯合會第二次大會的決議，進一步反映了第二股自由主義和激進主義思潮的影響，古約、艾蜜莉和奧古斯特・莫爾西耶（Augusted de Morsier）也出席了這次大會。對他們來說，最重要的事情似乎是限制國家的功能，明確保障人權，因此決議只要求保證個人自由、適用普通法、廢除公娼登記和行政拘留，而遏止婚外性行為已從廢娼聯合會的目標正式排除。

廢娼聯合會此時在法國的地位更加穩固。[22]一八七七年九月在日內瓦大會上，首席拉比查多克・卡恩（Zadok Kahn）也表示支持聯合會；而另一方面，儘管杜邦魯主教對艾蜜莉・莫爾西耶說了不少場面話，[23]但天主教高層仍持保留態度，只有亞森特・洛伊松神父（Hyacinthe Loyson）完全贊同。[24]聯合會的第一次年會於一八七八年九月二十四日和二十五日在巴黎舉行，對協會成員來說也是充滿希望的時刻。[25]祕書長詹姆士・斯坦斯菲爾德（James Stansfeld）也受到內政部長馬瑟爾的接見。

前任警察總監基格拒絕承認一八七八年十一月即已成立的委員會，[26]新任警察總監安德里厄則在一八七九年六月十六日頒布命令，正式授權成立英國和歐陸廢除賣淫聯合會法國分部，命名為「廢除管制式賣淫協會」（Association pour l’abolition de la prostitution réglementée），並由舍爾薛擔任名譽主席，這個協會彙集了激進派、女性主義領袖和廢娼主義新教徒。辦公室由古約和查普曼女士（H. Chapman）共同主持，成員包括瑪莉亞・德雷斯梅（Maria Deraismes）[27]和艾蜜莉・莫爾西耶。同年，[28]改善婦女境遇協會（la Société pour l’amélioration du sort des femmes）的道德組在德雷斯梅主導下，由伊澤爾選區眾議員和廢娼聯合會成員尚・庫圖西埃（Jean Couturier）在眾議院會議上遞交一份請願書，要求廢除未成年人的公娼登記。

一八八〇年四月，巴特勒再次居留巴黎，標誌著廢娼聯合會對法國公眾輿論的影響達到巔峰。當月十日，在雷維街（rue Lévis）舉行了一場集會，約有兩千人參加，包括「相當數量」的女性，[29]根據一位治安官（officiers de paix）*的報告描述：「大多數為小資產階級和工人階級。」[30]而且必須承認，古約在《提燈報》（*La Lanterne*）發起的新運動，引起了公眾輿論的興趣，[31]因為巴黎極左派主要人物和聯合會主事者都參加了該運動。還值得一提的是，演講的基調顯示了女權運動對該領域的影響力。

隨後，主導在法國建立廢娼聯合會的福音教派廢娼運動思潮，其行動也逐漸與道德協會的工作結合。一八七五年巴特勒停留巴黎時，成立了巴黎公共道德復興委員會（Comité parisien pour le relèvement de la moralité publique），附屬於廢娼聯合會。該委員會由愛德華・沛桑瑟、莫諾醫生和衛理會（wesleyenne）牧師組成，其活動範圍不斷擴大，並在一八八三年五月轉變為法國公共道德復興聯盟（Ligue française pour le relèvement de la moralité publique）。[32]

這個新聯盟在法國落地生根的程度，比廢娼聯合會廣泛得多，一八八三年底在外省已經有八個委員會，也舉辦了許多會議，特別是在新教勢力強大的地區。但對公共道德的關注在運動中愈來愈占上風，遠大於廢除管制式賣淫的訴求，這種轉變在一八九一年愛德華・沛桑瑟去世後變得更明顯。至於協會的

---

* 譯註：由路易十四於一七九一年設立的職務，於一九二一年取消。

活動在首次一鳴驚人之後就一落千丈，[33]直到一八九八年成立國際廢娼委員會法國分會之後，[34]賣淫問題才重新列入議程。該分會後來移植到了在此期間持續提倡廢娼信念的法國公共道德復興聯盟，這意味著主要由於激進廢娼主義者的大力支持，廢娼運動才得以在一八七六年至一八八三年間成功發展。

二、巴黎極左派反對掃黃警隊的運動

巴黎激進分子領導的反警察總署抗爭，是為了捍衛受到保守派及其後機會主義派政府官員專斷威脅的個人自由和人權，屬於整體抗爭的一部分。這種廢娼主義主張自由（libéral），但並非自由至上主義者，與巴特勒的禁娼主義明顯不同。此外，這場運動也深植於巴黎人民對凡爾賽政府的怨恨，反映了首都居民對自治的憧憬。在與警察總署的抗爭中，巴黎極左派首先針對掃黃警察開刀，因為現在已經非常明顯：掃黃警隊是最受批評、因此也最脆弱的部門。

如同十九世紀前半葉的所有警政和監獄機構，掃黃警隊從一開始就成為激烈抨擊的對象。[35]但直到第三共和初年，極左派才開始攻擊官方機構官員的專橫行為。一八七二年，在一份著名的報告中，[36]亞瑟・蘭克議員（Arthur Ranc）以市議會內部委員會的名義譴責了掃黃警隊，而該委員會旨在研究警察總署的行政管理。蘭克議員先指責警察總監萊昂・雷諾（Léon Renault）在首都街頭發起由掃黃員警進行的可恥「臨檢」（razzias），並譴責警察總署權力過高，進而要求保證個人自由、改革聖拉札監獄醫護所，尤其必須通過法令以將妓女納入普通法的管轄。簡言之，蘭克議員的報告內容，包含了日後極左派反警察總署運動發展出來的基本主題。然而當時市議會的大多數成員為溫和派，蘭克的抗議徒勞無功。

一八七六年十一月，巴黎解除戒嚴六個月後，古約示意對下列人士發起抗議行動：對抗第一局局長樂庫賀、警察總監菲利克斯・瓦讚（Félix Voisin）、以及他們的頂頭上司司法部長朱爾・杜弗爾（Jules Dufaure）和帕特里斯・麥克馬洪元帥（Patrice de MacMahon）。*[36]根據古約的說法，他在里昂的兩家報紙《進步報》（*Le Progrès*）和《小里昂人報》（*Le Petit Lyonnais*）上讀到關於兩名公娼被捕後自殺的悲劇報導，使他決定提筆抨擊警察的做法。第一名妓女是梅蘭妮・M〇〇，她在抵抗掃黃員警時被一輛公共馬車（omnibus）輾過雙腿，最後成功地從送她前往拘留所的出租馬車（fiacre）上跳下，卻溺死在隆河裡；第二名妓女瑪麗・D〇〇，為了躲避搜查她住處的員警，從三樓的窗戶一躍而下並身受重傷，幾小時後在醫院裡死亡。其後不久，女演員羅賽麗亞・胡瑟爾（Rosélia Rousseil）在林蔭道上散步時，也遭到掃黃員警暴力攻擊。

十一月二日，在《人權報》（*Droits de l'Homme*）專欄中，古約以義憤填膺的措詞撻伐掃黃警隊。這篇文章只是這場高潮迭起且漫無止境的運動第一回合。這家報紙得到英國廢娼主義者支持，其後兩個月內不斷抨擊掃黃警隊，也為巴特勒開闢了專欄。同時，左派和極左派的媒體開始活躍，發起了一場針對警察總署的真正集體抗議。[38]

古約即刻在巴黎市議會開始進行抗爭。十一月四日，他在討論警察總署的預算時，要求將有關掃黃

---

* 譯註：當時的法國總統。

警隊的項目單獨處理並保留條件；三十日，他在前來議會列席的警察總監瓦讚和樂庫賀面前激烈抨擊掃黃警隊；十二月二日，議會推選了一個旨在研究警察總署運作的委員會。雖然麥克馬洪總統應政府要求，於十二月六日頒布法令撤銷這項決定，但議會置之不理，並著手推選新的委員會。政府和巴黎市議會正式宣戰。

但在十二月七日，古約被第十一輕罪法庭判處罰鍰和六個月的監禁。訴訟期間，由於只能針對蔑視官員的指控答覆，他無法質疑掃黃警察行動的合法性問題。翌年最初兩個月，激進派支持了巴特勒及其友人的巴黎抗爭運動；一八七七年四月，古約入獄服刑。儘管有英國協會的財政援助，《人權報》仍因古約服刑而消失，[39]抗爭運動的第一回合於焉落幕。

在五月十六日之後的鎮壓期間，這個問題不再占據時事頭版。但自從十一月共和派在選舉中取勝後，接替《激進報》（*Le Radical*）的《提燈報》著手進行新一波論戰。十二月十七日，隨著巴黎警察總監瓦讚離職、基格受命接任，這場論戰畫下終點。一場更激烈的抗爭活動將在一八七八年十月至一八七九年七月撼動公眾輿論。[40]如今共和國取得勝利，對於正在進行的肅清工作，巴黎的極左派打算趁機摧毀警察總署的權力，並試圖將其置於市議會控制之下。但他們最後只成功讓威廉・瓦丁頓（William Henry Waddington）的機會主義政府支持不力的內政部長馬瑟爾和警察總監基格辭職。

古約在一八七八年十月十日之後再度執筆，於《提燈報》專欄中繼續抨擊掃黃警隊。[41]兩年來古約建立了一個檔案，在警察總署裡還有許多內應。在一系列題為「一名前掃黃員警的揭密」、「醫生來鴻」，尤其是「年邁小職員的投書」的匿名文章中，他極為精準地譴責了警察總署人員的不當行為。第一波抨擊之後，樂庫賀即辭職求去，從此決定執筆捍衛自己被指控的名譽。[42]但報紙再次猛烈抨擊、聲援古約，尤其是在女工歐古思婷・B○○在工作了一天之後被掃黃員警逮捕的事件後，業已引發巴黎媒體幾乎一面倒的抗議。[43]

警察總監基格對猛烈抨擊感到憤怒，起訴了《提燈報》，報社主管被判處三個月監禁和一千法郎罰鍰。但在一八七九年一月，馬瑟爾因輿論批評的精準明確而動搖，遂任命了一個委員會，負責調查警察總署的運作。該委員會由參議員舍爾薛和亨利・托萊因（Henri Tolain）、眾議員皮耶・堤哈（Pierre Tirard）和亨利・布里松（Henri Brisson）、警察總監基格和亨利・杜利埃醫生（Henri Thulié）組成。一八七九年二月十六日，這個對掃黃警隊不太有利的委員會，認為無法完成任務而遞交辭呈。因此問題又回到眾議院，而巴黎市議會的極左派獲得激進共和派領袖的支持，他們確實更關心人事清洗，而不是打壓對賣淫的管制活動。因此，克里孟梭指責馬瑟爾轄下的警察總署人員素質低下，也責怪他下令進行祕密調查，並要求按照共和派的利益重組該機構。雖然在另一方面，萊昂・甘必大（Léon Gambetta）*及其友人已經與抗爭分道揚鑣；一八七九年四月十四日，蘭克議員在《法蘭西共和國報》（*La République française*）專欄中，嚴詞批評《提燈報》反對掃黃警隊的運動。最後，眾議院拒絕向馬瑟爾部長發出信任令，並指控部長與金融界聯繫過於密切，導致馬瑟爾辭職，連帶拖累了警察總監基格下台。部長會議主席瓦丁頓和新任內政部長夏爾・勒佩爾（Charles Lepère）指派安德里厄取代基格。抗爭的第二階段，

* 譯註：時任眾議院議長。

因此以《提燈報》和警察總監的雙雙失利告終。

一八七九年六月到一八八一年春天，抗爭捲土重來，但這次的對象是警察總監安德里厄。論戰再次延伸到市議會之外，並讓眾議院分裂。一八七九年六月二十二日，博內福斯先生（Bonnefous）及其侄女相繼被捕，六月二十四日，法蘭西喜劇院（Théâtre-Français）的十八歲寄宿生貝爾納琪小姐（Bernage）也被逮捕，讓古約在《提燈報》專欄中發起了新的抗議。警察總監安德里厄在他的回憶錄中，以逗趣而事不關己的語氣敘述了這些事件，他拒絕屈服於報紙的勒索。六月二十八日，他下令查封《提燈報》。在甘必大庇護下，安德里厄於一八七九年七月一日讓眾議院批准了一項權力法案（Acte d'autorité），明確表示賣淫管理不過是一項道路問題。《提燈報》負責人於次月再度被定罪。

但古約在一八七九年補選後進入市議會，讓市議會與警察總監安德里厄之間的關係極為緊繃。安德里厄與他的前任不同，他拒絕參加議會成立的調查委員會會議，因為該調查委員會在經過重組後，於一八七九年一月二十七日開始執行任務。[44]另外，市議會在一八八〇年十二月二十八日通過了古約和尚・拉尼桑（Jean Marie Antoine Louis de Lanessan）的提案，廢除了巴黎掃黃大隊。一八八一年三月二十九日，艾本女士（Eyben）被捕，她停在全景廊街上等待她的孩子時被掃黃員警盤查，這再次引發衝突。四月十日，帕斯卡爾・杜帕（Pascal Duprat）就這一事件向政府提出質詢。安德里厄藉著他的機智過人、甘必大的妙語如珠和機會主義重要人物的支持，成功讓輿論站在他這邊，並博得議員的好感。七月十八日，他們以三百二十四票對九十一票，無視特設委員會的意見，拒絕了艾本女士要求授權她得以對本身也是議會成員的警察總監提起訴訟。值得一提的是，根據廢娼主義媒體的報導，[45]安德里厄能贏得勝利，是因為他能夠迎合大多數人的中央集權心態，當時眾議院對廢娼主義的敵意，滋生自外省眾議員對首都的敵意。

但政府此時認為安德里厄是個包袱，特別是他與市議會的關係變得更加緊繃，加上左派媒體暗示警察總監涉及一樁性醜聞。[46]安德里厄認為政府將警察總署部分納入內政部管轄的計畫不夠充分，因此茹費理（Jules Ferry）*和內政部長歐內斯特・康斯坦斯（Ernest Constans）急忙接受安德里厄請辭。古約的抗爭運動再度失敗，但警察總署勢力也被削弱。

抗爭運動的最後階段，不過是市議會極左派和安德里厄的繼任者之間沒完沒了、卻純屬局部的游擊戰。激進派在一八八四年市政選舉中獲勝，因此市議會拒絕表決警察總署的預算。此外，塞納省議會在一八八二年十二月二十六日，表決通過了古斯塔夫・梅蘇荷（Gustave Mesureur）提出的支持廢娼主義決議。[47]可能正是由於這種反對力量，使皮耶・瓦爾德克—盧梭（Pierre Waldeck-Rousseau）於一八八三年十月所提出；目標是讓警察總署隸屬內政部的計畫再度失敗。[48]但必須注意，廢娼運動此時並沒有妨礙掃黃警隊的行動，被逮捕的妓女人數多得前所未見。很顯然，即使迄今為止持保留態度的某些媒體機構，現在轉而贊成廢娼主義了，[49]但公眾輿論已對這個曠日廢時的話題感到厭煩。

然而，這些年的廢娼主義歷史，藉由兩大事件留下了標記：一八八二年古約的《賣淫》（*La Prostitution*）一書出版；以及一八八三年三月二十九日和四月十六日，市議會委員會通過了由菲奧醫生

* 譯註：當時的法國總理。

起草，呼籲廢除掃黃警隊的報告。這份報告被移交給了市議會新成立的衛生委員會，後者旨在更全面地研究首都的衛生問題。七年後，該委員會得出了稍微不同的結論，從其總報告員希莎的著作中可以看出這個變化，[50]因為該書是一部明顯受到新管制主義啟發的作品。

經由這些曲折的過程，其情節對應著英國和歐陸廢除賣淫聯合會成員的努力而發展，終於產生一套廢娼主義論述，它與禁娼主義者行動所依據的論述大不相同。

與管制主義不同，自由派廢娼主義並不是與官方衛生檢查機構相關的醫生進行調查的結果，也不是受到經驗主義社會學方法啟發，它與警方行政管理人員的經驗毫無關係。影響自由派廢娼主義至深的是古約那本重要著作的基調，它與帕宏—杜夏特雷的著作完全不同。儘管古約提出了統計架構，但很明顯地，他對賣淫世界並不熟悉，也沒有進行過任何個人調查，更沒有對公娼的既定形象帶來任何變化。自由派廢娼主義的理論家，往往是或多或少涉入政治行動的政論家，以及不乏傑出者在內的法學家、哲學家和道德家，在他們眼中，他們對抗的體系不過是保守主義的一部分；他們以政治和道德理想的名義來抗爭，其目的遠遠超出了管制式賣淫的範圍。[51]

廢娼計畫的根本目標並非廢除賣淫，而是**解除妓女的禁閉狀態**，並摧毀在普通法之外造成邊緣化環境的整套體系。因此，廢娼主義的論述首先是對管制主義提出批判性分析，尤其是針對管制主義之極致的機構：寬容妓院。

為達成這一目標而援引的原則十分明確，正是以尊重個人自由、法律之前人人平等和普通法的名義，簡而言之，廢娼主義者引證一七八九年的偉大原則和《人權宣言》，從而要求掃黃警察銷聲匿跡。

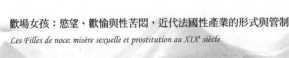

古約是第一個運用驚人的近代術語，出色地證明賣淫被社會排斥和邊緣化的人，而被排斥和邊緣化的不只妓女，還有她們的盟友——掮客和妓院女老闆。

但廢娼主義並非如某些反對者所言，是一種自由至上主義，因為沒有任何支持者贊成婚外性關係，更遑論鼓吹肉體享樂。古約在強調性慾先於青春期或至少與青春期同時出現之後，拒絕斷定青少年有權享受肉體快感，[52]因為對他來說，譴責婚外性關係是一項不容置疑的前提，菲奧醫生也持同樣看法。[53]自由派廢娼主義者認為同性戀和「性變態」應該同受譴責，其攻擊之刻毒遠遠超過最堅定的管制主義者。古約的奮鬥目標在於實現性秩序、捍衛婚姻和家庭，如果有必要解放婦女，那是為了讓她們成為妻子，也就是促使其重尋「貞節」（l'honnêteté）。對菲奧來說，妓院應受譴責，因為除了其他害處，妓院還讓工人放棄婚姻。[54]這些自由派廢娼主義者對新馬爾薩斯主義（néomalthusianisme）*的敵意，幾乎與對鼓吹增產報國的新管制主義者一樣明顯。兩者的觀點差異則在於選擇的手段不同：自由派廢娼主義者並不打算以監督方式來約束失序的性行為，即荒淫無度的行為。

他們拒絕國家干預[55]個人的性關係，因此與禁娼主義者相反，他們要求在不觸怒公眾觀感的情況下，享有私人賣淫的自由。古約在譴責淫樂以及禁慾主義的同時，認為婦女必須能夠自由處置她們的身體和美色，一如男人可以自由使用他們的大腦及雙臂。[56]正是個人責任感與自制力、[57]**自我克制**的發展，加上教育的進步，才能成就性行為秩序；自由主義的實踐和個人道德的進步，足以保障社會道德。

* 編註：新馬爾薩斯主義主張節制生育來限制人口增長。

因此，首先必須避免混淆法律和道德，法律的功能並不在於淨化社會。

自由派廢娼主義在此反映了一種受實證主義啟發的樂觀主義，旨在壓抑性行為。而在管制主義者眼裡，在性慾等待期時求助於賣淫是一種必須的手段。古約和菲奧都宣稱自己深信文明發展、**文化和衛生的進步，總之就是歷史前進的方向，將讓性關係更為含蓄**。[58]這種道德反思結合了捍衛普通法的問題，在夏爾・雷諾維耶（Charles Renouvier）和他的弟子法蘭索瓦・皮隆（François Pillon）的著作中完成了理論，他們以自然道德的名義，在《哲學、政治、科學和文學評論》（*La Critique philosophique, politique, scientifique et littéraire*）上為廢娼主義者的命題辯護。[59]

廢娼主義者的推論必然包含幾個結果，這些結果直到抗爭辯論的後期才會出現：因此，男女責任平等的觀念讓菲奧提出法律親子關係研究，[60]而後認可設立「兩性之間感染罪」（délit de contamination inter-sexuelle）。另一方面，既然犯罪人類學建立了賣淫是先天性的理論，自由派廢娼主義者便大聲宣稱他們相信矯正教化的可能性，而不會太深入分析這一現象的社會成因。

捍衛個人自由的願望，促使了廢娼主義者指出新威脅的存在，而這正是他們的論述更趨近於近代之處。他們確實像英國的禁娼主義者一樣，**打算保護個人不受警方施行、醫生更甚的「新宗教裁判所精神」**（nouvel esprit d'inquisition）[61]影響。他們強調醫生與這種精神的關聯，成為法國最先譴責醫療權力濫用的人。廢娼主義者長篇大論譴責妓女被迫接受健康檢查，認為這是「醫療強姦」，[62]也證明醫學界對自身必須克服並打破的、以廉恥為名的性壓抑和性禁忌課題長期噤聲。早在一八八二年，古約即揭露警方和醫生不斷找藉口（尊重宗教和道德，首先是維護公共安寧，然後是保障公共健康）來維持一套以利潤、警方情報和獨斷專行帶來的快感為基本目標的體系。[63]這些廢娼主義的豐富文獻，清晰地揭穿了性行為管制法規的相關醫學論述之前提和偽科學性質，而這便是這些文獻的主要特點之一。

對巴黎掃黃警隊所代表的體系進行批判性分析，是廢娼主義論述的基本內容。這種評論的組織方式，值得留意並加以研究。廢娼主義者對該機構的根本批判，在於它對個人構成了威脅。鑑於被除名的妓女人數很少，掃黃警隊實際上是個將偶爾賣淫的妓女變成終身妓女的機構。這個體系標出了一條路線，讓被包養的女孩被登記成有牌公娼，然後進入寬容妓院，並從此置身社會之外。這種將個人邊緣化的權力，使得同樣被邊緣化的掃黃員警，得以對始終與他們相關的妓女任意行使專斷的權力。[64]這些人與妓女一樣不光彩，因為他們大多是酒鬼，根據殘暴和復仇的性格行事，是妓院的常客，他們認為自己可以對女人做任何事情。他們與妓院女老闆勾結，經常進行敲詐；更糟的是，他們的存在事實上促成皮條客的存在，而皮條客正是賣淫體系的產物，古約將他們譴責為妓女和警方之間不可缺少的媒介。

於是，被登記成為公娼的妓女，成為警方隨心所欲的終身囚犯。「捕獵妓女」[65]的告發檢舉，以及每天在大城鎮對出租套房實施臨檢和訪視，都構成了廢娼主義文獻的主題；我們清楚看到，正是這類醜聞有力地區分了抗爭運動的各個階段。妓院女老闆也被指控為賣淫體系的重要人物，是為警方禁閉妓女不可或缺的人員。負責執行法規的是妓院女主人，但也正是她鼓勵寄宿妓女欠下債務，以妨礙她們獲得自由。

導致個人自由遭受壓制的制度是**不合法**的：「行政拘留」的存在，將妓女置於普通法之外。廢娼主義者與管制主義者不同，他們迅速將爭辯置於法律基礎之上。他們由此沒完沒了地駁斥反對者的論點，並得到知名法學家的意見，[66]和最高法院眾多裁決的背書，這些裁決強調逮捕和懲罰的非法性，並譴責管理當局僭越真正的司法職責。再說一次，如果我們遵循刑法，則賣淫並非犯罪；若是犯罪，勢必涉及兩個罪人。此外，巴黎和大城市普遍實行的未成年人登記公娼，[67]嚴重違反刑法保護孩童的條款。許多妓院女老闆的心態也是如此，她們在警方默許下，接受年輕男子進入她們的場所。

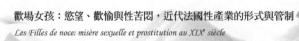

這種對女性任意且非法的禁閉，既不道德也無法律效力，妓女成為警方的「物品」。管制主義者本身應對其進行譴責，因為這已經構成了管制主義計畫失敗的明確證據。這些行為之所以不道德，是因為寬容妓院遠非受管制的下水道，允許男人在性慾等待期能進行正常而被寬容的性行為，而是已經成為「所有極端性惡習先向心、後離心的焦點」，[68]無法向妻子要求肉體快感的男人，如今依賴窯子的妓女來得到滿足。[69]賣淫體系也是不道德的，因為它替妓女從良設立了幾乎難以逾越的障礙；當她們在妓院裡醒來的那天，「她們感覺到，在她們之上的是整個社會組織，從代表資本的妓院女主人，到代表整個社會權威的員警，再到被她們視為拷問者和獄卒的醫生」。[70]用米賀醫生自己的話來說，妓女是「犧牲了自身人格」的奴隸。[71]古約表示，對管制主義者來說，非常重要的是在公眾心目中聯繫起賣淫、醫院、瀕死和地獄等這些簡而言之屬於犯罪及其懲罰的概念；在他們看來，讓妓女輕鬆致富、進而成為受人尊敬的人，是非常可恥的事情。因此管制主義者不僅沒有像他們所宣稱的那樣希望迷途妓女能從良，反倒支持一個本質上不利於從良的體系。[72]

這些反思導致某些自由派廢娼主義者，特別是菲奧，在某種程度上修飾了迄今為止幾乎一成不變的妓女形象，他們對妓女的廉恥心、宗教精神和母愛等老舊成見提出質疑，轉而強調她們「無可救藥的喪志」、[73]她們的惰性、她們的道德淪喪，最後是她們的逆來順受，甚至她們的職業責任感。

正因體認到公共衛生論點在管制主義論述中興起，廢娼主義者堅稱管制體系在這一領域失敗了。健康檢查時間太短，[74]無法確認是否發現淋病或梅毒；更糟的是，診療所是傳染性病的場所，而且簡短治療只會妨礙確實治療。監獄醫護所實際上綜合了管制主義的所有罪惡，因為禁閉、強姦和無能在此結合。警察總監任命的醫療團隊由庸醫組成，治療方法已經過時。修女稱生病的妓女為「我們的女人」，其態度之嚴苛就像掃黃員警一樣，眾所周知。修女無法擺脫這樣的想法：染病婦女的治療，必須是對肉體享樂的贖罪。為了證明衛生方面的失敗，古約開始無窮無盡地爭論《傳染病法》的有效性，以及比較暗娼與公娼的發病率；[75]儘管他自己使用的手段與嚴格的科學方法相去甚遠，但他對管制主義醫生建立的統計資料提出了明理的批評。

改革的提案來自這種對體系的分析；一八八三年市議會委員會通過的報告中，可以看到這些提案的總結。由於上述所有原因，委員會要求廢除掃黃警隊，取消官方賣淫，同時也要求解除全部公娼的禁閉狀態。「現在只剩下自由的妓女」，因此她們能受普通法的約束，若是違反法律或員警的命令，她們將被移交給普通法院。

根據委員會的意見，有必要對賣淫進行立法，但目的僅止於確保「尊重社會風化」。這次的目標，是為抑制賣淫提供法律依據。新法規必須加重對勸誘孩童賣淫的處罰，將對未成年人的保護延長到十八歲，追查違法惡習，[76]即同性戀和「性變態」，尤其將以聲音或肢體糾纏方式拉客判定為犯罪，執意停留在公共道路上拉客者亦應比照處理。警方本身則將致力於驅散妓女集結。

在衛生領域方面，委員會呼籲廢除為了性病患者特設的監獄型醫院，並根據患者的期望，讓她們在普通醫院接受治療。性病從此將不再被視為「必須另外研究、分開治療，並用獨特語言提及的神祕怪物」。[77]特別是梅毒，將與其他疾病一視同仁，甚至不比許多其他疾病更嚴重。行政部門將努力增加門診諮詢，並為希望就醫的人提供救濟和免費醫藥。最後，委員會大多數成員認為，女性教育方面取得進展，以及婦女工作方面採取的一些含糊措施，即使不能讓賣淫現象完全消失，也足以減少賣淫行為。

廢娼主義的分析巧妙地揭露了管制主義的前提和動機，證明了管制主義體系的非法性，以及它的無效（或許證明得不那麼成功）。由此說明了為何這些政論家的樂觀，認為自己可以導正賣淫業的增長。儘管對管制主義的批判建立在對工業文明社會和性結構的分析上，但至少在第一次世界大戰之前，廢娼主義對於大多數輿論而言仍如同上文所述，是一場聲稱要將法國大革命的偉大原則，應用於尚未受惠的最後一批人的運動。

三、女性主義和新生工人運動中的廢娼主義

間接提及女性主義使徒和勞工運動積極分子參與廢娼主義運動的內容，散見於前文不同片段，讀者想必已知悉。說實話，他們的立場在當時並不特別稀奇。女性主義和工人組織接受廢娼聯合會的邀請，甚至有時接受補助，共同參加這場抗爭，他們採用極左派的論點來與警察總署對抗。我們也知道，一般來說，他們一開始就置身於激進派軌道。但他們對自身的關注，導致其運動者強調社會現象的重要性，

並試圖影響廢娼主義者朝這方面思考。

在法國廢除管制式官方賣淫協會中，有許多女性主義領導人，其中德雷斯梅、艾蜜莉・莫爾西耶和卡羅琳・巴羅（Caroline de Barrau）是最活躍的。《婦女報》（*Journal des femmes*）的創始人之一艾伯特・凱斯（Albert Caise）在廢娼運動開始時，已於一八七六年十一月十五日發起反對寬容妓院的連署書，屬於最早的兩份連署書之一。他要求關閉寬容妓院、廢除掃黃警隊、立法管制公共道路教唆買春行為、增加診療所、讓妓女回歸普通法管轄，並在提供免費世俗義務教育同時，也制訂關於女性勞動的新法規。這項請願書遭到拒絕介入此事的參議員回絕。[78]

一八七六年工人代表大會（Congrès ouvrier）後，在巴特勒鼓勵下，成立了「改善女性處境民主聯盟」（Ligue démocratique pour l'amélioration du sort des femmes），不久後由德雷斯梅擔任主席，其所採取的立場，顯然與聯合會的行動一致。一八七八年九月，在巴黎舉行的國際聯合會第一次會議上，《婦女權利》（*Droit des Femmes*）編輯萊昂・理謝（Léon Richer）發言闡釋受激進思想啟發的女性主義原則。一八八二年，在雨果的支持下，理謝創辦了法國婦女權利聯盟（Ligue française pour le droit des femmes），並將廢除管制式賣淫納入該協會的計畫中。

這一要求如今是女性主義的主旋律之一，但沒有任何真正的新論點可言。[79]現在必須指出的是，當廢娼運動於一八九八年至一九〇一年間在法國重生時，立即得到所有女性主義組織的支持。[80]一九〇〇年，在巴黎召開的兩次女性主義國際大會一致表決通過，廢除道德領域所有的例外措施。一九〇一年，除了茱莉・齊格弗里德夫人（Julie Siegfried）之外，法國婦女全國委員會（Conseil national des femmes françaises）的所有主席團成員，也都是廢娼聯合會成員。每一個女性主義協會成立時，都把廢除管制主義和兩性單一道德標準載入其綱領。[81]女性主義期刊和報紙都宣布反對掃黃警察，例如：《投石黨報》（*La Fronde*）、*《基督教女性主義》（*Le Féminisme chrétien*）以及《婦女報》。「不論是位於哪個極端的女性主義，在這方面的觀點都是一樣的。」[82]

廢娼主義第一次示威遊行，也受惠於工人運動代表積極出席；一八七七年初，拉烏爾小姐（Raoult）在巴黎會議的資產階級聽眾面前，[83]描述了巴黎工人的悲慘境況，隨後在新聯合會成立的日內瓦大會上，她又重提這個主題。第一屆工人代表大會也將廢除管制式賣淫置於重要地位，因為當工人運動受到實證主義和激進主義意識型態的局部影響時，最早是勞工運動對這一問題的重視程度最高。[84]

早在運動發起之前，賣淫問題就已在一八七六年的巴黎工人大會（Congrès de Paris）受到譴責；一八七八年一月二十八至二月八日在里昂舉行工人大會，在對工人狀況整體反思的脈絡中，賣淫問題再次受到詳細討論。在這些辯論中，我們發現了當時工人運動特點所在的同一套對性慾焦慮，像是監工、文員和工頭的行為對**工人階級的家庭名譽**所構成的危險受到抨擊，因此薩洛蒙（Salomon）以公共道德為由，呼籲廢除職業介紹所（agences de placement），並由工會（chambres syndicale）取代。來自里昂的婦女代表卡哈慈女士（Carraz）詳細分析了工業中心女工傷風敗俗的原因，她歸咎於女工的愚昧和貧困，並譴責管制主義式賣淫，最後總結宣稱：「我們所有的努力都必須走向這個目標：進行城市消毒，必須廢除寬容妓院和所有繳營業稅的賣淫活動。」[85]來自漢斯的代表則批評了工作場所的男女混雜，以及因而產生的失序放蕩。最後，專門研究工業中心的流浪者和道德問題的委員會主席馬藍沃

（Malinvaud），他所提出的結論經由大會表決通過：掃黃警隊被宣告為不道德、非法、無益且無效，並要求廢除。一八七九年在馬賽舉行的「永垂不朽大會」（immortel congrès）上，路易絲・塔迪夫（Louise Tardif）反過來指責是男性的偏見與行為導致婦女賣淫。[86] 一年後，勒哈佛爾大會上針對掃黃警察問題進行辯論時，廢娼聯合會的成員奧古斯特・德穆蘭（Auguste Desmoulins）就這個問題發言。最後，基於婦女權利委員會的建議，掃黃警隊再次且特別強烈地受到譴責。誠然，自一八七九年以降，這種反對意見已涉及了社會主義的廢娼主義，與早先的形式並不同。

這場多層次的熱烈運動所取得的成果，其重要性仍有待衡量。毫無疑問的是，它提高了公眾的認知：當我們回顧一八七六年至一八八四年這段期間，會發現報刊、文學和視覺藝術將賣淫當作重要主題。廢娼主義論述如今已有條理，法律、衛生和道德方面的大量論據也已建立。古約的著作是反對帕宏—杜夏特雷信徒的參考書。

一些官方機構被捲入論戰，政治決策者不得不表明立場：一八八三年和一八八四年，當市議會委員會批准菲奧的報告，以及議會本身拒絕審查掃黃警隊的預算時，廢娼主義者無疑獲得成功。另一方面，一八七八年和一八八一年，眾議院中的機會主義多數派不承認巴黎極左派的運動，而激進派本身的領袖，如克里孟梭等人，也不願太過投入。

實際上，抗爭運動的成果極少。正如菲奧在二十年後所承認，外省城市對這個問題並沒有太大興

* 譯註：由瑪格麗特・杜蘭（Marguerite Durand）於一八九七年創辦，是世界上第一份女性主義日報。

趣。這場運動雖然讓警察總監基格在一八七八年放寬了對首都賣淫的管理，也讓安德里厄廢除了掃黃大隊，卻難得有地方行政部門被廢娼主義者的論點吸引。這方面的倡議一覽表很快就可以列完：一八七八年，布爾日市長禁止在寬容妓院禁錮妓女，並要求在所有寬容妓院中張貼禁令文字；同年，廢娼主義者成功阻止了貝萊（Bellay）的一家妓院開業。一八八〇年七月十五日，香貝里（Chambéry）舉行了同一目的的女性示威活動，這些都彰顯了廢娼主義者贏得勝利。但當時沒有一個城市敢禁止被寬容的賣淫活動。其實從一八八四年到一九〇〇年，我們注意到在這方面只採取了四項措施：一八九一年，亞眠市市長弗雷德里克・珀蒂參議員（Frédéric Petit）關閉了寬容妓院，但一八九五年選出新市長後又重新開放。[87]一八九三年，庫爾布瓦市成為第一個永久廢除管制式賣淫的城市。一八九七年四月二十八日，薩蘭市長尚朋細數過去三十六年來該市發生的醜聞後，以一項此後被廢娼主義者視為典範的法令，將一八六一年即在該市開設的寬容妓院關閉。最後在一九〇〇年六月，蓬塔利耶市政府拒絕批准在市政當局的土地上開設寬容妓院。這些成果不足為道。雖然公眾輿論或許因而躁動，但並未被說服，這方面可由連署書的相對失敗說明。[88]但廢娼運動的強度仍足以刺激決策者進行反思，並以極為嚴密和令人信服的新管制主義形式作為回應。

事實上，廢娼運動內部同時存在著堅持壓抑性行為的福音派和道德派禁娼主義，以及無神論的自由主義，動能因而被削弱。然而，這兩股潮流並不如乍看之下那樣相距甚遠：古約不是把他的著作題獻給巴特勒嗎？他們不僅在批評婦女的奴役地位、保護個人和廢除官方寬容的賣淫等方面意見一致，對於期望個人道德發展、促使禍害消失也所見略同。雖然這兩人一如管制主義者，都同意賣淫的原因來自貧

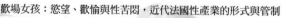

困、工資不足，簡言之是社會秩序因素，但他們幾乎都沒有往這個方向做分析；他們的論述在此功虧一簣，同理，他們對賣淫功能的思考更是如此。

此外，自由派廢娼主義者在性關係方面極為信奉個人自由，也渴望矜持能獲得勝利，渴望支配性慾衝動、將壓抑內化。這些想法，也因而造成這股廢娼主義派系的模稜兩可，它一方面承載著解放被奴役婦女的使命，卻又帶有性壓抑的理念，因為他們也要求個人進行自我審查，以遵守性行為秩序。將福音教派、實證主義和康德道德哲學巧妙混合的做法，是當時的特徵，並已在資產階級圈子裡為年輕人「道德化」做好了準備，而這一過程剛好在第一次世界大戰前夕，與民族主義的崛起同時發生。[89]

「資本主義者的後宮」[90]與「窮人生殖力的疏通器」[91]

一、社會主義關於賣淫的論述

在此將不回溯社會主義關於家庭和性行為方面的思想史，因為即使只是概略陳述，都會成為一部長篇巨著。在此我只打算研究第三共和的社會主義者對賣淫所採取的心態，並分析他們在管制主義者和廢娼主義者論戰時的立場。因此，我將注重指出各種傾向的社會主義者，從事批判性分析的相對一致性，以及領導人在抗爭中缺席的現象。

儘管烏托邦社會主義（socialisme utopique）的使徒們在性行為問題上存在分歧，即使馬克思主義者在這個問題上相對含糊，[92]但後來第三共和時期的法國社會主義者，對賣淫的原因和後果分析卻是簡單、清晰和一致的。這方面引起最多迴響的作品，是德國人奧古斯特・貝貝爾（August Ferdinand Bebel）在一八九一年發行法文譯本的著作：《過去、現在和未來的婦女》（*La femme dans le passé, le présent et l'avenir*）。法國本身也有一些或多或少直接參與社會主義抗爭的理論家研究這個問題，有些人以其為專業，如貝努瓦・馬隆（Benoît Malon）、[93]夏爾・博尼埃（Charles Bonnier）、[94]夏爾・安德列（Charles Andler），[95]尤其是愛德華・多萊昂（Édouard Dolléans）。[96]另一個層面，即工人大會上表達的激進言論，分析起來更為簡單，因為它們堅持不懈地譴責一切對工人品德的威脅。

賣淫被社會主義者視為一種不斷擴散的禍害。他們對此的分析與超管制主義者（hyper-réglementaristes）的執念不謀而合。因為賣淫像惡習一樣，是日益增長的罪惡，與資本主義結構的發展同步進行。多萊昂寫道：「階級組織使得賣淫成為生產和財富分配體系的一個主要零件。」[97]貝貝爾更早之前就說過，「賣淫成為一個必要的社會機制，一如警察、常備軍、教會和資方雇主」，[98]因為資本主義體制創造了一種「介於作為自然與性的存有，及作為社會存有，這兩種人類之間的矛盾狀態」。[99]

「沒有資產階級家庭，就不會有賣淫。」[100]事實上，資本主義制度在資產階級內部形成了名副其實的「婚姻重商主義」（mercantilisme matrimonial）。[101]就其意圖、模式和結構而言，資產階級婚姻家庭本身就是一種非正式的賣淫，具體實現於嫁妝、夫妻共有財產（communauté）、遺產和繼承等概念。只根據資產階級的標準讓女兒結婚的母親不過是個老鴇，[102]而「婚姻責任」的概念本身在貝貝爾眼中甚至

「比賣淫更壞」。[103]

但源於資本主義經濟結構的資產階級家庭結構，本身就意味著對無產階級家庭的破壞。[104]事實上，資產階級男性被迫晚婚，在等待婚姻期間往往養成淫樂習性。「階級品德」，特別是年輕女孩的貞操和婦女的貞節所代表的價值，決定了資產階級內部異常發達的性需求，僅靠該環境中的女性無法滿足。此外，成為資產階級特色的婚姻，具有商業或利害關係，進而導致夫妻之間的性生活不滿，進而求助於妓女，也造成通姦與同性戀（違逆自然的惡行〔vice contre nature〕）數量增多。[105]「為保持資產階級家庭財政力量的完整，必須由無產階級向富裕階層提供一定數量的女孩，以滿足其享樂需求。」[106]

為了滿足需求，資產階級這個名副其實的現代牛頭怪米諾陶，會向工廠、作坊和商店索取所需的女孩份額，工廠因此變身為「資本主義者的後宮」，老闆則象徵著威脅無產階級美德的邪惡力量。

資產階級透過三重過程，努力創造它所需要的賣淫供給：

(1) 正如皮耶－約瑟夫・普魯東（Pierre-Joseph Proudhon）、康斯坦丁・貝魁爾（Constantin Pecqueur）和恩格斯（Friedrich Engels）所譴責的那樣，[107]造成男女雜處的工廠是傷風敗俗的地方，也是十九世紀文學中一個取之不竭的主題。[108]工時過長，值夜班，勞動條件（溫度、被要求的勞動姿勢），導致年輕女孩和婦女士氣低落，而工運積極分子懼怕婦女成為工作競爭對手，也助長了這一現象，他們工人大會上表達的冗長怨言，清楚顯示了這一點。[109]在社會主義者看來，老闆甚至工頭行使的初夜權，具有讓工廠、工坊和商店道德敗壞的作用，其中又以工頭更甚。

(2) 婦女工資的不足是蓄意的，其目的不僅是降低生產成本來增加利潤，也是要迫使許多女工賣淫。透過這種方式，「資方找到了調節賣淫活動的手段」，[110]他們利用調節工資和就業量，提供了必要的妓女人數，以維護家庭，保護資產階級年輕女孩的貞操。工業資本主義需要無產階級女孩來填充妓院，正如他們需要無產階級男兒當炮灰。此外，經濟理性（la rationalité économique）使得就業量與商業繁榮成反比，讓資產階級在利潤下降時，能以更實惠的價格享受無產階級女孩提供的賣淫。馬克思已經指出棉花危機與英國年輕妓女數量的增長有關聯。

(3) 資本主義也造成無產階級賣淫，因為它使得工人的夫妻關係無法完全和諧。資本主義妨礙無產階級享受性行為，也有利於吸引他們買春淫樂。漫長的工作日、與工地距離太遠、付不起高額租金的狹窄住處、酗酒的習慣、由生活方式引發的婚姻暴行，都是工人階級夫妻感情融洽的障礙。馬隆惋惜道：「對無產階級來說，在有體面、穩定和富有成效的工作之後，沒有良好的晚間娛樂，沒有共同用餐，沒有共同教育子女（多麼甜蜜的聯結），沒有任何構成正常家庭的東西。」[111]此外，還必須加上晚婚、避孕措施、[112]實行禁慾規則和「非自然行徑」的干擾影響，都創造了賣淫的條件。不僅如此，貧困導致無產階級婦女的生理衰退，女工常見的器官疾病與月經失調，也促成「非自然」行為和「人為的高潮愉悅」（jouissances artificielles）[113]發展。別忘了還有需要久坐的工作，特別是操作縫紉機，根據貝貝爾的說法，這種工作「促使血液聚集在下腹部，因而壓迫臀部器官，引起性衝動」，[114]從而煽動淫慾。

資本主義結構強行發展賣淫活動，並由資產階級進行系統性調節，因此必須立即採取補救措施，阻止這種賣淫活動氾濫。首先是減少婦女的工作，應當記得，這「看來是工會運動在第一次聯合會議上面臨的重大問題之一」；[115]另一方面是提高婦女的工資和作坊的道德教化，以消除夜間工作、兩性雜處和老闆或工頭的無理要求。在這方面，社會主義媒體領導的運動相當具有意義，例如：一九〇五年在利穆贊爆發的革命性罷工翌日，極左派發言人在眾議院發言的內容，在此必須提醒，這次罷工起於工頭的不道德行為。在激進論述的層面上，反對賣淫的抗爭隨後變成了捍衛工人階級的家庭道德，而工人階級的家庭價值，在許多方面與資產階級家庭賴以建立的價值觀相似：婚前守貞、對配偶忠誠、推崇母性。此處不再提及改革資產階級婚姻模式的必要性，或糾正資本主義制度必須壓抑性慾本能。

就妓女的地位而言，社會主義理論家同意廢除掃黃警隊的訴求，主要是因為掃黃員警只監督無產階級妓女。因此，「警察管控認可了階級剝削」，[116]而社會主義市議員圖洛將他專門討論賣淫問題的著作題名為《愛情的無產階級》(*Le prolétariat de l'amour*)，即是想表達這一點。

奇怪的是，至少乍看之下，法國社會主義者在強調其論述連貫性和堅定性的同時，卻顯然不願堅定參與反對管制式賣淫的鬥爭，對於二十世紀初煽動輿論的賣淫問題重大論戰，他們也毫無疑問地持保留態度。社會主義不僅沒有在爭取廢除掃黃警隊的抗爭中居於主導地位，甚至有時讓人覺得社會主義團體其實贊同立法機構對此一問題的沉默。我們的主要目的，是釐清這種心態的原因。[117]

與意識型態相關的理由很明顯。社會主義者在這一領域並不指望實施普通法和尊重個人自由兩方面發生深刻革新，也不奢求男性性行為問題發展出個人道德良知。因此在他們看來，廢除法規和撤銷掃黃警隊這兩件事本身，並不構成決定性的補救措施。真正的解決辦法，在於破壞資本主義結構，從而使資產階級家庭及其缺陷消失。只有這樣的變革，才能讓無產階級內部的性關係蓬勃發展，簡而言之，就是建立和發展真正的無產階級家庭。一旦將根本性的社會變革視為唯一而且不可取代的解藥，就等於是將賣淫視為次要問題，所以很難鼓勵他們參與自由派廢娼主義者的運動。[118]

此外，社會主義理論家，首先是馬克思和恩格斯，在描述唯一可能讓賣淫消失的社會主義性生活秩序時，所表現出的不精確甚至不一致，明顯妨礙了社會主義者投入抗爭活動。[119]社會主義者確實認為賣淫總量與未被滿足的性需求總量及單身的規模有關，但他們並沒有精確解釋實際上如何讓社會主義社會中所有的賣淫需求消失。賣淫的論述在此變成一個樂觀的烏托邦，讓人對那些打算立即改善妓女命運而進行的抗爭缺乏興趣。

某種政治機會主義也能說明社會主義者的緘默。自一八七六年以來，這一領域一直被廢娼主義運動占據，這是一個異質的聯盟，包含了嚴守教規的新教徒、進步主義者和激進派，除了極少數例外，都來自貴族或資產階級。英國和歐陸廢除賣淫聯合會，乃至後來接棒抗爭的道德協會，聲稱自己不屬於任何哲學宗派，並集結了一切不同政治傾向的成員。這種態度讓社會主義者遲疑，而這些運動長久以來也對他們強烈猜忌。對於關心妓女的庇護教化和從良的廢娼主義領導人而言，道德毫無疑問優先於社會問題。聯合會中負責輔導妓女從事慈善事業的女士所從事的慈善工作，帶有家長式管理的特色，因為收容從良妓女，目的不也包括為資產階級提供僕人嗎？在廢娼主義者的圈子裡，不存在社會主義者對資產階級家庭的那種指控，至少理論層面上是這樣。

廢除管制主義也成為當時被激進意識型態所主導的女性主義最愛談論的話題。《投石黨報》對這個問題採取了最堅決的態度，但我們知道，[120]女性主義在社會主義運動中的興起有多麼困難，其程度和影響在第一次世界大戰之前又是多麼有限。本世紀初期開始組織反對白奴貿易的抗爭時，是以貴族和中上層資產階級成員所領導的同盟形式。總之，廢娼主義最初的形式，一如反對販運婦女的抗爭運動，外表看來太像是資產階級的道德組織，無法促使社會主義者大規模加入抗爭。

更深入地說，社會主義領袖幾乎都是小資產階級出身，深受這個階級的道德浸染，和當時所有議員一樣，他們顯然對於處理性行為和賣淫問題有些反感。他們覺得這不是好的選舉政見，而且恰恰相反，為妓女辯護並為妓女要求自由，可能會與大部分公眾輿論背道而馳。在這方面，巴黎第十五區議員馬賽爾・卡善（Marcel Cachin）的態度便能說明問題。[121]由於賣淫問題的模糊性，社會主義者因而陷入了嚴重的兩難困境：宣布贊成**現狀**，就代表自己毋庸置地成為掃黃警隊專制手段的辯護人；鑑於新管制主義在衛生領域的影響，要求對賣淫問題進行立法，很可能會導致允許法律對無產階級妓女形成某種壓制，而這是社會主義者所反感的結果。鼓吹完全自由的賣淫，並不符合社會主義主要領袖的堅決信念，他們認為賣淫是資本主義的毒瘤，因而希望發展社會衛生。然而，這雖然少數處理該問題的社會主義領袖所捍衛的立場，但其審慎態度也不容置疑。他們全都不曾真正試圖強迫眾議員和參議員反思賣淫問題。

然而保持緘默並不意味著完全棄權。各種社會主義團體和政黨的代表大會期間，有時會用簡單而生動的措辭，猛烈抨擊工人階級賣淫是資本主義制度的罪行，也是惡劣又傷風敗俗的雇主慾求不滿的可悲後果。一八九八年後，國際廢娼聯合會在法國重新成立了分會，表態同情和實際加入的社會主義者人數都愈來愈多，這是因為在奧古斯特・莫爾西耶影響下，廢娼主義者從此抗拒將他們的運動，與捍衛資產階級的道德和婚姻相提並論。[122]提倡社會民主主義的尚・饒勒斯（Jean Jaurès）在一九〇二年正式獲邀聲援時，終於宣布支持廢除管制主義；社會主義者圖洛在市議會領導抗爭、反對掃黃警察。尤其隆河省的社會主義眾議員法蘭西斯・沛桑瑟（Francis de Pressensé），領導了聯合會和他擔任主席的人權聯盟，堅持反對管制式賣淫。當然，我們可以認為在他的例子裡，宗教信仰和家庭傳統比政治派別更重要：至少他指責社會主義朋友冷淡，有助於迫使社會主義黨派反思該問題。人民大學（Les Universités populaires）和勞工交易所（Bourses du Travail）確實由無政府工團主義（anarchosyndicaliste）的意識型態主導，如今也歡迎聯合會的講師。[123]當議員莫尼耶試圖勸說眾議院就賣淫問題進行立法時，得到了極左派的支持。[124]

事實上，這一切全都只是極少數。此時由馬克思主義意識型態指引的社會主義分析，並不太注重性慾。他們堅信，資本主義剝削和普遍早婚現象消失之後，賣淫現象才會消失。[125]一夫一妻制和婚前守貞沒有受到質疑，也沒有提到醜陋、膽怯、殘疾和年老造成的性需求。但這些問題還是被提出了，不過不是在社會主義團體中，而是在某些人的思想中；雖然他們大多是邊緣人，且與自由至上主義潮流或新馬爾薩斯主義有關。

二、「強大的援助，適應資本主義體制」[126]

無政府主義媒體和著作對性道德的注重，比社會主義媒體還要多，同樣的緘默很顯然並未在此出現。不幸的是，面對如此豐富的個人表述，不可能確切勾勒出一套自由至上主義計畫的輪廓；因此，根據多次調查的結果，[127]我將試著簡單呈現我所認為的，構成無政府主義者對賣淫思想的主要直覺內容。

（一）「資本主義體制的戀人類型」[128]

無政府主義者和其他社會主義者一樣，認為資本主義社會造成賣淫現象，但他們特別極力說明，賣淫反而是適應資本主義體制的一種手段。為了解釋這一點，自由至上主義論述運用與社會主義論述截然不同的語氣，大力譴責「工業苦役」（bagne industriel）的害處，尤其努力強調資本主義在無產階級內部造成的特定婚外性行為發展方式，使之既能滿足資產階級的性需求，又能提供給工人一種維持其勞動力所不可或缺的基本滿足形式。

無政府主義者談到賣淫問題的著作，有三個不斷重複出現的主題：

(1)**「譴責雇主的『初夜權』」**是不折不扣的主旋律，[129]我不會再討論這個前文業已多次提及的現象。無政府主義媒體認為，這是「工業苦役」必然會產生的災難，與女性工資勞動者的存在密不可分。通常情況下，負責所有家務的女僕即為如此，性服務更是工人或雇員與老闆之間心照不宣的契約條款。[130]

(2)無政府主義者不同於激烈捍衛工人婦女道德的社會主義者，他們遵循純粹的普魯東傳統（tradition proudhonienne），喜歡強調**女性勞工和賣淫之間的微妙區別**。資產階級論述認為賣淫狀態與工作狀態相互對立，無政府主義者的推理則截然相反，指出賣淫本身就是一種勞動。妓女像工人一樣也會精疲力盡，妓女彼此之間會談論「她們的工作」，然而，女工勢必也是在出賣自己。女裁縫在夜晚來臨時，委身於顧客以補貼薪資，與回家後繼續損耗視力，做文書工作以增加財源的雇員沒有什麼兩樣。「工作的肉體，享樂的肉體」（Chair à travail, chair à plaisir）[131]只是資本主義制度奴役婦女的兩個面向；

正如普魯東指出的，工廠和官方妓院是密切相連的兩個場所。雇傭勞動無法與賣淫截然對立，因為這兩種現象的本質是相同的。「所有的雇傭勞動都是賣淫，因為出租自己從事勞動工作，也總是在出租自己的身體——肌肉或大腦。」[132]這就是艾伯特・李柏塔（Albert Libertad）在一九〇六年十月二十五日被趕出廢娼聯合會分會舉辦的會議之前所宣稱的論點，讓公眾大感震驚：「在當今社會，不只有性方面的賣淫，還有手臂、身體、大腦的賣淫……。為雇主的利益工作的女工，就跟出賣肉體的人一樣是妓女。我所痛惜的是這種普遍的賣淫現象，只有在摧毀我們所處的腐敗社會後才會消失。」[133]

(3)**在資本主義社會中，賣淫有三重功能**：第一，由於資產階級家庭結構以及資產階級的道德，賣淫成為必須；關於這個說法，無政府主義論述與社會主義論述重疊，所以無需繼續說明。妓女是必要的，因為資產階級的女孩與婦女被禁止對年輕男性進行性啟蒙教育，「因為她們不能自由自在地回應由她們引起的慾望」，[134]但這並非主要問題；第二，管制式賣淫是資本主義社會的機制，優點是可以將一批女孩和婦女從令人擔憂的大批失業和不工作人口中扣除，並將她們置於監控之下；[135]第三，資本主義催生了功利性賣淫的發展，即「可憐陽剛之氣的宣洩之處」（dégorgeoir des virilités pauvres）。社會主義者首先強調的是資產階級的性需求大小，這反過來在某種程度上又自動決定了無產階級的供給。無政府主義者則強調資本主義體制原本的規畫，也就是一方面挑起工人的性行為而不削弱他們對工作的熱情，另一方面促進適合這種性行為的賣淫發展，換句話說，就是順應生產模式。[136]

資本主義確保工人對超越簡單生理需求滿足的愛知之甚少或一無所知，因為這是勞動異化（aliénation des travailleurs）的基本面向之一。在這個體制下，重要的其實是「警惕……一切可能使群眾偏離勤勉勞動的事物，如愛情，並做好萬全準備以將其去除」。[137]在此相互對立的是真正的愛情與勞動。但資本主義計畫將此實現，因為「機器和資本的奴隸……愛……是一個器官的興奮狀態和該器官的滿意度」。[138]

從這個觀點來看，與雇傭勞動存在相關的功利性賣淫發展，也成了「適應資本主義體制的有力支援」，因而受到細心組織以便發揮其功能，形成管理法規的起源。這種有組織的賣淫活動，既能保護資產階級家庭不受單身男性的影響，又能防止真正的愛情讓工人對工作分心。那麼，賣淫的總量隨著工業社會發展而增加，又怎能讓我們感到驚訝呢？「愛情賣家」（les vendeuses d'amour）為了履行其使命，不再與世隔絕，她們在警方同意下充斥於人行道，「她們無所不在」，自由至上主義的論述在此與超管制主義者的恐懼互相吻合。「無論何時何地，必要時只需花幾蘇，就可以安撫急迫男性的發情、貧窮男性的發情、被惡劣生活激怒的男性的發情。」[139]

身為不留痕跡的廉價愛情零售商，「妓女是資本主義制度的戀人典型」，也因而正是世界腐爛的象徵，[140]是「流淌社會膿瘡的傷口」。[141]在這種情況下，為廢除掃黃警察而抗爭也就至關重要。[142]

（二）另一種角度的妓女

社會主義者雖然願意原諒墮落的婦女，因為她們是社會組織的受害者，但並不同情她們的賣淫活動；無政府主義者則與社會主義者不同，他們對街頭妓女投以憐憫眼光，認為妓女從事的是一種職業。

他們不認為妓女比女工更應該受到蔑視，這點很合理，因為他們更準確地分析社會中的性苦悶和性交易的功能，讓他們認識到妓女的正常性。更不用說自由至上主義媒體反對妓女是天性的理論，認為這種理論的最終企圖是讓妓女邊緣化。只有無政府主義者承認妓女的功能，並使妓女能真正重新融入社會。

因此，他們看待妓女的方式極為別出心裁。我不打算舉很多例子，也無意分析自由至上主義媒體或無政府主義歌謠中妓女形象的意義。[143]極度墮落但又能引起同情的妓女典型不勝枚舉；比如瑪歌（Margot），[144]她酗酒，染有肺結核，陷入孤獨深淵，她的悲慘生活象徵著拉丁區的妓女們。更妙的是，妓女經常以值得愛情的女人之身出現在這些報刊中。無政府主義的看法在此承襲了浪漫主義，並加入了救贖主義（rédemptorisme），在杜斯妥也夫斯基（Dostoïevski）[145]和托爾斯泰（Tolstoï）[146]影響下，這種救贖主義鼓舞了卡蒂爾・孟戴斯（Catulle Mendès），[147]尤其是布洛伊。[148]

而妓女們卑微的眼神
遮掩的睫毛，擅長假動作……
而妓女們卑微的眼神
比聖女更能撫慰人心

達穆爾（Jacques Damour）一八九九年在《自由至上報》（*le Libertaire*）[149]如此寫道，之後詩人紀堯姆・阿波里奈爾（Guillaume Apollinaire）也唱起了〈妓女眼眸中的悔恨〉（Regrets des yeux de la putain）。[150]

（三）享樂的權利和賣淫的消失

無政府主義者與社會主義者提出的解決之道極為不同。他們向妓女建議應仿效女工組成工會。一八九九年十一月十二日，亞拉（Alla）在《自由至上報》上指出，那些「被卑鄙無賴恐嚇、搜刮、痛擊」、掠奪、過度掠奪，以及「被法律追捕、圍剿、關押」的妓女，形成了一個「被正式認可的真正行業體」。[151]他鼓吹成立工會，而鑑於妓女人數眾多，該工會將是最具影響力的工會，「由於其各個成員在社會各階層的個人行動，這個工會將是最強大的聯盟」，「它可以精湛地炫示愛情的專業，要求應得的尊重」，[152]並行使衛生方面的影響力。在此必須指出，成立妓女工會的想法，已經讓諷刺報刊冷嘲熱諷相當久了：《鈴鐺報》（*Le Grelot*）即興致勃勃地談論妓女罷工的可能性。

無政府主義者和社會主義者一樣，認為只有社會全面轉型才能使賣淫消失，但無政府主義者的分析，更強調必須廢除所有性方面的權力結構，而必要的先決條件是顛覆資產階級的性道德。在這方面，一夫一妻制家庭模式開始受到批判。鼓吹自由結合的社會學家利奧波德・拉庫爾（Léopold Lacour）憤怒斥責**家庭主婦**，認為她們是資本主義社會的產物，就像**淑女**和**妓女**一樣，是婦女被奴役的三個象徵。[153]

享受快感的權利被援引為理由。不同於自由派廢娼主義者或女性主義者，這裡並不控訴年輕男性的墮落，因為年輕男性當前的行為，是被性結構強制的結果。青年人真正的墮落行為，其實就是實行禁慾。亨利・杜赫曼（Henri Duchmann）寫道：[154]「貞潔的人通常是膽小的人，想像力過剩，再加上具有俄南（Onan）*的惡習，因此沉溺於病態地模仿性愛。這種可怕的墮落，正是來自阻礙兩性自我滿足的困難。」無政府主義媒體是唯一要求獨身者擁有性行為權利的聲音，尤其是「處女的快感權利」。一九○四年，[155]杜赫曼又勸說未婚女孩發生性關係，因為「童貞是遁世，是節制，是死亡」。

在未來的社會中，當婦女能夠從奴役她們的道德中解放，[156]當性自由能充分發展時，賣淫將失去其存在的理由，各種賣淫形式將消失於無形。唯有在那時，無論資產階級還是工人階級的婦女，才不再成為資本主義權威目前需要的妓女，[157]真正的愛情才能獲勝。

賣淫的概念在此看來至關重要。我們可以看到，它所具有的層面遠遠超出了本書討論的範圍。通常我們所認為的性交易，只是這個幾乎涉及所有女性之現象的其中一個方面。因此，準確來說，不對經濟、社會和最重要的道德結構進行徹底的革命，卻期望賣淫本身會消失，無異是天方夜譚。「只要男人仍然受財產法所支配的環境影響，無法獲得經濟自由和道德自由，在大多數情況下，他們就不能也不願意將性本能提升到更高形式，也就是愛情；而為了取代愛情，他們鼓勵婦女養成賣身的習慣。」[158]

無法歸類卻十足引人入勝的人物保羅・羅班（Paul Robin），在眾多活動中極為關注妓女的命運，[159]沒有任何一位與他同時代的人以如此自由的精神思考賣淫問題。首先，當時最精確的妓女工會草案要歸功於他。他提議將加布里埃爾・佩蒂特（Gabrielle Petit）的《坦蕩女性》（*La Femme affranchie*）期刊辦公室作為該組織的總部，雖然我一直無從得知該組織是否真的運作過。根據羅班領導的新馬爾薩斯運動，他呼籲為妓女提供更好的性資訊，以保護她們免於「兩種風險」，[160]即性病風險和生育風險。他呼籲妓女普遍使用保險套，[161]並改革她們的職場物質條件，使她們能夠實行性衛生的規則。

但對於未來真正的解決方案，羅班甚至比我們適才提過的無政府主義者看得更清楚，即在於「純粹和簡單的自由，無庸諱言」、[162]在於尊重每個人享樂的權利、在於所有人的「愉悅」。追溯「人類可悲的性歷史」，細想「婚姻和離婚，是這些普世折磨的可恨餘孽」[163]之後，他樂觀地認為「有可能讓所有人得到性滿足，且對任何人都不會過與不及」。[164]他提倡的社會將不再有妓女，愛情將是「一種愉悅……。永遠真正自由、自發、從不被迫、從不被奴役、從不成為交易」。[165]

他推動的是一場名副其實的哥白尼式革命（révolution copernicienne），不再只是要求單身女性享有性愉悅的權利。比起妓女，他更同情處女，因為他認為處女是性秩序的主要受害者。在他的《一名妓女的言論》（*Propos d'une fille*）書中，他藉由妓女之口轉述了這樣的告誡：「而你們，毫無疑問是最不幸的人，孤苦伶仃地老去，徒勞地奢望著多得讓我們消受不起的一點性快感，但只要分享這些肉體愉悅，將使你們和我們都感到幸福！我們什麼時候才能想要，才能團結起來打一場漂亮的仗呢？」[166]這位教育理論家強調性苦悶和個人滿足的不平等，[167]甚至比心理學家威廉・賴希（Wilhelm Reich）更早以適當的措辭點出問題。

* 譯註：聖經人物，英語「onanism」成為了手淫及性交中斷的代詞。

透明度的新演算

一、性學論述的增強

新管制主義的闡述，是醫學界人士對自由派廢娼主義者抗爭的回應；它也是第二帝國末期以來，性病危害主題興起的結果；最重要的是，它表明了醫學界要求透過衛生學及社會預防手段，來發展其權力和行使其權威。168

正如前文所見，對性病危害的譴責，自始即導致醫生在國際會議上提倡更嚴厲的管制主義。隨後蓬勃發展的廢娼運動，使他們意識到「法國體系」的陳腐和缺陷，進而試圖對其進行改革以期挽救。

性病主題在醫學文獻的興起，首先可以用當時的科學進步來解釋，因為臨床研究已能完全了解梅毒的演變，並辨認其三個連續階段的特徵。三階段梅毒的發現、其嚴重性及其所有的生理干擾，增強了畸變的恐懼，並在一八七〇年至一八八〇年間非常普遍，恰巧這十年也是達爾文主義在歐洲影響達到高峰的時期。原本相當籠統的生物性恐慌，開始聚焦在幾個禍端，使得當務之急是處理性病危害。然而，對於科學進步有功的臨床醫生，首先是奈瑟醫生，以及巴黎和里昂大學的醫學生，尤其是希柯及其學生或追隨者：巴特雷米、艾蒂安・蘭瑟侯（Étienne Lancereaux）、莫里亞克，最特別的是阿弗雷德・傅尼葉，這位梅毒學新權威的崛起，與新管制主義的出現時機相吻合，在很多方面，他也是新管制主義的創始人兼最活躍的使徒。

由於性病危害的極端嚴重性[169]是決定新管制主義的條件，因此必須更準確地分析當時抨擊性病的方式。我認為莫里亞克醫生是最用心的人，他於一八七五年至一八八一年講授的梅毒學課程，是當時對梅毒危害歷程最佳的描述。他參考城南醫院門診病人的人數，雖然並非嚴格的科學樣本，但他成功建立了一個發病率的情況，並證明了發病率以「肉體享樂的情況」為基礎，亦即以本身取決於公共財富波動的賣淫為基礎。他認為「性交易」實際上是與其他交易同時發展的。[170]因此，性病學論述認為肉體享樂、傷風敗俗和財富與健康相悖。

於是在莫里亞克看來，最終決定發病率起伏的，仍然是影響公共財富的因素，也就是賣淫活動。經濟蕭條減少了性方面的消費，[171]進而延緩了疾病的進展。這一發現必然驅使他注重經濟危機的良性影響，因此他在這裡發揮的論述，呼應了拿破崙三世的帝國盛宴之後那些年間，保守派圈子裡瀰漫著的懺悔和齋戒的願望。其他影響賣淫的因素是獨身的程度，也就是結婚率（因此婚姻被認為是對抗性病危害的最佳解藥）；另一個尤其重要的因素，是實施法規的方式，根據莫里亞克的說法，發病率與逮捕和登記公娼的數量成反比，與公娼失蹤的數量成正比。

在這三個因素作用下，一八七〇年和一八七一年的戰爭與巴黎圍城期間，以及一八七三年到一八七六年掃黃警察的大舉行動，都使得性病發病率下降。但在這兩個時期之間，由於單純想要彌補戰爭帶來的匱乏，因而渴望肉體享樂、追求「感官的短暫陶醉」，[172]性病發病率也略為上升。但莫里亞克教授及其里昂的同事勒內・霍蘭醫生（René Horand）焦慮地強調，自一八七六年以來，性病一直在迅速發展。一八七八年由於萬國博覽會吸引大批外國人和外省人來到巴黎，性病增長速度更快。一八七九年和一八八〇年，即廢娼運動高峰期間，性病達到了「可能是前所未有的進展」。[173]莫里亞克認為，除了其他原因之外，發病率上升是由於廢娼主義者對掃黃警隊激烈攻擊，導致警察值勤懈怠。根據他的說法，巴黎每年有五千名梅毒病例，而十年後，希莎估計首都的性病患者人數為八萬五千人。[174]

這個禍患如今從深處湧現，成了名副其實的入侵，因為疾病就像妓女一樣，藉由不同階級間經由性交易彼此接觸的情況下，在社會整體中到處流傳。阿弗雷德・傅尼葉教授宣稱，下層社會普遍感染梅毒的情況造成反彈，加重了上流社會的梅毒。巴特雷米教授寫道：「經驗證明，任何花柳病，無論在哪裡上身，總是來自街上。」他還說：「對下層場所（街道、人行道、酒吧、舞廳、酒館等）進行消毒，就是對其他一切進行消毒……對大城市進行消毒，就是對全國消毒。對所有的首都進行消毒，就是對全世界進行消毒。」[175]生物威脅再次成為社會威脅，但與一八五九年以來已經滅絕的霍亂不同，這種持續的、經常性的威脅來自持續悶燒的疾病，反映了財富增長和肉體快感的誘惑，並似乎不免以銳不可擋之勢隨之進展。

據信，莫里亞克教授的研究顯示，[176]性病的地理環境與社會地理環境如出一轍，甚至與政治動亂的地理環境雷同：首都中心和北部、東部和南部近郊受到感染，西部和較遠的郊區則相對健康。城南醫院確診的五千零八名婦女中，當然有登記在冊的公娼（百分之三十五），但更多的是祕密的「蕩婦」（百分之四十）和「其他類別」：家庭傭人、工人、啤酒館服務生和藝術家。另一方面，無酬勞的情婦證明了是沒有什麼危險的（百分之六）。這些結果對莫里亞克來說，都凸顯出必須不懈地追捕「私娼」，並限制婚外性關係。具傳染性的女工（百分之十六）職業分布非常精確，也使緝捕更為容易：她們幾乎都是洗燙衣業者、女裁縫、女帽製造女工、花商、床墊女工、擦銅器女工和羽毛商。[177]

至於傳染病的所有男性受害者，至少在莫里亞克教授的醫院病患中，但不包括在診間向醫生諮詢的資產階級成員，都確切反映了我們至今所熟知的買春顧客群。我們發現首都的未婚無產階級，是限制選舉君主制時期的大宗客戶（建築工人、挖土工、日薪工、家庭傭人），但也有許多辦公室或商店雇員。

專家強調，來自社會底層的性病更為危險，因為它不僅影響到應受譴責的資產階級本身，也影響到無辜的人。「無辜者的梅毒」長久以來已經受到公認，[178]但阿弗雷德・傅尼葉教授重新強調，「無辜者的梅毒」將增強性病的恐怖。據阿弗雷德・傅尼葉教授指稱，感染梅毒的新生兒、接生梅毒新生兒的助產士、哺乳梅毒嬰兒而受感染的乳母、工作中被汙染的玻璃製造工人、因醫療器具清潔不當[179]或因紋身而感染[180]的病人，這些偶然受害者占梅毒病例百分之五。這還不包括「良家婦女的梅毒」，[181]即那些與未婚夫發生關係而受害的未婚妻，被丈夫傳染的新婚妻子，或為丈夫的放蕩行為付出代價的忠誠妻子。阿弗雷德・傅尼葉教授對他的八百四十二名私人客戶案例（即資產階級）進行觀察，得出的結論是良家婦女至少占所有梅毒婦女的百分之二十。這種「反彈式傳染」[182]促使他和新管制主義者共同呼籲對性病患者的治療必須人性化。

更何況，社會心理背景也增加了性病危害的嚴重性，這種疾病對病人心理和環境尤其具有毀滅性的影響。阿弗雷德・傅尼葉的著作中充滿了相關的軼事，讓人十足不忍卒讀：處女的身體滿目瘡痍，在極度痛苦中死去，因為羞恥心使她們無法接受早期治療；因為有可能傳染給心愛女人，寧可自殺也不願意結婚的未婚夫；岳父殺死了將梅毒傳染給掌上明珠的女婿；還有一八八四年後，妻子因丈夫染疾而要求離婚；接下來的幾十年裡，作家都會從這些戲劇性的病例全集當中汲取寫作靈感。

迪代醫生的大量著作，接著描寫了性病患者的心理及其在家庭中的行為。他說明了所有掩人耳目，讓配偶忽視其病情的計謀及說辭，看診醫生甚至明確規定性病患者脫衣服的方式，以及如何在床上「打發時間」（amuser le tapis）[183]而無傳染之虞。但最棘手的問題是如何正當拒絕求歡？拉爾迪耶醫生描述了性病農民的痛苦，[184]他們不敢求助於村裡的江湖醫生，也擔心可能的流言蜚語，所以無法向周圍的人透露自己的病症，只能獨自到城裡去看醫生。

羞恥心，加上對疾病的長期症狀感到絕望，有時會導致性病患者自殺。而殘酷心理也促使性病患者主動將梅毒傳染給妓女，甚至奪去年輕女孩的童貞，因為根據民間無稽的說法，將疾病傳給無辜的人[185]能讓自己痊癒。甚至有單純無法向家庭醫生啟齒的六神無主年輕人，只能求助於男性公廁裡張貼的廣告所吹噓的藥物。[186]這些心理態度，由此凸顯了主流成見引起的災難。在這方面必須注意，十九世紀的醫生原本是很注重醫療保密的，但在涉及與性行為有關的疾病時，卻相當肆無忌憚。[187]

最後，探討這個主題的醫學文獻特別強調，性病的危害導致婚姻減少、家庭分裂、離婚增加，進而引起人口下降。儘管種族衰退此時仍然很少被提及，[188]但阿弗雷德・傅尼葉教授已於一八八五年在國立醫學科學院（l'Académie de médecine）的同事面前，以焦慮的措辭揭發性病導致人口減少的危險。顯然正是這種訊息引發了心理上的衝擊，而這對後來新管制主義的成功至關重要。

儘管還不是公眾輿論有系統地宣傳的主題，但性病的危害已經蘊含了對健康、性、人口和無產階級威脅的主要焦慮，因為人們的印象中往往將它與賣淫混為一談。這種想法上的混淆，說明了專家在呼籲進行一場真正的**衛生十字軍征戰**（croisade sanitaire）時，為何採取慷慨激昂的語氣。[189]可想而知，這種以極端可怕的言辭譴責性病的做法，本身就是在呼籲禁慾，並抑制婚外性關係發展，[190]二十世紀初的大規模運動展開時，這些憂慮將變得更明顯。

對性病的焦慮感上升，是這種衛生恐怖（terreur hygiénique）逐漸得勢的首要因素，這在文學作品中已經可以清楚察覺。于斯曼的作品中充滿這種焦慮，與福樓拜在這方面的談笑風生形成鮮明對比，部分源於于斯曼生理上的悲觀主義，[191]于斯曼在皈依天主教前寫的幾乎所有小說中，都可以看到這種焦慮一如賣淫，形成一種對位。有時候，這種焦慮被描述得很清楚，無論是看了可鄙的學監在他面前展示的「被梅毒瘋狂蹂躪的男人畫像」[192]後，被街頭妓女教懂「人事」的十八歲高中生感受到的焦慮，或是被感染的單身漢遵循張貼在公共男廁的建議而產生的苦惱。[193]放棄追尋愛情和功名的西普里安，最後將他的藝術才華投入編製一本畫冊，描繪聖路易醫院（L'hôpital Saint-Louis）病人的潰瘍，展示梅毒最可怕的一面。[194]

他的小說中不時可見的惡夢和幻想敘述，都明顯提到對性病的焦慮，我們還記得德塞森特這位人物在夢中被「梅毒大疹子」（grande vérole）的侵害嚇壞，或者被腳掌潰爛的樣子迷住。[195]即使沒有明確表達，這種焦慮仍每時每刻都能察覺。它也確認了作者對性行為的概念：性器官大大敞開的女人，往往被認為帶有致死的花柳病，所有那些色衰又凸眼的女性身體，[196]都見證了這種焦慮，這正是比利時藝術家費利西安・羅普斯（Félicien Rops）的作品魅力之所在，[197]也反映了性病危害對思想的影響。

在于斯曼的作品中，這種執念甚至反映在敘事的結構裡：在小說《家庭生活》中，他按照梅毒三個愈來愈嚴重的連續階段，來描述愛情的感覺，或者說女人慾望的演變。[198]他的作品中早就能看到神經官能症和梅毒三階段論之間的模糊性，這是某些斯堪地那維亞作品的特色，特別是易卜生的《群鬼》。

另一方面值得一提的是，于斯曼放棄了讓書中人物瑪特順理成章地死於性病，這個手法後來被左拉模仿。該書以酒鬼皮條客的屍體解剖結束，誠然，在強調賣淫和酒精的關聯時，作者再次呼應了醫學文獻的觀點。

如果說性病危害是于斯曼早期作品的核心主題，那麼在當時的幾位小說家的作品中，性病危害就像第二主題，有時只是單純反應陽具焦慮和對於被婦女閹割的恐懼。對多爾維利而言，構成了獅子山公爵夫人復仇的因素，不僅是妓女的身分，更是她所面臨的最屈辱死亡：這種腐爛、將身體活生生摧毀的麻瘋病。[199]多爾維利讓象徵性的賣淫和梅毒，成為透過性行為毀滅自我的途徑，在一八七二年開創了一個永不匱乏的文學主題。是否有必要回顧極度關切性病災難的莫泊桑，提及性病時那種謹慎又淒美的敘述？他的厭女情結經常受到指責，但遠不及于斯曼那麼深刻。關於染病婦女，我們發現莫泊桑對妓女懷有溫情，他勇於譴責男性的懦弱，以及他們對待性病受害者的可恥方式。[200]

然而，即使性病危害構成了作品的主軸之一，或產生了構建相關論述的深層焦慮，它仍然不是文學作品的主題。直到十五年後，小說家和劇作家，才往往為了社會預防起見，而在作品中有系統地描述性病及其折磨與危害。[201]

二、科學預防與衛生警察

再說一遍，新管制主義論述的闡發及其主要課題的普及，奠基於阿弗雷德・傅尼葉教授的工作。事實上，法國梅毒學的這位新「主保聖人」自視肩負雙重使命：譴責性病危害，並提出遏制性病所需的改革。為達成此目標，傅尼葉打算推廣醫學科學的最新成就，以改變廢娼運動的方向，而他也支持廢娼運動的某些訴求。

一八八〇年，傅尼葉首次向巴黎市議會成立的委員會提出改革計畫；[202]也別忘了在一八八五年，他向國立醫學科學院揭發了性病對人口的危害。警察總監聲稱對此印象深刻，但也意識到他可以利用這次行動鞏固其權威，於是任命了一個由科學家和行政官員組成的委員會，制定改革方案。[203]該方案於一八八七年由診療所的醫生樂琵略提出，[204]其內容深受傅尼葉思想啟發。

傅尼葉在同年向國立醫學科學院講解了「無辜者的梅毒」的規模，並讓同儕為性病治療人性化的可能性做好心理準備。一八八八年，在比利時科學院（Académie de Belgique）表態後數月，傅尼葉向國立醫學科學院提出了一個條理分明的計畫。這個計畫將成為新管制主義者的參考文本。[205]然而，由於保羅・布魯瓦戴醫生（Paul Brouardel）單獨反對，並以維護警察總署的特權為由捍衛傳統管制主義，該計畫的最初版本未被採用。

首先應該分析的是樂琵略醫生、傅尼葉教授和萊昂・福爾（Léon Le Fort）教授在一八八七年和一八八八年制定，並得到醫學科學院大多數同儕贊同的新管制計畫，再看之後他們如何根據個別的意願進行修改。

新論述基於簡單卻極為堅定的原則：醫學科學的進步，特別是梅毒學的進步，賦予醫生新的使命——制定衛生和社會預防措施。莫里亞克教授在此之前寫道：「凌駕於衛生警察之上的醫學和衛生學，將啟發、指導和開導衛生警察。」[206]科柳醫生則在一八八七年寫道，「我們自命為管理法規堅定不移的支持者」，[207]但這個法規「不是根據行政部門的想法制定，而是診療所醫生和一些梅毒學家組成特別委員會，並根據他們提出的計畫而制定。這個計畫將送交塞納省衛生和健康理事會批准，並等待公共衛生總署（Direction générale de la santé publique）成立」。

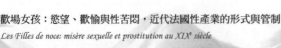

這份新使命不再像本世紀初某些管制主義者所認為的那樣，是基於宗教倫理相關的爭論，道德和政治問題在此正式被置於次要地位，柯孟莒醫生問道：「為什麼要將政治或宗教，與只屬於預防範圍的措施混為一談？」[208]在醫學科學院的辯論中，幾乎沒有人提到這些論述。[209]十年前，莫里亞克教授就提醒過他的聽眾，他對性病局面的分析，已經排除所有的道德考慮。[210]

另一方面，性病的極端嚴重性，確實需要採取社會預防措施。因此，鎮壓成為合理與必須，不再只是因為放蕩行為，還有同一時間梅毒感染的挑戰。[211]

從這些原則產生了對現行制度的批判性分析：在新管制主義者眼中，現行制度確實是陳舊、難以忍受和無效的，因為根據傳統管制主義者和廢娼聯合會中某些禁止主義者的立場，性病被視為天譴，因而要求治療也必須是懲罰，但這與新的科學精神完全不相容。阿弗雷德・傅尼葉教授對聖拉札監獄醫護所的運作提出了嚴厲批評。對性病患者的診療護理不力，為他們保留的床位數量不足，[212]相互救濟協會

（sociétés de secours mutuels）的排斥行徑，以及某些修女拒絕治療這類病人的態度，都被一一譴責。

此外，這種制度也是難以忍受的，新管制主義者接受了廢娼主義者的某些論點，也開始批評警察總署權力過大以及因而產生的醜聞。未成年人的公娼登記，則被指責為與尊重父權背道而馳。

最後，傳統管制主義已經證明了它的無效，因為面對反對者的抗爭，警察總署發現自己束手無策。樂庫賀本人與福爾交談過，他也意識到掃黃警察無能為力，甚至無所作為。寬容妓院的衰落不也說明了體系的失敗嗎？更不用說染病婦女在監獄醫護所或普通醫院被規定的住院時間太短，無法達到療效。這些機構已經成為單純的庇護所，[213]也因此管制主義體系無法提供任何真正的預防措施。

根據這些考量，要求進行一系列緊急改革：**必須建立科學性預防措施，由有效率的衛生警察負責**，其行動由司法部門合法化並進行監督。這些改革將確保妓女回歸普通法的管轄之下。

近代預防措施和科學上承認「無辜者的梅毒」，也意味著廢除對性病患者的虐待和懲罰，以及放棄由軍醫負責的集體醫療檢查。另一方面，政府仍然必須維持公娼的登記，並加強打擊對健康造成嚴重危害的祕密賣淫。事實上，在有關公娼及私娼發病程度的辯論中，莫里亞克、樂琵略、布特、科柳、馬提諾、柯孟莒和巴特雷米等新管制主義派醫生，與加翰、米賀和珍奈等傳統管制主義者的意見一致：他們都認為私娼的傳染風險大於公娼。

公娼登記的制度，並不代表必須維持早先的市政法規強加給公娼的所有義務。[214]至於妓院裡的禁閉，在新管制主義早期的重要文本中並未直接提及，因為對妓院的酌量權，清楚表明新管制主義的圈子裡原則上對妓院並無敵意。一八七九年的莫萊—托克維爾會議（conférence Molé-Tocqueville）起草了第一批新管制主義文本，內文甚至明確贊同妓院的禁閉措施。最終報告特別指出：「所有這些（與妓女）擦肩而過、同居、必然的性關係場合，難道不會減少輕蔑嗎？……貢獻城市附近的一些土地，建構一個淫樂的**庇護所**，讓警方和醫生能成功維護良好的秩序和衛生，不是更好嗎？」[216]

再回頭討論公娼的主題，她們現在只需每週參加全面體檢即可；獎金制度也應當能鼓勵私娼前往診療所，而診療所的數量也會不斷增加；必須廢除監獄附屬醫院，性病患者將在專門醫院接受治療，所有希望接受治療的人也能前往專門醫院，且每個主要城鎮都將建立這種類型的機構。另一方面，阿弗雷德．傅尼葉宣稱他反對在綜合醫院開設廢娼主義者要求的特殊診療部門，但將會增設門診部門，這不僅是布納維勒教授多年來的一貫呼籲，阿弗雷德．傅尼葉教授在聖路易醫院門診的成功，也證明了門診的效率。門診諮詢將是免費的，提供給病人的藥品也是免費的。而在專門醫院裡，染病婦女將被隔離，直到主治醫生證明她們完全康復。

這個新編制的前提，是提高醫學界的素質，因此首先需要教育改革。只有百分之十三的新科醫生在學習期間見過梅毒患者，[217]因此最好向學生開放所有性病診療，並在第四年讓他們學習性病學必修課程。至於診療所和專門醫院的醫生則不再由警察總署任命，而是透過招考聘任。此外，還將向民眾展開性病預防的宣傳和普及工作。

這種預防措施將由得力的衛生警察大隊實施：將加強鎮壓公共道路上的教唆拉客行為；將更加嚴密監控私娼與咖啡館、商店、啤酒館女服務生；必須由警方在軍營周圍採取特殊措施，以圍捕「下等娼妓」（即「石場之女」）；檢舉傳染病患者的制度也將更有系統地組織起來。

衛生警察的行動將以法律為依據，因為新管制主義者同意廢娼主義者的觀點，認為需要對賣淫活動進行立法。當然，這項法律的適用範圍將擴大到全國。如同廢娼主義者的提議，新的立法不再將賣淫本身定義為犯罪，而是將拉皮條定為教唆罪（délit de provocation）。此外，某些新管制主義者甚至搶在他們的反對者之前，提議設立感染罪（délit de contamination），而這也符合其體系的邏輯。[218]

這種新管制主義意味著必須求助於司法機構，更具體地說，要求助於簡易違警法庭。該法庭必須對違反體檢的行為做出判決，要能將公然教唆拉客的現行犯私娼暫時登記為公娼，並可延長其登記。新的警察大隊此後將僅限於執行衛生條例，確認教唆拉客的罪行，將罪犯移交司法單位，並執行法院判決。掃黃警察的獨斷專行到此結束。

如此構建的新管制主義計畫，在廢除濫權和任意裁量權的藉口下，本質上呈現了**將鎮壓措施合法化的企圖**，這不只是將傳統管制主義去蕪存菁，更是予以強化使其有利於醫療當局。廢娼主義者非常了解這一企圖，甚至某些建立新體系的人也公開承認。福爾教授在醫學科學院的討論中宣稱，他非但沒有試圖削弱，反倒試圖「利用法律，消除妨礙行政部門有效干預的障礙，從而加強行政部門的行動」，[219]他在辯論中多次重複這一說法。

新計畫甚至理所當然地被認為是拯救管制主義的最後一次嘗試，因此福爾再次宣告：「只有在司法機構的干預下，（管制主義）才能得救。」[220]在輿論愈來愈傾向自由主義的時候，國家最高醫療機構一部分是為了維護權威原則，而制定新管制主義，試圖以社會預防名義從法律上核可妓女的邊緣化，甚至監禁狀態。

阿弗雷德・傅尼葉教授的論點的確遭到以布魯瓦戴教授為首的少數傳統體系支持者敵視，也遭到菲奧醫生等堅定廢娼主義者的反對；此外，早在一八八八年，實用醫學會（Société de Médecine pratique）成員就透過阿奇爾・馬雷科醫生（Achille Malécot）的文章，[221]譴責醫學科學院的立場，特別是對性病患者的禁閉措施。最後應當提到，《醫學週報》（*La Semaine médicale*）在同一年對阿弗雷德・傅尼葉的報告也採取反對立場。

然而，大多數醫生在處理這個問題的時候，都參考了阿弗雷德・傅尼葉教授的主要建議，並根據情況自我調整。早在一八八五年，馬提諾醫生就提出了一整套新管制主義的衛生措施，[222]同時也確實拒絕將其交由法律管轄。曾在衛生診療所任職十一年的科柳醫生，[223]則呼籲實施一項遠超出管制式賣淫架構，並由醫學界啟發的改革。魏學醫生（Verchère）也大致贊成新管制主義計畫。[224]巴特雷米教授則自一八八九年起，就宣稱同意阿弗雷德・傅尼葉教授的觀點，[225]他後來對於籌備國際範圍的反性病防治架構發揮了決定性作用，他還提出了一些切實可行的建議，這些建議顯著表現出他所提倡的新管制主義之本質。他因而要求將掃黃警察轉型為「衛生督察」（inspecteurs sanitaires），並呼籲建立妓院妓女和啤酒館「斟酒女」的健康證書制度，迪代醫生也曾建議採取該措施。巴特雷米教授還建議在他稱為「防治之家」（maisons préservatrices）的妓院裡，應由產婆（matrone）檢查顧客的生殖器；最後，他也要求對違反健康條例的人，處以在救濟院監禁的懲罰，這一提議確實比較符合傳統管制主義。

一八八五年至一八九〇年間，新管制主義逐漸贏得輿論支持，也反映在巴黎市議會附屬衛生委員會最終報告的編纂過程。菲奧醫生在一八八三年起草的條文，成為廢娼主義者提出的改革議案，而一八八九〇年的報告[226]則反映了第一次和第二次委員會的工作結果，不只引起輿論強烈反響，也深刻啟發了貝里在一八九四年提出的法律案；衛生委員會最終制定了一套溫和的新管制主義，為市議會所用。事實上，這套新管制主義的作者希莎議員，要求維持這種與菲奧醫生在一八八三年表達的廢娼主義論點相悖的控制權，並將其從警察總署手中收回，置於市議會管轄之下。他保留了強制性病患者住院治療的原則，但傾向交由綜合醫院設置的專責部門處理。最後，希莎也譴責行政拘留，並建議將公娼登記工作交給簡易違警法庭。大致說來，性病危害在這部著作中占有的重要位置，即清楚說明了問題所在。

＊＊＊

一八八八年，曾激起公眾輿論關注的妓女命運問題辯論，劃下了階段性的句點。廢娼運動已經失去了犀利熱情，社會主義者對這個問題也幾乎不表興趣。但具體的改革計畫已經制定，其發起者打算讓管制主義適應科學進步和輿論敏感度的演變。這種新論述極其完美地表達了醫學界的主張，與社會預防和衛生概念的進步一致。新論述對性病危害的重視相當誇張，甚至將性病描繪成對健康最可怕的威脅，也顯示了其基礎所在的陽具焦慮。新改革計畫不僅提議維持妓女的邊緣化，某些方面甚至加劇邊緣化，甚至呼籲加強鎮壓私娼以及隔離病人，由此再次證明資產階級仍然保持著對工人階級的古老恐懼。

新管制主義計畫目前幾乎沒有任何實際應用。[227]從一八八八年到一八九八年，醫學文獻沒完沒了地重申阿弗雷德・傅尼葉和希莎的觀點，這十年之間醫學界爭論不休，建立了統計序列，並在比較發病程度的辯論中失去頭緒，卻沒有充分意識到問題核心所在，也從未察覺到這是一個無法借助科學方式及現有資料來解決的問題。從我們的觀點看來，得以堪稱是這十年之間的重大事件，無疑是不屈不撓的終身參議員貝宏爵加入戰局，他強烈的個性將在一定程度上模糊各方立場。他本身同意新管制主義的主要內容，實際上更試圖賦予其道德意義。貝宏爵雖然是自由派的天主教徒，但與愛德華・沛桑瑟和公共道德復興協會的創始人有所聯繫。他將成為這股潮流的靈魂人物、成為各式各樣色情業者的劊子手、成為人口販子的檢舉者、成為未成年妓女的保護者。新管制主義以渴望教化為基礎，而貝宏爵正式將教化與新管制主義結合，賦予新管制主義全新的特色，使其能在第一次世界大戰前夕奏捷。在此之前，賣淫問題將在一八九八年至一九〇六年間再次吸引公眾輿論。

第三部

新策略的勝利

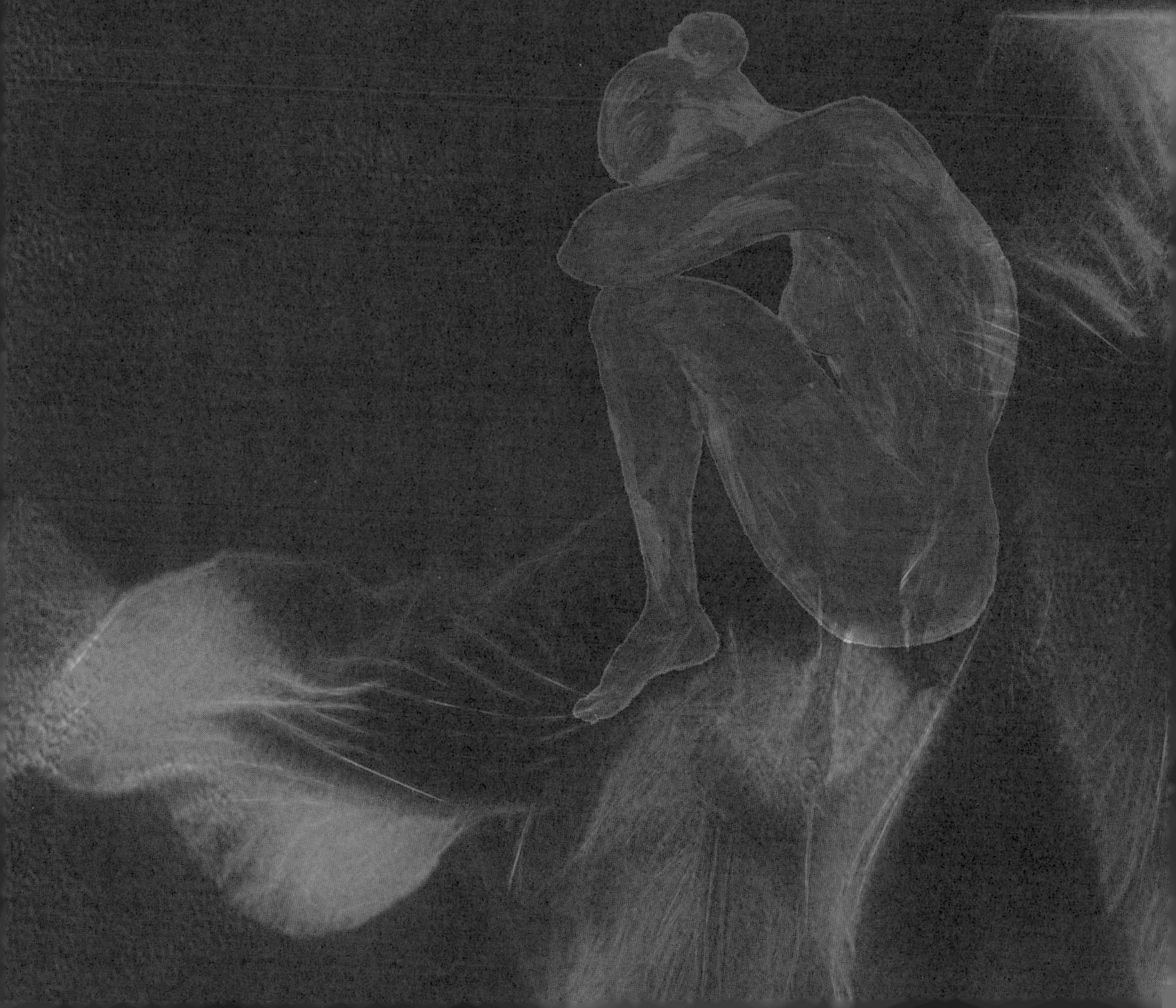

一九〇二年選舉中，左翼集團（Bloc des Gauches）取得勝利，始終贊成廢娼的激進派上臺；不斷擴大的裂痕，讓資產階級的道德更形分裂；離婚數量增加，婦女要求解放，年輕人的行為由於更加自由放任而改變，「自由結合」找到了熱情的擁護者，德雷福斯事件（Affaire Dreyfus）*更提高了公眾輿論對一切攸關個人自由之事的意識。總之，一切似乎都有利於妓女的自由解放；法規的廢除似乎迫在眉睫。但別忘了，監控體系的擁護者已經秣馬厲兵，實施新策略的體系業已產生，其根本目的仍然是將妓女邊緣化。

描述第二次廢娼運動的歷史和分析新的賣淫政策之前，必須研究管制體系的支持者如何譴責**性病危害**、**白奴貿易**和**賣淫的天性**；這些精心策畫的廢娼運動強烈撼動了公眾輿論，也讓公眾輿論得以在違背政治史邏輯的情況下，接受繼續監控賣淫行為。

第一章　疾病、誘拐和退化或必要的監督

儘管自一八七六年以來，小說就廣為討論賣淫問題，媒體也在一八七六年至一八八三年廢娼主義者反對掃黃警隊的抗爭期間大量討論，但一直要到二十世紀初，賣淫才成為公眾關注的主要課題。在道德協會遊說下，各大報刊以自己的方式譴責白奴貿易，並因此發現一個能引起廣大讀者興趣的主題；同時，性病危害也成為一個令人沉迷的多層次文學主題。正是在這兩種禍害的影響下，為了防患於未然而產生了促進性教育的願望，雖然一開始是被設想為一種性遏制。

不幸的是，本研究的框架現在看來過於狹窄：很顯然地，這兩個主題的興起，以及法國學者經常傾向接受妓女是天性的理論，除了是更大規模的維護道德計畫之一環，也反映了絕大部分資產階級的焦慮：資產階級清楚意識到性秩序被顛覆的威脅。不僅如此，在道德家、教育家和醫生的共同努力下，看來也似乎成功阻止了資產階級內部萌芽的性解放運動。第一次世界大戰前的十年，是眾所周知的民族主義猛烈高漲時期，也是道德化的反攻時期；如果需要證明的話，性秩序的瓦解就像拋棄基督教信仰一

* 編註：指一八九四年一名猶太裔法國軍官阿弗列・德雷弗斯（Alfred Dreyfus）被誤判為叛國遭罪。當時反猶主義盛行，致使該事件在法國造成嚴重的衝突與爭論，《言論自由報》大肆渲染反猶氛圍，名作家左拉則撰寫著名的〈我控訴〉（J'accuse...!）一文，支持德雷弗斯的清白。

樣，並非連續的線性變動，而是根據特定情勢而發生，其中對賣淫的態度是最佳指標之一。

本研究的框架仍然過於狹窄，因為在一八九九年至一九一〇年間，白奴貿易和性病成了國際問題；自一九〇二年以來，性也成為外交官關注的主題。從那時起，法國的歷史往往只是反映了國際會議的決定，國家級的協會也只不過是全球性組織的分支機構。**因此，由於大眾傳播方式和全世界空間組織（organisation de l'espace mondial）的變化過程，得以讓這個主題呈現出全新的面貌。**

在本世紀初的性病危險：健康和道德預防[1]

一、一種可怕的危害

十九世紀最後幾年和二十世紀第一個十年，是性病危害的黃金時代。也正是在這個時期，一八九九年和一九〇二年在布魯塞爾分別召開了兩次專門討論性病問題的大型國際會議，也因此成立了一個透過強迫宣導、讓大眾普遍得知這種可怕危害的機構，同時要求性病治療必須人性化。

在一九〇〇年前後，梅毒似乎是一種比以前認為的更嚴重、更具傳染性也更持久的疾病。**終期梅毒（parasyphilis）**概念的出現，使得古老的「花柳病」（vérole）被認為是導致其他眾多病態現象的原因；梅毒承擔了「全新的、壓倒性的責任」，[2]特別是汞和碘對終期梅毒完全無效。一九〇二年，夏爾・柏呂霍教授（Charles Burlureaux）在提交給布魯塞爾國際會議的報告中指出，醫生因此「應該非常熟悉梅毒的研究，以至於面對任何病人時都會思考是否為梅毒」。[3]

愈來愈多出版品強調梅毒會造成死胎。早在一八八九年，樂琵略醫生[4]就指出「巴黎的一百個胎兒之中，有十三個會死於母親的梅毒」。一九〇一年，保羅・巴赫醫生（Paul Bar）[5]估計其比例為百分之七至八；同年，阿道夫・皮納爾教授（Adolphe Pinard）引用了他某個學生在鮑德洛克診所（Baudelocque）的研究，宣稱「根據對兩萬個懷孕案例的統計，作者發現，兒童的死因有百分之四十二是因為父母的梅毒」。[6]同一家庭的多名嬰兒死亡，從此時起被認為是梅毒的一個明顯跡象。[7]儘管這些研究缺乏科學嚴謹度，卻仍然造成人們焦慮。

尤其**遺傳梅毒**（hérédosyphilis）的概念成功於醫學界普及，也觸及了公眾對於人類退化現象的最深層恐懼。在阿弗雷德・傅尼葉教授之子艾德蒙・傅尼葉（Edmond Fournier）的研究之後，因梅毒而造成的退化現象[8]被許多人認為是無可爭議的事實。人們把幾乎所有的畸形、怪異都歸咎於梅毒，這是梅毒畸胎學（tératologie）的全盛時期。[9]皮納爾教授同意朱爾・帕羅（Jules Parrot）的看法，向阿弗雷德・傅尼葉教授宣稱：「在我的診治中，從來沒有觀察到除了梅毒遺傳之外的任何一例佝僂病患者。」[10]

不過，這種既可怕又容易傳染的疾病，在這些專家看來卻是非常普遍；更嚴重的是，他們認為隨著文明進步，受害者人數正在迅速增加。[11]正如萊昂・伊薩利醫生（Léon Issaly）在一篇論文中指出的，梅毒過去基本上在城市散播，現在則是在農村發展。該論文的結論經常被引用，且似乎已衝擊人心。[12]繼勒諾瓦醫生（Le Noir）[13]之後，阿弗雷德・傅尼葉教授估計，僅在巴黎市一地就有百分之十三至十五的男性人口（即約十二萬五千人）染有梅毒。巴特雷米教授甚至認為比例高達百分之二十。[14]一九〇二年，巴斯德研究所（Institut Pasteur）所長艾彌爾・迪克勞斯（Émile Duclaux）得出法國社會有兩百萬名梅毒**患者**的結論。[15]一九〇六年，在里昂的科學促進大會期間，阿弗雷德・曼卡醫生（Alfred Manquat）仍然沿用了勒諾瓦和阿弗雷德・傅尼葉教授的可怕估計。[16]另一方面，迪克勞斯認為全國有超過兩百萬的淋病患者；連保羅—艾彌爾・莫哈特（Paul-Émile Morhardt）這樣謹守分寸的醫生，也不怕接受當時普遍接受的觀點，即大多數男人一生中至少會有一次成為淋球菌的受害者。[17]

因此，我們更容易理解梅毒學家激動的語氣，特別是巴特雷米、保羅・迪烏拉傅瓦（Paul Dieulafoy）和阿弗雷德・傅尼葉等人譴責性病的危險。[18]比起過去，性病學家的論述跟所有察覺並譴責法國出生率下降的人們的焦慮更加吻合了。從這個角度來看，梅毒還更加嚴重，因為它很早就發作。艾德蒙・傅尼葉對一萬七千四百零六個案例進行的調查，[19]確實顯示了梅毒感染年齡很早。女性感染梅毒的高峰期（扣除「無辜者的梅毒」後）是在十八至二十一歲之間，男性在二十至二十六歲之間。也就是說，感染者正值育齡期。

梅毒也威脅著國家的未來；它在陸軍和海軍都很猖獗，法國衛生和道德防治協會（Société française de prophylaxie sanitaire et morale）也成立了一個名為「法國殖民地梅毒危害」的委員會。此外更嚴重的一點是，梅毒會降低生育率，使國家失去未來的士兵。阿弗雷德・傅尼葉教授向國會外道德制度委員會的成員問道：「我想，今年因梅毒而死亡的兒童，有一半或三分之一原本會在二十年後成為士兵吧？」[20]

性病對全人類構成了死亡威脅；因此，帕圖瓦醫生[21]宣稱他確信全人類感染梅毒是不可避免的，他還根據波琳・塔諾夫斯基（Pauline Tarnowsky）的陳述補充說：「對於俄羅斯的某些地區來說，這種梅毒化將是個既成事實。」[22]總而言之，這是一個以公眾輿論為對象的可怕論述，也被證明對性行為具有長久的嚇阻作用。[23]

二、抗爭的籌備

在國際架構下，打擊性病危害的措施逐步籌劃。呼籲已久的會議於一八九九年在布魯塞爾舉行，發起者為艾彌爾・杜波瓦－海尼思醫生（Emile Dubois-Havenith）和比利時醫學科學院（Académie de médecine de Belgique）的成員，他們比法國同行更早呼籲性病危害的緊急嚴重性。多數歐洲國家，無論是法國這樣的管制主義型國家、比利時這樣的超管制主義型國家、英國這樣廢除《傳染病法》的廢娼主義型國家，或是一八八八年以來的挪威，都派代表參加了布魯塞爾會議。法國代表團中包括堅定的管制主義者，例如：不遺餘力呼籲召開這樣一次會議的巴特雷米教授，但也包括長期信奉廢娼主義的人（菲奧醫生）或最近轉向支持的人（維克多・奧加涅爾教授〔Victor Augagneur〕）。

可以確定的是，廢娼主義者贏得了大量讚譽，他們為此大肆吹噓。但經過長時間的辯論，特別是關於公娼和暗娼發病的程度比較，會議的最終決議實際上採納了新管制主義者的觀點。會議最顯著的成果，是成立國際衛生和道德防治協會（Société internationale de prophylaxie sanitaire et morale），其目的是協調所有決心打擊性病危害者的付出。

一九〇二年在布魯塞爾舉行第二次會議，除了確認一八九九年會議的方向外，沒有什麼成果。然而，根據路易・藍杜吉教授（Louis Landouzy）的提議，當時實行的賣淫監控制度在這次會議裡被與會人員強烈譴責。

法國打擊性病危害的鬥爭形式多種，但其核心是一九〇一年在國際協會架構下成立的法國衛生和道德防治協會。[24]誠如該協會創辦人阿弗雷德・傅尼葉所述，它是一個如假包換的打擊梅毒同盟，甫成立就與道德協會、具有新管制主義傾向的醫療協會和警察總署主管互通有無，其成員隨後也拜會軍方高層。因此，法國衛生和道德防治協會成為一個壓力團體的核心，不僅對維持賣淫管制卓有成效，也對法國的教育家、醫生、軍隊，乃至偉大善良的自由資產階級家庭進行的性行為新反思中，發揮了相當大的作用。在性病危害的名義下，性教育的觀念得以萌芽並普及。但在我看來很明顯，這個社會的行動和所有可能與之相關的行動，在打擊性病危害的藉口下，首先是一場不完全成功的勸阻青少年性行為運動。

一九〇一年，法國衛生和道德防治協會有四百零六名成員，其中十一名是女性；三百九十五名男性成員中，三百五十八名（占百分之九十）是巴黎人，只有三十四名居住在外省，三名居住在國外。

該協會彙集了醫學界的權威，百分之七十五的成員是醫生、牙醫或藥劑師；其他成員大多是醫生經常往來的有錢或有才資產階級，例如：巴黎的律師和公證人（百分之五的成員從事法律業），高級公務員、眾議員、參議員、甚至部長（共占百分之四），證券經紀人、實業家和經銷商（百分之七），索邦大學教授和文學家（百分之四），藝術家（百分之二）和軍官（百分之二）。名單中還有幾位貴族、兩名學生和一個巴黎大堂（中央市場）搬運工！招收成員的條件，很明顯取決於家庭和社交關係。

法國衛生和道德防治協會的目標從一開始就極為明確。衛生考量正式優先於道德目的；該協會旨在精確衡量性病危害，並與為此成立的國際協會聯手出擊。這也意味著要重新考慮阻止罪惡蔓延的預防手段，以及對賣淫採取的態度；也代表必須籌備宣傳活動，以凸顯自由的性關係帶來的危險，特別是針對年輕族群。

協會成員認為社會預防措施不充分，因此自行設定促進個人預防的目標，[25]維護道德的關注也就涉入了衛生運動。事實上，正如阿弗雷德・傅尼葉所指稱，對抗性病危害的最好方法，仍是禁止所有的婚外性關係：「如果人類能回到純真和黃金時代，梅毒的終結就指日可待。」[26]這也說明該協會的根本目標是以「重建道德、肅清風化、覺察責任、尊重少女、提早結婚」[27]來消滅梅毒。負責編寫個人防治報告的柏呂霍教授，一九〇二年向布魯塞爾會議與會代表宣告，「婚姻顯然是防止性病的最安全庇護所。因此我們可以看到，打擊性病和宗教的戒律是多麼密不可分。」他還說：「所有教派的神職人員都非常希望看到我們持續打擊性病，因為他們很清楚，道德教育畢竟是預防性病的重要因素。」[28]

喬治・德波夫醫生（Georges Maurice Debove）在一九〇四年寫道：「先生們，請看，藉由在專門醫學層面上處理這個非常嚴肅的性病預防問題，我們不得不建議每個人都保持貞潔……。」[29]萊昂・莫內醫生（Léon Ernest Monnet）在《給梅毒患者的建議》（*Conseils aux avariés*）中寫道：[30]「治療生殖器皰疹的首要過程中，必須將夫妻間的貞潔銘記為一項絕對規則。只能有一個妻子，這是明確且必須的。道德和醫學在此一如既往地密不可分，這點再真實不過了。」[31]

因此，試圖分辨衛生計畫的道德目的將是白費心機，二者是渾然一體的。醫學論述與道德前提的密切關係，在法國衛生和道德防治協會的文獻和工作中至為顯著，該協會的名稱就揭示了其中關聯。

從此時開始，防治協會舉辦辯論及民意調查；對於那些好奇資產階級性行為的人來說，這些民調問題至為關鍵，例如：保護措施的運用方法、婚姻自由和優生學、制定兩性之間感染罪、禁慾的優劣，或是體育運動對青少年性行為的影響。在這個乍看之下可能被認為是已邊緣化和微不足道的協會裡，已經制定了一項關於性行為的新策略；更具體地說，是關於青少年性行為的策略。這是人們頭一遭敢在公開辯論中觸及此類話題，而且不是從賣淫的角度。關於賣淫的論述及相關宣導政策，突然被納入了更廣泛的性行為論述。防治協會的大量文獻證明了這項擴展；值得強調的是，這種現象在我看來，是對性行為態度的一個歷史轉捩點。

三、強迫式宣導

一九〇二年的布魯塞爾會議上，柏呂霍教授仍然宣稱：「若是為了實現一個值得稱道的目標，激起同胞的執念是不錯的。」[32]這些話出自第一位勇於公開觸及青少年性教育問題的醫生之口，使人窺見防治協會成員如何建構出一種基本上受性病危害影響的性教育。

事實上，讓我們重申，這種性教育首先是一種性嚇阻，讓年輕人了解應當遠離婚前或婚外性關係。路易・奎拉醫生（Louis Queyrat）在一九〇二年[33]向防治協會宣讀的一份報告中補充，「實際上，我們必須取得的進展，是讓年輕人以童貞之身成婚」；他還補充，「不管是道德家或醫生，我們每個人都必須大力宣導……反對這種有害的愚行」，[34]亦即相信年輕人在結婚前必須放縱享樂。他認為，婚前經驗只是「幾小時的肉慾癲癇」，[35]並總結自己的想法如下：「就年輕人而言，讓他們保持純潔，讓他們年輕時成婚，而且我還要說，讓他們成為不出軌的丈夫。」[36]

閱讀防治協會出版的小手冊，也可清楚看見同樣的意圖；柏呂霍教授[37]以及阿弗雷德・傅尼葉[38]的小手冊，多半都是在描述性病的症狀。一九〇六年，曼卡醫生宣稱，在他看來，對年輕女孩推行性教育，是向她們強調「只要她們接受婚外性關係，就會為現在和將來帶來危險」。[39]一九〇七年四月，艾德蒙・德洛姆教授（Edmond Delorme）評估軍隊的宣傳工作，並宣稱這種教育已在士兵中「逐漸地，卻又確切地」產生了一種「有益的恐懼」，一種「合理的、有點出於本能的排斥」。[40]

建立「性教育」只是譴責性病危害的其中一個面向，除此之外也實施了許多其他手段來提高輿論意識。防治協會甚至會在公共男廁張貼宣傳單，戳破江湖術士的詐騙廣告。一九〇二年，柏呂霍教授在布魯塞爾會議上建議使用燈光投影、彩色版畫插圖和模型來激發「有益的恐懼」，並在大城市建立梅毒博物館；[41]我們知道他的建議後來部分受到採納。

相關會議不斷增加；皮納爾教授在索邦大學討論性病危害；瑟提詠日神父（R.P. Sertillanges）在聖母院的兩次封齋節會議上探討了這個問題。一九〇三年，議員貝里在眾議院提出一項關於賣淫的法案，條文中對性病情況做了深刻的闡述；作者指出，性病危害非但沒有減少，反而自一九〇〇年以來持續流行。瓦爾德克－盧梭在前一年決定成立一個國會外委員會，研究對抗性病危害的方法。[42]

易卜生劇作在歐洲的成功，提高了知識群眾對人類退化的焦慮。在《群鬼》（*Les revenants*）法文版序言中，小說家愛德華・羅德（Édouard Rod）回憶，在該劇演出中他看到一股「沉悶的恐懼感」[43]席捲了觀眾。「舞臺上致命禍害的情景」，[44]展現出一個人類在出生前就因先人過錯而結束的世界，也加深了科學發現所引起的深層焦慮。劇中沒有使用全身癱瘓（paralysie générale，一種遺傳性梅毒）[45]的術語，也沒有使用精神官能的術語，這讓最後一幕更令人焦慮；其本身的模糊性，引起了當時的觀眾對梅毒的隱藏恐懼。

劇作家歐仁・布里奧（Eugène Brieux）的《損壞》（*Les Avariés*），則在舞台上直接點明性病危害。這部作品受到亨利・卡扎利斯醫生（Henri Cazalis）的作品《科學與婚姻》（*La science et le mariage*）啟發，古約說這不是一部戲劇，而是將艾德蒙・傅尼葉醫生的採訪搬上舞台，很可能是防治協會促成的一部宣傳作品；它描繪了梅毒對個人和家庭帶來的災難性後果。作者譴責了共謀緘默（la conspiration du silence）、無知，以及無知所帶來的災難。他主張發展醫療資訊，並要求像治療其他疾病一樣，不以為恥地對待「損壞」。劇中的男主角喬治・杜邦（Georges Dupont）是一位二十六歲的未來公證人，與眾議員千金訂下婚約，卻在結婚前夕邀朋友「告別男孩歲月」時感染了梅毒。他的岳父被家庭醫生說服後，終於承認他的女婿不是唯一的罪魁禍首，並決定調解這對生下梅毒孩子後正辦理離婚手續的年輕夫婦，甚至向眾議院提交了一份打擊梅毒的社會保護法案。

布里奧的劇本讓性病危害蔚為話題。起初在法國被禁演，隨後在廣大觀眾面前演出，最後於一九〇二年出版。它為它所呈現的資產階級提供了「avarie」（損壞）和「avariés」（受損者）的詞語，跟

「syphilis」（梅毒學名）和「vérole」（「梅毒疹子」的俗語）的詞語相較之下不那麼刺耳，也讓上流社會可以像討論酗酒或結核病一樣，公開討論性病危害。從那時起，針對公眾的醫學書籍愈來愈多；一九〇二年，拉烏爾醫生將他的作品《梅毒預防研究》（*Étude sur la prophylaxie de la syphilis*）獻給布里奧。莫內醫生出版了《給梅毒患者的建議》，米賀醫生則在《小普羅旺斯報》（*Le Petit Provençal*）上發表了一系列推廣文章，並在一九〇六年將這些文章重新集結成《梅毒：社會衛生研究》（*L'avarie. Étude d'hygiène sociale*）一書。他也將這部作品獻給布里奧：「藉由三幕劇的呈現，他獨自所做的工作，比半世紀以來所有衛生學家加起來還要多。」[46]他還指出：「沒有一家報紙的專欄不研究這個疾病。」[47]因此，布里奧的《損壞》是向公眾傳播性病焦慮的首要階段。

安德列・庫弗雷爾（André Couvreur）在一九〇〇年出版了一部可怕的小說《毒石榴》（*Les Mancenilles*），他自己認為這是一部專門針對男性讀者的梅毒「臨床研究」。[48]巴黎被比作一棵毒石榴樹，對於任何在樹蔭下睡著的人都是致命的，首都的女人同時也被認為是「毒石榴」，對經常光顧她們的男人負有道德和身體敗壞的責任。這部作品不只提到梅毒產生的「大眾糞便」（fumier populaire）[49]，也描繪了對城市的敵意，以及傳統主義潮流特有的對鄉村質樸的讚美，加上根深蒂固的仇外心理和種族歧視。[50]

但大多數情況下，這部小說是關於梅毒演變的紀實作品；書中多次造訪聖路易醫院，使讀者能夠了解這一疾病的不同階段。這門性病學課程描述了書中主角馬克沁・杜普拉（Maxime Duprat）身上的梅毒演變，他在三十六歲成為部長後，被十二年前感染的三期梅毒擊垮。書中仔細分析了性病對個人、家庭和社會的影響：未婚夫需要等待被「洗白」而延遲與鄉村處女的婚姻，輝煌的政治生涯破碎，以及被感染的無辜妻子生下畸形的孩子；庫弗雷爾得意地描述著：「暗綠的肚子、猿猴般的手、腳如侏儒般扭曲。」[51]馬克沁本身就有「遺傳性梅毒」（hérédo），在讀者心中，他最後的精神錯亂更證實了性病和精神疾病之間的關聯，而這正是性病學家努力建立的關聯。

和所有這類小說一樣，作者藉主角的醫生朋友之口敘述劇情。這位學者夢想有一種「道德防腐劑」，[52]同時努力傳播對疾病和道德瓦解的恐懼。他勸告年輕的馬克沁「利用你的恐懼來遠離女人」，[53]可惜馬克沁對於遵循他的建議無能為力！

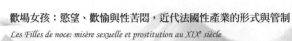

一九〇三年，保羅・布魯（Paul Bru）出於類似的關注，在小說《無性》（*L'insexuée*）中描述淋病的後果。情節很簡單：大家具製造商的獨生子黑蒙・莫荷爾（Raymond Morel）與席夢娜・羅吉爾（Simone Laugier）結婚，兩人彼此相愛，但這個年輕人卻染上了花柳病。蜜月期間席夢娜生病了，染上輸卵管炎，不得不接受卵巢和輸卵管手術，再也不能成為母親，也「不再有性別」。當她意外得知自己的不幸，並意識到自己的生活破碎時，她失去了意識。後來投向神祕主義懷抱的她，在得知丈夫不忠後就精神錯亂了。

其他許多作品也紛紛宣傳性病焦慮，而它們的作者未必全都支持衛生和道德防治協會，新馬爾薩斯主義也在此列。米歇爾・科黛（Michel Corday）在小說《維納斯或兩種風險》（*Vénus ou les deux risques*）中指出，對於生育和疾病的恐懼如何阻礙夫妻充分享受性愛。書中的詩人萊昂・密哈（Léon Mirat），看到自己的婚姻被防止妻子懷孕的憂慮所毀。成為鰥夫的他與情婦結合時也面臨了同樣障礙，儘管每個情婦都使用不同的避孕方法。在與從商店店員變成交際花及著名女伶的舊情人一夜雲雨後，他終於染上梅毒，並因而自殺。他的朋友海瑟（Reiset）醫生在這位染上梅毒的哥兒們自殺後，便一直待在巴斯德研究所拚命研發對抗這種疾病的血清，[54]也確信了梅毒的無情。

這本駭人的小說，以非常現代的語言和主題，絕望地呼籲享受無風險性愛的權利，並抗議「對於來自性的一切，不分青紅皂白地賦予羞恥感：愛、痛苦、生育、傳染」。[55]我們再次看到，其中描述了「這種恐懼，然後是這種期待、人類的這種焦慮，他在幾個星期中檢查自己，仔細探查，想知道是不是中毒了……[56]突然，一聲『**成了！**』猶如電擊，心神已然暈厥……」。[57]小說家毫無隱喻地直率指出性病的恐怖：「它啃噬骨頭：讓病人牙齒脫落，就像邦葛羅斯（Pangloss）*一樣，鼻子沒了，活像街上偶遇的醜陋骷髏，或因細胞壞死而碎裂、融化，溶解。」[58]在書的結尾，海瑟醫生的結論與阿弗雷德・傅尼葉同出一轍。本書悲觀主義色彩濃厚，對讀者造成了有害影響。據莫內醫生表示，許多性病患者在讀完這本書後，急忙跑去質問醫生能否坦率承認這種疾病無法治癒，而自殺是唯一可能的出路。[59]該書也散播了梅毒恐懼症（syphilophobie）。

在此再次重申，打擊性病最不遺餘力的是軍隊。一九〇二年以來，[60]講師在年輕新兵入伍時即諄諄告誡，軍方衛生手冊[61]亦大篇幅提及性病問題。「示意圖」、投影和印在假條上的建言讓資訊更完備，甚至公開推薦甘汞（calomel）防治軟膏。一九〇七年九月二十三日，戰爭部副部長亨利・謝倫（Henry

* 編註：伏爾泰小說《憨第德》（*Candide, ou l'Optimisme*）裡的空想家老師角色，後來得了天花。

Chéron）在一份引起軒然大波的通報中要求發展性教育，公開建議防治方法，並呼籲設置防治室，讓士兵在發生性行為後得以前往。一九一二年四月七日，戰爭部長應法國衛生和道德防治協會主事者的要求，加強為士兵提供資訊。

一九〇二年以來，除了廢除對感染性病士兵的所有懲罰，健康檢查也變成個人行為。為了避免士兵被誘惑，軍方不斷增加俱樂部、娛樂場所、遊戲室和圖書館的數量，[62]努力將士兵留在軍營內。軍方鼓勵探親假，但不允許夜間休假，也在主要的駐軍城鎮建立了「士兵之家」（maisons du soldat）和「部隊花園」（jardins militaires）。

美國人弗萊克斯納在一九一三年指出，士兵的道德教育在歐洲軍隊很普遍；在他看來，這是備戰的要素之一：「首先成功減少（性病）的國家，將取得比對手更大的優勢」，[63]因此在各地「都必須教導入伍者，禁慾是可能做到且有益健康的」。「歐洲的軍事當局幾乎在同一時間著手打擊酒館和淫亂。」[64]

就連在毫無激進關注的文學作品中，也能察覺這種系統性和強迫性宣傳效果；只消閱讀菲力浦的《蒙帕納斯的布布》，[65]就能推估性病傳染的風險帶給青少年對性行為的焦慮；人們可能認為這本書是出自防治協會之手，而我們很清楚並非如此。如果說性病焦慮曾是于斯曼建構作品的執念之一，那麼它正是這本專門討論賣淫問題的作品主題，副標題可以取作《性病對心理影響的社會學研究》。年輕的皮條客布布經歷了生病的痛苦後，最後是他的同事「大橘兒」（le grand Jules）讓他恢復平靜。橘兒雖患有梅毒，但他「比梅毒更強大」，[66]以相當程度的自信讓他的年輕朋友相信，性病是他們身分地位的一部分。也許這應該視為一種反論述的出現，使我們確定關於性病危害的宣傳有其社會學局限。

維克多・瑪格麗特（Victor Marguerite）的小說《娼妓》（*Prostituée*）[67]則是一部名副其實的性交易概論，書中充滿了梅毒的恐怖。這部作品對我們的主題至關重要：它有助於宣傳疾病發展難以抵抗的概念，最重要的是肯定了這種疾病的發展與**文明**發展有關，所以是不可避免的。[68]作者提起書中一位傑出梅毒學家的想法時特地寫道：「他，蒙塔爾（Montal），將大大有助於呈現日益加重的侵襲、遺傳的災難，以及它如何隨著人民的視野擴大、隨著交流管道的增加和交會向四面八方擴散，**與文明同時成長**，腐敗，不停地腐敗，每天都腐敗得更快、更多。梅毒以前只限於少數人感染，被局限在狹窄的病灶內，現在卻以準梅毒的癥狀在所有種族中蔓延，在靜脈與家庭之間傳播毒素。因為不僅是賣淫帶動梅毒，這個巨大的惡性循環正逐步擴大……。」[69]最後一個關鍵的反思是，已被證明無效的管制主義，如今也被證明是不充分的；為了遏制性病危害的發展，不僅要改造管制主義，最重要的是透過教育、衛生和道德，更嚴格地監督性行為。

四、性病危害拯救了掃黃警察

醫生重新重視性病危害，在賣淫的範圍內強化並加深了新管制主義，甚至促進了對健康的超管制主義，因而阻礙了廢娼活動的進展。這種對於性病禍害矯枉過正的譴責，也證明了醫學界希望為管制賣淫提供正當理由。我們知道，自從巴斯德的研究，以及奈瑟關於性病的發現以來，借用迪克勞斯醫生的書名，「社會衛生」（hygiène sociale）的概念已逐漸發展和建構。這位巴斯德研究所和社會科學高等學院（Hautes Études Sociales）的院長在一九〇二年出版的概述中，用一整章的篇幅討論掃黃警察，[70]他的結論是有必要將其轉型為衛生警察。身為阿弗雷德・傅尼葉的傑出學生，他只是重申了新管制主義的論點，但這次他說明如何將其納入一個嚴密而全面的社會衛生和「醫生社會化」（socialisation des médecins）規畫之中，[71]亦即醫學界對各種社會群體健康管理的考量。

廢娼主義者知道，譴責性病危害會助長新管制主義，因此不厭其煩地指出運動的誇大之處，但卻徒勞無功。對手的論據很簡單：性病感染者在增加，而賣淫的衛生法規降低了發病率；在他們看來，妓院裡染病妓女的數量很少，而且根據「平衡法則」（loi de balancement），特定地區男性的性病發病率與該地掃黃警察的活動和嚴厲程度成反比，這些都足以證明。因此有必要維持並改善對妓女的監控。眾所周知，民族主義興起時，軍隊具有不小的分量；而在軍隊內部，人們意識到受監督的妓女所發揮的作用，更試圖努力阻止寬容妓院衰微。

如前所述，性病危害甚至在醫學界引起了一種超管制主義，但與一八七〇年代的管制主義不同的是，此時並未公開聲稱是基於道德或宗教原則。因此費雪醫生（G. Fischer）建議，[72]省縣級法令應要求所有性病患者說明傳播性病給他們的人的姓名和地址。然後，當地警察局長會寄一本「反性病手冊」（livret antivénérien）給這些性病傳播者，並請他們尋求治療；第三次告發時，罪犯會被罰款，甚至被判刑並強制送醫。

一九〇〇年出版的一本手冊中，達西・利尼耶爾（Dassy de Lignières）認為性病是「最難捱也最厲害的禍害」，[73]並將寬容妓院視為「社會秩序的支柱」。[74]他要求責成客人接受體檢，並在上樓尋歡前出示一張蓋上確切體檢日期的「衛生票」（ticket sanitaire）。「健康的妓女和健康的嫖客同在接受醫療監督和衛生改造的妓院裡，這是必須嘗試的權宜之計。」[75]在國外，斯堪地納維亞和德國的醫生已表達了這類想法，並在第一次世界大戰時成功施行。一九〇六年，態度比較溫和的曼卡醫生僅要求引入**健康證書**，讓嫖客可以要求查看。[76]馬流斯・卡爾醫生（Marius Carle）支持該提議，他認為這一證書應發予患梅毒滿三年的妓女。[77]

令人不安和強迫式的性病危害宣傳，無疑有助於在輿論中傳播需要對賣淫進行管制的觀念。這就是雷偉克醫生（P. Lévêque）在一篇捍衛廢娼主義者觀點的罕見醫學論文中所強調的，他特地寫道：「阿弗雷德・傅尼葉教授以科學的權威，為我們展示了恐怖陳列館……我們不寒而慄，跪倒在警察總監膝下。」[78]

關於變態或精神疾病的性學專門論述，其本身的分裂性反映了性愛享樂行為的多樣性；[79]性病危害的論述則相反，我認為它具有一致性。對於性行為**進行**的思考，以某種方式傾向於圍繞並取決於性病危害，至少在這種思考針對公眾輿論的情況是如此。由於宗教勢力式微和醫學興起，這種帝國主義風格的論述往往涵蓋了道德、教育，甚至涉及精神疾病病因學。圍繞著單一中心主題、單一一體執念，形成了一股影響力。

最後，我們回到傅柯所定義的「壓制性假設」（hypothèse répressive），[80]因為在有關性病危害的問題上，對於性行為的反思帶有一種嚇阻性策略，特別是針對青少年族群。隨著**性科學**發展，醫生和社會學家將性行為分類，或研究性在精神疾病起源所扮演的作用，但公眾所掌握的性問題資訊，卻只是透過令人恐懼的強迫式宣傳廣告，不斷強調性病危害。儘管看似微不足道，但對「梅毒」的過度恐懼，終究對性愛形成了巨大障礙，取代了對罪惡的恐懼，這正是當時普遍存在的梅毒恐懼症之根源。

白人奴隸貿易：「我們的時代最嚴重的禍害之一」[81]

要說有哪個主題很難將傳說與現實分開，那肯定是白人奴隸貿易；這個主題之所以更具意義，大多是由於傳達它的文獻充滿著焦慮，而非它所涵蓋的實情。它是當時所有執念的交會點。一旦涉及它，即使是最沉著的心智也會誤入歧途。

事實上，這樣的表述有些含糊不清；我們可以用朱爾・勒諾柏（Jules Lenoble）[82]的說法來區分「小規模貿易」和「大規模國際貿易」。實際上，對公眾輿論、甚至某些法學家而言，比如檢察總長瑪力・費優磊（Marie Feuilloley）[83]，他們認為白奴貿易是買賣婦女的同義詞，應受到譴責，因為所有的人肉貿易都該被禁止。這是第一批推廣該詞的作者賦予它的含義，古約曾在他關於賣淫的作品中提及，塔庫塞爾（F. Tacussel）則是首先寫書抨擊此一禍害的人。[84]同樣地，伊貝爾在《提燈報》與《晨報》的專欄中反對「歌女貿易」，主要針對幾乎不跨出國界的交易。簡而言之，白奴貿易通常被理解為妓院女老闆、掮客和供應商這些受法律寬容的機構，想招募和更新勞動力時不得不進行的交易。因此，奴隸貿易的存在，立基於管制主義制度的存在。廢娼主義者也將譴責白人奴隸貿易當成他們的專屬論據之一；但要注意，他們更喜歡選擇英國或比利時為例，也就是在調查中業已凸顯這種貿易存在的國家。

另一方面，對國際法專家、外交官和新管制主義者來說，他們不再質疑寬容賣淫行為的存在，認為販賣婦女僅指跨越邊境的貿易；路易・雷諾（Louis Renault）寫道：「它是一國在另一國境內的招聘，是一個出口或進口的事實。」[85]一九〇二年巴黎會議後，這個詞在這些圈子裡甚至只用來代稱犯罪行為，也就是說，不是婦女本身的國際貿易，而是伴隨著暴力、欺詐或背信行為的未成年和成年女性買賣。

一八八〇年到一九一四年間，經歷了語義上的轉變，第二種含義逐漸取代第一種含義。這一現象本身象徵了新管制主義在犧牲廢娼主義的情況下，藉由打擊白人奴隸貿易而取得的進展；這是一場模稜兩可的運動，它將美好情感與企圖盡可能搶救傳統體系的願望兩相結合。

一、傳說的起源和最初的對抗

第一批廢娼主義者將所有形式的白奴貿易都納入譴責範圍，他們筆下的論點也很簡單：當時對該禍害的譴責，[86]是基於英國議員和比利時法官公認的事件。湯瑪斯・斯納格勳爵（Lord Thomas Snagge）在一八八一年七月二十六日代表上議院保護少女委員會（la commission de la Chambre des Lords sur la protection de la jeune fille）發表的報告中，確實揭露了英國和歐陸之間非法交易的存在與交易程序。英國供應商和比利時掮客或妓院老闆之間的通信摘要曝了光，揭發了巨大醜聞。那些罪證信函誇耀並吹噓著「包裹」的年齡、體貌和專業素養。過去三年間（一八七八年至一八八〇年），有三十四名年輕的英國女子，包括三名貨真價實的處女，從倫敦被送往布魯塞爾；一般價格是三百法郎，在收到貨物並核實貨物狀況良好後支付。

由於這些陳述，比利時法院在一八八一年十二月開始的審判過程中，試圖釐清這一事件，並得出非法交易確實存在的相同結論。法國的廢娼主義媒體廣泛報導了布魯塞爾審判的曲折劇情。一部獻給巴特勒的法文小說在比利時出版，鉅細靡遺地描述了英國和歐陸之間的女性交易。[87]古約也在他的書中大量討論這些事件，並進一步詳細介紹他所知的法國招募、仲介和運送妓院妓女的方式。一八八五年七月三日，《帕爾默爾報》（*The Pall Mall Gazette*）開始一系列的揭露報導，試圖證明倫敦存在著極年輕女孩的市場，這些女孩被強行帶進妓院並強姦。[88]這份調查報告的譯本於同年在巴黎出版，標題為《倫敦醜聞》（*Les Scandales de Londres*）；在某種程度上，內文相當吸引人，尤其因為收錄了一個淫媒的自白。

新近改宗廢娼主義的奧古斯特・呂托醫生（Auguste Lutaud）以「微不足道醫生」（Docteur Minime）為筆名，努力宣傳這些內幕。在他一八八六年出版的《倫敦和巴黎的賣淫與白奴貿易》（*La prostitution et la traite des Blanches à Londres et à Paris*）中，我們可以指認出所有確定能在一九〇二年大賣的各大報刊主題。對於白人奴隸貿易，他討論的只是**受難的處女**；引發他略帶好色口吻斥責的不是被買賣的女人，而是被蹂躪的處女。「強姦處女——處女交易——處女送達——五名處女的訂單——為什麼聽不到受害者的呼喊？——小女孩被皮帶綑綁」，這些都是他書中的章節標題。呂托醫生得意地詳述各地區**新鮮女孩**（fresh girls）的批發價，也指出渴求處女的消費者所付的代價：在M和Z夫人那裡是一百二十五法郎，倫敦東區是兩百五十法郎，倫敦西區是五百法郎。[89]當然，這些價格意味著要向客戶出示一份由合格醫生正式簽發的貞操證書。據呂托醫生表示，英國首都有一萬名小女孩以這種方式賣淫，他還舉了一個客戶的案例，這個客戶習慣每隔兩星期要消費三個處女。所有這些爆料在法國都沒有引起多少轟動，各大媒體的時代還沒有到來。

然而在國外，白奴貿易已經成為官方譴責的目標。因此，早在一八六四年，匈牙利政府的一項法令，[90]即命官員注意前往美國的年輕女孩；一八六七年三月，住在埃及的匈牙利人向本國議員發出請願書，要求打擊這種非法交易。特別是一八七四年（但這次是在奧地利），眾議院呼籲召開國際會議處理這個問題，並要求在當時正在制訂的新刑法中列入相關規定。一八八九年於日內瓦舉行的第五次大會上，英國和歐陸廢除（管制式）賣淫聯合會則鄭重譴責這一國際奴隸貿易的存在。

一八九五年，法國參議院對貝宏爵參議員提出的法案進行表決，[91]該法案編列了「禁止以暴力或欺詐手段雇用婦女賣淫，也禁止使用同樣手段強迫已成年的婦女從事賣淫活動」這一條款。該法案確實沒有經過議員審查。同年在巴黎舉行的國際監獄大會，應保羅・洛比克（Paul Robiquet）要求，[92]投票表決兩項提案，旨在制止關於賣淫的一切形式脅迫行為，並呼籲召開關於白奴貿易的國際會議。

只有德意志帝國（Reich allemand）採取了具體行動；[93]一八九七年，海因里希・萊尼格（Heinrich Reiniger）、貝貝爾和福斯特（Forster）在帝國上議院多次提出這個問題後，對人口販運者採取了措施。移民法增補的一項條款規定，任何隱瞞自身之意圖讓婦女移居國外以從事賣淫者，將處以二至五年的監禁和一百五十至六千馬克的罰鍰。隨後又與鄰國簽署了若干引渡條約。

然而，發起國際運動對抗白奴貿易的卻是私人倡議，而且英國和瑞士的新教人士再一次大力支援。一八八五年，在倫敦為此成立的全國警戒協會（National Vigilance Association），試圖建立一個國際組織來阻止國際人口販子。祕書威廉・庫特（William Coote）多次前往歐洲大陸，呼籲成立全國委員會，貝宏爵參議員遂組織了法國委員會，從此以打擊白奴貿易為首要目標。他成功召集了來自不同背景的人士。作為一項「集合事工」（Œuvre de concentration），[94]該委員會將新管制主義者和廢娼主義者、新教徒、猶太教徒和天主教徒、女性主義的反對者和支持者聚集在一起；總之，該組織從一開始就以一致主義運動自居，能讓最狂熱的廢娼主義者忘記他們的優先任務是反對管制主義。

一八九九年六月，全國警戒協會在倫敦皇宮酒店（Palace Hotel）召開第一屆打擊白奴貿易國際大會（Congrès international contre la traite des Blanches），有十二個國家派代表出席，西歐國家只有西班牙和義大利缺席。的確，持懷疑態度的英國政府並沒有派代表出席，意謂著英國棄權，[95]但英國政府還是派了非官方代表，非正式地替自己發言。每個全國委員會都指定兩名報告員，陳述與本國有關的白奴貿易實況，以及對抗這個「禍害」的預防與重建工作；[96]就白奴貿易這個迄今為止對許多人而言仍屬傳說的現象，這次大會以科學證實了它的存在。

在指出法規對該問題的緘默令人震驚之後，與會成員一致表示，希望成立一個永久性的國際機構來打擊白人奴隸貿易，並請各個全國委員會向各自國家政府施加壓力，將該貿易視為犯罪。大會也特別宣布，需召開國際會議來正式組織對抗。

但在辯論過程中，有時極為激烈的對抗，卻也揭露了某些全國委員會的矛盾態度，尤其是法國。英國和瑞士代表與在場的女性主義者，對於貝宏爵那樣既反對白奴貿易、卻又為管制式賣淫辯護的矛盾表現感到憤慨。他們因而強調，這種態度存在著根本上的矛盾；在他們看來，這樣的矛盾會讓他們的努力化為烏有。[97]

大會結束時，路易・孔德牧師（Louis Comte）出於效率考量，不顧英國代表的強烈情緒，以法國廢娼主義者的名義，同意不將賣淫活動的管理與白奴貿易連結。所有與會代表最後採取相同的態度，一致通過決議。這一讓步產生了深遠的影響，至少在法國，它將反對白奴貿易的「十字軍征戰」變成了貝宏爵背後的新管制主義者手中的工具。[98]

在全國警戒協會將活動組織化和國際化的同時，許多慈善協會致力於保護年輕女孩，其公開目的是避免她們被轉賣。廢娼大會之後，國際女青之友聯盟（Union internationale des amies de la jeune fille）於一八七七年在日內瓦成立。據我所知，它是國際保護青少年性道德運動的第一位成員。一九〇二年巴黎會議召開前夕，該聯盟擁有兩百四十個「保護」或「復健」之家，在二十七個主要城市的火車站設有代理人，並管理八十四個免費職業介紹所（bureaux de placement）。另外還出版期刊，包括《女青之友》（*L'Amie de la Jeune Fille*）。[99]國際天主教保護女青行動（oeuvre catholique internationale de la protection de la jeune fille）也以同樣模式發展。此外，保護女孩和婦女猶太協會（Jewish association for the protection of girls and women）和猶太教聯盟（Alliance Israélite）也致力於打擊人口販運。[100]

在法國，此時至少有一千三百個協會完全或部分致力於保護或收容年輕女孩。一八九八年四月十九日，「懲罰暴力或攻擊兒童」（répression des violences ou voies de fait exercées envers les enfants）的法律通過，讓這類機構大量增加。若把亨利·喬利（Henry Joly）在倫敦洋洋得意列舉的所有這些社團名錄寫出來，[101]那就太瑣碎了；重要的是，我們應注意它們在本世紀最末期的增長，以及當時為了計算其數目和協調其行動所做的努力。

倫敦大會之後，白奴貿易成了熱門議題。[102]一九〇一年，各國委員會代表在阿姆斯特丹舉行會議；次年，在激進派政府倡議下，期待已久的國際會議在巴黎舉行，它開啟了改革運動的新階段。接下來就要確認白奴貿易傳說在其鼎盛時期掩蓋了哪些實情。

二、事情的真相

白奴貿易的發展顯然是歐洲擴張的後果之一；與其說是殖民化興起的產物，不如說是大規模移民運動將成千上萬歐洲人帶到全球五湖四海的結果。本書在此不會回顧已有完整分析的現象。最後一次、也是迄今為止最大規模的移民潮，主要來自地中海盆地北部（希臘人、義大利人）、奧匈帝國和俄羅斯帝國的移民，它與白奴貿易傳說的出現和崛起相吻合。原因不難解釋：這種以男性為主的大規模移民，主要包含貧窮、素質低下的年輕人。移民創造了一種需求，新興國家（澳洲、拉丁美洲）和開墾區（front pionnier）特有的人口性別失衡就是證明。中國的「瓜分」以及一八九九年至一九〇二年間的川斯瓦（Transvaal）戰爭，進一步刺激了這種需求。運輸革命也讓這些需求更容易得到滿足。[103]更普遍的是，個人的流動性增加，促進了離鄉背井並易於隱姓埋名，使得道德感更加脆弱，讓人口販子更容易招攬生意。此外，某些國內政治事件也有利於發展人口販運。正如沃科斯基親王（Serge Wolkowski）所指出的，[104]俄羅斯帝國的許多年輕猶太女孩由於遭受迫害，因而屈服於人口販子的誘惑。

但白人奴隸貿易不僅肇因於外移的歐洲人口新需求不斷增長，也跟性別失衡有關，因此只能透過性交易來解決性挫折。[105]否則如何解釋甚少參與歐洲人移民運動的法國，也被白奴貿易所困擾？這也是相斥因素現象的結果；我的意思是，它反映了整個西歐寬容妓院的衰微。男性性行為喜好的深刻變化和公眾輿論的寬容度降低造成了危機，販運者、招攬者、掮客或銷售商意識到危機無法挽回，很快就覺察能取代的市場規模，只要他們知道如何適應並成功建立國際網絡。因此，迄今為止西方許多妓院由掮客持續供給，而白奴貿易不過是掮客活動的轉換和延伸。它不是一種新的禍害，而是管制主義體系的一部分。當然，只要允許寬容妓院交易繼續存在，就無法有效鎮壓。

而這種轉變和販賣婦女的新規模，是否隨之產生了集中現象，如同二十世紀最初數十年間可從「環境」中看出的集中現象？主流媒體爭相再三重複；[106]一九一二年，皮耶•古瓊（Pierre Goujon）在眾議院談到這種罪惡在過去十五年來「真正驚人的擴展」時如此宣稱：「可以說，它的組織架構已經相當有條理。白奴貿易由一個國際協會操作，該協會在世界各國都有其固定的代理人、銀行家，甚至有急救基金（caisse de secours）幫助那些被法律追究責任的成員。」[107]大會上提交的報告、官方調查的結果，以及保存在司法部門和警方檔案的資料，[108]都呼籲須慎重論斷。實際上，輿論潮流（我不會稱之為謠言）與業經驗證的事實之間，看來有著驚人的出入。特別是警方檔案使我們提出了一個臨時性假設：白奴貿易在結構上與婦女貿易並無根本區別，因為它是在管制主義國家的寬容下實施。因此，儘管活動轉型、順應新情勢或是活動量增長，但方法、技術或財政方面並無重大創新。

要是監獄總會專家所言可信，那麼廣義上的白奴貿易一向是由兩類人員進行：一是地位低微的招攬者，他們實際上為地位更高的供應商工作。最高法院檢察總長費優磊自詡為研究這類案件的專家，他說：「供應商的外表與氣度，看來像老實的資產階級，他按時支付租金，在住處一帶名氣響叮噹。附近的人會說他是做生意的人。」[109]普伊巴侯則強調，很多珠寶商在從事這項活動。[110]供應商「屬下有一組招聘團隊，通常由酒商夥計、理髮師學徒、旅館雇員、露天酒館雇員和公共舞會雇員組成，他們為供應商提供對象」。引薦女孩的過程從來不在供應商家裡進行，甚至也不在招聘者家裡。「大多時候是在街上、在公共花園、有時在咖啡館，但從不連續兩次在同一個地方……。被招募的婦女會收到一些錢……。當他成功招募到一定數量的婦女，供應商就組成所謂的**護送隊**（convoi），並負責將護送隊帶往外省城鎮或出國的登船港口」。[111]這種描述也傾向於證實販運領域的分級制度，以及婦女貿易確實相對集中的看法。查閱檔案，能幫助我們多少對它再做些區別。

一九〇二年巴黎會議召開前夕，警察總署對所有被指控從事白奴貿易的人進行了一次祕密清查；[112]八十一名「供應商—經紀人」被標明在我有幸能夠分析整理的檔案中。當然，比起了解供應商的活動，巴黎警方可能、或極有可能更清楚淫媒的活動；但這種區別是否像費優磊所說的那樣明顯？我認為並非如此。很明顯地，這些人口販子都是進入正式寬容賣淫體系的個體；大多數宣稱從事某種活動的人口販子，其職業通常是妓院老闆、妓院女老闆或其配偶、為某個妓院服務的淫媒、附家具的套房出租者、酒商。但必須承認，這種關係在後來似乎變得不那麼明確。因此四年後，律師卡彌爾・德磊福斯（Camille Ferdinand Dreyfus）運用內政部官員對一九〇二年至一九〇六年間編制的四百份白奴貿易檔案的分析，指出人口販子一般自稱為經紀人或業務代表、酒商、旅館老闆、職業介紹所老闆、歌舞雜耍咖啡館經理或藝術團主任；[113]所有這些職業，確實都是妓院供應商用來掩人耳目的職稱。

第二項事證是，當我們知道這些人口販子為誰工作，以及他們的「包裹」目的地時，會發現多半是外省，或**既在外省也在外國**。專門從事大型國際貿易的招攬者、經紀人或供應商仍屬例外；需要補充一點，把「對象」送到國外的人，往往是特定寬容妓院的代理人；在研究的樣本中，這些妓院主要是荷蘭妓院。大型白奴貿易和寬容妓院的人員招聘密不可分，這十分合理，但必要時，這也證明了貝宏爵之流和法國委員會的努力白費。

主流媒體根據幾個不具代表性的案例來描述人口販子時會提到外國人，甚至是外國闊佬（rastaquouères）。薩薇歐絲在一九〇二年八月的《大評論》（*La Grande Revue*）[114]中提到黎凡特人（Levantins）、加利西亞（Galicie）猶太人和南美洲人。但根據警方表示，從事販運的絕大多數都是法國人，且往往出生在外省。其它則有少數猶太人、比利時人和俄羅斯人，而這說明法國人口販子與這些人口販子的出身國家有聯繫。另外要補充的是，一般來說，外國人口販子通常使用假名。

必須強調，這些「供應商—經紀人」，亦即從事婦女貿易的個體，都是壯年人（參見第二一四頁）；在這一點上他們類似妓院管理人員，與皮條客有很大的不同，不該與之混淆。最後，其中只有百分之六十六的人沒有犯罪紀錄，這點也不足為奇。

儘管會隨著警方鎮壓而游移，但巴黎婦女貿易的地理分布相當精確。一九〇二年，婦女貿易的代理人經常光顧的三十四家機構，集中在第九區（共十六家，主要是蒙馬特郊區街〔rue du Faubourg-Montmartre〕）、第二區（共七家，蒙馬特街、聖丹尼大道、聖瑪丹街、布隆岱爾街〔rue Blondel〕、塞凡堡大道）、第十區（五家）、第十八區（四家）和第三區（兩家）。其中包括十家葡萄酒酒吧、六家「咖啡館」、四家「小飯館」、兩家「啤酒館」、兩家「酒吧」、兩家「餐廳」和八家名稱各不相同的場所。警方確認的這些地點，與聖克魯瓦夫人提到的相差不大，[115]她聲稱，掮客或經紀人會在蒙馬特高地或沙托丹（Châteaudun）十字路口附近的咖啡館、殉道者街（rue des Martyrs）和洛雷特聖母院（Notre-Dame de Lorette）會面，因為警方迫使他們放棄了皇家宮殿周圍的區域。

一九〇二年時，大多數「對象」集中在幾個相當明確的郊區，通常是供應商的住所，例如：孔夫朗（Conflans）、瓦茲河尾（Fin d'Oise），尤其是當時全國婦女交易中心所在的昂德雷西（Andrésy）。[116]

他們的招攬手段顯然與妓院招收成員的手法相似；有違法的職業介紹所、與人口販子勾結的房東、報刊上的分類廣告，以及在醫院或公園招攬婦女的男女淫媒，尤其是巴黎的聖雅克塔（Tour-Saint-Jacques）和孚日廣場。在新的情況下，火車站似乎已成為淫媒的首選行動場所，他們在那裡等待落單和迷路的年輕外省女孩來到大城市。運輸和轉口的方法則發生了變化：替未成年女孩偽造身分文件，進行體檢，出發前讓新手「見習」，在郊區某地集合，組成護送隊前往車站，再到登船港口。[117]對於少數不知道該期待什麼的新手來說，旅程時遭遇的性騷擾、抵達時的貧困狀態、遺棄、膨脹的債務，都能幫助她們看清事實。在俄羅斯帝國，人口販子往往以官方替新領土的單身漢尋找未婚妻來掩人耳目；因此，為了海外妓院老闆的最大利益，成群的年輕良家少女被廉價招聘。

身為國際販運對象（不能總是歸類為受害者）的法國婦女，與大多數妓女一樣，主要是家庭傭人和店員。[118]如果我們相信當時證詞的話，還有許多「未分類」的婦女，例如：有證書的學校教師或沒有學生的鋼琴教師，她們被俄羅斯帝國，特別是波蘭提供的女管家或家庭教師職務所吸引。[119]當她們到達時才發現自己被騙了，但幾乎無計可施，只能接受妓院老闆代理人的提議。歌舞雜耍咖啡館的歌女也是類似情況，一到達目的地就不得不接受賣淫，才能找到聘約。

然而必須強調，費優磊[120]和保羅・阿普爾頓（Paul Appleton）[121]在研究過程中採訪的法官或檢察官一致認為，被綁架的處女或被強姦的婦女遭受誘騙或強制被帶往遠方妓院的情況，是罕見的例外。當然，調查委員會和廢娼協會已經證明這種情況的存在，但「大交易」和「小交易」多半只涉及已知情的女孩和婦女，她們知道該做什麼，並在不受脅迫的情況下同意移居海外。多數時候她們與隨行的經紀人達成協議，[122]在旅途期間隱藏自己的真正職業，並假裝成未婚妻、女銷售員或女管家，避免引起當局注意。就涉及人數眾多這點來看，白奴貿易與全國婦女販運的模式再度一致，差別只在白奴貿易跨越了國境。借用皮科的精闢比喻，唯一的區別是**地點不再統一**。[123]而世界各國的外交官，正訴未立法制裁這種合法性在當時遭受質疑的日常非法交易，或者說要在巴黎會議上界定其法律限制。

跟其他任何產品一樣，國際婦女貿易也有其路線、集散地和主要消費市場；而且這種商業地理環境會隨著需求、流行或市場飽和的變化而迅速演變。[124]在一八九九年倫敦大會上宣讀的報告，使我們對國際販運有了初步的概念。[125]既存在著斷斷續續的歐洲內部交易，也存在著按照常規流程運作的歐洲外部交易。事實上，歐洲當然是出口多於進口，因此才有白奴貿易的說法。

維也納和布達佩斯是歐陸的主要供應市場；來自捷克波西米亞地區、匈牙利或加利西亞的奧匈帝國女孩，尤其是猶太女孩，被送往義大利的里雅斯特（Trieste）或熱那亞，然後出口到世界各地。奧地利首都建立了一百八十家賣淫事務所，它們長期擁有一千五百名婦女，隨時準備啟程滿足任何需求。[126]俄羅斯帝國[127]是另一個主要的供應市場，猶太女孩，特別是切爾克斯女孩（Circassiennes），但也有來自華沙、基輔或佩特羅省（Petrow）、卡利什省（Kalisch）的女孩，主要經由奧德薩（Odessa）出港，以十五或二十人一組登船。據阿弗雷德・加羅夫洛醫生（Alfred Garofolo）的說法，[128]每年都有一千兩百名來自匈牙利、俄羅斯、瑞士和法國的女孩在熱那亞登船，準備前往賣淫。那不勒斯和墨西拿（Messine）是義大利半島上的其他登船港口，主要的旅客是義大利女性移民。在該國南部，[129]人口販運被卡莫拉（Camorra）集團和黑手黨控制。法國和英國一樣，基本上是過境國；在勒哈佛爾、波爾多、馬賽[130]和南安普頓，除了部分法國婦女外，還有義大利、德國、比利時，甚至俄羅斯婦女登船。

除了當時被描述成具備優良道德和家庭傳統的瑞典之外，所有歐洲國家都為國際販運貢獻了自己的「代表隊」。即使販運行為在安特衛普和漢堡遭到壓制，仍舊繼續進行。法國主要供應歐洲市場，尤其是比利時、荷蘭和俄羅斯帝國的妓院。根據為荷蘭政府執行調查工作的巴爾肯斯坦警官（Balkenstein）報告，[131]當時在阿姆斯特丹、鹿特丹和海牙有十一家「法國妓院」（Fransche Huizen）；其中四家直接從法國引進員工，數週後再將她們轉賣給其他二流妓院。十五個月內，有七十九名法國婦女透過這種方式被引進，她們的轉讓一共帶來兩百二十一次交易。例如：一名布列塔尼婦女，在未經本人同意的情況下，八週內被出售三次。此外也有相當多的法國婦女被運往南美洲，特別是阿根廷。主要的進口國確實是南美洲國家。至於來自美國的需求，則似乎隨著西部開拓結束和加強管制移民，而有些停頓。[132]無論如何，現在吸引大多數女孩的是太平洋沿岸地區，而不是紐約，但紐約仍是主要集散地。[133]里約熱內盧的交易也同樣減少，[134]因為性交易行為的氾濫程度在該國引起反彈。

直到一九一四年，婦女的主要市場仍是布宜諾斯艾利斯和蒙特維多（Montevideo）。根據古瓊在眾議院引用、據稱由阿根廷首都掃黃警隊進行的一項統計研究，[135]一八八九年一月一日至一九〇一年十二月三十一日間，布宜諾斯艾利斯市有六千四百一十三名妓女登記。其中四千三百三十八人（百分之六十八）來自歐洲，包括來自俄羅斯帝國的一千兩百一十一人（百分之十九）、八百五十七個義大利人（百分之十三）、六百八十八個奧匈帝國子民（百分之十一）、六百零六個法國人（百分之九）、三百五十個德國人（百分之五）、三百二十六個西班牙人（百分之五）、九十六個瑞士人（百分之一·五）、七十六個羅馬尼亞人（百分之一）、六十五個英國人（百分之一）和四十二個比利時人（百分之〇·七）。根據瑞士駐布宜諾斯艾利斯領事一八九七年的一封信函，[136]大部分的人口販子是波蘭裔猶太人；僅「拉瓦勒街」（Calle Lavalle）的妓院就擠滿了兩千兩百名妓女，該街被稱為「血淚之街」（la rue du sang et des larmes）。根據同一份報告顯示，百分之四十的妓女來自波蘭，百分之十五來自俄羅斯本土，百分之十一來自義大利，百分之十來自奧匈帝國，百分之八來自德國，百分之五來自法國，百分之四來自英國，百分之四來自西班牙，只有百分之三來自阿根廷。這些估計與古瓊的估計有相當大的差異，也顯示在十九世紀尾聲，來自俄羅斯帝國的進口量增加。可以注意到，不管是哪一種情況，大多數女孩來自當時供應國際移民比例最高的國家；但英國婦女的數量少，法國婦女的數量多，顯示協調匹配並不完美；品味、傳統、流行及社會結構、性行為心理的因素也發揮了影響力。

這種貿易的另一個主要軸心是東方國家。此地有很多義大利人、俄羅斯人、馬爾他人、羅馬尼亞人、[137]希臘人、[138]猶太人，尤其是奧地利人，因為根據阿普爾頓的說法，[139]進口到埃及的女孩有百分之七十五來自奧匈帝國，最後都聚集在埃及亞歷山大港（Alexandrie），這裡是東地中海婦女貿易的真正樞紐。根據埃及全國委員會向巴黎大會提交的報告，[140]婦女往往在尼羅河畔「進行賣淫生活的實習」；但維多里歐・萊維（Vittorio Levi）卻在六年後寫道，幾乎所有來自俄國、羅馬尼亞和匈牙利的女孩，都會在博斯普魯斯海峽（Bosphore）見習兩三年，然後才到埃及定居。[141]這樣的矛盾反映出婦女在君士坦丁堡和亞歷山大港之間來回移動的事實。其實我們知道，聚集在尼羅河畔的妓女，有一定的數量會前往鄂圖曼帝國妓院和後宮定居，特別是士麥那（Smyrne）、貝魯特、小亞細亞（Anatolie）的城市和博斯普魯斯海峽沿岸。在土耳其，這種白奴貿易是為了貴族和蘇丹本人的利益。[142]關於這一點要記住，在法國甚至馬賽，出身東方國家的妓女極其罕見，也證明當時地中海地區的婦女人口販賣非常不平衡。

來自遠東的經紀人會在亞歷山大港購買婦女，運至孟買的妓院或中國的重要口岸。根據埃及委員會的報告，傳統的路線如下：「歐洲、亞歷山大港或開羅、賽德港（Port-Saïd）、孟買、可倫坡、新加坡、西貢、香港和上海，並沿路返回，但是否應當補充，一旦進入中國，這些婦女就很少回來？」[143]而在埃及，並沒有任何法律禁止這種人口販運。因此，從歐洲帶來「商品」的護航者（convoyeurs）、埃及的批發商和東方買家，都是在亞歷山大港和開羅碰面。埃及是當時名副其實的婦女市場交易所。

澳洲和南非也有白奴貿易；此外，俄國支配下的西伯利亞東部和滿洲地區，性別不平衡現象特別明顯，也從事黃奴貿易（traite des Jaunes），[144]因此海參崴和哈爾濱的妓院裡有很多日本婦女。

在一八九九年倫敦大會到一九〇六年巴黎大會之間，婦女貿易的地理位置有多處變動。北美市場的重要性持續下降，但法國婦女仍然受到高度歡迎，價格是其他婦女的兩至三倍。[145]南非戰爭期間，川斯瓦省成為主要消費地區；成千上萬的歐洲婦女，包括相當數量的法國婦女被運往開普敦，以滿足英國士兵的需求。[146]約翰尼斯堡是人口販運的主要中心。

自一八九九年以來，南美洲的賣淫結構也發生了相當深刻的變化，賣淫場所分散的程度大增。蒙特維多特區已被廢除，[147]布宜諾斯艾利斯的行政部門也宣布大型妓院自一九〇四年一月一日起結束營業，賣淫活動從此在「三女妓院」（maisons à trois filles）中進行。這證明南美洲的賣淫敏感度也正在變動，讓人想起半個世紀以來影響西方妓院的危機。[148]

三、國際領域與公眾眼中的白奴貿易（一九〇二年至一九一〇年）

（一）新的米諾陶

在一八九五年的巴黎國際監獄大會上，洛比克提議對這一問題進行研究。我們知道，他的發言引起與會者強烈反對，幾位與會代表以修女在場為由，提醒演講者發言要得體。[149]直到不久前，莫里斯・蒙查維爾（Maurice Moncharville）在一八九九年倫敦大會上宣告白奴貿易這一鮮為人知的現象，引起了人們的驚愕與質疑；薩薇歐絲則寫道，[150]若非如此，人們就是露出微笑或不相信的表情。《晨報》一名記者在一九〇二年四月二十日的報紙上宣稱，他打算發動公眾輿論，因為他們「對這個問題始終保持冷漠」。總之，直到本世紀初，在公眾輿論看來，人口販賣只存在於小說中。

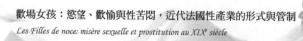

幾年後，一九〇六年巴黎大會開幕時，同一位洛比克寫道：「白奴貿易問題如今已被列入正派男士和最高雅社會的女士共同致力完成的工作清單。」[151]共和國總統在愛麗榭宮接見了大會成員；六年後，古瓊終於在眾議院慷慨激昂地陳述恐懼如何侵襲全體人民。[152]

白奴貿易的話題在一九〇二年突然甚囂塵上。七月二十七日，《共和國報》（*La République*）的一名記者已譴責白奴貿易是「我們這個時代最糟糕的禍害之一，在所有文明國家中日益猖獗」。他還說，白奴貿易可以比作「一種可怕的道德癌症，它正在啃噬並無情地摧毀一部分的歐洲青年」；據他表示，受害者比肺結核患者還多，它是一種令人生畏的力量，「由比鯊魚更危險的生物操控，用來反對**普世道德**」。[153]為什麼公眾輿論突然意識到這個非常古老、而且二十五年來一直被廢娼主義者廣泛譴責的現象？

第一個原因顯而易見：發行量大的媒體，特別是《晨報》、《日報》（*Le Journal*）和《小巴黎人報》（*Le Petit Parisien*），都是由法國委員會（後來的廢除白奴貿易協會〔Association pour la répression de la traite des Blanches〕）所「策動」和贊助，[154]目的是為一九〇二年七月在巴黎召開的國際會議做好輿論準備，因此在四月發起媒體動員，而此時主流媒體才剛在德雷福斯事件期間證明了它有能力對公眾輿論施壓。當時執政的激進派在還是反對黨時，就曾經憤慨地捍衛個人自由。沒錯，瓦爾德克—盧梭和艾彌爾・孔布（Émile Combes）都未親自參加廢娼運動，但他們的眾多支持者都曾為此動員並期待改革。[155]克里孟梭本人則透過他先前的聲明，讓自己產生參與感。一場新的十字軍征戰於焉形成，而且比那些要求廢除管理法規的抗議運動更不令人尷尬，能團結所有好心人士。

對主流媒體來說，白奴貿易是一個絕佳的主題；它可以在同一時間，根據不同的情況激發讀者的仇外心理、反猶太主義、對英德兩國的敵意、反教會主義，甚至是對國家人口減少和種族變質（abâtardissement）的普遍焦慮。難道人口販子沒有像新馬爾薩斯主義者一樣，成為當時被人口學家貝蒂永醫生的**同盟**（l'Alliance）*所譴責的這種國家本質流失（la perte de substance nationale）現象嗎？更別說這個主題能藉由淫穢或至少暗示性的情節，來要求一切形式的壓制手段。白奴貿易主題**敘述失足女人的失勢歷程**、**而非其生活本身**，這比賣淫主題更能激起強大的情感力量。在此必須強調這點。對白奴貿易的譴責來得正是時候。白奴貿易呈現的內容只符合部分事實，所以我稱之為傳說；而這個傳說能分擔一部分由於婦女某種程度的性解放和「放蕩」行為發展，所引起的社會焦慮。在此重申，隨著販運問題發展，失足婦女的不幸也不再受到重視。輿論認為這些婦女是必要的，甚至在最純粹的管制主義傳統中，總認為她們是保障女性貞節所不可或缺的，這也說明了為什麼廢娼主義運動仍舊不太成功。這次我們講述的是「社會變革」（mutation sociale）、[156]失勢和過渡歷程（passage）；當然，重點不是說明女性

* 編註：全名為法國全國人口增長同盟（l'Alliance nationale pour l'accroissement de la population française）。

貞節的脆弱性，而是**強調年輕女孩或良家婦女所面臨的風險**，並講述她們在離鄉背井和暴力的影響下，如何化身為外國妓院的妓女。這種涉及社會和性的雙重淪落，令這群人無法忍受；不只是因為流放遠方，更因為得以隱姓埋名而更加寡廉鮮恥，使女性更無法抵抗男性的慾望。

這種心理背景說明了為什麼白奴貿易讓公眾輿論感到興奮和不安。**雖然妓院老闆作為一種不可避免的社會現象而被寬容，但淫媒卻可惡至極，因為它使人沉淪**。最後，對記者來說，用道德化意圖來證明自己的言論是很自然的，這比描述妓院的齷齪要容易得多。他們強調，如果年輕女孩屈服於誘惑，等待她們的將是痛苦的折磨，指出這一點對年輕女孩來說是多麼大的幫助啊！

因此可以理解，各大日報爭先恐後地譴責和打擊這個新禍害。[157]一九〇二年，《晨報》有個關於「白奴貿易」的專欄，《日報》誇耀自己是逮捕供應商盧特尼克（Loutchnik）的幕後推手；幾年後，《小巴黎人報》贊助籌備巴黎大會，至少它自己如此聲稱。[158]大多數新聞機構都發文討論這個禍害；在我查閱的報紙中，僅在一九〇二年就有二十二份提及這個主題。[159]

這項調查使我們能辨明報導白奴貿易受害者的敘述結構：一種借用了戲劇當中的所有刻板印象、親身經歷的真實肥皂劇。與賣淫環境中的嫖客、妓院老闆和專業妓女不同，他們在讀者的反對聲浪中全都混為一體，白奴貿易相關報導中的人物是完全對立的，就像白人和黑人。受害者都很年輕，甚至非常年輕，剛脫離童年，即使其童貞並非顯而易見，也被認為是處女；她被那些騙取她的信任，或以藝術家前景誘惑她雙眼發亮的淫媒所出賣。這不是一個讓人懷疑受害者誠信的真正誘惑問題；記者經常將她們比喻為被送到牛頭人米諾陶面前的年輕希臘女子，於兇殘的罪惡之下獻祭處子之身。人口販子，「三十至四十歲的醜陋肥胖紳士，手指上掛滿大型戒指，似曾相識的外表輪廓，讓人同時聯想到穩重的賭場經紀人、掃黃警察和妓院老闆」，[160]都是鯊魚般冷血的強勢野心家，他們的名字通常聽起來像外國人，不然姓氏太像法國人就不像是真的。那一年的人口販子名叫博庫爾（Beaucourt）、綽號哈尤姆（Hayum）的哈耶姆（Hayem），以及盧特尼克。前兩人在帶著五名未成年女孩啟程前往開普敦時被捕。至於綽號盧特尼克的德勞內（Delaunay）則在其情婦、歌劇演員路易絲・圖爾努（Louise Tourneux）的幫助下，以賣淫為目的說服十五歲的女孩吉嫚・尼庫（Germaine Nicoud）前往倫敦。

報紙會先提到，女孩被招聘後馬上展開鐵路旅行，之後登船渡海；但對異國情調的運用描述仍然有限，著墨更多的是身處異地感（dépaysement），並試圖激起讀者的仇外心理。然後，這些報導敘述失勢與社會變遷的過程。其中不乏暴力和變態的場景，因為天真無邪的女孩始終拒絕同意。當然，反猶太媒體不厭其煩地指出罪魁禍首。拉斐爾・維奧（Raphaël Viau）喜歡列舉所有疑似牽連猶太人的白奴貿易事例，在《自由言論報》（*La Libre Parole*）[161]一篇題為〈哈尤姆，以色列公司〉（Hayum, Israël et Cie）的文章中寫道：「我重申，白奴貿易是繼猶太人金融業之後，以色列國家最大的商業組織之一……在這項貿易中，國際猶太協會支付給股東高額的紅利。」他提到一八九二年在倫堡（Lemberg）逮捕了「四十來個希伯來人」，在他們身上查獲了用「希伯來語—德語土話」寫下、關於「包裹」的信件，或是一八九六年「猶太」招聘員依悉多・比克塔登（Isidore Bicktaden）和羅森克朗茨（Rosenkranz）的錯誤行為。在他眼裡，法國的白奴貿易只不過是巴黎猶太人的貿易。奧爾良的謠言由此生根。《法國論壇報》（*La Tribune française*）[162]批評為了打擊白奴貿易而成立的協會無能，斷言它們「八天內就會擠滿不請自來的猶太人……以避免大家談論猶太人」，且堅信是猶太人壟斷這項貿易。至於反教會媒體則指責神職人員。在一九〇二年九月二日一篇專門討論白奴貿易的文章中，《提燈報》譴責南美洲「皮條客教士」（calotte proxénète）的勾當；十二月三日，《召喚報》（*Le Rappel*）則對「教士婚姻介紹所」提出質疑。

這一年當中，憎惡英國症比反猶太主義更被廣泛利用，在博尚—哈耶姆（Beauchamp-Hayem）事件中更是如此，人們將重點放在前往川斯瓦省的人口販運規模。五月十二日，《曙光報》（*L'Aurore*）提到一八八六年弗雷德列克・羅伯茨（Frederick Roberts）的一份通報，記載「責令印度的所有英軍營地組織後宮」；作者不禁好奇這位將軍是否「暗中促進在南非進行的卑鄙貿易」。在盧特尼克事件後，倫敦被《日報》描述成「人口販子總部」。[163] 英法協約（Entente Cordiale）簽署和摩洛哥事件（les incidents marocains）*之後，法德兩國的緊張關係反映在有關白奴貿易的文獻中。一九〇六年的巴黎大會上，法國警方代表恩爾淦憤慨地回應瓦格納（Wagener），[164] 後者由德國委員會指派前來調查其同胞在南美洲的白奴貿易，他確實質疑了勒哈佛爾港在當中扮演的角色。

媒體也用大量篇幅描述了父母的痛苦，特別是記者努力採訪到的母親；讀者對這種筆調非常敏感，它得以強調婦女貿易造成的危險，將之呈現為綁架的結果，不僅不可預測，也極為貼近日常。結局一般是快樂的，這也證實了故事的戲劇性；從事慈善工作的女性，有時會如同降服罪惡的善良天使般出現。一九〇四年一月二十一日的《日報》以一篇文章介紹了嘉柏麗・戴克斯海默（Gabrielle Deixheimer）事件，其中各段落的副標題如下：「賣身——十六歲的美麗城年輕少女失蹤——奴隸市場——共和國廣場上的黑幫——一個母親的苦難」。這只是舉例說明。

雖然滿足了讀者的幻想，但這些敘述對於非法交易本身的描述相當片面，並傾向於誇大年輕女孩被引誘時面臨的危險。主流媒體將婦女交易描述成一種由極其變態的人所做的偶發駭人行為，使我們忘記、或至少在多數情況下未能譴責現行的管制體系，包括其基礎所在的所有挫折感，和它所涉及的日常非法交易。報導內大幅討論對少數處女的暴力，卻很少提及讓女孩和婦女受害的大宗交易裡，這些女孩和婦女的確或多或少是同意的，但她們仍必須被視為現有性結構和法規的真正受害者。[165]

（二）困難重重的國際行動籌備

一九〇一年十二月，倫敦大會召開兩年後，法國全國委員會成立了廢除白奴貿易和保護年輕女孩協會（Association pour la répression de la traite des Blanches et la préservation de la jeune fille）。這個新協會建議積極宣傳白奴貿易這個禍害，向政府當局爭取法律改革，讓「人肉販子」（trafiquants de chair humaine）接受懲罰、協調所有保護和收容工作，並成立新的救援機構。它所開啟的「十字軍征戰」是全球運動的一部分，旨在阻止傷風敗俗的行為，打擊色情業，讓放蕩行為（la licence）從街頭消失。自一九〇二年開始，新協會在勒哈佛爾、瑟堡、布列斯特、波爾多和馬賽擁有五個地方委員會，[166]並吹噓自己已經成功阻止了巴黎和波爾多之間的人口販運。

＊譯註：兩次摩洛哥事件分別發生一九〇五年與一九一一年，是歐洲列強爭奪摩洛哥作為殖民地而引起的國際危機。

受到貝宏爵、皮科、喬利、德磊福斯等周邊人士的影響，一八九九年在倫敦大會上組成、負責指定國際會議主辦國的委員會選擇了法國，參議員貝宏爵已試探過法國政府的意願。這個孕育了被稱為「法國體系」的管制式賣淫國家，竟然帶頭討伐國際婦女貿易，但這並不是整起事件最大的矛盾之處。

會議於一九〇二年七月十六日開幕，十六個國家正式與會。[167]議程由法國委員會制定，初步說明強調婦女販運問題上的立法困境。[168]因此，會議的主要任務是鼓勵各國立法，確認不同國家在國際販運行為的程序和管轄權，並敦請各國政府採取行政措施，以監控人口販運並遣返受害者。路易・雷諾為了盡量不讓管制主義受到質疑，從一開始就對白奴貿易採取狹隘的定義。[169]

這次會議順理成章地公布了兩項不同性質的法案：（1）一**項行政安排草案**，其中包括若干保護和遣返販運受害者的措施。這一安排可在各國政府批准後生效，幾乎不構成問題。一九〇四年五月十八日由十三個國家正式締結協定，[170]並於一九〇五年二月七日在法國頒布；為了實施該「安排」，內政部設立了一個打擊白奴貿易的國家辦公室。（2）一項提交給議會或相應當局批准的**公約草案**。該草案條文包含一系列最低限度的刑事懲罰規定，並預備制訂一項新的國際罪行。但令法國部分媒體大為憤慨的是，[171]該會議區分出未成年女孩的行為和成年婦女的行為，也因此不言自明地建議將後者的交易合法化。[172]

正是應該如此評價巴黎會議的意義。如果巴黎會議像德磊福斯所指稱的那般，是外交官第一次表達對賣淫和婦女販運的關切，但結果卻是承認了大多數販賣行為的合法性，讀者很可能認為這種論斷來自於對悖論的愛好；但簡單來說，這也是警察總署的分析。一九〇二年十一月二十二日來自總監辦公室的一份檔案，[173]提供了這次會議的紀要，並得出結論：「因此可以說，國際會議根本沒有制止這項稱為白奴貿易、傷風敗俗又下流的行為，而是指出人口販子應具備的條件，如此才能無所顧忌地販運。」該草案建議鎮壓的只是那些引起公眾輿論反對和焦慮之事，也就是對純潔處女的暴力行為。至於制止成年婦女被欺詐、暴力或威脅販運的行為，在警察總署看來實際上無法執行。「在這些女孩隸屬的領域裡，向法院、或甚至是向警方投訴，都十分罕見，因為這很危險。此外，必須在法庭上提出證據證明有欺詐、暴力等行為，而這點也很難做到；去指望受恐懼影響的人提出證詞，實在太冒險了。」

為了以身作則，法國國會急忙實施公約條文，於一九〇三年四月三日通過法律，譴責以暴力、欺詐或威脅方式販賣未成年和成年女孩的行為。罪犯從此可判處六個月至三年的監禁，並罰款五十至五千法郎。該法第四條同時規定，凡是「以同樣手段違背某人意願，甚至因債務將某人扣留在妓院，即使當事者已成年」的人，或是「強迫某人從事賣淫」的人，都將受到同樣懲罰。

儘管會議責成法國政府採取必要措施，但並非所有國家都表現出同樣的熱忱。德國、英國、瑞典和挪威拒絕加入。因而有必要研究並修改一九〇二年的草案，以獲得他國批准。一九一〇年，德國政府提議利用在巴黎參與取締淫穢刊物會議之際進行討論，法國政府迅即應允，一九一〇年四月和五月在巴黎舉行的第二次國際會議上，白奴貿易遂被列入議程。一九一〇年五月四日提交給各國批准的新公約，是沿用一九〇三年法國法律的條款，因此在立法時不需進行任何修改。[174]

官方籌備國際鎮壓行動的努力並沒有讓私人倡議停止，反而點燃了倡議：一九〇二年在法蘭克福、一九〇六年在巴黎和一九一〇年在馬德里[175]的三次國際大會上，對已完成的工作進行了評估。其中第二次大會會議紀錄的出版，使我們能夠評估一九〇三年法律的適用效果。在全國各地，「從一九〇三年四月三日至一九〇六年八月，一百四十四人因雇用未成年少女被起訴，其中十七人被無罪釋放，六人被罰款，一百二十一人被監禁。三十五人因雇用成年女子被起訴，三人被宣告無罪，兩人被罰款，三十人被監禁。」[176]此外，在新法令實施的過程中，「七百五十四名所謂的皮條客因介紹賣淫罪被起訴，五十六人無罪釋放，六人罰款，六百九十二人監禁」。[177]如果考慮到皮條客之前受一八八五年五月二十七日的流浪罪管束，能夠相當輕易地逃脫警方鎮壓，那麼這些數字就相當可觀了。因此，不能否認這對所有意圖剝奪妓女自由的人形成了一股鎮壓浪潮；這股國內的鎮壓浪潮，也呼應了賣淫的「去除禁閉化」（désenfermement），以及某些社會評論者要求、透過公眾輿論施壓給警察總監雷平的改革運動。[178]

另一方面，這些統計數字也削弱了對純潔處女施暴的國際白奴貿易傳說。與此同時，內政部的確編纂了四百份檔案，警察總署處理了九十三個嚴格意義上的販賣白奴案件，但其中有六十三件報案被確認為毫無根據，證明了幻想在這個問題上的重要性。因此，有三十起案件進行司法調查，只有十名被告在刑事法庭上被起訴，八人被定罪；全國有七百五十四名皮條客被監禁，而在巴黎只有八個人被宣判犯有重大的白奴貿易罪。對比不言自明。四年內，在全國各地[179]有四十一名婦女或女孩被國家出資遣返，她們是白奴貿易真正或假定的受害者；其中十二人來自南非川斯瓦省和開普敦的殖民地，十二人來自美國，七人來自埃及，七人來自俄羅斯，三人來自德國或奧地利。最後在一九〇八年，全球的國際安排協定（arrangement international）讓九十三起「世界性淫媒」（proxénétisme cosmopolite）案件進入審判，包括一百四十六名被告，並成功將一百二十五人定罪。[180]

根據法學家和外交官眼中的狹隘定義，白奴貿易即是出口未經本人同意的未成年或成年女子，但上述一切數字都表明了，白奴貿易並非貝宏爵及其朋黨、主流媒體或古瓊在眾議院譴責的那種可怕禍害，只不過是一個次要現象。這是管制主義寬容的販運行為所造成的必然結果，而反對販賣白奴等國際會議則拒絕質疑管制主義。更奇妙的是，正如在警察總署看到的報告，一九〇二年的巴黎會議對犯罪行為採取了狹隘定義，並消除了可能阻止販運知情成年婦女的道德障礙。貝宏爵主持這些精采會議所獲得的聲望，全被他用來宣傳新管制主義；該體系的支持者能夠以高超技巧，將原本可能使他們蒙羞的醜聞轉變成一張有力的王牌，因為它與公開賣淫和寬容妓院的存在緊密相關。他們主張加強鎮壓受管制主義譴責的未成年人放蕩行為，卻不對「法國體系」提出質疑，只不過是讓警方更容易監視賣淫環境。**他們也更成功地說服了部分公眾輿論，使其確信有必要對賣淫行為進行監督**。無論如何，他們已經岔開並中止了一場不久前由廢娼主義者發起、看似對管制主義式賣淫之存續非常危險的運動。

在這整個事件中，廢娼主義者很顯然被欺騙了。出於理解錯誤的務實主義態度，他們同意與各種類型的保守派和管制主義者一起參與這場征戰；而管制主義者也非常樂意舉重若輕地卸除對手的敵意，**尤其是讓他們參與道德化運動**，這已成為管制主義者的首要目標。不要誤會了，對所有反對白奴貿易的運動領導人來說，打擊白奴貿易的鬥爭，首先是被設想為一種增強青年道德化運動的手段；在同一個圈子裡，該運動也表現為禁止淫穢出版物與街頭的放蕩行為。

邪惡的真實程度和對禍害的描繪，兩者之間的落差本身就極具意義。它揭示了一套更大的計畫：讓年輕女孩相信她每天都受到誘惑和暴力的威脅，因此對她來說，青春是真正的試煉、充滿危險的時期；

在此期間必須知道如何「保護」自己，以抵達婚姻這個避風港。181

賣淫、精神瘋狂和身心退化

賣淫、瘋狂和歇斯底里之間的關聯，構成賣淫論述的一個基本主題。然而在十九世紀末，這方面的觀點正徹底逆轉。問題不再是強調妓女的精神疾病或歇斯底里症的發病頻率，也不再是以生存困難、酒精危害或特殊疾病的影響為由來解釋上述病症，而是將從事性交易本身視為一種精神錯亂，其症狀就是各種賣淫行為，並證明這種疾病是身心退化的結果。以此為目的，研究妓女和「良家婦女」的比較人類學和心理生理學作品不斷增多；這種與犯罪人類學演變有關的新論述，號稱為限制選舉君主制時期經驗主義社會學所編列的各種刻板成見之形成，提供了科學依據和解釋。

一、傳統的提問

(一) 妓女精神病發作的頻率

這是一個幾乎所有十九世紀的精神病醫生（aliénistes）、神經科醫生和性學家都不厭其煩重複的陳腐成見，但並非立基於真正的臨床研究；人們不覺得有必要驗證這個假設，因為證據似乎很明顯。在這方面可以看出，當時沒有人提出，妓女精神錯亂的狀況可能比其他女性人口少一點。

精神科醫生尚—埃蒂安・埃斯基羅爾（Jean-Étienne Dominique Esquirol）[182]在一八三二年成為第一個在精神疾病的病因學中提到賣淫行為的人，而在很長一段時間內，他也是唯一對這個問題進行臨床研究的人，他指出硝石庫慈善醫院（Salpêtrière）收容的精神病婦女中，有百分之五曾從事妓女業。帕宏—杜夏特雷[183]繼米歇爾・庫勒希葉醫生（Michel Cullerier）[184]之後，以埃斯基羅爾的研究為基礎，在他的書中以幾頁篇幅強調妓女精神錯亂的發病頻率。這一現象此時被公認為科學真理；侯西諾（S. Rossignol）、[185]威廉・葛利辛格（Wilhelm Griesinger）、[186]約瑟夫・吉斯蘭（Joseph Guislain）、[187]賀諾丹（L. F. E. Renaudin）、[188]奧古斯特・查特蘭（Auguste Châtelain），[189]以及十九世紀末的赫斯醫生[190]都曾報導。克拉夫特—埃賓在《精神病學臨床論著》（*Traité clinique de psychiatrie*）[191]重申妓女極易精神錯亂。

苦難、窮困、不幸戀情、縱慾行為，甚至是酗酒和梅毒造成的傷害，似乎都足以解釋這種精神失常。賣淫被視為通往瘋狂之路的一個中繼階段。社會組織的不當行為和個人的道德錯亂都能解釋賣淫與瘋狂，而這些作者並沒有真正提到遺傳性特徵的影響。[192]

然而，唯一稍具科學性的臨床研究，是法蘭索瓦・格拉斯（François Gras）一八九九年在隆河省精神病院進行的研究，[193]卻仍無法確認妓女罹患精神病的頻率。一八七九年至一八九九年間，隆河省精神病院收治的五千一百三十七名婦女中，作者只記錄了四十名妓女，占所有人數的百分之〇・八。這些人的確只是登記在冊的公娼，具體而言，是七名妓院妓女、十六名獨自賣淫的有牌妓女，以及十七名在登記前就被官方監控的私娼。但在一九〇〇年，有三千三百三十八名註冊或受監管的妓女在該市工作。作者將四十個案例中的七個精神錯亂案例歸咎於酒精中毒。導致妓女必須關入精神病院的精神疾病型態眾多，按出現次數遞減的順序是「過度的狂躁興奮」、「全身癱瘓」、「有自殺傾向的憂鬱症」和「幻覺性精神混亂」；另外，在隆河省的妓女中，精神癡呆的情況非常少見。

這項研究成果的確有限，其結論顯然也讓作者本人感到困擾，因此沒有引起太多關注；不過，它確實足以說明先決條件在醫學論述中的重要地位，以及知名精神科醫生致力於研究瘋狂和賣淫之間的聯繫，卻缺乏科學的嚴謹度。

（二）歇斯底里症的發病頻率

在專門研究歇斯底里症的大量文獻中，[194]支持者之間辯論該疾病起源的不同理論內，有關賣淫的記載只占了一部分。這也說明為什麼這些作者在「賣淫對歇斯底里症產生的可能影響上，見解各不相同」，[195]正如皮耶・布希凱（Pierre Briquet）在一八五九年所言。對於那些像藍杜吉醫生一樣支持子宮卵巢受孕，並認為禁慾造成歇斯底里症的人來說，妓女的活動自然使她們免於痛苦。因此，帕宏－杜夏特雷詳細說明歇斯底里症在妓女間十分罕見。[196]另一方面，反對這一理論的人，特別是自布希凱之後將歇斯底里症視為神經系統疾病而非生殖器疾病的人，認為禁慾只是次要因素；[197]這些醫生相當喜歡強調妓女罹患歇斯底里症的頻率。

一八五九年，布希凱發表了他在拉莫利葉（La Morlière）和布埃・路希（Bois de Loury）幫助下，對一百九十七名在聖拉札監獄醫護所接受治療、介於十六至三十歲之間的公娼進行的研究結果。[198]他指出，其中有一百零六名歇斯底里症患者[199]和二十八名「敏感情緒」（impressionnables）的婦女；只有六十五人在他看來沒有任何症狀。他認為，這些結果支持他確立了「一半以上的妓女受到不同程度的歇斯底里症影響」這項原則。[200]波斯貝・德斯平（Prosper Despine）、亨利・索樂（Henri Legrand du Saulle）以及喬治・拉妥瑞（Georges Gilles de La Tourette）都贊同這一說法；[201]他們也很樂意證明，若禁慾不會導致神經衰弱，那麼放縱的性生活則會助長神經衰弱。

對這些醫生來說，疾病的成因顯而易見。布希凱寫道：[202]「貧困、熬夜、酗酒、被警察需索，或被同住男人虐待的長期恐懼，還有感染疾病遭強制隔離，使得她們發狂的失控忌妒心與猛烈的熱情」說明了疾病的發展。拉妥瑞認為，原因「與其說是來自器官的病變，不如說是來自她們可恥的職業所帶來的持續性恐懼、精神障礙和道德敗壞」。[203]如我們所知，索樂認為遺傳是決定性因素。

一八九〇年，沙爾科的學生亨利・柯林醫生（Henri Colin）對布希凱的論點提出質疑。他親自對聖拉札的一百九十六名性病患者再次進行了詳細檢查，[204]發現其中只有十九名歇斯底里症患者，並指出「歇斯底里症患者一般都很聰明，至少智力水準比妓女要高得多」。[205]這項研究結果並沒有妨礙某些執業醫生重新確認妓女罹患歇斯底里症的頻率。[206]事實上，一八九〇年以後，這類辯論已經有些過時；精神疾病和賣淫之間的關聯問題，此時以不同的術語呈現。

二、天生的妓女和生殖錯亂

我們知道，管制主義者和絕大多數新管制主義者都明確承認，個人天性是賣淫的首要成因，即使他們非常關注環境的影響。長久以來，某些專家如班傑明・鮑爾（Benjamin Ball）[207]或圖爾的雅克─約瑟夫・莫羅醫生（Jacques-Joseph Moreau）[208]都以遺傳來解釋賣淫行為。但這些只是偶然的反思，與本世紀初犯罪人類學派共同進行的計畫無關，該計畫旨在以科學角度確認賣淫的先天性。

先天性妓女（prostituée-née）是不完整的生命，她們成長停滯，是遺傳性疾病的受害者；她們呈現的身體和心理退化跡象，與本身不完美的進化有關。賣淫之於婦女，就像犯罪之於男人：是退化，甚至是倒退的結果。在精神層面上，先天性妓女是「道德瘋狂」的受害者，多次或反覆通姦的上流社會妻子也在此列。總而言之，退化的烙印使她們比小偷還更難成為良家婦女。當然，並不是所有的妓女生來都是妓女；有些是「偶發性妓女」（prostituées d'occasion），只是針對她們的研究沒有太多價值。這就是犯罪人類學派的理論基調，該學派的傑出人物是俄國的塔諾夫斯基，以及義大利的費里加尼（Ferrigani）、切薩雷・龍布羅梭（Cesare Lombroso）*和古列格莫・菲雷羅（Guglielmo Ferrero）。雖然他們受到嚴厲批評，但其作品迅速譯成法文，[209]深深影響了一八九〇年至一九一四年間的賣淫論述。的確，他們極端嚴謹科學的外表不可能不讓人印象深刻，因此有必要對其結果進行更精確的分析。

人體測量學（Anthropométrie）揭示了妓女有大量的退化跡象。在許多方面，妓女具有原始女人的外表，亦即比較近似男性，而不是「良家婦女」。因此，經過人體測量學不懈的研究，十九世紀末出現了新的妓女形象，精確得前所未見，因為這次是基於一套完整理論。

與罪犯、農婦和良家婦女等人相比，我們發現妓女的特點是顱骨[210]和眼眶的容量都很小。另一方面，她們的下顎骨比良家婦女還重得多。[211]她們更經常出現異常情況：頂骨肥厚、枕骨大孔極不規則、腦門塌或窄、鼻骨異常、凸頜畸形、面部陽剛、下巴巨大、面部和眉毛不對稱、牙齒參差不齊且有缺陷。她們的骨盆長度比一般「正常婦女」的骨盆平均長度還要短，而且有返祖現象（atavique）：骶管開孔；上肢也比良家婦女短；腳更小，且適於抓握；大多有深色眼珠。

三項基本特徵使妓女類似原始未開化的婦女，也更像男性：（1）豐腴，由於身高比良家婦女矮，體重卻比較重，且妓女的大腿平均比良家婦女肥大；（2）看起來陽剛，因為全身毛髮系統過度茂盛，特別在性器官周邊，而且頭髮茂密，還有很多長了毛的痣（妓女為百分之四十一，良家婦女為百分之十四）。此外，很常見因聲帶過於腫大而帶有男人嗓音；（3）大量紋身。

所有這些使我們能以人類學類型來定義先天性妓女的特徵，並不妨礙其青春之美；事實上，脂肪層、化妝、順應誘惑的需要，都有可能短暫隱瞞異常；可惜隨著年齡增長，這些異常變得更加明顯，然後，臉龐變得完全男性化，甚至「比男人還醜」。[212]所有這些觀察結果使我們能夠肯定，妓女比罪犯更能讓人聯想到原始女人。此外，龍布羅梭指出，「原始婦女……始終是妓女」。[213]男子氣概確實是未開化女人的其中一項特徵；同樣根據龍布羅梭所述，返祖現象是否跟過度豐腴有關，只需參考霍屯督人

* 譯註：現代犯罪學之父。

（Hottentotes）的外觀即可。

生理生物學（Physio-biologie）證明了人體測量學的結果。在這一領域，先天性妓女的特徵首先是**早熟**，這也是退化的另一個痕跡。她月經來潮很早而且不規律，正如侯西諾的觀察證實的；[214]也很早就失去童貞，這是原始女人的另一個特點。

先天性妓女還有一個特點是極為**愚鈍**。[215]壓力痛覺儀（algomètre）顯示，她的舌頭和陰蒂對疼痛的敏感度低於正常婦女。妓女常常味覺遲鈍加上嗅覺失靈、視線範圍狹隘。這並不妨礙先天性妓女比「良家婦女」更早表現出**淫蕩**的一面；這種性格往往使她更像男性。然而這方面的科學論述仍然不足；對性活動進行生理測量的時代還沒有到來。龍布羅梭和菲雷羅以舊有研究、甚至帕宏－杜夏特雷的著作為基礎，強調妓女之間經常出現的「女陰摩擦」和女同性戀；陽剛之氣誘惑著先天性妓女，而「返回雌雄同體時期的傾向」（tendance au retour atavique vers la période de l'hermaphrodisme）[216]則是另一種退化的跡象。

先天性妓女的精神退化引起**道德上的錯亂**。這種疾病的主要特點是**缺乏廉恥心**，是賣淫行為產生和發展的根本原因。根據努力定義這一類型的塔諾夫斯基的說法，「道德錯亂」的特徵相當多種：缺乏關愛，猛烈的嫉妒和報復欲，對財產意識和友誼感受的薄弱，母性本能萎縮使得妓女經常迫害兒童，並在老年時操控自己的女兒賣淫，被犯罪吸引，特別是盜竊和勒索，以及身體暴力和貪得無厭，都是界定**道德錯亂**的首要參考依據。[217]

此外，先天性妓女的智力低於平均水準。智力功能的下降和繁殖本能的衰退，意味著她隨心所欲，力行營養至上，並表現為對酒精、甜點抑或暴食的癖好。熱愛賭博，喜歡游手好閒，對煩惱敏感度極低，具有無所事事及發呆的天分，這些都是退化的特徵，與舞蹈激情的騷動形成對比。這些特徵也令人聯想到未開化人類同時具有懶散與狂歡的特徵。此外，先天性妓女也是騙子。跟所有的「道德錯亂者」一樣，她們對動物非常依戀，像狗一樣忠於她們的皮條客。在龍布羅梭看來，[218]妓女的宗教精神本身就是退化的跡象。

我們必須重申，先天性妓女最主要的特徵仍然是缺乏廉恥心。這個特點絕妙地構成了道德退化的心理症狀，並認為妓女是在道德精神失常、而非性的驅使下從事她的職業，這種現象解決了一直以來在性早熟、從事賣淫和性慾低下症之間存在的矛盾。對她來說，性慾低下症更是一種優勢，「一種物競天擇的適應」。[219]正因為無論在道德上還是身體上，性行為在她看來都微不足道，先天性妓女才能對賣淫駕輕就熟。

系譜學（Généalogie）充分證明了先天性妓女理論。左拉的作品是最好的例子。我們知道，十九世紀的作家重視家庭的重建，並渴於證明犯罪、淫蕩和所有其他缺陷的遺傳性根源。訴諸遺傳，主要是為了追蹤和解釋病態及不健康的現象，並希望將錯誤視為自然現象。關於先天性妓女的科學論述，是這種做法極具說服力的例子。塔諾夫斯基指出俄羅斯妓女的祖先患有酗酒、肺結核、梅毒、神經或精神疾病的頻率。她表示，若母親沉溺於杯中物，退化的跡象就特別明顯。

當然要重申，也有一些是後天養成的偶發性妓女，大部分是私娼。塔諾夫斯基認為世上的這些「無憂無慮女子」（insouciantes）是通姦的女人，她們只獨寵一個情人。「沒有為惡而惡的習性」，[220]這一點將這些女子與妓女區分開來。她們若從事性交易，通常是受到貧窮、家庭不良榜樣、被誘姦者拋棄所驅使，或是被販賣婦女的人口販子陷害。一旦下海，她們會表現得比先天性妓女更持重；她們仍然懂得羞恥和悔恨，並極為關愛孩童。

先天性妓女理論遭到廣泛批評，然而在法國醫學界仍有相當大的迴響，也出現在不計其數的作品內，即使作者們對於塔諾夫斯基或其他義大利犯罪學家的理論仍持保留意見，不願完全認同。早在一八八八年，巴黎比塞特醫院（Bicêtre）醫生、聲譽卓著的性學家夏爾・費雷（Charles Féré）就把賣淫與犯罪相提並論；他認為妓女和罪犯的共同點是不事生產，是「文明的廢人」、[221]「適應性的渣滓」、[222]「因先天性殘疾和疾病而無能」。[223]在他眼中，拒絕工作與尋求享樂，還有「易怒的體質……這些最有利於藝術的生理條件」[224]都是退化跡象，也是神經系統類疾病的特徵。阿爾芒・科爾醫生（Armand Marie Corre）強調，[225]賣淫提供了一個在此之前幾乎沒人想到的優勢，即構成**犯罪婦女轉移注意力的消遣**。在一篇內容只不過是推廣先天性妓女理論，尤其是推廣龍布羅梭和菲雷羅著作的文章中，艾彌爾・洛朗醫生（Émile Laurent）強調了酗酒遺傳成為賣淫起源的重要作用；他指出很多家庭中只有瘋子、罪犯或妓女。[226]格拉斯醫生則在其論文的結論中鼓吹先天性妓女理論，[227]儘管他的臨床觀察傾向於凸顯這一理論的錯誤。

在法國，對先天性妓女理論說明得最仔細也最完整的，是奧克塔夫・西蒙諾醫生（Octave Simonot）。這位掃黃警隊醫生表示，檢查過兩千名賣淫婦女後，他努力描述**生殖錯亂**（la folie de la génération）的心理生理特徵；在他看來，這是一種妓女特有的精神錯亂形式。帕宏—杜夏特雷於一八三六年創立的有關法國妓女的漫長人類學論述，由西蒙諾於一九一一年的研究告終。西蒙諾一開始就駁斥社會學家援引的起因；對他來說，「**賣淫是一種病態的有機感情**」。[228]他認同塔諾夫斯基的人類學觀察，主要將自己的理論建立在神經學、尤其在大腦活動障礙的基礎上。在他看來，「賣淫是一種自動反射行為」，妓女的生活則是「一種純粹的反射」。[229]然而妓女的這種「生殖錯亂」[230]特徵具有遺傳性，它是由其「遺傳血漿（plasma）的化學、生物改性產生的」。[231]

據他表示，在聖拉札監獄醫護所接受治療的女性，有百分之八十患有大腦機能衰弱症，導致記憶力喪失，注意力降低且不連貫。妓女與未開化人類一樣，只剩下「出於本能的關注力」。兩者都無能力進行「有意識的關注」，而這種關注是工作的條件，也代表人類高度進化的程度。這一特徵與分心狀態的頻率和產生癡迷的敏感度息息相關，兩者都是退化的症狀。

患有「生殖錯亂」的妓女沒有意志力；在聖拉札監獄醫護所接受治療的妓女，有百分之七十也是如此；她們對工作的渴望僅停留在「內心夢想」的階段。此外，妓女也容易受到幻覺影響，因為她的大腦無法完成感知領會所需的合成工作；因此她也苦於「大腦感官意象極度混亂」。[232]妓女的大腦有時保持在「完全沒有生命力和存在感」的狀態，作為這種「生理斬首」（décapitation physiologique）[233]的受害者，只有衝動能支配其行為。

在聖拉札接受治療的妓女，有百分之九十投入精力尋求肉體享樂，這是「生殖錯亂」的另一個症狀。她們仍然受到「由周邊神經組成的低級感官」[234]支配，因此鮮豔的色彩、音樂和性關係對她們具有吸引力。這種長期追求快樂的行為，使妓女看起來像個孩子和未開化的人。對妓女來說，愛情與生殖行為是一致的；從這個角度來看，妓女在「如兩棲類或鳥類的階段便停止發育」。[235]「生殖行為」在她身上產生了真實的激情，而「生殖行為」在「正常的、發育良好的人身上引起的情感，是暫時且轉瞬即逝的」。然而「由生殖行為產生的激情，即是賣淫」。[236]

妓女易於被慫恿的脆弱性、特有的不穩定性，以及用來指控她的、與任何形式的流浪一樣受到譴責的「精神流浪」（vagabondage mental），都是因為她的「大腦機制」中產生了「阻止思想、運動和行為協調的連續性消解」。[237]最後，西蒙諾醫生認為，在賣淫的起源中，遺傳所引起的脊柱刺激症狀（l'irritation spinale）極為重要；他認為這種疾病伴隨著一種「大致上完全阻斷脊髓與腦的傳遞」[238]所引起的「反射興奮性」（excitabilité réflexe）。

作者論證中的譫妄特徵，一方面也揭示了醫學論述今後在探討賣淫現象時的極端張力。此外，西蒙諾醫生的研究並非人們想像的那麼可笑；這倒不是因為它刊登在一本廣為流傳的重要期刊上，而是因為這位前掃黃警隊醫生始終以他所認為的科學方式，關注如何證成早期管制主義文獻中的刻板成見。總結來說，西蒙諾醫生像早先所有人類學家一樣，強調了妓女的邊緣化，但這次他借鑑心理生理學，用成套偽科學理論建立了這種社會排除現象的基礎。「強壯、適應力強、集體的人類不斷進化；弱小、個別的妓女不具適應力。」[239]根據西蒙諾醫生的看法，排斥工作、逃避痛苦、拒絕安定，以及無休止地追求享樂，造成了**生殖錯亂**，這是退化的結果。

無論先天性妓女理論的影響如何，都廣泛遭受質疑。就連龍布羅梭本人後來也不得不收回這個理論。除了社會主義者、[240]自由至上主義者，和所有拒絕承認天性做為賣淫行為的首要因素的人們可想而知的敵意外，醫學界大多也持保留態度。[241]格拉斯下筆謹慎，但保留態度有時會變成公開的敵意。一八九七年，布魯塞爾的丹尼葉醫生（G. Daniel）嚴厲批判了塔諾夫斯基的著作。他問道，辨識良家婦女的標準是什麼？他也補充，關於妓女，「單純地說，我認為沒有任何理由對妓女進行專門的精神病學研究，對裁縫師或賣花女也是一樣。她們和其他工匠一樣，為了一筆錢從事一項工作。她們的特點，首先就是沒有任何特點」。[242]當然，廢娼派醫生的批評最為嚴厲、往往也是最清醒的。[243]莫哈特醫生在強調管制主義與先天性妓女理論之間的延續性後，於一九〇六年寫道：「在路易十二時期，妓女是道德墮落者。自龍布羅梭以來，她們也是身體墮落者……因而再一次，可以對她們為所欲為。」[244]

然而，當加布里埃爾・塔爾德（Gabriel Tarde）提出一個極其創新、令人目眩神搖的分析，對義大利人類學進行了最深刻的批判後，才解釋了為什麼義大利人類學發展的理論無法說服人。這位法蘭西公學院（Collège de France）社會學教授的推理非常簡單：「愛情生來就是性交生殖的奴隸，藉由文明試圖擺脫這種……猶如動物生活的單純生育手段，其本身趨向成為一個目標。」[245]在塔爾德看來，這種「愛情的絕育」[246]是他那個時代的主要現象。但他認為，這種絕育所增加的肉體享樂，不應該被當成是「可恥」的東西。

這些新的資料對「感官之樂的實用或美學價值，對其個人和社會作用」[247]進行審思，並由此產生一種新的行為準則。實際上，「明日的道德，將是明日對於性關係的重要性、性質和意義的信念」；[248]根據人們對享樂的評價，「整個婚姻和家庭的概念將隨之而來，關於性行為義務的整套系統將由此推論出來」。[249]如果認同情慾占首要地位，對賣淫的構想方式就會產生根本轉變。它遠遠不像艾德瓦德・韋斯特馬克（Edvard Westermarck）所說的那樣，是一種原始性濫交的後遺症，而是隨著文明發展所致。這其實是一種美學的職業，直到基督教的廉恥概念出現，才為這種職業貼上了羞恥的標籤。被法令所局限、圈禁的不育之愛將被頌揚。但賣淫也滿足了一個極重要的功能，即在以生育為目標的一夫一妻制婚姻中，彌補其弊端與缺陷。作者總結：「總之只有兩種可能性：要麼即使有用卻仍舊可恥的賣淫注定消失，並被其他某些更能有效彌補一夫一妻制婚姻缺陷的制度取代；要麼賣淫變得受人尊重並繼續存在，也就是不管人們願不願意，它都得到尊重。當賣淫工會化，並組織一個提供某些擔保才能加入的同業公會，由此培養一定的職業美德，提高會員的道德水準，它就能漸漸受到尊重。」[250]此處的社會學分析結合了自由至上主義者的訴求，與俄羅斯和義大利人類學理論截然相反。

從帕宏—杜夏特雷到謙遜的西蒙諾醫生，醫學和人類學論述的一致性，乍看之下使人不得不震驚，這些論述傾向於呈現天性優先於社會結構的影響。但十九世紀末發展的妓女人類學，並不盡然是七月王朝慈善家事業的延續；這些慈善家的研究方法在某種意義上屬於前社會學（présociologique），包含對生活方式和環境的研究。塔諾夫斯基或龍布羅梭之流的研究，則承認生物學的首要地位，環境的影響不敵遺傳的天命，目的是說服人們，**賣淫無論是否被邊緣化，都不是一個社會類別，而是一個生物環境**；與此同時，對精神病學的研究也正圍繞著賣淫問題發展。將賣淫和世俗的縱慾詮釋為一種精神錯亂，如同試圖將犯罪視為精神病，等於將賣淫與縱慾排除在正常狀態之外，以制止女性離經叛道的性行為。

賣淫被視為遺傳性、而非社會組織不完善的後果，這種想法能規避許多問題；醫學論述聲稱為先天性妓女理論提供科學依據，也更加鞏固了管制主義。

認為賣淫和放蕩來自病態的遺傳，終究是發動了當時輿論對退化的深層恐懼，來反對賣淫行為與婦女的性自由。柯林醫生在一八九〇年寫道，[251]「遺傳是宿命的現代表達方式」，而我們也已看到性病危害的宣傳者如何利用這個概念。在任何一種情況下，由遺傳病態觀念產生的這種將不道德行為的天性化，加重了性焦慮，尤其是婦女的性焦慮。

***

對白奴貿易誇大和蓄意偏頗的譴責、對性病危害的戲劇化渲染，以及將賣淫和退化相提並論的企圖；這三個關於性問題的事件，如果我們願意正視它們在輿論歷史上的同步性，就必然會得出結論：醫界、警界和軍方，以及道德協會的成員中，存在著對妓女進行監控的共同願望；除此之外，還有提高性道德的計畫，或至少藉由強調諸多危險，試圖遏制道德解放，而這恰恰發生在支持廢娼主義的激進派上臺執政的時候。這兩股潮流中誰比較強勢，能成功將其政策強加於賣淫業，還有待觀察。

第二章　立法機構的沉默和新管制主義的勝利

從一八九八年開始，賣淫以及前文所述的賣淫引發的問題，再次被搬上討論議程，各種智庫對妓女的命運進行探討，前所未有的大規模調查紛紛展開，輿論的大舉質問，反映著大眾對性交易問題的興趣。但即使在戰爭前夕已呈現衰退，這種經常受到廢娼主義啟發的賣淫問題龐大論述，卻依然毫無新意。這些論述充其量只促成了一些小改革，反映了新管制主義的影響，但並沒有對妓女的邊緣化提出質疑，因此也沒有真正成功地打破立法機關的沉默。這種退縮、這種論述和政治之間的扭曲，比其他任何事情都更能說明，在賣淫問題上這一階段的輿論與體制歷史的特徵。

反思工作和民意調查

一、試圖利用政治局勢卻徒勞無功的廢娼主義

激進派和掃黃警察的反對者之間最初建立的聯繫，說明了孔布對妓女命運的關注，尤其是克里孟梭

在一九〇六年入主內政部並接著成為部長會議主席，彷彿預示了廢娼主義的勝利。早在一九〇三年，曾任《曙光報》總編的克里孟梭，就在自家報紙上呼籲廢除掃黃警隊。一九〇六年十月十四日，克里孟梭以內政部長身分，在德拉吉尼昂發表演講，預示即將進行有利於妓女的深遠改革。他一到博維廣場（place Beauvau）*任職，就親自調查聖拉札監獄醫護所女囚的命運。同年，由勒內・維維亞尼（René Viviani）領導的勞動和社會福利部（ministère du Travail et de la Prévoyance sociale）成立，進一步增強了廢娼主義者的希望，並有助於解釋，為何官方領域此後對一切與賣淫有關的事項興趣大增。

廢娼主義試圖利用這一有利形勢，雖然該運動在一八九六年底幾乎已經消亡。正如前文所見，一八八〇年代初期在巴黎、里昂和馬賽成立的委員會成員，最終決定脫離英國和歐陸廢除賣淫聯合會，成立法國公共道德復興聯盟。該聯盟綱領的第一條確實要求廢除掃黃警隊，以及廢除使警方蒙羞、損害司法，並造成男女不平等的法規。事實上，正如其機關刊物《社會復甦》（*Relèvement Social*）的內容所表明，該聯盟在一八八七年宣告的目標是「重建家庭」（la reconstitution du foyer），與反對管制賣淫相比，它更關注打擊酗酒、白奴貿易、淫穢文學和街頭淫亂。但該聯盟在這方面的努力，卻也遭到了一些以道德名義支持掃黃警察的成員強烈批評。

正是由於這個原因，聯盟領導人之一孔德決定與奧古斯特・莫爾西耶一起，自一八九七年一月一日起出版《社會復甦》的《增刊》（*Supplément*），內容將完全致力於反對管制式賣淫。同年，在巴特勒訪

* 譯注：內政部所在地。

問法國期間，一群廢娼主義者在奧古斯特・莫爾西耶帶領下，著手創立國際廢娼主義聯合會法國分會。經過幾個月的籌備，這一新組織在一八九八年五月公開募集成員，也正式派代表參加當年在倫敦舉行的國際廢娼主義大會。[1]

一九〇二年，奧古斯特・莫爾西耶評估此時已開展的工作，[2]強調社會主義者和自由至上主義者支持他所捍衛的事業。他指出，廢娼主義者的論點在工人運動、勞工交易所以及人民大學中獲得不少贊同。另一方面，他也為只有少數醫生加入這場運動而表示遺憾，但若從總體上看，本質上始終關注保護和提高道德水準的天主教徒和神職人員團體，仍然對運動持敵視態度。[3]

成員招聘的性質，也說明廢娼主義論述在與聯合會相關的領域裡產生轉折。堅持自己是基督徒的奧古斯特・莫爾西耶否認背棄家庭，但他宣稱法國分會的領導人不再懷有任何不可告人的道德化目的，因為在他看來，社會主義者和自由至上主義者的加入，使得這種與聯盟心態相去甚遠的新態度成為必要。該運動此後唯一的目標是廢除掃黃警隊，並取得兩性道德單一原則的勝利。從這個角度來看，他甚至宣稱法國分會領導人完全接受自由結合原則，甚至拒絕認為合法婚姻等同於家庭。[4]

一八九八年至一九〇七年間，在奧古斯特・莫爾西耶和後來的聖克魯瓦夫人推動下，廢娼主義組織再次充滿活力。一九〇一年在里昂召開的大會，[5]是這場運動的巔峰。之所以選擇隆河省首府里昂市，是因為該市市長奧加涅爾教授允諾擔任大會主席，也因為信奉新教的法國中部和南方一直是廢娼主義的堡壘。這幾年來，掃黃警察的反對者在幾條戰線上都很活躍。在巴黎，聖克魯瓦夫人（化名薩薇歐絲）、奧古斯特・莫爾西耶、錫卡醫生（Justin Sicard de Plauzoles）和古約舉辦了許多講座，他們進入人權聯盟的各個部門、平信徒教養院（patronages laïques）、共濟會（maçonniques）會所、勞工交易所、人民大學、各教會青年聯盟，甚至進入了自由至上主義團體。這一行動與各省的巡迴演講相配合。聖克魯瓦夫人創建了「解放事工」（Œuvre libératrice），其目的是提供庇護給「獨自賣淫的公娼」。這種宣傳得到了部分媒體支援：由古約主導的《世紀報》（*Le Siècle*）和《投石黨報》明確支持這一運動；《曙光報》、《召喚報》（*Le Rappel*）、《小共和國報》（*La Petite République*）、《事件報》（*L'Événement*）和《閃電報》（*Éclair*）提供更細緻的支援。一八九九年在日內瓦和巴黎成立的《社會道德評論》（*La Revue de morale sociale*）則完全忠於廢娼主義。

此外還採取了其他形式的宣傳：萊昂・弗拉皮（Léon Frapié）出版了《被放逐的女人》（*La proscrite*），並將這部關於妓女生活的小說題獻給廢娼聯合會；朱爾斯・奧什（Jules Hoche）在小說《聖拉札》（*Saint-Lazare*）中譴責了「瘟疫屋」（maison pestiférée）的弊端。一九〇六年，馬流斯・維宏（Marius Véran）的廢娼主義宣傳劇《騙子妓女》（*L'entôleuse*）在里爾上演，劇中的紅髮女因貧困和老闆的誘惑而被迫賣淫，她寧可自殺也不願在衛生部門的醫生面前露面，因為她認出醫生是她曾被公共救濟事業局（Assistance publique）收容的弟弟。

法國分會的主要幹部正式向重要人物請教，以爭取他們支持，他們因此獲得了饒勒斯和左拉的支持，而經濟學家帕西則再度表達支持。一九〇六年十月二十五日，克里孟梭成為內政部長後燃起了希望，廢娼主義者在巴黎組織了一次抗議賣淫法規的會議。[6]該會議吸引了七百多人，其中婦女人數眾多，但該會議卻被李柏塔領導的無政府主義者打亂，李柏塔在被逐出會議之前，[7]抨擊與會者是虛偽的法利賽人（pharisiens）。*

有組織的廢娼主義復興，只是大眾重新關注賣淫問題的一個面向。我們看到一九〇〇年萬國博覽會之際，巴黎舉行了兩次世界女性主義大會，大篇幅討論性交易問題。一九〇一年，人權聯盟應法國分會要求，組織了一場關於掃黃警察和賣淫管理的廣泛辯論，並得出結論：現階段贊成有節制的新管制主義。[8]接下來幾年當中，聯盟的許多部門堅定地支持廢娼主義的論點。最後，由於受到來自隆河省的社會主義眾議員法蘭西斯・沛桑瑟擔任聯盟主席的影響，聯盟於一九〇七年五月在波爾多召開的大會上，堅決譴責了賣淫管制。更轟動的是一九〇四年巴黎市議會的辯論和立場，儘管警察總監雷平提出了改革構想，遵循傳統的市議員仍要求廢除法規和掃黃警隊。

國家的統治者不能置身於運動之外。政府受到來自奧布省（Aube）的激進社會主義議員莫尼耶的質詢後，已經下令對這個問題進行統計調查的孔布，於一九〇三年七月十八日著手任命一個國會外的道德制度委員會。該委員會由七十三名成員組成，包括醫生、行政官員、政治記者和律師，從一九〇三年十一月三日至一九〇六年十二月七日執行工作。這項浩大的任務完成時，[9]該委員會通過了一項大量受到廢娼主義論點啟發的法案。儘管貝宏爵參議員滿腔熱忱，但他的觀點並沒有取得最後勝利。

菲奧醫生完美地界定了委員會結論的精神：根據他的說法，這是一個「對全民實施不分社會等級或性別的道德和法律義務，以取代賣淫條例片面對一小類別的人強行規定的專斷義務」。[10]他寫道：「我們想創造一種性行為的覺悟」，[11]特別在男性之中。但是，委員會成員的建言未被聽取。除了提及未成年人賣淫的內容，在新管制主義者明確要求下，該法案被擱置。到頭來，該委員會的重要性在於其開展的大量調查工作，而不是其提案的成果。

二、訴諸民意

關於賣淫問題的辯論，也延伸到議事機關之外，因此隨後進行了幾次民意調查。建立男性「性自覺」的呼籲是所有這些問題的核心，這也說明了菲奧醫生努力不懈提議的設立「兩性之間感染罪」這一可能性何等重要。民意調查的形式多種多樣；例如：《社會道德評論》只舉辦了一次關於梅毒患者問題的公投，並詢問其選擇的名人，國家干預性行為問題的限度。[12]

事實上，人們最想知道醫學界的意見。一九〇三年，《法國人報》（*Le Français*）針對醫生舉辦了一次關於掃黃警隊執法問題的調查。[13]其中三百三十七人對諮詢作答，所有人都譴責現行制度運作，有一百七十五人（百分之五十二）宣稱贊成讓妓女回歸普通法管轄，一百五十五人（百分之四十六）贊成維持改革後的管理條例。在這些新管制主義者中，有四十八人（百分之十四）希望對體系進行深層改革。調查諮詢的成功，進一步證明了當時醫學界對性病威脅非常敏感，但是該報編輯部認為調查結果出乎意料，不會得到認可。一九〇四年，法國衛生和道德防治協會向其會員發起了廣泛諮詢，正如我們所

* 譯註：指一些為保持純潔而與俗世保持距離的人，是第二聖殿時期（西元前五三六至七〇年）的一個政黨、社會運動和猶太人間的思想流派。

知，該會絕大多數會員屬於醫學界。總共八百六十三名會員中，有四百一十人（百分之四十七・五）宣稱贊成維持法規，只有五十一人（百分之六）偏向支持賣淫自由。[14]必須指出，加入這個協會就已經代表支持新管制主義命題。

更正式的調查，則是由國會外委員會所決定執行，以了解各市市長對維持或廢除寬容妓院時機的意見。其中八十七位市政當局首長參與了作答，而在這個總數中，有七十四人宣稱贊成寬容妓院，三十二人認為它「不可或缺」，二十八人認為它「必要」，十四人認為「有益」。十三人持反對態度，但其意見往往有所保留。

支持官方寬容妓院的人所提出的論據很簡單：廢除妓院將損害公共衛生（三十五個答覆）、導致祕密賣淫增加（二十一個）、導致飲酒場所數量增加（十五個）、損害公共道德（十一個）、導致拉客情況增加（九個），最終危害未成年人的道德（三個）。因此可以看出，儘管對健康的關注超過了對維護公共道德的關注，市長們仍廣泛援引公共道德為理由。

委員會還要求市長們就妓女可能的結社自由表示意見，因為一旦妓女擁有了結社自由，便得以在沒有妓院老闆，也與市政當局或警方沒有任何瓜葛的情況下，在一間房屋或公寓裡共同從事賣淫。其中七十一人宣布這一想法是「災難性的」、「無法接受」或「非常危險」，因為它將損害公共衛生、道德或治安（四十二個答覆）、將導致妓院實質重組而沒有任何保障（二十四個）、將導致皮條客數量增加（十一個）、將刺激白奴貿易（九個），並將有利於誘拐（七個）。[15]

道德協會則徵求公眾輿論，迫使當局清理街道。一八九四年，反對街頭淫亂聯盟（Ligue pour la

lutte contre la licence des rues）的主席貝宏爵，為了支持他向參議院提交的法案，曾經在巴黎發起過一項請願活動，呼籲積極鎮壓公然拉客行為，而幾個月內他就收集了兩萬個連署簽名。聯盟就同一問題徵求了各省議會的意見，其中共有六十一個議會，包括塞納省議會，都對這位火爆參議員的行動做出了有利的承諾。[16]

立法機關不變的沉默與「小劑量」政策

儘管十九世紀最後幾年，賣淫問題重新受到關注，議員們卻仍然拒絕處理這一問題。值得研究的是立法機關這種沉默的根源，其持久的程度可能令人驚訝。由於許多國會議員本身就是妓女的客戶，對他們來說，討論賣淫問題很棘手，甚至令人不快。同時代人經常提出這一論點，它能部分解釋立法者的沉默。但更嚴重的是，參眾兩院的議員們，當時仍堅持奧思定式的賣淫概念，認為這只是一個關於秩序和公共道路問題。這一點從部長們的發言可以清楚看出，特別是歷任司法部長的發言，因為他們都在參議員或眾議員面前，重申自己對行政部門和警方的信任。

另外，每當提到賣淫的話題時，議員們的哄堂大笑，其實顯示出討論性行為問題讓他們極為不安。堅信這類話題必須屬於隱私範疇，意味著他們認為性問題不能成為議會公開討論的主題，因為這是淫穢話題，只會玷污立法者和共和國。塔爾德也指責了政治家的心理：野心勃勃，渴求權力和財富，他們被驅使著「對愛的事物、對與他們自己相反的一整面人類靈魂，做出草率和輕蔑的無知判斷」。[17] 但正如這位社會學家在一九〇四年所指出，[18] 立法者變得迫切需要解決這些問題，因為在此之前，宗教一直關注愛的需求，但如今它們的影響力正在下降。

拒絕對這領域進行立法是經過考量的，而同時代的人也完全察覺這一點，並經常予以譴責。司法部長厄內斯特・瓦勒（Ernest Vallée）在參議院對一九〇三年四月三日的法律進行表決前強調了這一點，談到對刑法第三三四條的修改時，他宣布：「這是立法者第一次冒險進入一個迄今為止專屬於警方的領域。」[19] 前警察總監基格繼而在一九〇三年十二月二十三日向監獄總會宣讀的報告中說：「令我們震驚的是，立法者的完全沉默是故意而為。法律不僅沒有規範這些事項，立法者也避免提及，甚至不做任何影射。這是一個一致認為必須沉默帶過的話題。」[20] 第一局局長喬治・歐諾哈（Georges Honnorat）在同一場會議中宣稱：「只要現行道德觀念占上風，只要談論妓女和性病被認為會犯眾怒，議會就永遠不會處理這些問題，除非以小劑量一點一滴處理。」[21] 洞見一切且心灰意冷的他，稍後對於可能制訂的法律補充說：「在我們擁有法律之前，恐怕我們都已經死了，也被埋葬了。」[22]

必須說，不管怎樣，實施任何立法都會遭遇司法部門的保留態度。在這方面，一九〇四年和一九〇八年監獄總會舉行的辯論會上，法官發表的意見即非常能說明狀況。[23] 輕罪案件數量不斷增加的風險、對法庭醜聞的恐懼，以及法官排斥解決此類問題，驅使法官主張行政干預此問題。此外，必須考慮到當時的司法機構沒有能力根據社會性法律進行審判。[24]

但貝里、激進的社會主義者莫尼耶，尤其是終身參議員貝宏爵，這三位議員仍不屈不撓地試圖打破立法機構的沉默。這些胎死腹中的企圖寫下了意義重大的歷史。

第一次進攻是在一八九四年和一八九五年所進行。一八九四年十一月二十三日，貝里在眾議院提出了一項管制賣淫法案，[25]而這是第一次有條理地試圖克服立法權的緘默。儘管不太有創意，因為它深受希莎報告所宣導的衛生新管制主義啟發，但這個法案從未被討論過。提案人貝里預計維持公娼登記和寬容妓院，並建議將幽會館也納為寬容妓院內。貝里也回應貝宏爵推廣的觀點，呼籲設立拉客罪以清理街道亂象，並對皮條客採取更嚴厲措施。另一方面，他建議設置診療所，在綜合醫院為性病患者開設特別部門，並增加公開看診。

事實上，最終是貝宏爵成功地迫使國會接受這個迄今為止聲名狼藉的問題。受到十九世紀末對性問題的焦慮所驅使，並且在維護公共道德的整體抗爭架構之內，貝宏爵參議員於一八九四年四月二十七日向參議院提交了一份「關於賣淫和違反公共道德行為的法案」（proposition de loi sur la prostitution et les outrages aux bonnes moeurs）。它的主要目的是「淨化」街道和公共場所，對抗傷風敗俗的「養眼教育」（l'enseignement par les yeux）。[26]道德關注的首要地位得到認可：由於年輕人的好奇心和欲念容易得到滿足，而產生早熟的縱慾行為，引起肉體享樂的愛好、分散了對工作的注意力、習慣於輕鬆賺錢，並刺激了社會的仇恨。此外，在參議員看來，公開展現的不道德行為削弱了陽剛之氣，損害道德和身體健康，摧毀年輕女孩和良家婦女的廉恥心。他認為最嚴重的事情並非性交易的存在，而是「賣淫公然拉客」。這位參議員高呼：「**如果我們能強制規定年輕人守貞，我們將能給予他們多麼強大的道德和智慧啊！**」[27]

由此產生了一系列提案，使得貝宏爵參議員置身於最受尊崇的管制主義者，和掃黃警察的最激烈反對者之間。在最初的提案中，提案人貝宏爵贊成限制性交易，因此贊成寬容妓院在改革後繼續存在。另一方面，他強烈反對掃黃警察的任意裁奪權，建議將「賣淫公開拉客」入罪，與妨害風化罪（outrage public à la pudeur）相提並論。他認為，登記公娼的決定，應該由司法部門負責。此外，貝宏爵參議員提議加重皮條客、性行業操控者、私娼妓院老闆和買賣婦女者的處罰。最後，他要求將未成年人的命運交付輕罪法庭（tribunal correctionnel）處理。

一八九五年五月二十七日，貝宏爵在向參議員解釋他的計畫時，激烈地指責掃黃警察的獨斷專行。翌日，司法部長路德維希・特拉里奧（Ludovic Trarieux）拒絕將拉客入罪，因為對他來說，很容易證明拉客無法與賣淫行為切割。他甚至宣稱反對任何性交易相關立法：表決通過相關法律在他看來不堪設想，因為該法律將被證明無法執行，而且會使衛生服務完全失效。[28]以「社會權益」的名義，他大聲疾呼：「我甚至可以說，**賣淫的權利在某種程度上是具專斷性（arbitraire）的**」，從而正式確立對賣淫問題保持沉默的立法基礎。他還說：「從所有觀點看來，我們必須堅定立場。我們今天必須依循從二十個世紀以來的生活。」他用這些言語來加強參議員對此問題的看法，即賣淫沒有被歷史所記載，而其不變的性質證明了它不能從文明的進步中獲益。[29]

這一次，掃黃警察得到了當時政府中大多數穩健共和派人士的支持，貝宏爵的計畫被否決，即使有一個頗為異質的團體支持他，其成員包括保守派貴族和夏爾・切斯尼隆（Charles Chesnelong），但也有西蒙、路易・布菲（Louis Buffet）、瓦丁頓、亨利－亞歷山大・瓦隆（Henri-Alexandre Wallon）和哲學家朱爾斯・巴塞洛繆－聖－希萊爾（Jules Barthélemy-Saint-Hilaire）。對賣淫進行立法的計畫，打破了傳統的政治分野。必須指出的是，貝宏爵的提案試圖同時將妓女納入普通法管轄，並設立拉客罪，但這過於含糊。反對者中包括廢娼主義者奧古斯特・舍雷爾－克斯特納（Auguste Scheurer-Kestner）以及康斯坦斯、夏爾・弗洛凱（Charles Floquet）、瓦爾德克－盧梭、伊曼紐爾・阿拉戈（Emmanuel Arago）、夏爾・弗雷西內（Charles de Freycinet）和氣象學家萊昂・波爾（Léon Teisserenc de Bort）等不同派別的意見領袖。

法案第一條的失敗使貝宏爵重新修訂並淡化處理，最終在一八九五年六月十四日和二十七日，由參議員表決通過被刪減的法案。修訂法律來規範妓女的處境，從而將其納入普通法管轄的想法被否決，因此該法案只規定打擊皮條客、性行業操控者和私娼套房的房東，對違反規定的酒館業主加重懲罰，並於刑事法庭起訴未成年的妓女。我們知道，這個提案從未在議員面前討論過。[30]

一九〇二年至一九一〇年間，調查和制訂法案的運動已經蔓延到看似最無動於衷的圈子，仍對全面處理賣淫問題的任何法案持敵對態度的國會，此時開始以「小劑量」的方式行事。不僅如此，孔布委託國會外委員會對賣淫結構大舉展開調查研究，該決定似乎同時既是為了抵制任何大膽的立場，也是為了在日後解決這些問題。但它仍是一項革新，因為在賣淫調查的歷史上，我們將首次無懼於研究社會上的賣淫，[31]並為街頭妓女辯護。

甚至在國會外委員會成員尚未任命之時，貝里就重新發動攻勢，於一九〇三年六月四日在眾議院提出一項新管制主義法案，該法案激烈譴責性病危害，但從未被討論過。一九〇三年四月三日的法律表決，批准了巴黎會議關於白奴貿易的決定，這無疑是有史以來在捍衛妓女方面所採取的最重要立法措施。另一方面，一九〇四年二月一日，眾議院經過激烈討論後，否決了埃德蒙・勒佩萊提耶（Edmond Lepelletier）提出的修正案，該修正案預備將賣淫罪提交給治安法院（justice de paix）。

廢娼主義者迫切期待克里孟梭或其政府繼任者，會將國會外委員會於一九〇六年十二月表決通過的革命性提案提交國會討論，但他們大失所望。一九〇七年六月七日，莫尼耶提出一項法案，該法案深受國會外委員會提案所啟發，並經大幅修正，[32]但他的法案也沒有進入討論。該委員會開展的大量工作中，只有一九〇八年四月十一日關於未成年人賣淫的法律得以頒行。這是因為新管制主義者發起了激烈的反擊，由防治協會、軍陣醫學協會（Société de médecine militaire，其影響力日漸增長）和醫學科學院同時進行。一九〇八年十二月七日，由貝宏爵率領的防治協會代表團，向克里孟梭指出國會外委員會報告結論的危險性，並提出了由布特醫生起草的反方法案，相當具有說服力。

未成年女孩的賣淫問題，長久以來一直是令人深感憂慮的主題，亟於保護未成年人的保守派和神職人員尤其關注。大批流浪兒童是犯罪和政治暴力的溫床，奧森維爾伯爵苦惱於他們所帶來的威脅，因此他以帕宏—杜夏特雷的方式，在共和國最初十年間對流浪兒童進行了不折不扣的人類學研究。[33]對他來說，賣淫不過是流浪的一種形式，與不計其數的私生子、在工人家庭中的雜處、壞榜樣的父母有關，尤其是受到舞會的有害影響。他把年輕女性的迷失歸咎於嘈雜的流行音樂，使得盛行於統治階層內部，對人民群聚享樂、參加「婚禮」狂歡的恐懼，在此聽見了迴響。

對未成年人賣淫的關注，也可以解釋為統治階層普遍認為放蕩和惡行發生的年齡愈來愈早。馬克・

恆維爾（Marc Réville）一八九六年出版的《刑法規定的未成年人賣淫》（*La prostitution des mineures selon la loi pénale*）一書，在這方面極具啟發性。在一個充滿最誇張管制主義的真實烏托邦中，作者以年輕女孩逐漸不知羞恥為由，要求在廠房建立道德監控機制，並以堅信放蕩傾向是一種疾病為前提，設立強制系統（système de coercition）。

此外，尤其在二十世紀初年，還要加上人們對變態性慾的恐懼，以及男性對小女孩慾望的發展。一八九一年，孟戴斯詳細描述了年輕舞者莉莉安（Liliane）的悲劇命運，「非比尋常的妓女，沒有慾望或快感……那麼小，那麼漂亮」，[34]是「不道德的被動早熟」[35]的受害者。謊稱未成年以招攬顧客的伎倆不斷受到指責，也見證了這一風潮：[36]皮條客把自己打扮成陪媼褓姆，把看來很年輕的成年妓女打扮成紮著小辮子、穿著短裙的小女孩，有時甚至還抱著玩偶或嘴裡咬著蛋糕，以此引誘路人。[37]

未成年女孩可以登記為公娼一事，一直是引起公憤的議題。一八八二年，胡塞爾參議員以參議院委員會的名義，負責對犯罪兒童展開大規模調查。該調查問卷的第十三個問題涉及未成年人的賣淫問題。五十七個省政府對調查問卷做出了答覆：一千三百三十八名未成年人，在這些省分的城鎮中登記為公娼。[38]

儘管當局愈來愈不願意讓未成年女孩進行登記，但在巴黎和各省的登記情況仍然很多，只是在首都的人數持續減少。[39]恩爾淦於一九〇四年分析的四百項市政法規中，[40]有三百三十七項沒有任何關於未成年妓女的保留條款，只有二十六項法規註明成年女孩才能登記為公娼。在某些城鎮，仍開放讓十四歲、十三歲甚至十二歲的女孩登記。[41]一九〇四年內，[42]各省因賣淫而被捕的三千八百零九名未成年女孩中，有兩千零二十六人（百分之五十三）登記為公娼，其中四十五人（百分之二・二）不滿十六歲，三百八十五人（百分之十九）為十六或十七歲，一千五百九十六人（百分之七十八）為十八、十九或二十歲。在巴黎，警察總署此時更能明察秋毫：一九〇二年，有一千八百三十二名被認為是妓女的未成年女孩遭到逮捕，其中四百五十七人（百分之二十五）都是十八歲以上，並已登記為公娼。

一九〇五年六月三十日，貝宏爵在參議院提出一項關於未成年女孩賣淫的法案。他受到淫穢行為正在增長的念頭所困擾，也知道年輕妓女的性病發病率特別高，遂提議將十八歲以下的妓女送入感化院（maisons de réforme）。此法案的辯論延後，以等待國會外委員會的建議。最終，政府在國會外委員會提出議案後根據其結論，於**一九〇八年四月十一日通過法律，規定將十八歲以下的未成年妓女安置在收容所**。[43]

我們重申，這項法律是國會外委員會工作的唯一積極成果，但往後幾年內被證明了無法執行，因為計畫中的學校和收容所尚未建立，由於不知如何處置被捕的年輕女孩，警方有可能從一九〇九年四月十六日起，即新立法生效之日，被迫停止監控未成年女孩。克里孟梭被樂琵略醫生強調性病顯著激增的報告提醒，延後了這項一九〇八年法律的實施日期。

最後一次對賣淫問題進行立法的嘗試，在漠不關心中失敗。一九一二年七月十一日，莫尼耶在社會主義者和部分激進派支持下，再次就掃黃警察的獨斷專行向政府提出質疑。他指出，儘管國會外委員會的工作已經完成，立法者卻毫無相應作為，並再次抨擊聖拉札監獄醫護所。內政部長泰奧多・斯蒂格（Théodore Steeg）指出，曾經猛烈批評掃黃警察獨斷專行的克里孟梭，在他漫長的政府任期內沒有進行任何改革，一九〇八年的法律本身仍然是「一紙空文」。[44]最後，議院以三百二十票對兩百四十一票，否絕邀請政府向議會提交針對掃黃警察的改革草案。第二天，按照斯蒂格的建議，莫尼耶參考國會外委員會的結論，提出了一項新法案，計畫取消公娼體檢和登記。這項法案被送回委員會，從未進行討論。

左翼集團瓦解，激進派在議院中影響力的下降，對青年進行道德教育的激烈攻勢，承認過去幾年採取的怯懦措施失敗，新管制主義在輿論界、特別是在醫學界的進展，以及新管制主義理論所激發的改革相對成功，這些都說明了直到第一次世界大戰之前，立法機關保持沉默的原因。

進行的改革

在行政領域，立法機關的沉默還產生了介於意圖、承諾、鄭重聲明，與實際進行的改革之間的巨大差異。[45]巴黎幽會館得到官方承認，以及對性病患者治療的人性化，實際上是對改革工作的總結。

一、承認幽會館以期更完善監督

在巴黎市議會進行辯論之前，甚至在國會外委員會成立之前，警察總監雷平早在一八九五年就向參議員宣布，他已經結束了「大逮捕時代」（l'ère des rafles），並通過一九〇〇年二月十四日的新規定，正式承認了幽會館的一貫做法，但在同時，他也助長了新的賣淫結構發展。

幽會館的興起，只是反映了資產階級親密關係模式在社會普及的勝利，即家庭擁擠（désentassement）模式的終結，但幽會館因此含有某種不透明性，雷平也能清楚理解這點。澤爾丁對警察總監改革的記述，只有一部分是正確的：「中產階級的享樂由此擺脫了國家的控制。」[46]不可否認，比起適用於寬容妓院的規定，新規定更簡單。但同時，這也是我認為最重要的一點，雷平想要監督那些警方之前無法監管的場所。在最純粹的管制主義傳統中，這是為了鼓勵新型的「純」[47]妓院興起，並打擊在寬容妓院滋生的「變態性慾」和「道德敗壞」。

一九〇〇年的條例只是將自發形成的做法編纂成法律，因此它載明了妓女應當在其工作妓院之外居住的原則，即幾十年來一直在進行的「去除禁閉化」。對新機構的監督，是由管理日租公寓套房的部門進行，因為巴黎的幽會館將被視為日租公寓套房。根據規定，這些新近得到官方寬容的幽會館，其所有妓女都必須由女主人登記在冊，並檢附照片；她們必須定期接受由合格醫生進行的體檢，檢查結果將記錄在女主人的登記冊中；幽會館的窗戶必須關閉，就像寬容妓院的窗戶一樣，但不得有任何外部標誌向路人表明該機構存在；禁止一切形式的廣告，也禁止在門口拉客；幽會館內不得提供飲酒，女主人不得容留未登記在冊的婦女。正如第一局局長歐諾哈解釋，[48]警察總監雷平「規定我們應該首先處理那些入場費低於四十法郎的寬容妓院，這一點已經完成了」，他還決定「在特殊情況下，某些不想遵守該登記制度的婦女，即大型妓院的客戶，獲准攜帶一張附有本人照片的不具名卡片」。至於寬容妓院本身，它們不得不取下門口的大字號碼*，也不能做任何廣告。

一九〇四年到一九〇八年間，巴黎的妓院經歷了一段過渡期。在等待議事機構的討論結果時，雷平於一九〇四年決定廢除現有的一般規定，同時建議妓院老闆繼續遵守這些規定。妓院女主人不再需要警察總署授權，她們不再有義務登記妓女，她們可以接納私娼，只剩下診療所體檢的義務；附屬於這些妓院的小酒館，從此被當成單純的飲酒場所。對低階和中階幽會館的所有規定都被取消，但妓院女老闆仍然必須負責常客妓女的健康狀況。這種自由放任造成這些妓院機構數量激增，至於第一流妓院的女老闆，現在只需向警察總署通報其活動狀況。

總之，在等待人們以為迫在眉睫的議會決議時，當局試圖實施市議會和國會外委員會所期望的政策。雷平在市議會和委員會成員面前的發言，也證明他本人強烈受到新管制主義啟發。他希望為該規定提供法律依據，這將導致廢除先決體檢、登記妓女的特別委員會和懲罰措施。他認為想賣淫的女孩只要向警察局提出聲明，並持有自行挑選的醫生所簽發的「健康證明或證書」，就可以避免被送上輕罪法庭。他也建議廢除混淆治療和懲罰的任何措施。他暗示這些改革還將取消對幽會館的監控，特別是廢除檢附照片的要求。

為賣淫制定法規的努力失敗，迫使警方必須訴諸臨時措施。一九〇八年八月四日的法令，取消了登記妓女的特別委員會，並準備設立道德行政法庭（tribunal administratif des mœurs），但事實上，這個機關並沒有發揮作用，因為它於一九一一年被法國最高行政法院判定為非法。一九一〇年二月十五日的法

---

* 譯註：寬容妓院也稱為「maison à gros numéros」（有大字號碼的房屋），因妓院門口通常會掛燈籠或顯示大字號碼。

令，禁止巴黎任何房東或咖啡館老闆慣常接待妓女，尤其一九一二年四月四日的法規，再次改寫首都幽會館的經營規定，其內容條款幾乎與一九〇〇年的法令相同：其中包括向警察總署申報開設妓院，禁止所有外部招牌、廣告以及在門口拉客，還有將妓女登記入冊的義務。

在立法規範性交易的努力失敗之際，警察總署重新實施一九〇三年至一九〇七年議事機關進行討論之前的臨時措施。這證明了雷平即使有改革的意圖，但警方仍然決心對新賣淫機構進行監督。但事實仍是一九〇〇年至一九一〇年間制定的法規，反而證實了寬容妓院的衰落，因為法規在讓低調的幽會館進行登記的同時，也促進其興起，這些幽會館內的妓女通常來自外部，不再像過去那樣直接受妓院女老闆的控制。

二、性病治療的人性化

新管制主義衛生原則的運用，深刻地改變了性病治療。聖路易醫院及其皮膚科在這方面成為了典範。[49]藍杜吉教授向他在國會外委員會的同事指出，巴黎一半以上的性病患者，現在都在綜合醫院接受治療。演變是自發進行的，在希柯醫院（l'hôpital Ricord），即以前的城南醫院，如今只有性病學和皮膚病學混合科。從一八九〇年起，路易・布羅克教授（Louis Broca）努力將後來成為布羅卡醫院（l'hôpital Broca）的路西納醫院變成一個皮膚科專門醫院，而不再是性病的專門醫院。自從性病患者和皮膚病患者混診之後，醫院內部的拉皮條行為隨之終止。

一九〇四年，塞納省議會決定在聖拉札創建一個免費的性病診療所。該診療所以其第一位主任巴特雷米為名，於一九〇六年開始營運，卓有成效。在一九一二年，診療所執行了一萬兩千五百三十一次醫療措施，[50]婦女不再害怕前往求診。簡而言之，在第一次世界大戰前夕，巴黎性病患者的心態發生了深刻變化。[51]

然而，無數次改革聖拉札監獄醫護所的嘗試都失敗了，這個機構老舊陳腐，當時造成了沒完沒了的醜聞，使得新管制主義者感到失望。自一九〇二年造成瓦爾德克－盧梭和瑪葉（Maillet）議員對立的辯論以來，聖拉札監獄醫護所的預算，幾乎每年都會在議會中受到批評。

那一年，塞納省議會已經為重建監獄投下了五百萬的信貸；一九〇六年，議會通過了日後醫護所的選址，但直到戰爭爆發，都沒有任何行動。

在外省大城市，治療的人性化十分明顯。波爾多的聖－尚醫院（l'hôpital Saint-Jean）為性病患者開設了門診諮詢。第一次世界大戰前夕，南錫的性病婦女離開了救濟院。[52]里昂則進行了一項更大膽的改革，[53]自一九一〇年起，取消了染病妓女的強制住院治療，該市的妓女從此湧向門診接受治療。

一九〇八年，監獄管理部門對罹患性病的公娼治療情況進行了調查，因而可以衡量所有地區在布納維勒教授的研究之後所取得的進展。此時幾乎所有地方的染病妓女都被送進了醫院，在監獄場所接受治療已經相當罕見。[54]但這並不代表已經放棄將妓女禁閉在醫院的做法，一九一三年六月十四日，布里埃的副省長得知將建造礦區醫院時，仍要求「新建築的設置必須便於監視和防止逃跑」。[55]

戰爭前夕的加強監控

一、來自道德協會的壓力日增

第一次世界大戰前的幾年，人們試圖透過性病危害和白奴貿易的相關運動遏制性行為，尤其針對年輕人。同時，道德協會和所有投入反色情、反淫亂鬥爭的人們則加強了活動。地區媒體支持清理街道和禁止祕密賣淫的運動愈來愈多，範圍也愈來愈廣泛。一九〇七年，《北方十字報》（*La Croix du Nord*）[56]發表了一篇題為〈發臭的里爾〉（Lille qui pue）的文章，向在市中心營業的妓女開戰。該報刊登了一份來自市內六十位著名外國人士的請願書，他們對街頭流竄的淫穢場面表示憤慨。其他地區的報紙大多支持該天主教機關報，轉載了請願書的內容。一九一二年，《南方太陽報》（*le Soleil du Midi*）[57]發表了題為〈請打掃！〉（un coup de balai, SVP）的文章，呼籲加強打擊馬賽的賣淫活動。

巴黎的戰鬥則在街坊進行，黃金滴區的打擊賣淫活動就是一個很好的例子。一九一三年初，巴黎成立了一個「維護鄰里道德利益委員會」（comité de défense des intérêts moraux du quartier），聚集了社會主義者、激進社會主義者和道德協會成員，組織者則是市議員卡善。六月二十一日，一場抗議街頭淫穢場面的集會號召了「正人君子」，並吸引了至少一千五百人參加。[58]卡善很高興看到這場道德運動涉及所有政治傾向的人，證明了這個「**秩序、治安和清潔的問題，高於一切政黨問題**」。[59]賣淫「毒害了街區」，[60]也造成商業資產貶值、趕走了那些不願再提供工作給賦閒女工的業主，因而導致犯罪增加。卡善親自與警察總監和內政部長交涉，要求對妓院女老闆判處監禁。在他之後發言的德索默醫生（Desormeaux）是激進社會主義者並在上次選舉中不幸敗選，他指責資本主義社會應對賣淫行為增加負起責任。最後，社會保護聯盟（Ligue de protection sociale）副主席勒菲弗爾－奧托祖爾（Lefebvre-Ortozoul）表示，聯盟的三萬名成員將支持「清理燒炭場街（Charbonnière）和其他街道上的髒東西」，[61]同時建議該區的居民自行動手清理。

這些事件並不是各自獨立的。同樣是在一九一三年六月，坎布隆廣場（la place Cambronne）的居民向警察總監提交一份請願書，要求停止公開賣淫活動。[62]所有這些事實都證明了為維護公共道德而發動的攻勢規模，也顯示早先由廢娼主義和救贖主義文學引發的同情妓女運動已經衰退。

二、衛生和警察管制擴大

幾個跡象顯示警方在戰爭前的數年對妓女的控制，比十五年前更加嚴格。我們看到在馬賽對未立案的幽會館展開大規模的攻勢，行政部門正式將迄今為止逃避其監督的機構宣告為「放蕩場所」（lieux de débauche），並承諾關閉傳統上用於低級賣淫的化妝室（lieu d'aisances）。

讓我們回顧一下，就在戰爭前夕的布里埃礦區，行政當局倉促地對農村人口建立了衛生檢查，使原本的年輕女服務生有機會轉變為公娼。在圖勒駐軍營地附近也發生同樣的過程，代價便是周圍農村「軍人的妓女」。更普遍來說，查閱到的歷史檔案也證明藉由某種毛細作用，這些法規會逐漸影響到小城鎮，甚至一些迄今為止仍缺乏規定的農村地區。正是以監督公共衛生為由，警方對賣淫的監督和控制才能取得進展。

也正是在這個時候，第一次有系統地組織對毒品的鎮壓，而毒品的發展與祕密賣淫的發展有關。一九一三年六月十四日，[63]雷恩上訴法院的檢察長以勝利的口吻寫道，所有經營菸館（fumeries）的半上流社會女人都被逐出布列斯特，海軍中將也下令所有構成菸館客戶群的軍官離開港口。

儘管有廢娼主義者和新管制主義者的抗議運動，但行政處罰從未消失，衛生檢查有時甚至掩蓋了警方的嚴厲鎮壓。[64]監獄管理部門在一九〇八年進行的調查，使我們能識別監獄系統這種相對的持久性。一九〇七年，南錫的妓女總拘留天數為三千一百一十七天；[65]一九一四年，該市的染病婦女在警方戒護下，被轉移到新的醫院。[66]

值得一提的是，輿論潮流傾向壓制的不道德行為，並不僅限於妓女和色情。一九一二年，總檢察長回覆司法部長關於其管轄範圍內公共道德狀況的詢問時表明，幾乎到處都希望加重對皮條客的懲罰；[67]孚日省（Vosges）議會於一九一〇年九月三十日提議，將流浪者和「流氓」（apaches）編入外籍軍團。一九一一年五月二十日，阿列省（Allier）議會也呼籲加強鎮壓。對飲酒場所的政策也反映了相同的不安，[68]一九〇七年起，應克里孟梭的要求，省長建議市長限制飲酒場所的開業數量；一九一三年七月三十日，財政法的一項附加條款規定，從此以後，省長與市長可以禁止在某些地區設立飲酒場所，且在一九一四年內，有四十三個省選擇了這種做法。內政部長於一九一四年二月二十日發出通報，要求更嚴格地鎮壓歌舞酒館的酗酒和賣淫行為。

三、年輕妓女的監禁與反抗

然而，一九〇六年四月十二日法律的實施，是最能展現以保護為藉口，對年輕人進行道德教育和鎮壓賣淫活動的意圖。實際上，將刑事責任年齡從十六歲提高到十八歲，導致眾多年輕女孩因流浪和賣淫而被捕。在第一年，這些女孩被送到卡迪亞克（Cadillac）和杜朗（Doullens）的感化院，以及蒙佩利爾與貝爾福附近的巴維利耶爾（Bavilliers）、利穆贊和盧昂的私立機構。從一開始，被拘留的年輕妓女就極為憤怒，[69]她們不明白為什麼必須被關到十八歲，況且賣淫並不是一種犯罪，她們之中許多人先前都有行政部門頒發的登記卡。她們認為性交易是自己真正的職業，因此大多數人拒絕學習任何技能。她們強調，「我們是歡場女孩（des filles de noce）」，*因此她們不想工作，而是把時間花在與皮條客和客戶交流。

正是在這種憤怒的環境中，發生了我們所見最暴力的妓女抗爭行為。所有關押妓女的機構都掀起了反抗，也只有妓女參加。行政當局隨後決定將叛亂妓女集中在杜朗和盧昂的妓院裡。她們一到被安置的機構就開始煽動反抗，而管理階層在動亂爆發前就得到了消息，把這些妓女中的兩批人馬關進鎮上的監獄。《盧昂快報》（*La Dépêche de Rouen*）報導了移送妓女時的騷亂場面：「第一批妓女拒絕進入囚車；一名隨車的憲兵和一名騎自行車的員警被打得鼻青臉腫；員警被咬又被踢……所有這些事情，都伴隨著

* 譯註：Noce的意思是婚禮，也是婚禮慶典，引申為花天酒地，「歡場女孩」（Fille de noce）則是妓女的說法之一。

最下流妓女使用最骯髒詞彙的咆哮聲……。」[70]在路途中，妓女把自己的衣服撕成碎片，有些妓女還向憲兵獻身。據媒體報導，第二批妓女的移送甚至更戲劇性：「半小時內發生了歡樂、憤怒和絕望的場面。其中一些高唱著不堪入耳的歌曲；其中一名看到車子就倒下，弄斷了腿……。另一名妓女憤怒到失去理智，衝向一扇窗戶，打破了玻璃並高聲辱罵，割傷自己的手腕並拒絕包紮傷口。還有一名妓女掙扎得很厲害，因此不得不出動四名警官把她扛走。」[71]在盧昂監獄短暫停留後，這些年輕的叛亂妓女被送往聖拉札監獄，她們立即在那裡煽動叛亂，並於一九〇八年七月十三日爆發。她們打破窗戶、砸壞家具，一部分叛亂妓女不得不被移送到弗雷訥（Fresnes）。克里孟梭親自前來檢查預防措施，以防此類衝突場面重演，但迎接他的是一系列猥褻的手勢。[72]

在克萊蒙德瓦茲（Clermont d'Oise）的新少年教養院（colonie pénitentiaire）啟用之前，政府不知道該如何對待叛亂妓女，只能不斷將她們移送到不同的機構，以防止她們串連暴動；這「是趾高氣昂的巡迴叛軍」。[73]秋季時，轉移妓女到克萊蒙德瓦茲的過程，又成了新的衝突場面。十月七日，女孩們在巴黎北站月臺反抗並試圖逃跑，她們敞開上衣跑下火車，接著，據《閃電報》報導，[74]她們撩起裙子，露出肚子，用尖叫聲吸引來看熱鬧的圍觀者。一九〇九年一月十四日，在一次新的叛亂之後，不得不將一批女囚轉移到佳音監獄；一路上，她們不停地唱著〈國際歌〉（*L'Internationale*）。

結論

要想寫一部從一八七一年到一九一四年的第三共和時期性交易歷史，就必須追溯到十九世紀前半葉，觀察當時實施的監獄程序緩慢且局部解體的過程。賣淫慢慢地脫離聖奧思定或帕宏—杜夏特雷期望的「精液的陰溝」模式。在社會經濟結構演變的影響下，男性對性行為的感受也在改變，性需求因而發生了變化。資產階級親密關係模式的普及，某些形式的性苦悶減少，以及性挫折的社會流離現象（le déplacement social），都證明性關係如今往往需要感情來調劑。人們愈來愈覺得召妓是萬不得已的手段，城市社會中開展的對性行為充分感情化的深切渴求，藉由這些性交易得到緩解。在與妓女的關係中，情慾的歡愉也優先於生殖器的快感。

這一點在社會各個階層都能感覺到，例如：歌舞小酒館的拉皮條在工人階級和士兵的圈子中興起、流動私娼的發展損害了妓院營運、年輕人對啤酒館女郎和歌舞雜耍咖啡館歌女的迷戀，以及幽會館通姦賣淫行為的發展，都證明了這一點，而當時在文學中表現出來的救贖主義，也反映了這種變化。

因此我們可以理解，妓女的體貌特徵變得很模糊，原本與良家婦女的藩籬被打破，模仿帕宏—杜夏特雷的人類學研究嘗試，到了一九〇〇年前後也成了不可行、甚至可笑的研究。同樣地，資產階級妻子的形象也變得模糊不清，因為妓女和「良家婦女」的模式，顯然是根據彼此的關係而被定義，而刻板印象中的妓女，也曾經使得合法的夫妻關係得以消除快感享樂。*女性不再是天使也不是魔鬼，關於女性本質特徵（la spécificité）的醫學論述逐漸消失，則見證了這一演變，如同包法利夫人（Madame Bovary）由小資產階級蛻變為一個試圖承擔自身性衝動的女人，其命運堪稱典範，卻也散播不安。

傾向於將妓女置於時代悲劇核心的熱烈宣傳，更加劇了民眾對混亂的恐懼，以及因限制賣淫範圍失敗而引起的焦慮。罹患性病、酗酒、肺癆又智力衰退的婊子，顯現為匯集生物性焦慮的禍害綜合體，也是社會主體所有身體威脅的象徵。

基於這個理由，我們需要從優生學角度，對賣淫的透明性重新進行計算，也一併見證了新管制主義的發展和勝利。這套體系的目標，在於解決賣淫存在所造成的基本矛盾：賣淫被視為一種用來消耗性行為的技術，只要它發揮了矯正社會的作用，它就可以維持資產階級家庭的親密關係，有利於運用無產階級的勞動力；但同時，賣淫又對健康構成威脅，從而危及生產以及國防。因此，保持賣淫活動有其必要，但同時使其合乎衛生。

寬容妓院對應的是衛生學思想的一個階段，其主導信念是相信生物和道德的傳染可藉由隔離來避免。十九世紀末，人們已經肯定情況並非如此，最好的辦法是實施新的監視技術。因此，新管制主義可以看作是以衛生的名義，對賣淫相關人等進行選擇、規範化並行使權力的終極努力。

從禁閉到監控的轉變，也出現在雇主的管理策略中，從這個角度來看，受管制的寬容妓院，可以視為同時讓妓女工作與禁錮的場所，這與工坊式修道院（ateliers-cloîtres）或為年輕女性開設的工廠寄宿學校（manufactures-internats）有異曲同工之妙。另一方面，新管制主義的發展開啟了一項新策略，其特點是藉由衛生檢查，使得賣淫行為的透明化。

第一次世界大戰爆發後，最初的管制主義體系及許多封閉式場所已經所剩無多，妓女的「去除禁閉化」正趨於成為現實：她們大多數人現在可以自行賣淫，接受治療而不必被監禁。過去圍堵罪惡的堤壩被打破了一部分；幽會館的興起和經常光顧幽會館的婦女所享有的相對自由，進一步證明了賣淫行為在整個社會蔓延。新管制主義在公眾輿論中取得了勝利，因為管制主義者巧妙利用了群眾對性病、白奴貿易的恐懼，以及對種族活力的一切威脅，使醫學界能夠戰勝廢娼主義的解放企圖。衛生監督不僅被加強、也被擴大，行政部門藉由這種方式，得以監看那些迄今為止躲過監控的妓女。對幽會館的認可，也讓官方得以謹慎而有效地控制這類場所。這種監管體系的勝利，屬於道德化攻勢的一部分，它在戰爭前夕也表現為控制士兵休閒活動的關注，以及打擊街頭淫亂、歌舞酒館氾濫、毒品發展和色情業興起的意志。

我們所察覺的演變、新策略的實施和隨後的成功，都是在政治決策之外發生的，並未真正打破立法機關的沉默，而這絲毫不足為奇。政府的猶豫和不作為是基於賣淫本身的矛盾所產生的深刻混亂。性交易對於保護年輕女孩的貞操和妻子的貞節都是不可或缺的，除此之外，性交易也是抵禦單身漢威脅的堡壘，總之就是為了轉移來自性苦悶的驅力而採取的手段。但這種轉移方法卻也促成了晚婚、阻礙生育策略的部署，並違背資產階級青年男性自其體質文化中習得的行為準則。

---

* 譯註：意即夫妻行房只需要負責傳宗接代。資產階級丈夫不會要求妻子配合自己的性幻想。

無論如何，女性性慾可能解放所引起的不安已被消除，因為優生學允許妓女繼續被邊緣化；精神病學和人類學的論述將淫樂置於正常領域之外，因為情色仍是一種特殊專業、一種商業對象。沙龍中的莎樂美（Salomé）很可能讓希律王（Hérode）成為她的奴隸，並揮舞著施洗者約翰的頭顱，但她的同道中人仍然在警察總監的凝視之下。

資料

主要參考資料

一、手稿

國家檔案關於賣淫的系列資料（Archives nationales）：F^7 9304-9305及BB^{18}

警察總署檔案（Archives de la préfecture de police）：BA/1689. DB/407. 408, 410 et 412.

下列省政府檔案（Archives départementales Série M, 4 M au 6 M : police des moeurs）：隆河口省、濱海夏朗德省（Charente-Maritime）、菲尼斯泰爾省、吉倫特省、上加龍省（Haute-Garonne）、埃羅省、默爾特—摩澤爾省、北方省、隆河省、塞納河下游省（Meurthe-et-Moselle）、塞納—瓦茲省、瓦爾省（Var）。

二、印刷品

（1）政府公報

國會議事錄。關於白奴貿易的外交文件。

（2）報刊

特別是《洲陸公報》、《社會復甦：增刊》、《法國衛生和道德預防協會公報》（*Bulletin de la Société française de prophylaxie sanitaire et morale*）以及《監獄評論》（*Revue pénitentiaire*）。

書目綜述

本綜述僅限於本書涉及的法國賣淫的社會史。關於性病學的教科書、法律評論，關於國際白奴貿易的報告，以及關於性學的小說和一般著作，均不在本綜述之列。

關於十九世紀上半葉的內容，可參考以下作品中的書目：PARENT-DUCHÂTELET, *La Prostitution à Paris au XIXe siècle*, présenté et annoté par A. CORBIN, Paris, Le Seuil, 1981.

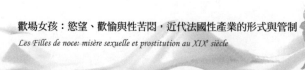

在本書研究時期出版的書籍

BARTHÉLEMY, T., *Étude d'hygiène sociale. Syphilis et santé publique*, Paris, 1890.

BÉRAUD, A., *Les filles publiques de Paris et la police qui les régit*, 2 vol., Paris, 1839.

BÉRAULT, G., *La Maison de tolérance considérée au point de vue hygiénique et social*, Paris, 1904.

BERGERET, E., « La prostitution et les maladies vénériennes dans les petites localités », *Annales d'hygiène publique et de médecine légale*, 1866.

BOURNEVILLE, Pr, *Enquête sur le traitement des vénériens dans l'est de la France, Le Progrès médical*, 1887.

BUTLER, J., *Souvenirs personnels d'une grande croisade*, Paris, 1900.

CARLIER, F., *Étude de pathologie sociale. Les deux prostitutions*, Paris, 1887.

CÈRE, P., *Les Populations dangereuses et les misères sociales*, Paris, 1872.

COFFIGNON, A., *Paris vivant. La corruption à Paris,* Paris, 1888.

COMMENGE, O., *Hygiène sociale. La prostitution clandestine à Paris*, Paris, 1897.

CORLIEU, A., *La Prostitution à Paris*, Paris, 1887.

DECANTE, R., *La Lutte contre la prostitution*, Paris, 1909.

DELVAU, A., *Le Grand et le Petit Trottoir*, Paris, 1866.

DESPRÈS, A., *La Prostitution en France…*, Paris, 1883.

DIDAY, P., *Le Péril vénérien dans les familles*, Paris, 1881.

DOLLÉANS, E., *La Police des mœurs*, Paris, 1903.

DU CAMP, M., *Paris, ses organes, ses fonctions et sa vie dans la seconde moitié du XIXe siècle*, t. III, Paris, 1872.

ESQUIROS, Adèle, *Les Marchandes d'amour*, Paris, 1865.

ESQUIROS, Alphonse, *Les Vierges folles*, Paris, 1840.

ÉTIENNE, G., *Études sur la prostitution*, Nancy, 1901.

FIAUX, L., *La Police des mœurs en France et dans les principaux pays de l'Europe*, Paris, 1888.

– *Les Maisons de tolérance, leur fermeture*, Paris, 1892.

– *La Prostitution cloîtrée, étude de biologie sociale*, Paris, 1902.

– *La Police des mœurs devant la commission extra-parlementaire du régime des mœurs*, 3 vol., Paris, 1907-1910.

– *L'Armée et la police des mœurs. Biologie sexuelle du soldat*, Paris, 1917.

FLEXNER, A., *La Prostitution en Europe*, Paris, 1919. (New York, 1913).

FLÉVY D'URVILLE, *Les Ordures de Paris*, Paris, 1874.

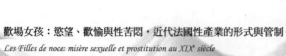

FOURNIER, A., *Commission extra-parlementaire du régime des mœurs* (Rapport), Melun, 1904.

GARIN, J., *Le Service sanitaire de Lyon…*, Paris, 1887.

GORON, M.F., *L'Amour à Paris*, Paris, 1899.

GRANDIER-MOREL, Dr, *Voyages d'études physiologiques chez les prostituées des principaux pays du globe*, Paris, 1901.

GRAS, F., *L'Aliénation mentale chez les prostituées*, Lyon, 1901.

GRAUVEAU, A., *La Prostitution dans Paris*, Paris, 1867.

GUYOT, Y., *La Prostitution*, Paris, 1882.

HAYEM, H., « La police des mœurs en province », *Revue pénitentiaire*, fév. 1904.

HENNEQUIN, F., *Rapport… sur la réglementation de la prostitution en France*, Melun, 1903.

HERMITE, E., *Prostitution et réglementation sanitaire de la police des mœurs à Grenoble*, Grenoble, 1907.

HOMO, H., *Étude sur la prostitution dans la ville de Château-Gontier…*, Paris, 1872.

IBELS, A., *La Traite des chanteuses…*, Paris, 1906.

ISSALY, L., *Contribution à l'étude de la syphilis dans les campagnes*, Paris, 1895.

JEANNEL, J., *De la prostitution dans les grandes villes au XIX*[e] *siècle…*, Paris, 1868.

LANGLET, Pr, « La cure de prison », *Union médicale et scientifique du Nord-Est*, n° 30, juillet 1905.

LARDIER, P., *Les Vénériens des champs et la prostitution à la campagne*, Paris, 1882.

LEBLOND, A. et LUCAS. A., *Du tatouage chez les prostituées*, Paris, 1899.

LECOUR, C.J., *La Prostitution à Paris et à Londres*, 2e éd., Paris, 1872.

LEPINE. L., *Rapport... sur la réglementation de la prostitution à Paris et dans le département de la Seine*, Melun, 1904.

LOMBROSO, C. et FERRERO, G., *La Femme criminelle et la prostituée*, Paris, 1896.

MACÉ, G., *La Police parisienne*, t. IV : « Gibier de Saint-Lazare », Paris, 1888.

MARTINEAU, L., *La Prostitution clandestine*, Paris, 1885.

MIREUR, H., *La Prostitution à Marseille. Histoire, administration, police, hygiène*, Paris, 1882.

– *La Syphilis et la Prostitution dans leurs rapports avec l'hygiène, la morale et la loi*, Paris, 1875.

MITHOUARD. A., *Conseil municipal de Paris. 17 novembre 1908*. « Rapport... sur l'application de la loi du 15 avril 1908 concernant la prostitution des mineurs ».

MORSIER, A. de, *La Police des mœurs en France et lacampagne abolitionniste*, Paris, 1901.

PARENT-DUCHÂTELET, A., *De la prostitution dans la ville de Paris*... 2 vol., Paris, 1836.

POTTON, A., *De la prostitution et de la syphilis dans les grandes villes, dans la ville de Lyon en particulier*, Paris, 1842.

PRADIER, F.H., *Histoire statistique, médicale et administrative de la prostitution dans la ville de Clermont-Ferrand*, Clermont-Ferrand, 1859.

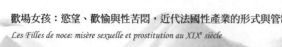

REGNAULT, F., *L'Évolution de la prostitution*, Paris, 1906.

REUSS, L., *La Prostitution au point de vue de l'hygiène et de l'administration en France et à l'étranger*, Paris, 1889.

REY, J.L., *Des prostituées et de la prostitution en général*, Le Mans, 1847.

RICHARD, E., *La Prostitution à Paris*, Paris, 1890.

SPILLMANN, L., *Du refuge à la Maison de Secours*, Nancy, 1914.

TALMEYR, M, *La Fin d'une société : les maisons d'illusion*, Paris, 1906.

TARNOWSKY, P., *Étude anthropométrique sur les prostituées et les voleuses*, Paris, 1889.

TAXIL, L., *La Prostitution contemporaine, étude d'une question sociale*, Paris, s.d.

TUROT, H., MITHOUARD, A. et QUENTIN, M., *Conseil municipal de Paris, Rapport... sur la prostitution et la police des mœurs*, Paris, 1904.

TUROT, H., *Le Prolétariat de l'amour*, Paris, 1904.

VIGNERON, V., *La Prostitution clandestine à Nancy. Esquisse d'hygiène sociale*, Nancy, 1901.

VILLETTE, A., *Du trottoir à Saint-Lazare. Étude sociale de la fille à Paris*, Paris, 1907.

VIRMAÎTRE, C, *Paris-Impur*, Paris, 1889.

– *Trottoirs et lupanars*, Paris, 1893.

WOLFF, A., *L'Écume de Paris*, Paris, 1885.

與本書研究時期全部或部分相關的當代研究和作品

BELLADONA, J., « Folles Femmes de leurs corps », *Recherches*, n° 26, 1977.

BULLOUGH, Vern L. et Bonnie L., *The History of Prostitution*, New York, 1964.

CHALEIL, M., *Le Corps prostitué*, Paris, 1981.

CORBIN, A., « Le péril vénérien au début du siècle, prophylaxie sanitaire et prophylaxie morale », *Recherches*, n° 29, 1977.

– « L'hérédosyphilis ou l'impossible rédemption. Contribution à l'histoire de l'hérédité morbide », *Romantisme*, n° 31, 1981.

– « La prostituée », in *Misérable et glorieuse, la femme du XIXᵉ siècle*, présenté par J.-P. Aron, Paris, 1980.

DALLAYRAC, D., *Dossier prostitution*, Paris, 1973.

DÉSERT, G., « Prostitution et prostituées à Caen pendant la seconde moitié du XIXᵉ siècle (1863-1914) », *Les Archives hospitalières. Cahier des Annales de Normandie*, n° 10, 1977.

ELLIS, H., *Études de psychologie sexuelle*, « La prostitution. Ses causes, ses remèdes », Paris, 1929.

MANCINI, J.G., *Prostitution et proxénétisme*, Paris, 1972.

ROMI, *Maisons closes dans l'histoire, l'art, la littérature et les mœurs*, 2 vol., Paris, 1965.

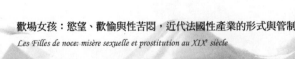

SERVAIS, J.J., et LAURENT, J.P., *Histoire et dossier de la prostitution*, Paris, 1967.

OLRIK, H., « Le sang impur. Notes sur le concept de prostituée-née chez Lombroso », *Romantisme*, n° 31, 1981.

優（Goguillot）鼓勵妓女抵抗時，或者當檢察官讓市長釋放被監禁的妓女時，波爾多和馬賽妓女的態度就能說明問題。這種情況於一九〇五年發生在馬賽，一九一〇年發生在波爾多（Arch. dépt Bouches-du-Rhône M[4] 3336 et Gironde 4 M 337）。一九〇七年，一名在馬賽粗暴地盤查公娼的員警受到譴責和懲罰，隨後檢察長寫信給省長，表示妓女「僅只要求簡單的筆錄處理」（Arch. dépt Bouches-du-Rhône, M[6] 3336）。個人的請願書則包括一九〇一年拉塞訥的一個妓女（Arch. nat. BB[18] 2199）、一九〇五年香貝里的一個妓女（Arch. Nat. BB[18] 2318），以及一九〇六年一份據稱是里昂妓女的請願書（Arch. nat. BB[18] 2342）。

70. *La Dépêche de Rouen*, 13 juin 1908.

71. *Le Journal de Rouen*, 27 juin 1908.

72. E. Prévost, *op. cit.*, p. 299.

73. *Ibid.*, p. 301.

74. *L'Éclair*, 7 octobre 1908.

55. Arch. dépt Meurthe-et-Moselle, 4 M 134.

56. *La Croix du Nord*, 27 décembre 1907.

57. *Le Soleil du Midi*, 4 juillet 1912。戰爭前幾年間，請願書數量增加。參見：arch. dépt Bouchesdu-Rhône, M 6 6574。

58. Arch. préfect. de police, BA 1689.

59. *Ibid.* 社會主義者和激進社會主義者與道德協會的成員一起參與這場運動的意義重大。這證明極左派運動者現在被「道德家」認為是可敬的人，已不再像過去認為堅持民主思想和酗酒、放蕩行為是一體的。罪惡領域的縮小，是理解第三共和時期法國政治史的一個基本要素（在這方面，參見阿古龍在高等師範學院第三階段專題課程上表達的觀點）。

60. Marcel Cachin, récit de la réunion, arch. préfect. de police, BA 1689.

61. *Ibid.*

62. Arch. préfect. de police, BA 1689.

63. Arch. nat., BB[18] 2488.

64. 宣稱的自由化意願和法規進展之間的這種出入，閱讀一九〇二年的問卷調查表單時，已經可以清楚察覺，像是埃羅省（Arch. dépt. Hérault, 62 M 8）的情況在這方面非常清楚。

65. Arch. dépt. Meurthe-et-Moselle, 4 M 134.

66. 參見路易・斯皮爾曼（Louis Spillmann）和尚・貝內奇（Jean Benech）引用著作中，關於轉移妓女過程的照片。

67. Arch. nat., BB[18] 2363.

68. 拉魯瓦特（J. Lalouette）強調，在戰爭前夕，人們愈來愈關注大量咖啡館和歌舞酒館所帶來的公共衛生危害。

69. 關於這個問題，請參見：Eugène Prévost, *De la prostitution des enfants. Étude juridique et sociale*（*loi du 11 avril 1908*），特別是附錄：「將十六至十八歲的未成年妓女送去教化的結果」（p. 295 *sq.*）。

    我們能因此指稱，妓女提出的主張在戰前數十年大量增加了嗎？妓女的抱怨是一個傳統，皇家宮殿的妓女們在復辟時期提出的請願書就是證明，也很難說她們當時人數更多。然而，似乎在廢娼主義者鼓勵下，有時甚至在司法部門鼓勵下，妓女愈來愈常挑戰員警的權威。在這方面，當廢娼主義律師歌吉局長證實此事，並列舉了一些客戶，提及批發商、工業家、地主、食利者、鄰近市鎮的市長，以及其他幾位該市知名人士，出於對匿名規則的尊重，我不能太明確地說出他們的名字（Arch. Dép. Seine-Inférieure, 4 MP 4565）。

37. L. Fiaux, *La police des mœurs*..., t. I p. CCXLII et t. II, p. 17. 我們記得《死緩》中對這些童妓的描述。

38. 這個總數實際上沒什麼意義，因為大多數未成年妓女都是祕密賣淫。

39. 參見圖洛（H. Turot, p. 153）所引著作中的統計數字。

40. Rapport cité, p. 93-94.

41. 根據圖洛（H. Turot, *op. cit.*, p. 213）的看法。

42. L. Fiaux, *La police des mœurs*..., t. I, p. CCCXXI.

43. 一九〇六年四月十二日的法律，將刑事責任年齡從十六歲提高到十八歲時，已經提出了如何處理未滿十八歲妓女的問題（參見內文，第三二九頁）。

44. 眾議院，一九一二年七月十一日會議。

45. 由斯康達（E. Skandha, « La prostitution et la police des mœurs », *La Revue blanche*, 1er septembre 1902, p. 49）指出。

46. *Op. cit.*, p. 308. 引文由作者翻譯。

47. *Ibid.*

48. 一九〇〇年三月三十一日，致出租公寓管理部門主任信函（Arch. préfect. de police, DB408）。

49. 該設施的成功之處在於它同時容納了特殊和普通部門，因此與綜合醫院類似。

50. Arch. préfect. de police, DB 408.

51. 戰後，性病診療所全面開張。賽林在《死緩》中提到了他負責的其中一所機構裡的客戶群。

52. Professeur L. Spillmann et Benech, *Du refuge à la Maison de Secours.*

53. *Cf.* Carle, *Paris médical*, 1er mars 1913.

54. 在下朗德下游省（Arch. dépt Charente-Inférieure, 6 M 415）、塞納—瓦茲省（Arch. dépt Seineet-Oise, 6 M 7）、埃羅省（Arch. dépt Hérault, 62 M 8）、默爾特—摩澤爾省（Arch. dépt Meurthe-et-Moselle, 4 M 134）當時所有的妓女都在醫院接受治療。

17. G. Tarde, art. cit., p. 29.
18. *Ibid.*, p. 35.
19. 一九〇三年四月三日會議。
20. *Revue pénitentiaire*, séance du 23 décembre 1903, p. 43.
21. *Ibid.*, p. 69.
22. *Ibid.*, séance du 16 mars 1904, p. 548.
23. 參見保羅・佐利（Paul Jolly）的發言（*Revue pénitentiaire*, 1904, p. 525）。
24. 參見希維葉（M. A. Rivière）的宣告（*Revue pénitentiaire*, 1904, p. 385）。
25. 《政府公報》，國會辯論，眾議院，一八九四年十一月二十三日會議附錄。
26. 參議院。國會文件。附件。一八九四年，第八十一號，一八九四年四月二十七日，貝宏爵，「關於賣淫和違反公共道德行為的法案」。
27. 由特拉里奧引用。一八九五年五月二十八日會議。
28. 參議院，一八九五年五月二十八日會議。應該強調的是，在司法部長本人看來，正是衛生檢查才需要維持任意裁奪權。
29. 閱讀《政府公報》可以發現，在一八九五年五月二十八日和三十日的會議上，參議員對該法案進行辯論，其間不乏鬨堂大笑。當貝宏爵宣布他「把近距離觀察這些事情的痛苦責任強攬在自己身上」時，參議員笑得更大聲，他還說「我說，我認為我知道發生了什麼，只是在街上……」。頻繁使用拉丁語，也顯示參議院處理這一問題時的深深尷尬。
30. 但根據參議院的規則，它先後在一八九五年、一八九八年、一九〇二年、一九一四年、一九一九年提交給主席，一九二四年六月由加斯東・杜梅格（Gaston Doumergue）再次提交。
31. *Cf.* rapport cité de Paul Meunier.
32. 因為莫尼耶提議保留青樓（les maisons galante），與委員會的期望相反。
33. D'Haussonville, « L'enfance à Paris. Les vagabonds et les mendiants », *Revue des Deux Mondes*, juin 1878, p. 598-627.
34. Catulle Mendès, *Femme-enfant*, p. 435.
35. *Ibid.*, p. 599.
36. 除了前文引述的馬賽幽會館事例之外，一八九八年，埃爾伯夫也發生了一樁醜聞：當地媒體報導，M〇〇女士在她的出租套房讓小女孩賣淫，中央警局

第二章　立法機構的沉默和新管制主義的勝利

1. 從六月一日起，《社會復甦：增刊》成為「法國公共道德聯盟和國際廢娼聯合會法國分會的機關報，反對受到管制的賣淫活動」。事實上，直到一九〇二年七月為止，該刊內容皆由編輯部秘書奧古斯特・莫爾西耶與幾名友人合作撰寫，由此成為一個論壇。
2. Auguste de Morsier, « La campagne abolitionniste française, 1897-1902 », *Le Relèvement Social. Supplément*, 1er mai 1902.
3. 確實在兩個月後，四位法國總主教和四位主教宣告他們反對管制式賣淫（*Le Relèvement social. Supplément*, 1er juillet 1902）。
4. A. de Morsier, « Explications nécessaires », *Le Relèvement Social. Supplément*, 1er décembre 1899 et « seconde explication », 1er janvier 1900.
5. *Cf.* A. de Morsier, *La police des mœurs en France et la campagne abolitionniste*, 1901. 該書也是大會的紀錄。
6. Arch. préfect. de police, BA 1689.
7. 參見內文，第三一二頁。
8. *Bulletin officiel de la Ligue des droits de l'homme*, séances du comité central des 23 et 27 décembre 1901. 6, 13, 20 et 27 janvier 1902.
9. 可以透過第五十三次會議的逐字紀錄了解委員會的進展情況，保存在聖日內維耶圖書館（Bibliothèque Sainte-Geneviève），以及恩爾淦引用的報告與附件中。此外，菲奥（L. Fiaux, *La police des mœurs*…）對委員會的辯論進行了摘要。
10. L. Fiaux, *La police des mœurs*…, t. II, p. 865.
11. *Ibid.*
12. *La Revue de morale sociale*, 1902-1903, p. 90 *sq*.
13. 這些結果公布在一九〇三年八月二日的《法國人報》。
14. *Bulletin de la Société française de prophylaxie sanitaire et morale*, 1904, p. 543.
15. Louis Fiaux, *La police des mœurs*…, t. II, p. 162 *sq*.
16. 《政府公報》（*Journal officiel*），國會辯論，參議院，一八九五年五月三十日會議，貝宏爵參議員發言紀錄。

229. *Ibid.*, p. 516.
230. *Ibid.*, p. 499.
231. *Ibid.*, p. 543.
232. *Ibid.*, p. 510.
233. *Ibid.*, p. 511
234. *Ibid.*, p. 514.
235. *Ibid.*, p. 518.
236. *Ibid.*, p. 520.
237. *Ibid.*, p. 530.
238. *Ibid.*, p. 548.
239. *Ibid.*, p. 567.
240. 例如：E. Dolléans, *La police des mœurs*, p. 95 *sq.*。
241. 在德國和奧地利，路德維希・賓斯萬格（Ludwig Binswanger）、伊曼紐・孟德爾（Emanuel Mendel）、亞伯拉罕・貝爾（Abraham Baer）、狄奧多・梅涅特（Theodor Meynert）和保羅・內克（Paul Naecke）拒絕將「道德錯亂」視為一種疾病實體。在法國，亞歷山大・拉卡薩涅（Alexandre Lacassagne）醫生贊成環境能影響賣淫行為的產生。
242. Docteur G. Daniel, « Études de psychologie et de criminologie: contribution à l'étude de la prostitution », *Revue de psychiatrie*, 1897, p. 80.
243. 波普里茨醫生（Docteur Poppritz, *La prostituée-née existe-t-elle ?*）對這一理論進行了系統性的反駁。
244. *Op. cit.*, p. 151.
245. G. Tarde, « La morale sexuelle », *Archives d'anthropologie criminelle*, 1907, p. 29.
246. *Ibid.*
247. *Ibid.*, p. 23.
248. *Ibid.*
249. *Ibid.*
250. *Ibid.*, p. 39.
251. Docteur H. Colin, *op. cit.*, p. 48.

210. 根據龍布羅梭（Lombroso, *op. cit.*, p. 265），「容量方面，良家婦女超過五至六倍」。

211. *Ibid.*, p. 269.

212. *Ibid.*, p. 338. 普魯東在《色情世界》（*La pornocratie* , p. 372-373）中已經寫道：「帕宏—杜夏特雷大可補充說，這些婦女的形象與她們的道德發生了同樣的變化：她們變得畸形，擁有男人的眼神、聲音和舉止，只在身體和道德上保留了她們的性別，即純屬必需的臃腫物質。」

213. *Op. cit.*, p. 345.

214. Cité par le docteur S. Icard, *La femme pendant la période menstruelle*, 1890, p. 197.

215. 龍布羅梭在此採取了與傳統人類學論述相反的觀點，根據人類學觀點，女性的本質特徵是她的性別和強大的敏感度（*cf.* Y. Knibiehler, « Le discours médical sur la femme », p. 49-50）。

216. Lombroso, *op. cit.*, p. 409.

217. 關於「道德錯亂」，請參考海因里希・舒勒（Heinrich Schüle）的著作；對這一概念的批評陳述，可見於：*Annales médico-psychologiques*, 1899, p. 482 *sq.*

218. *Op. cit.*, p. 556.

219. *Ibid.*, p. 542.

220. Lombroso, *op. cit.*, p. 585.

221. Ch. Féré, *Dégénérescence et criminalité, p. 103.*

222. *Ibid.*

223. *Ibid.*, p. 107.

224. *Ibid.*, p. 104.

225. Docteur Cotre, *Crime et suicide*, p. 273-276，以及其細節（p. 277-291）。

226. Docteur Émile Laurent, « Prostitution et dégénérescence », *Annales médico-psychologiques*, 1899, p. 353 *sq*.

227. 某些廢娼主義者的著作也充斥著這樣的信念，即妓女多半是一種退化。朱爾・奧什（Jules Hoche, «Une visite à la prison de Saint-Lazare», *La Grande Revue*, mars 1901, p. 697-721）訪問聖拉札監獄時描繪的肖像就是證明。

228. Art. cité, p. 562.

197. *Cf.* Gérard Wajeman. « Psyché de la femme, note sur l'hystérique au XIXe siècle », *Mythes et représentations*..., p. 56-66.

198. 他的目的是與路西納醫院的性病婦女樣本進行比較；這是一項毫無意義的工作，因為在這家醫院治療的絕大多數病人都是私娼；奇怪的是，布希凱似乎忘記了這一點。

199. 其中三十二人受到歇斯底里症發作的影響，七十四人有「持續或幾乎持續的歇斯底里症狀，但不常發作」(*Op. cit.*, p. 124-125)。

200. *Ibid.*, p. 124-125.

201. *Cf.* docteur H. Colin, *Essai sur l'état mental des hystériques*, p. 38 *sq.* 龔固爾正是為了描述一個妓女的錯亂性歇斯底里過程，而寫了《女郎艾莉莎》，參見：Ricatte, *op. cit.*, p. 64。

202. *Op. cit.*, p. 125.

203. Cité par F. Gras, *op. cit.*, p. 13.

204. Docteur H. Colin, *op. cit.*, chap. IV : « l'hystérie dans les prisons et parmi les prostituées » p. 37-43.本書還包含引人入勝的妓女傳記。

205. *Ibid.*, p. 41.

206. *Cf.* Docteur Octave Simonot, « Psycho-physiologie de la prostituée », *Annales d'hygiène*, 1911, p. 498-567.

207. Ball, *Leçons sur les maladies mentales*, p. 383. 巴爾扎克呼應了顱相學家對賣淫先天性的信念：「你生為妓女，就會一直是妓女，也將死為妓女」，卡洛斯・埃雷拉對伊絲帖這麼說，「因為，儘管野獸飼養員的理論很誘人，人們只能成為在人世間的樣子。頭蓋骨隆起的男人是對的。你有愛的才能（la bosse de l'amour〔譯按：法文原意為愛情的頭蓋骨，顱相學認為頭蓋骨隆起是有才能的象徵〕）」(*Splendeurs et misères des courtisanes,* La Pléiade, p. 710)。小說中多次重申了犯罪和賣淫無法磨滅的特性（*cf.* p. 1046-1050)。「賣淫和盜竊，是自然狀態對社會狀態兩種活生生的抗議，男性和女性都是如此」(p. 1046)。

208. Docteur Moreau (de Tours), *La psychologie morbide*, p. 379-381.

209. Pauline Tarnowsky, Étude anthropométrique sur les prostituées et les voleuses, 1889. Lombroso et Ferrero, *La femme criminelle et la prostituée*, 1896.

179. Ferdinand Dreyfus, rapport cité, p. 363.

180. 古瓊呈交眾議院的報告，一九一二年三月二十六日。議員引用馬德里大會紀錄的數字（le compte rendu du congrès de Madrid, 1910, 3e question, p. 85）。另外，保護協會還是非常積極地戳破人口販子的伎倆；也正是為了這個目的，一九〇五年十月成立了「車站事工」（l'Œuvre des gares）。

181. 一九〇二年七月二十一日，皮科在廢除白奴貿易和保護年輕女孩協會的大會上發表演講，並轉載於《審議日報》（*Le Journal des Débats*），他呼籲落單的年輕女孩「與其他女孩團結，採取防禦手段。直到她們度過**年輕歲月的危險期**，而後孤獨狀態被唯一的道德解決方案所糾正：婚姻。」他緊急呼籲「私人慈善機構」在年輕人周圍建立保護屏障，並增設各種類型的避難所。這與國際婦女貿易再也無甚相關，顯示出協會成員對青年可能發生的性解放深感焦慮；而他們也是拒絕攻擊妓院管理和機制的人，他們意識到維護資產階級年輕婦女的貞操與妓女存在之間的密切聯繫。

182. Esquirol, *Maladies mentales*, p. 47.

183. Parent-Duchâtelet, *op. cit.*, t. I, p. 262-266.

184. *Dictionnaire des sciences médicales*, t. XXXII, p. 483.

185. Docteur Rossignol, *Aperçu médical sur la maison de Saint- Lazare*, 1856.

186. Griesinger, *Traité des maladies mentales*, p. 175.

187. Guislain, *Leçons Orales Sur Les Phrénopathies*..., p. 73.

188. Renaudin , Études médico-psychologiques sur l'aliénation mentale, p. 312-316，關於交際花的情況。

189. Châtelain, *Causeries sur les troubles de l'esprit*, p. 32 et 123 *sq*.

190. Docteur Reuss, *Annales d'hygiène*, 1888, janv.-juin, p. 301.

191. Krafft-Ebing, *Traité clinique de psychiatrie*, p. 188.

192. 除了赫斯醫生以外。

193. Docteur F. Gras, *L'aliénation mentale chez les prostituées.*

194. 在這方面，請參考最近的歇斯底里病史，特別是伊莎・維思醫生（Ilza Veith）的著作。

195. Docteur P. Briquet, *Traité clinique et thérapeutique de l'hystérie*, p. 123.

196. *Op. cit.*, t. I, p. 259.

165. 不過必須注意，左派媒體有時會強調這種矛盾，特別是無政府主義媒體。參見紀堯姆・阿米歐（Guillaume Amyot）在一九〇二年六月十三日《自由至上報》上的文章。就社會主義者而言，參見一九〇二年八月八日《小共和國》上，路易・莫里斯（Louis Maurice）的文章。八月三十日在《日報》上，一位前「劣質肉販」（marchand de barbaque）以亞利桑大・布提克（Alexandre Boutique）的名義懺悔，強調了婦女貿易和寬容賣淫之間的相關性。受廢娼主義啟發的媒體當然也是如此。參見一九〇二年九月二日的《提燈報》。

166. Ferdinand Dreyfus, *Revue pénitentiaire*, 1902, p. 1135.

167. 德國、奧地利、比利時、丹麥、西班牙、英國、匈牙利、義大利、挪威、荷蘭、葡萄牙、俄羅斯、瑞典、瑞士和巴西。法國的代表是貝宏爵、德磊福斯、法學家雷諾、巴黎警察總監雷平和警察總署第一局局長恩爾淦。

168. 因此，就法國而言，只有《刑法》第三三四條（習慣性地激發未成年人的放蕩行為）、第三五四、三五五、三五六、三五七條（綁架或誘拐未成年人）和第三四一至三四四條（非法逮捕和禁閉人員）涉及白奴貿易，但非常間接。

169. 參見內文，第三五三頁。

170. 奧匈帝國、美國和巴西後來也加入。

171. 特別是《時代報》。

172. 最後的協議的確指出，建議的措施應被視為最低限度。

173. Arch. préfect. de police, DB 411.

174. 然而，與最終議定書一樣，公約文本並未提及「違背女孩意願將其留在妓院」的問題；另一方面，這次也涉及與殖民地的人口販運問題。

175. 第四屆國際聯合會大會在馬德里舉行；管理法規的問題仍然沒有明確提出，但對貿易來源和路線的集思廣益，讓該問題得以迂迴地進行討論。參見：*La répression de la traite des Blanches, compte rendu du IVe congrès international tenu à Madrid les 24-28 octobre 1910*. 6e question, p. 146 *sq*.

176. Rapport cité de Ferdinand Dreyfus au congrès de Paris, p. 359.

177. *Ibid.*, p. 360. 在巴黎，安全局內部成立了一個特殊大隊，稱為機動大隊，專門負責實施一九〇三年的法律。

178. 參見內文，第四〇七頁及其接續頁。

152. Rapport cité.

153. 參見註81。

154. 參見鎮壓白奴貿易協會的祕書雅克・特詩（Jacques Teutsch, *Revue pénitentiaire*, compte rendu du congrès de Francfort, 1902, p. 1134）。

155. 巴　爾（G. Baal, « Combes et la République des comités », *Revue d'histoire moderne et contemporaine*, avril-juin 1977, p. 260-285）最近指出，孔布上臺執政及其支持者的希望，引發了何等規模的輿論運動。

156. Ch. Brunot, « La traite des Blanches », *Revue philanthropique*, 10 mai 1902, p. 13.

157. 根據一九〇二年五月八日的《曙光報》報導可知，是媒體將這一主題強加給公眾輿論的。

158. *Le Petit Parisien*, 17 août 1906.

159. 當然，《提燈報》，四月二十四日、五月十九日、六月四日、八月九日和二十五日、九月二日；《曙光報》，五月八日、十二日、八月八日；《自由言論報》，五月五日；《杜慎神父報》（*Le Père Duchêne*），五月十七日；《日報》，五月二十日、八月三十日；《召喚報》，五月三十一日、九月一日、十二月三十日；《新聞報》（*La Presse*），六月八日、十一月十八日；《激進報》，六月十四日、十一月十日和二十八日；《自由至上報》（*Le Libertaire*），六月十三日。《法國人報》（*Le Français*），六月二十二日；《審議日報》（*Le Journal des Débats*），七月二十二日；《共和國報》，七月二十七日；《小共和國報》（*La Petite République*），八月八日；《祖國報》（*La Patrie*），八月六日；《時代報》，八月二十六日；《閃電報》（*Éclair*），十月十日；《法國論壇報》，十一月二十八日；《巴黎回聲報》（*L'Écho de Paris*），十二月四日；《投石黨報》（十二月六、十七、二十八日）；也別忘記出現在《晨報》、《日報》和《小巴黎人報》的一系列文章。

160. Jean Marestan, « La traite des Blanches », *L'Aurore*, 8 mai 1902.

161. 一九〇二年五月五日號。

162. *La Tribune française*, 28 novembre 1902.

163. *Le Journal*, 27 août 1902.

164. *La répression de la traite des Blanches…*, 1906, p. 99 du compte rendu, des délibérations.

138. Bérenger, « La traite des Blanches et le commerce de l'obscénité », *Revue des Deux Mondes*, juillet 1910, p. 85.

139. *Op. cit.*, p. 34.

140. *La répression de la traite des Blanches*..., 1906, p. 337.

141. *Op. cit.*, p. 53.

142. 伊斯梅爾・捷馬利（Ismaïl Kémal bey）出席倫敦會議的報告（Appleton, *op. cit.*, p. 35）。

143. *La répression de la traite des Blanches*..., 1906, p. 337.

144. Appleton, *op. cit.*, p. 37 et *Revue pénitentiaire*, 1902, p. 768-769.

145. Bérenger, *La traite des Blanches*..., p 87.

146. 德磊福斯分析一九〇二年至一九〇六年間，內政部編纂的四百份關於白奴貿易的檔案後，強調這批法國妓女移民南非的重要性。

147. Wagener, rapport cité, p. 404.

148. 埃及也開始出現這種衰退，參見：Vittorio Levi, *op. cit.*, p. 53。

在人口販運的這段簡述最後必須強調，對這一現象進行量化研究極為困難。移民統計資料沒有任何幫助，因為妓女或潛在的妓女很少申報並被視為妓女；只有正式的賣淫登記冊，才能提供少許有效的統計資料序列。不幸的是，東方國家缺乏這種類型的資料來源，這也許讓我們高估了拉丁美洲管制主義國家的人口販運相對規模。至於司法檔案，它們只涉及犯罪行為；我們可以看到這些檔案極為罕見，而且可能沒有什麼代表性。然而閱讀其中某些檔案，仍然可以讓我們掌握人口販子的實地活動情況；往里斯本（黑貓機構〔Chat Noir〕），參見 ：Arch. dépt Charente-Inférieure 6 M 415 et Gironde M 340；往巴賽隆納，參見：Arch. Nat. BB [18] 2184；往布宜諾斯艾利斯，參見：Arch. dépt Gironde 4 M 340, Bouches-du-Rhône M 6 3336, Arch. nat. BB 18 2231 et 2514；往波蘭與俄羅斯帝國，參見：Arch. nat. BB [18] 2250；往賽德港，參見：Arch. dépt. Bouches-du-Rhône M 6 3336；往南非，參見：Arch. nat. BB [18] 2249 et 2250；往塞內加爾，參見：Arch. dépt Gironde 4 M 340。

149. P. Robiquet, *Histoire et Droit*, t. II, p. 181.

150. Art. cité, p. 281.

151. P. Robiquet, *op. cit.*, p. 179.

為我不可能查閱內政部在本世紀初建立的四百份受害者檔案。

119. 《晨報》，一九〇二年五月二十五日，有一篇關於該問題的文章。

120. *Revue pénitentiaire*, 1902, p. 508.

121. *Op. cit.*, p. 42-43. 這也是對國家檔案館編號BB[18]系列檔案的查閱結果。

122. 查閱司法和員警檔案，得知她們通常是獨自旅行。

123. *Revue pénitentiaire*, 1902, p. 535.

124. Savioz, art. cité, p. 284.

125. *Cf.* Moncharville, Lenoble, et Appleton, *op. cit.*

126. Savioz, art. cité, p. 290.

127. 沃科斯基親王的報告。

128. Cité par Appleton, *op. cit.*, p. 33.

129. 參見阿普爾頓（Appleton, *op. cit.*, p. 37）引用的保盧西・卡波利（Paulucci de Calboli）報告。

130. Arch. dépt. Gironde, 4 M 340 et Bouches-du-Rhône, M 6 6356.

131. Savioz, art. cité, p. 287.

132. 然而，婦女的進口仍在繼續；根據一九〇八年至一九〇九年「關於不道德目的進口和窩藏婦女的移民委員會」（commission d'immigration sur l'importation et l'hébergement des femmes pour des fins immorales）在美國進行的調查，大多數婦女都是自願的；她們經常透過郵購的方式被買賣，金額介於兩百到兩千美元之間（Arch. nat. BB[18] 21672）。國會在一九一〇年通過一項法律，試圖徹底根除這種貿易。

133. 英國和愛爾蘭婦女繼續供應美國東岸市場以及紐奧良，後者的故事城（Storyville）是爵士樂的搖籃和賣淫中心，此時正處於全盛時期。

134. 巴西的賣淫活動基本上掌握在「告發者」（Caftes）手中，他們是來自匈牙利、加利西亞、波蘭或俄羅斯南部的人口販子；不過，定居在這個國家的少數法國籍妓女，一般都能逃脫他們的控制（*Rapport Wagener, compte-rendu du congrès de Paris*, 1906, p. 402）。

135. Rapport cité, p. 328.

136. *Le Relèvement social. Supplément*, 1er juin 1897.

137. Vittorio Levi, *op. cit.*, p. 54.

〇年四月五、六和七日，在倫敦舉行了一場反對白奴貿易的國際猶太人會議。

101. 關於這方面，除了喬利的報告之外，也參見勒諾柏（Lenoble, *op. cit.*）與薩薇歐絲（Savioz, art. cité）。

102. 一八九九年九月，在布達佩斯舉行的國際刑法聯盟大會（congrès de l'Union internationale de Droit pénal）期間，有一場會議專門討論這個問題（參見Layrac, *De l'excitation à la débauche*）。

103. 這種白奴貿易組織起源於運送迷途女孩的久遠傳統，因安東尼・普列沃斯神父（Antoine François Prévost）而永垂不朽。

104. 沃科斯基親王呈倫敦會議報告。

105. 我們都知道這個主題在西方是用之不竭的。

106. 一九〇二年四月二十一日的《晨報》上，可以讀到這個以昂德雷西為中心的組織：「這群人包括淫媒、掮客、檢查員、旅人；甚至還有會計和財務主管，還必須加上從地球四面八方『湧來』的經紀人。」

107. *Chambre des Députés. Débats parlementaires. Séance du 26 mars 1912,* rapport de Pierre Goujon, p. 328-329.

108. 探詢國家檔案館編BB[18]系列中與白奴貿易有關的全部檔案，以及查閱警察總署檔案的DB411系列和各省檔案館所藏文獻。

109. *Revue pénitentiaire*, séance du 19 mars 1902, p. 509.

110. *Revue pénitentiaire*, 1902, p. 317.

111. Feuilloley, *Revue pénitentiaire*, *ibid.*, p. 509-510.

112. Arch. préfect. de police, DB 411.

113. Ferdinand Dreyfus, *La répression de la traite des Blanches, compte rendu du 3e congrès international*, Paris, p. 362.

114. Art. cité, p. 286.

115. *Ibid.*

116. 關於昂德雷西的問題，請看《晨報》一九〇二年四月二十一日開始的報導。

117. 但必須承認，引起司法調查，紀錄也被保存在檔案庫中的案件，似乎難得組織得如此完善。

118. *Cf.* Feuilloley et Savioz, art. cités. 這一論點確實不是基於真正的量化研究，因

83. *Revue pénitentiaire*, séance du 19 mars 1902.

84. F. Tacussel, *La traite des Blanches*, 1877.

85. Ministère des Affaires étrangères. Documents diplomatiques, conférence internationale pour la répression de la traite des Blanches, Paris, 1902, p. 183.

86. 此處的目的是為了追索白奴貿易主題在公眾輿論中的興起；這一說法顯然已經使用了很長時間；例如：呂西安・魯本普雷（Lucien de Rubempré）在與科朗坦（Corentin）的談話過程中使用了這一說法（*Splendeurs et misères des courtisanes*, La Pléiade, p. 862）。

87. Lord Monroe, *La Clarisse du XIXe siècle ou la traite des Blanches*, Bruxelles, 1881, p. 367.

88. 長久以來小說中不斷提及的劇情。參見《煙花女榮辱記》中麗狄（Lydie）的命運。

89. Docteur Minime, *La prostitution et la traite des Blanches à Londres et à Paris*, p. 92.

90. Paul Appleton, *La traite des Blanches*, p. 103.

91. 參見內文，第四〇二及其接續頁。

92. Paul Robiquet, *Histoire et Droit*, « La traite des Blanches », p 179-192.

93. Savioz (Mme Avril de Sainte-Croix), « La traite des Blanches », *La Grande Revue*, 1902, p. 282.

94. Moncharville, *La traite des Blanches et le congrès de Londres*, rapport présenté au comité français de participation au congrès, p. 14.

95. Ferdinand Dreyfus, *Misères sociales et études historiques*, p. 60.

96. 法國委員會的報告員是蒙查維爾與喬利。

97. 洛比克早在一八九五年的監獄大會上便指出了這一矛盾，此後又在著手研究這一問題的法國各組織之中多次受到強調。因此在一九〇二年的監獄總會內部，這一矛盾導致了拒絕將人肉交易視為犯罪的前警察總監基格與貝宏爵，和要求將人口販運界定為犯罪的費優磊與普伊巴侯彼此對立。

98. 然而，法國代表不得不向他們的對手讓步，只做了最低限度的決定。

99. J. Lenoble, *op. cit.*, p. 69-78.

100. Vittorio Levi, *La prostitution chez la femme et la traite des Blanches*, p. 6. 一九一

68. 這使得自由至上主義媒體可以玩弄文明和梅毒的詞彙（civilisation與syphilisation發音相近），並諷刺法國軍隊在馬達加斯加的文明化或梅毒化工作。*Cf.* « La syphilisation à Madagascar », *Le Père Peinard,* 28 nov.-5 déc. 1897.

69. Victor Margueritte, *Prostituée*, p. 82. 莫堤教授（Moty, art. cité p. 390）認為「文明藉由蒸汽增加梅毒病例」，是性病發病率擴散的有利原因（他指出這種情況正在減少），並提出了性病與貿易的繁榮成正比的觀點。

70. Émile Duclaux, *L'hygiène sociale*, chap. VII. « La syphilis », p. 224-266.

71. *Ibid.*, p. 263.

72. Docteur Fischer, « Essai de prophylaxie des maladies vénériennes », *La Presse médicale*, 2 avril 1902, p. 317-318.

73. Dassy de Lignières, *Prostitution et contagion vénérienne*, Paris, Barthe, 1900, p. 36 et 38.

74. *lbid.*, p. 11.

75. *lbid.*, p. 37.

76. Docteur Manquat, rapport cité.

77. 里昂大會報告，《衛生學年鑑》（*Annales d'hygiène*, 1906, 6, p. 338-360）。因此，我們可以理解呂托醫生的諷刺言論，他自稱不同意大多數同行的觀點；他向他們喊道，「你們所追求的安全，只有當你們把巴黎的八萬五千名妓女變成公務人員，住在不計其數的寬容妓院時，才會存在（即使是相對存在）；而且只有在這些機構裡才允許交媾，每個勃起的應聘者都會被醫療檢查員檢視」。他認為這是在嘗試實現雷蒂夫的陳舊夢想（Docteur Lutaud, « La prostitution patentée », *Journal de médecine de Paris*, juin 1903）。

78. Prophylaxie des maladies vénériennes et police des moeurs, thèse, Lyon, 1905, p. 87.

79. 而傅柯在《知識的意志》（*La volonté de savoir*）似乎也合乎邏輯地從中獲得靈感。

80. 就性病學論述而言，其定義是將性和痛苦聯繫在一起，構成肉體享樂論述的對立面，難道不是這樣嗎？

81. A.B., « La traite des Blanches », *La République*, 27 juillet 1902.

82. Jules Lenoble, *La traite des Blanches et le congrès de Londres,* 1900.

43. H. Ibsen, *Les revenants*. Préface d'Édouard Rod, 1889.

44. *Ibid.*

45. 根據龍布羅梭（Cesare Lombroso, cité par T. de Wyzewa, *Le Temps*, 9 mars 1899 : « Le crime et la folie dans la littérature »）的說法，它涉及了全身癱瘓。

46. Docteur H. Mireur, *L'avarie, étude d'hygiène sociale*, p. 7.

47. *lbid.*, p. 1.

48. André Couvreur, *Les Mancenilles*, Paris, Plon, 1900, préface.

49. *lbid.*, p. 217.

50. 馬克沁和芙理達（Frida）上床，「她的床成了附近所有有色人種的交流場所，他們從世界四方帶來了惡習，也許還有他們的疾病！」（p. 121）最後是一個亞美尼亞人感染了馬克沁的另一個情婦西蒙娜（Simone）。

51. *Ibid.*, p. 363.

52. *Ibid.*, p. 188.

53. *Ibid.*, p. 195.

54. 當時的輿論認為抗梅毒血清的研發非常急迫。

55. M. Corday, *Vénus*, 1901, p. 78.

56. *Ibid.*, p. 166.

57. *Ibid.*, p. 247.

58. *Ibid.*, p. 252.

59. Docteur L.E. Monnet, *Conseils aux avariés*, p. 86.

60. 參見德洛姆教授引用的報告。

61. 拉馬利軍醫（Ramally）和馬蒂厄醫生（Mathieu）的著作。

62. 關於這個問題，參見：Granjux, « Prophylaxie de la syphilis dans l'armée, 1901-1911 », *Bulletin de la Société française de prophylaxie sanitaire et morale*, 1911, p. 60 *sq*.

63. Abraham Flexner, *La prostitution en Europe*, p. 309.

64. *Ibid.*, p. 308.

65. Charles-Louis Philippe, *Bubu de Montparnasse*. Le Livre de poche, p. 57.

66. *Ibid.*, p. 65.

67. 它當然是好戰派文學，但屬於不同領域。

（*cf. Bulletin de la Société française de prophylaxie sanitaire et morale*, 1902, p. 280）。

25. 必須強調的是，這是構成性病預防史轉捩點的因素。在這之前，它幾乎總是與監督賣淫的措施混為一談。這種促進道德及個人預防措施的努力，雖然是新管制主義者所為，但與古約和菲奥醫生捍衛的廢娼主義思想有關。
26. A. Fournier, *Ligue contre la syphilis*, p. 25.
27. *Ibid.*
28. Professeur Burlureaux, rapport cité, p. 13.
29. Docteur Debove, « Rhumatisme blennorragique-Prophylaxie des maladies vénériennes », *Revue de thérapeutique médico-chirurgicale*, juin 1904, p. 400.
30. Docteur L. E. Monnet, *Conseils aux avariés*, p. 55-56. 別忘記生殖器皰疹在當時被認為是一種性病。
31. 莫堤教授寫道：「如果每個男人只認識一個女人，而且反之亦然，它們（性病）很快就會消亡。」（Moty, art. cit. p. 390）
32. Professeur Burlureaux, rapport cité, p. 23.
33. Docteur Queyrat, *La démoralisation de l'idée sexuelle*, 1902. 早婚是最好的預防手段，這種想法是一個真正的固定主題；喬治・伊柏爾醫生（Georges Hébert, *Où se prennent les maladies vénériennes ? Comment elles sont soignées, comment elles devraient l'être*, Paris, 1906, p. 49）特別表達了這一觀點。
34. Docteur Queyrat, *op. cit.*, p. 5
35. *Ibid.*, p. 6.
36. *Ibid.*, p. 7.
37. Professeur Burlureaux, *Pour nos jeunes filles quand elles auront seize ans.*
38. Professeur A. Fournier, *Pour nos fils quand ils auront dix-sept ans.*
39. Docteur Manquat, rapporteur de la question : « Prophylaxie de la syphilis et des maladies vénériennes… », p. 25.
40. Professeur Delorme, « La syphilis dans l'armée… », *Bulletin de l'Académie de médecine*, 23 avril 1907.
41. Professeur Burlureaux, rapport cité, p. 20.
42. 該委員會獲得的結果，後來由國會外道德制度委員會使用。

14. Cité par le docteur Morhardt, *op. cit.*, p. 60. 這些估計與阿弗雷德・布拉施科（Alfred Blaschko）為哥本哈根市提出的估計接近。

15. Émile Duclaux, *L'hygiène sociale*, 1902, p. 237.

16. 費福希耶教授、維涅隆醫生，甚至一九一三年的斯皮爾曼教授都認為，南錫的性病復發情況是不可否認的。Vigneron, *La prostitution clandestine à Nancy. Esquisse d'hygiène sociale. Thèse*, Nancy, 1901, p. 8；Février, « Du rôle du médecin dans la prophylaxie de la syphilis », *Revue médicale de l'Est*, 1903, p. 385；Spillmann et Zuber, « Syphilis et prostitution à Nancy », *Société de médecine de Nancy*, 1913, p. 299。艾蒂安醫生在討論中指出，東部鐵路公司（la Compagnie de l'Est）的工人性病發病率正在增加。

17. Docteur Morhardt, thèse citée, p. 88.

18. 尤其參見所引用的阿弗雷德・傅尼葉呈國會外道德制度委員會的報告。

19. Docteur Edmond Fournier, « À quel âge se prend la syphilis », *Presse médicale*, 1900, p. 164-167. 此外，感染年齡因社會類別而異：「一般人民感染梅毒的時間比資產階級更早。」（p. 165）這是艾德蒙・傅尼葉將他父親的私人患者，與城南醫院和聖路易醫院的患者進行比較後的結論。

20. A. Fournier, rapport à la commission extra-parlementaire du régime des moeurs, p. 152.

21. Docteur Patoir, « La prostitution à Lille », *Écho médical du Nord*, 10 août 1902, p. 373.

22. 在這方面，必須提醒的是疾病致命擴散的這種觀念，已經促成以疫苗形式讓所有人自願並有系統地完成梅毒接種的計畫。

23. 但從那一刻起，不乏知名醫生大喊荒唐，並疾言呼籲興奮的梅毒學者看清現狀。早在一八七三年，赫伯特・史賓賽就在《社會學研究》（*Studies of Sociology*）中指出性病的真正重要性，與人們眼中的性病形象之間存在的扭曲現象。在這些考慮周全的心智中，就廢娼主義者關於管制賣淫的論點，我們可以舉出少數對此提供支持的醫生，尤其是菲奧醫生和里昂市長奧加涅爾教授。

24. 例如：一八九六年在布侯醫生提議下成立，為時短暫的「性病防治協會」（Société de Prophylaxie contre les maladies vénériennes）因遭遇成見而失敗

1977, *L'haleine des faubourgs*。

2. Professeur A. Fournier, *Ligue contre la syphilis*, conférence faite à l'hôpital Saint-Louis en avril 1901, publiée en 1904, p. 12. 拉烏爾醫生（Fernand Raoult, *op. cit.*, p. 33）則寫道：「從梅毒成為終期梅毒的那天起，其預後（pronostic）的嚴重性也大為增加。」
3. Professeur Burlureaux, « Rapport concernant la prophylaxie individuelle ». IIe Conférence internationale de Bruxelles, 1902, p. 5.
4. Docteur L. Le Pileur, « De la mortalité infantile causée par la syphilis », *Journal des maladies vénériennes, cutanées et syphilitiques, juin 1889,* p. 78 *sq.* 關於這方面，也請參見：J. H. Doléris, « Statistiques sur l'avortement » , *Bulletin de la Société française de prophylaxie sanitaire et morale*, 1906, p. 136-150，「墮胎數字」部分。
5. *Bulletin de la Société française de prophylaxie sanitaire et morale*, 1901, p. 37.
6. *Ibid.*, p. 80.
7. F. Raoult, *op. cit.*, p. 39 *sq.* et docteur E. Mignot, thèse citée, p. 28，夏爾・波哈克（Charles Porak）與奧爾本・里貝蒙—德賽涅斯（Alban Ribemont-Dessaignes）兩位醫生的觀察。
8. 尤其是隔代遺傳，也就是顯現在孫子身上的遺傳，有時比第一代遺傳更猛烈。
9. Docteur Edmond Fournier, *Les stigmata dystrophiques de l'héré- dosyphilis*. Paris, 1898，附彩色版畫插圖。艾德蒙・傅尼葉接下來的所有工作都致力於研究遺傳梅毒。
10. A. Fournier, *Danger social de la syphilis*, 1905, p. 56.
11. 阿弗雷德・傅尼葉（A. Fournier, *Ligue contre la syphilis*, p. 7）說：「我相信數量正在增加。」這也是保羅・貝陶德醫生（Paul Berthod, « Le péril vénérien… », *Revue de médecine légale*..., 1899, p. 86 *sq.*）的觀點。
12. Docteur Léon Issaly, *Contribution à l'étude de la syphilis dans les campagnes*. Thèse, Paris, 1895.
13. 勒諾瓦醫生向布魯塞爾會議提交的報告，一八九九年（cité par Alfred Fournier, *ibid.*）。

212. *Cf.* docteur Martineau, *op. cit.*, p. 196.

213. Docteur Le Pileur, rapport cité, p. 25.

214. *Ibid.*, p. 18.

215. 括號說明為作者所加。

216. Conférence Molé-Tocqueville, rapport cité. 會議條文在此夢想著為傷風敗俗行為建立一個「庇護所」，就像精神錯亂者也有庇護所一樣。

217. Docteur Le Pileur, rapport cité, p. 21.

218. 由樂琵略醫生提議（Le Pileur, *ibid.*, p. 24 et par Gustave Lagneau, *Bulletin de l'Académie de médecine*, 7 février 1888, p. 188）。

219. 一八八八年二月二十八日的會議（*Ibid.*, p. 292）。

220. *Ibid.*, p. 276.

221. Docteur A. Malécot, *Les vénériens et les droit commun*, 1888.

222. *Op. cit.,* p. 161 *sq*.

223. *Op. cit.,* p. 107 *sq*.

224. Docteur Verchère, « De la réorganisation de Saint-Lazare au point de vue de la prophylaxie des maladies vénériennes », *Bulletin médical*, 19 mars 1890, p. 267 *sq*.

225. 引用公報。

226. E. Richard, *La prostitution à Paris*.

227. 我們最多只能提到警察總監布爾卓的法令，該法令於一八八八年三月一日制定了掃黃部門醫生的招考制度，並對聖拉札監獄醫護所的法規進行了一些修改。

第三部　新策略的勝利

第一章　疾病、誘拐和退化或必要的監督

1. 這方面的問題在其他地方已經有了更詳細的闡述。參見：A. Corbin, « Le péril vénérien: prophylaxie sanitaire et prophylaxie morale », *Recherches*, n° 29,

op. cit., p. 82-83）。

192. J. K. Huysmans, *En ménage*, p. 168.
193. J. K. Huysmans, *À vau-l'eau*, p. 388.
194. J. K. Huysmans, *En ménage*, p. 303.
195. J. K. Huysmans, À rebours, p. 163 et 170 sq.
196. 參見《擱淺》（J. K. Huysmans, *En rade*, p. 208 *sq.*）之中，雅克・馬勒斯（Jacques Marles）的惡夢。
197. J. K. Huysmans, *Certains*, éd. 1908, p. 77-118.
198. *En ménage*, p. 298-299.
199. Barbey d'Aurevilly, « La vengeance d'une femme », *Les diaboliques.*
200. *Cf.* G. de Maupassant, *Le lit* 29.
201. 參見內文，第三四四頁。
202. 然而必須注意，莫萊一托克維爾會議（Conférence Molé-Tocqueville, « Rapport extrait de l'annuaire 1879-1880 », Paris, 1886. 54 p. Arch. préfect. police, DB 410）已經提出了一套幾乎完全類似的措施。
203. 主要包括拉赫（Larrey）、希柯、樂桂斯特（Legouest）、杜賈丹一博梅斯（Dujardin-Beaumetz）、克雷（Clerc）、阿弗雷德・傅尼葉、帕松（Passant）、布侯（Boureau）、馬提諾以及樂琵略。
204. Docteur Le Pileur, *Prophylaxie de la syphilis, réglementation de la prostitution à Paris, rapport adressé à M. le préfet de police...*, 1887.
205. *Cf. Bulletin de l'Académie de médecine,* 1888, séances du 31 janvier, des 7, 21 et 28 février, des 6, 13, 20 et 27 mars.
206. *Op. cit.*, p. 162.
207. *Op. cit.*, p. 34.
208. *Op. cit.*, p. 558.
209. 只有拉博德（Laborde）提及。
210. Professeur Mauriac, *op. cit.*, p. 103. 這並不意味著這種新的醫學論述中沒有關切道德問題。參見內文，第二七三至二七四頁。
211. 萊昂・福爾的發言（Léon Le Fort, *Bulletin de l'Académie de médecine*, 1888, p. 261）。

合法妻子或情婦在無償性交中感染的（*Bulletin de l'Académie de médecine*, 1888, p. 262 *sq.*），莫里亞克教授無疑傾向於誇大性交易在感染過程中的影響。

178. *Cf.* docteur H. Mireur, *La syphilis et la prostitution...*, p. 120 *sq.* 這部出版於一八七三年的作品，包含了對這個問題的評論。

179. 探針、壓舌板、窺器，關於這方面請見：*Bulletin médical*, 15 et 18 mai 1895。

180. Docteur Commenge, *op. cit.*, p. 505.

181. Professeur A. Fournier, « Documents statistiques sur les sources de la syphilis chez la femme », *Bulletin de l'Académie de médecine*, t. XVIII, 1887, p. 538 *sq.*

182. *Ibid.* Conclusion.

183. Professeur H. Diday, *Le péril vénérien dans les familles*, 1881, p. 54.

184. *Op. cit.*, p. 17 *sq.*

185. *Cf.* Tardie, *Étude médico-légale sur les attentats aux mœurs*, 1859, p. 72。在瑪格麗特的小說《娼妓》中，正是這種偏見促使杜梅斯奪走年輕女裁縫安妮特（Annette）的貞操。

186. 艾貝醫生（Docteur A. Hébert, *Où se prennent les maladies vénériennes?*, p. 39）在盧昂療養院（Hospice général de Rouen）收治的性病患者中，百分之六十二最初求助於「走方郎中」（charlatans，其餘有百分之二十求助於藥劑師，百分之十七求助於草藥師，百分之十六求助於「同志」，百分之四求助於鞋匠—行醫者，百分之一求助於無照醫生）。

187. 米賀醫生（H. Mireur, *La syphilis et la prostitution...*, p. 67）提出的問題。

188. 馬提諾醫生（Martineau, *op. cit.*, p. 10）曾提及。

189. 對於巴特勒為實現廢娼主義而進行的十字軍征戰，新管制主義者則以「衛生十字軍」反制。

190. 「和妻子一起睡更好」，這是佛隆坦在公共男廁發現的一句話，它被憤怒地摹寫在建議性病患者採取的「淨化」措施廣告的下方（J. K. Huysmans, *À vau-l'eau* , coll. 10/18, p. 389）。

191. 參照他對自己的梅毒潰瘍之苦所開的玩笑，以及沃科貝爾醫生（Vaucorbeil）對被感染的佩庫歇（Pécucher）的態度（關於這個問題，參見：Jean Borie,

163. *Ibid.*

164. *Ibid.*

165. *Ibid.*, p. 10.

166. *Ibid.*, p. 15.

167. 羅班是著名的松浦依斯育幼院（Orphelinat de Cempuis）創辦人。

168. 正是在這個時候，建立公共衛生部門的願望提交到了國會。參見：docteur Corlieu, *La prostitution à Paris*, p. 107 *sq.*。

169. 「危害」（péril）一詞被專門用於形容給這種疾病形式的事實，已經說明了問題。

170. Professeur C. Mauriac, *Leçons sur les maladies vénériennes professées à l'hôpital du Midi*, p. 198.

171. 他以需求的波動為基礎來處理變幻莫測的賣淫活動，因此與馬克思主義者採取的方法不同。

172. Professeur Mauriac, *op. cit.*, p. 126.

173. *Ibid.*, p. 186-187.

174. E. Richard, *op. cit.*, p. 23。希莎批判地檢視其使用的統計方法，證明了這些估計是可疑的。

175. 巴特雷米教授，〈介紹法國現行的措施，以及重新組織對賣淫的監督專案〉（Exposé des mesures en vigueur en France, et d'un projet de réorganisation de la surveillance de la prostitution），一八八九年八月在巴黎舉行的皮膚病學和梅毒學大會上的報告（Arch. préfect. de police, DB 407）。性病論述在此與「道德秩序」時期管制主義者的論述結合。參見內文，第七〇頁及其接續頁。

176. 儘管他無法證明九月四日共和國政權和巴黎公社導致了性病全面爆發，因為他建立的統計資料呈現相反的結果，但莫里亞克還是喜歡指稱，這些時期是「最惡毒」疾病的最大擴展期，尤其軟性下疳在貧民窟中普遍生長（Mauriac, *op. cit.*, p. 177）。

177. 莫里亞克教授的結果與福爾醫生於一八六六年和一八六七年在城南醫院獲得的結果相當不同。福爾醫生所知的四千零七十例感染病例中，兩千三百零二例（百分之五十八）來自「街頭或公共舞會上遇到的妓女」，七百八十例（百分之十九）來自寬容妓院的妓女，但有九百八十八例（百分之二十二）是與

148. 布洛伊是這股潮流最具代表性的人物。《絕望者》（*Le Désespéré*）的主角馬爾尚瓦（Marchenoir）失去了第一個情婦（一個前妓女）之後，與改信的妓女維紅妮克（Véronique）經歷了紛亂的伴侶關係，在這個過程中，他的情婦發現自己在對神的尊崇和情人之間糾結不已，因此渴望神祕主義的她自殘身體，並把自己禁閉在一處封閉場所中。布洛伊以寬容妓院中專門用於神聖之愛的房間為模型來描述該封閉場所。抹大拉的瑪利亞形象啟發了「上帝的妓女」這個主題，有時被擴展為天空之神的意象；此時改信天主教的于斯曼，借杜爾塔（Durtal）之口發出了一個召喚聖母的祈求（Huysmans, « Tenancière des glorieuses Joies », *La cathédrale*, Le Livre de poche, p. 17）。

149. Jacques Damour, « Les yeux des putains », *Le Libertaire*, 12 novembre 1899.

150. Apollinaire, « Marizibil » et « La chambre du mal-aimé », *Alcools.*

151. Alla, « Un syndicat de prostituéess », *Le Libertaire*, 12 novembre 1899.

152. *Ibid.*

153. 拉庫爾（Léopold Lacour, *Humanisme intégral. Le duel des sexes. La cité future*, p. 128）受到社會主義詩人愛德華・卡本特（Edward Carpenter）《婦女及其在自由社會中的地位》（*La femme et sa place dans une société libre*）一書的啟發。

154. Henri Duchmann, « La prostitution », *Le Libertaire*, 20-27 août 1904.

155. Henri Duchmann, « Études féministes. Le droit des vierges », *Le Libertaire*, 17 juin 1904.

156. 杜赫曼（Henri Duchmann, « Études féministes. La liberté sexuelle », *Le Libertaire*, 17 sept. 1904）批評了女性主義者在這方面的溫和態度。奇怪的是，米雪琳娜・佩萊提耶在《婦女的性解放》（*Émancipation sexuelle de la femme*）中對賣淫問題保持沉默。

157. Henri Duchmann, « La prostitution », *Le Libertaire*, 20-27 août 1904.

158. Charles-Albert, « La prostitution », *Les Temps nouveaux*, 24-30 déc. 1898.

159. 羅班，《一名妓女的言論》。關於這個人物，請參見所引用的宏贊（F. Ronsin）論文，不過，作者忽略了羅班對賣淫的態度。

160. Michel Corday, *Vénus ou les deux risques.*

161. 關於這一點，參見：F. Ronsin, thèse citée。

162. Paul Robin, op. cit., p. 9.

à Limoges », *Le Libertaire*, 23 avril 1905.

130. 我們注意到，多萊昂也想知道〈我們能不能把賣淫合約與勞動合約相提並論？〉（« ne peut-on comparer le contrat prostitutionnel au contrat de travail ? » *Le mouvement socialiste*, 1902, p. 1790）。我們發現博尼埃（Bonnier, *op. cit.*, p. 42）表達了相同觀點。這也表明，我們為了更清楚地區分兩種思潮而做的區別是有條理的。

131. 萊昂・沃克（Léon Wolke）在一八九六年十一月十三日《自由至上報》的文章標題。

132. R. C., « Salariat et prostitution », *Les Temps nouveaux*, 29 avril 1899.

133. Arch. préfect. de police, BA 1689.

134. Henri Duchmann, « Études féministes, la prostitution », *Le Libertaire*, 20-27 août 1904.

135. Charles-Albert, *Les Temps nouveaux*, 10-16 décembre 1898.

136. 前文所引用的穆哈和齊柏曼的書《不知疲倦的小工人》（*Le petit travailleur infatigable*），就屬於這種觀點。

137. Charles-Albert, *Les Temps nouveaux*, 10-16 décembre 1898.

138. *Les Temps nouveaux*, 26 nov.-2 déc. 1898.

139. *Les Temps nouveaux*, 26 nov.-2 déc. 1898.

140. Louis Grandidier, art. cité, *Le Libertaire*, 22-28 avril 1897.

141. *Les Temps nouveaux*, 10-16 déc. 1898.

142. 在這方面，值得一提的是週刊《社會戰爭》（*la Guerre sociale*）從一九一〇年二月二日起進行的抗爭。

143. 只要想想歌手阿里斯蒂德・布魯恩（Aristide Bruant）的全部作品，以及歌曲《鯊魚皮妮妮》（*Nini Peau d'Chien*）的成功就知道了。

144. D. Snop, « Margot », *Le Libertaire*, 11-17 juil. 1896。或是心中保留著理想情人未實現的形象的 加斯頓・克萊曼（Gaston Kleyman, « La serve d'amour », *Le Libertaire*, 27 juin-3 juil. 1896）。

145. 《罪與罰》（*Crime et châtiment*）中的索妮雅（Sonia）即代表了贖罪與救贖。

146. 參考托爾斯泰小說《復活》中的人物卡秋莎（Katucha）。

147. 參見他的小說《稚氣女人》（*Femme-enfant*）。

112. Bebel, *op. cit.*, p. 88.

113. *Ibid.*, p. 120 *sq*.

114. *Ibid.*, p. 122. 該理論一八六六年於國立醫學科學院提出（*cf.* Michelle Perrot, « L'éloge de la ménagèr », p. 109）。

115. M. Guilbert, *op. cit.*, p. 188.

116. E. Dolléans, *La police des mœurs*, p. 166.

117. 社會主義眾議員法蘭西斯・沛桑瑟強調了這一保留態度，一九〇三年的一次公眾集會上，他對友人的不參戰深表遺憾（Arch. préfect. de police, B A 1689）。

118. 這是馬隆（Benoît Malon, « Un congrès socialiste », *L'Intransigeant*, 19 juillet 1883）的結論。

119. 分歧是顯而易見的。因此，馬隆夢想著自由、人性和自然的工人階級家庭，它建立在智力和道德近似的基礎上，其持續的期間受到配偶雙方意願限制。另一方面，多萊昂則讓未來的家庭承擔起生育的責任，因此他贊成禁慾和壓抑青年性生活，因為在他看來，繁殖的必要性優先於享樂的權利。

120. *Cf.* Charles Sowerwine, « Le groupe féministe socialiste, 1899-1902 », *Le mouvement social*, janv.-mars 1975, p. 87-120.

121. 參見內文，第四一二頁。

122. 參見內文，第三三七頁。

123. 這一點在《社會復甦》月刊的《增刊》中可以看出這點。

124. 參見內文，第三四四頁。

125. 法蘭西斯・沛桑瑟在前述會議的發言（Arch. préfect. de police, BA 1689）。

126. Charles-Albert, « La prostitution », *Les Temps nouveaux*, 10-16 déc. 1898. 夏爾—雅柏（Charles-Albert）在一九〇〇年出版的《自由之愛》（*L'amour libre*）中收錄這些文章。

127. 尤其在《自由至上報》、《悠然自得》（*Le Père Peinard*）以及《新時代》（*Les Temps nouveaux*）。

128. « La prostitution », *Les Temps nouveaux*, 26 nov.-2 déc. 1898.

129. 例如：« Le droit de cuissage », *Le Père Peinard*, février 1889, Louis Grandidier, « Le droit de cuissage », *Le Libertaire*, 22-28 avril 1897 ou « Le droit de jambage

在夫妻雙方的相互奉獻之外，不存在自由的愛。此外，男人的日常陪伴導致女人，甚至貞潔的女人，變得像妓女一樣「變質」，並「令人望之卻步」（Proudhon, Œuvres complètes, *La pornocratie*, p. 372-374）。

皮耶・勒胡（Pierre Leroux）、貝魁爾、法蘭索瓦・維達爾（François Vidal）、白朗在接受一夫一妻制的同時，要求為婦女提供更多的平等和自由選擇配偶的權利。馬克思和恩格斯分析了新的社會組織可以彌補的資產階級婚姻弊端，而不確切定義未來婚姻關係的性質。

93. Benoît Malon, *Le socialisme intégral*, t. I, chap. VII, « L'évolution familiale et le socialisme ».
94. Charles Bonnier, *La question de la femme*, 1897 (extrait du *Devenir social*).
95. Charles Andler, *Le manifeste communiste de Karl Marx.*
96. 多萊昂的《掃黃警察》（*La police des mœurs*），以及布魯塞爾會議的紀錄《社會主義運動》（*Le mouvement socialiste*, 1902, p. 1784-1791）。另一方面，保羅・拉法格（Paul Lafargue）並未在《女性問題》（*La question de la femme*）中處理此議題。
97. *La police des mœurs*, p. 90.
98. *Op. cit.*, p. 129.
99. *Ibid.*, p. 120.
100. Ch. Andler, *op. cit.*, p. 152.
101. B. Malon, *op. cit.*, p. 362.
102. *Ibid.*, p. 363.
103. *Op. cit.*, p. 77.
104. 此外，其中的模式也沒有描述。
105. Bebel, *op. cit.*, p. 79.
106. E. Dolléans, *op. cit.*, p. 90.
107. 關於這一點，參見：Ch. Andler, *op. cit.*, p. 150-151。
108. 參見內文第十五頁，關於限制選舉君主制的慈善家。
109. Madeleine Guilbert, *op. cit.*, p. 189 *sq*.
110. Ch. Bonnier, *op. cit.*, p. 42.
111. *Op. cit.*, p. 364.

84. 眾所周知，後來在工會代表大會上，婦女問題的地位愈來愈受限；一八八八年以後，唯一剩下的問題是婦女的工作問題，它幾乎總是與兒童的問題一併處理（*cf.* M. Perrot, « L'éloge de la ménagère », p. 107）。

85. 《洲陸公報》（*Bulletin continental,* 1878）引用的論述。

86. Christine Dufrancastel, « Hubertine Auclert et la question des femmes à l'immortel congrès », *Mythes et représentations...*, p. 135.

87. 然而，他拒絕批准在該市建立新的妓院。

88. 在英國，一八七〇年至一八七九年間，有九千六百六十七份請願書，總共兩百一十五萬零九百四十一人簽名要求廢除這些法案（Y. Guyot, *op. cit.*, p. 437）。

89. *Cf.* A. Corbin, « Le péril vénérien au début du siècle… ».

90. C. Andler, *Le manifeste communiste de Karl Marx et F. Engels*, p. 151.

91. Charles-Albert, « La prostitution », *Les Temps nouveaux*, 26 nov.-2 déc. 1898.

92. 路易・德馮斯（Louis Devance, « Femme, famille, travail et morale sexuelle dans l'idéologie de 1848 », *Mythes et représentations...*）精確地描述了一八三〇年代隨著傅立葉思想傳播以及翁凡丹（Barthélemy-Prosper Enfantin）的影響，人們企圖顛覆性道德，他同時呈現了當時女性主義的激進程度。相形之下，一八四八年顯然是一個「減少社會主義倫理中不和諧因素」的時期（p. 86）：普魯東、埃蒂耶納・卡貝（Étienne Cabet）、歐仁妮・尼博耶（Eugénie Niboyet）、珍娜・德濼（Jeanne Deroin），甚至維納斯協會（Société des vénusiennes），全都受到當時主流的女人天性論影響，因此波琳・羅蘭（Pauline Roland）轉而接受了當時的家庭主義。維克多・埃內昆（Victor Hennequin）幾乎可說是唯一的例外，尤其是朱爾・格雷（Jules Gray），以及工人階級中的里昂人尚・格雷波（Jean Louis Greppo）。

另一方面，我們知道傅立葉和普魯東兩位理論家的深刻分歧，其影響大幅決定了法國社會主義後來對性問題的態度。前者因雙重狂熱而主張完全的愛情自由，後者則主張恢復父權和夫權（參見：Louis Devance, *La question de la famille dans la pensée socialiste...*, thèse 3e cycle, Dijon, 1972）。普魯東詳細闡述了他對賣淫的看法：對他來說，任何有婚外關係的女人都是妓女，妻子若不以絕對奉獻於丈夫為指引，而與丈夫尋歡作樂，也應如此界定。實際上，

65. Y. Guyot, *op. cit.*, p 123 *sq.* ; L. Fiaux, *Rapport*, p. 380.

66. 內文提到的參考資料，第一〇六頁。這些意見經常被引用，參見：L. Fiaux, *Rapport*..., p. 391. Guyot, *op. cit.*, p. 231。

67. Y. Guyot, *op. cit.*, p. 267-268.

68. *Les maisons de tolérance*..., p. 321.

69. Y. Guyot, *op. cit.*, p. 215.

70. *Ibid.*, p. 215.

71. *Ibid.*, p. 222.

72. 受到完全不同的意識型態啟發，多爾維利（d'Aurevilly, « La vengeance d'une femme », *Les diaboliques*, La Pléiade, p. 256）嘲笑那些想要「像扶起打翻的花瓶那樣，把倒下的女人扶起來」的道德家。在他眼裡，只有神父才能扶起這類的失足。認為失足婦女無可救藥的信念，也在道德上將禁閉合理化。

73. L. Fiaux, *Les maisons de tolérance*..., p. 282.

74. Y. Guyot, *op. cit.*, p. 294 *sq.* et rapport du L. Fiaux, p. 417 *sq.*

75. 參見古約（Guyot, p. 334 *sq.*）引用的著作。

76. L. Fiaux, *Les maisons de tolérance*..., p. 325.

77. L. Fiaux, rapport au conseil municipal, p. 436.

78. C. J. Lecour, *La campagne contre la préfecture de police*, p. 435.

79. M. H. Zylberberg-Hocquard, *op. cit.*, p. 6.

80. *Cf.* Savioz, *La serve, une iniquité sociale* et « le mouvement féministe français et la réglementation de la prostitution », rapport de Mme J. Hudry-Menos. Congrès de Londres, 1898 in *Le Relèvement social. Supplément*, 1er septembre 1898.

81. 參見歐仁妮・波托奈－皮埃爾（Eugénie Potonié-Pierre）在瑪莉亞・波尼翁（Maria Pognon）的婦女團結會（Solidarité des Femmes，法國婦女權利聯盟）的行動，以及維爾日妮・葛瑞斯－特勞特（Virginie Griess-Traut，改善婦女境遇協會〔Société pour l'amélioration du sort de la femme〕）、珍娜・施馬爾（Jeanne Schmahl，前鋒協會〔L'Avant-Courrière〕）和伊利卡・樊松（Eliska Vincent，平等協會〔L'Égalité〕）等人的行動。

82. Savioz, *La serve*..., p. 10.

83. Arch. préfect. de police, DB 1689.

作，並於該年四月五日終止工作。

45. *Bulletin continental*, 15 juin 1881.

46. 安德里厄在他的《警察總監的回憶》（*Souvenirs d'un préfet de police*, t. II, chap. LIX）中解釋了這一點。

47. *Bulletin continental*, 15 juin 1883.

48. P. Sorlin, *Waldeck-Rousseau*, p. 321.

49. 因此，《費加羅報》（*Le Figaro*）（一八八一年十月六日）和茱莉葉‧亞當（Juliette Adam）的期刊《新評論》（*La Nouvelle Revue*）（一八八一年九月一日）採取同一立場。

50. E. Richard, *La prostitution à Paris*, 1890.

51. 然而菲奧醫生是例外，他是這派廢娼主義的使徒之一。

52. *Op. cit.*, p. 452.

53. 即使後者引用了哲學家赫伯特‧史賓賽（Herbert Spencer）的一些說法，證明他區分了性行為自由和不道德。

54. L. Fiaux, *Les maisons de tolérance...*, p. 320.

55. *Cf.* Y. Guyot, *op. cit.*, p. 420-I, 459.

56. *Ibid.*, p. 473.

57. L. Fiaux, *ibid.*, p. 326 et *La police des mœurs...*, t. II, p. 865.

58. Y. Guyot, *op. cit.*, p. 438.

59. 參考皮隆在《哲學、政治、科學和文學評論》中的文章（一八七六年十一月二十三日、一八七八年三月十四日），特別是雷諾維耶本人的文章（一八八二年五月六日）。

60. 這是棘手話題，當時的資產階級非常害怕這種措施，參見于斯曼《兩難》。

61. Y. Guyot, *op. cit.*, p. 41 et 455. 古約對他所抨擊的衛生學者說：「整理房子，打掃茅房……。我禁止你把手放在我身上，放在我本人身上，讓我接受你的實驗」。

62. *Ibid.*, p. 302-303. 參見上文。

63. 菲奧醫生因而譴責員警監控知名女演員的做法（Fiaux, *Rapport au nom de la commission...*, p. 384）。

64. Y. Guyot, *op. cit.*, p. 107.L. Fiaux, *Rapport*, p. 373 *sq*.

37. 樂庫賀和古約（C. J. Lecour et Yves Guyot, *op. cit.*）以及上述媒體對這場運動進行了廣泛的報導。

38. 支持這一抗爭運動的報刊有《事件報》（*L'Événement*）、《公益報》（*Le Bien public*）、《法蘭西報》（*La France*）、《高盧報》（*Le Gaulois*）、《自由人報》（*L'Homme libre*）、《國民報》（*Le National*）、《團結報》（*Le Ralliement*）、《召喚報》（*Le Rappel*）、《世紀報》（*Le Siècle*）、《論壇報》（*La Tribune*），以及當下的《法蘭西共和國報》；另外還有《傳令報》（*La Estafette*）、《法庭公報》（*Gazette des tribunaux*）、《自由報》（*La Liberté*）、《共和派報》（*Le Républicain*）和《革命報》（*La Révolution*）；還有女性主義媒體，尤其是《女性的未來》（*L'Avenir des Femmes*）。《小里昂人報》和《工人論壇報》（*La Tribune des Travailleurs*），《聖埃蒂安共和國報》（*Le Républicain de Saint-Étienne*）和《波爾多吉倫特報》（*La Gironde à Bordeaux*）也參加了運動。莫泊桑在談到俊友（Bel-Ami）的決鬥時，也呼應了這些讓媒體群情激動的抗爭運動。

39. 它確實很快被《激進報》取代，而《激進報》又在一八七七年六月消失。

40. 讓我們補充一下馬提・納杜（Martin Nadaud）的倡議，他在一八七八年三月二十二日要求參議院廢除掃黃警隊。

41. 波蘭政治家西吉斯蒙・拉克魯瓦（Sigismond Lacroix）在《激進報》結束後創立的報紙。

42. C. J. Lecour, *La campagne contre la préfecture de police,* 1881.

43. 早在九月二十五日，甚至在古約之前，記者費爾南・肖（Fernand Xau）就在《馬賽曲報》（*La Marseillaise*）展開抨擊，接著是夏爾・洛朗（Charles Laurent）在艾彌爾・吉拉丹（Émile de Girardin）的《法蘭西報》專欄中批評；然後是《傳令報》、《召喚報》和《伏爾泰報》（*Le Voltaire*）等報透過奧雷利安・肖爾（Aurélien Scholl）的筆鋒向警察總署發難，並成功讓負責逮捕歐古思婷・B〇〇的盧洽尼（Luciani）分局長停職。然而，《時代報》、《小巴黎人報》和《十九世紀報》（*Le XIX*e *siècle*）則繼續支持警察總署。

44. 該委員會的年表很複雜。根據菲奧醫生的報告，它於一八七六年十二月十一日遴選，並於一八七八年十二月十四日重新選舉；於一八七九年一月二十七日開始工作，一八八〇年二月二十三日中止，一八八三年一月六日恢復工

20. 在一八七七年的《洲陸公報》中，記載了大會的會議記錄（Arch. préfect. police, DB 410）。
21. *Ibid.* 同樣記載於：Arch. préfect. police, BA 1689。
22. 阿德里安・哥里牧師（Adrien Gory）和博雷爾牧師（Borcl）曾在各省進行廢娼主義巡迴演講。*Cf. Bulletin continental*, 1878, p. 76.
23. J. Butler, *op. cit.*, p. 293.
24. *Bulletin continental*, 1879.
25. 我們在《洲陸公報》（*Bulletin continental*, 1878, p. 9）上看到：「法國是目前最有希望能迅速和徹底地廢除掃黃警察的國家。掃黃警察制度與共和國制度不相容，民主媒體宣布了這一點，且工人階級很快也會一致承認。」
26. Y. Guyot, *op. cit.*, p. 425 *sq.*
27. 關於德雷斯梅和主要的女性主義領袖，參見：Marie-Hélène Zylberberg-Hocquard, *Féminisme et syndicalisme en France avant 1914*, thèse de 3e cycle, Tours, 1973, p. 17 *sq.*
28. 關於這一點，參見：*Bulletin continental*, 15 avril 1879, p. 29 *sq.*
29. Arch. préfect. de police, BA 1689.
30. *Ibid.*
31. 參見下文。
32. *Bulletin continental*, 15 juin 1883, p. 70. 關於該協會的命運和行動，參見：F. Ronsin, thèse citée, *passim.*
33. 不斷縮編的《洲陸公報》反映了這種衰退。
34. 參見內文，第三九三頁。
35. 我只需回顧一下路易・賀波（Louis Reybaud）於一八四一年在《兩個世界雜誌》（*Revue des Deux Mondes*）上對它的嚴厲批判。更晚近的《時代報》在一八六七年十一月三十日號嚴厲批評其運作（參見：Y. Guyot, *op. cit.*, 3e partie, chap. I）。在第二帝國時期，保羅・布夏（Paul Bouchard）領導了一場模稜兩可的抗爭，反對其所在城市博納（Beaune）的封閉式賣淫。一八七一年他成為市長後，便通過一項法令，鎮壓在該市經營的寬容妓院，這一措施使他被廢娼主義者奉為領袖（*Bulletin continental,* 1878）。
36. Arch. préfect. de police, DB 407.

2. *Cf.* Yves Guyot, *op. cit.*, chapitre II。對這場運動的描述，主要基於古約引用的作品、巴特勒的《一場偉大征戰的個人回憶》（*Souvenirs personnels d'une grande croisade*）、《洲陸公報》（*Bulletin continental*）典藏，以及警察總署檔案中保存的編號B A 1689警方報告。

3. 法夫爾在離世前重提這個主題，他在為艾伯特・德庫蒂克斯（Albert Decourteix）的《個人自由與逮捕權》（*La liberté individuelle et le droit d'arrestation*）所作的序言中，他呼籲對掃黃警隊進行大幅改革。

4. 媒體對此進行了大篇幅報導，而警察總署負責監督英國激進分子行動的大量員警報告，也讓我們充分了解情況。

5. J. Butler, *Souvenirs*..., p. 64.

6. *Ibid.*, p. 63.

7. *Ibid.*

8. *Ibid.*, p. 67.

9. *Ibid.*, p. 65.

10. *Ibid.*, p. 190.

11. *Bulletin continental. Revue mensuelle des intérêts de la moralité publique. Fédération britannique et continentale pour l'abolition de la prostitution spécialement envisagée comme institution légale ou tolérée*. 15 décembre 1882.

12. *Bulletin continental*, n° 15 juin 1882, texte de l'appel du Comité parisien pour le relèvement de la moralité publique.

13. J. Butler, *op. cit.*, p. 131.

14. 「為什麼要繼續討論必須滿足肉體需求這種想法？」塔庫塞爾（F. Tacussel, *La traite des Blanches*, p. 28）問道，他是第一本討論白奴貿易的專著作者。

15. A. Corbin, « Le péril vénérien au début du siècle, prophylaxie sanitaire et prophylaxie morale », *L'haleine des faubourgs*.

16. 員警布里叟（Brissaud）關於一八七七年一月二十八日基督教青年聯盟會議的報告（Arch. Préfect. de police, BA 1689）。

17. J. Butler, *op. cit.*, p. 186.

18. *Cf.* Caroline de Barrau, *Bulletin continental*, n° 12, 15 novembre 1876, p. 92.

19. 關於該人物，參見：A. Corbin, *Archaïsme et modernité*..., t. II, *passim*。

156. 關於這方面，參見：F. Ronsin, *Mouvements et courants néomalthusiens en France*, Paris VII, 1974 et A. Armengaud, *Les Français et Malthus*。

157. 例如：米雪琳娜・佩萊提耶的作品，特別是《女性性解放》（*L'émancipation sexuelle de la femme*）。

158. 表現於性學家的普及著作大獲成功，例如：奧古斯特・佛瑞爾（Auguste Forel）所引用的著作。

159. *Cf.* Yvonne Knibiehler, « Le discours médical… », p. 46.

160. *Ibid.*, p. 41.

第三章　被質疑的體系

1. *Cf.* Maurice Allem, *Les Misérables* , La Pléiade, « Notes et variantes », p. 1624-1641. 雨果沒有描述芳婷的賣淫活動，這位女主角在他筆下並非勇往直前享受性慾，而是誤入歧途的妓女，因此除了嗜飲烈酒、嗓音嘶啞、喋喋不休和容易勃然大怒之外，雨果避免引用妓女的刻板印象。他沒有提到賣淫對社會主體，特別是對資產階級構成的威脅，也沒有提到性病風險。相反地，雨果追溯了墮落的歷程，並提出嚴厲的社會控訴。賣淫只是一段過程的最後階段，它將芳婷從社會的陰影變成了幽靈。小說中嚴厲譴責警方的專橫和資產階級男性的自私。《巴黎的祕密》（*Les mystères de Paris*）一書業已探討過的浪漫主題「殉道式妓女」（prostituée-martyre）為十九世紀末的贖罪主義撒下了種子。為了養活孩子而賣身的母親處於人間煉獄，也為將來進入天堂做準備。「即使是糞坑，也是神聖的避難處」，「若能藉其窺探靈魂，腐物亦能合乎理想……。在記錄賣淫的帕宏—杜夏特雷身旁，耶肋米亞（Jérémie）為妓女流淚禱告」（*Les Misérables*, La Pléiade, « Notes et variantes », p. 1631 et 1637）。雨果在提到馬德蘭先生（Madeleine）念念不忘的濱海蒙特勒伊省（Montreuil-sur-Mer）時，建立了一個將苦難、賣淫和犯罪排除在外的反社會（contre-société），並將尚萬強 （Jean Valjean）與芳婷的命運相提並論；而員警賈維（Javert）則終結了這個烏托邦式的願景：「這個可恥的地方，划船的奴隸是長官，公娼享著伯爵夫人的清福！啊！但是，這一切都會扭轉的，是時候了！」（*Les Misérables*, La Pléiade,, p. 307）

Prisonnière）。

140. J. Simon, *op. cit.*, p. 298.
141. 于斯曼，《瑪特》及《瓦塔德姐妹》。
142. Bonnevay, *op. cit.*, p. 90.
143. J. Simon, *op. cit.*, p. 145.
144. *Au Bonheur des Dames*, La Pléiade, p. 681.
145. E. Zola, *Au Bonheur des Dames*, p. 500.
146. Michelle Perrot, « Délinquance et système pénitentiaire… » p. 75. 我們都記得《婦女樂園》書中的德・博維夫人（de Boves）。
147. Cte d'Haussonville, « Les non-classées…», p. 779.
148. 如我們所知，一八七〇年後城市社會的歷史，是一個積極開展研究的領域。（參見姚安克與傑奎默，以及最近專門討論這個問題的經濟史學家座談會）；遺憾的是，除了季堯姆關於波爾多的研究，對該領域的好奇心目前還沒有產生結果。
149. *Cf.* Servais et Laurend, *op. cit.*, p. 209 *sq.*
150. 經濟形勢對賣淫活動的影響確實很複雜，甚至比恩格斯（Friedrich Engels）所暗示的還要複雜，他在指出柏林的情況時強調，妓女的供應在危機期間會增加。同時也別忘記，經濟繁榮往往會促進需求，因此具有刺激作用，這與經濟衰退截然相反。
151. 這就是所有研究這一時期的歷史學者獲得的成果，法蘭索瓦・西米昂（François Simiand）已經將其視為新康狄夫長波理論（Kondratieff）的A階段；關於這一時期成長速度的加快，尤其參見馬爾科維奇（T. J. Markovitch）、莫里斯・利維—勒博耶（Maurice Lévy-Leboyer）和法蘭索瓦・克魯塞特（François Crouzet）的研究。
152. P. Léon, *op. cit.*, p. 380.
153. *Cf.* C. Marcilhacy, *Le diocèse d'Orléans sous l'épiscopat de Mgr Dupanloup.*
154. 參見：J. Van Ussel, *La répression sexuelle* 或 Solé, *L'amour en Occident*。
155. 妓女主題的興起，確實也反映出許多小說家對墮落和自我毀滅的迷戀，例如：從多爾維利到于斯曼或布洛伊；也讓人們終於得以頌揚「淫蕩的精神形式，即撒旦主義」（Huysmans, *Certains*, à propos de l'oeuvre de Rops）。

120. E. et J. de Goncourt, *Germinie Lacerteux*, 1877, p. 53. 普魯斯特明確強調了女僕房間的情色功能，與普布斯夫人（Putbus）的情色功能有關（*cf. Sodome et Gomorrhe, passim*）。

121. Raymond de Ryckère, *La servante criminelle*, p. 293. 這部作品是關於這方面的重要著作。

122. *Psychopathia sexualis*, p. 223.

123. 《婦女樂園》有相當詳細的描述。

124. F. Parent-Lardeur, *Les demoiselles de magasin*, p. 36-37.

125. 因此學生和百貨商店女店員結為連理符合邏輯（F. Parent-Lardeur, *op. cit.*, p. 37）。

126. H. Mercillon, *La rémunération des employés*, p. 48, note 3.

127. 然而必須承認，很多時候與雇員的同居生活構成真正的婚姻關係，因為在這個環境中實質建立起一種新的模式，擁有眾多情人只是失去尊嚴的開始。《婦女樂園》中的克拉哈（Clara）就是這種情況。

128. 參見部門經理博尚（Beauchamp）給左拉的陳述（作者撰寫小說前的準備資料）。

129. 售貨員杜麗女士（Dulit）給左拉的聲明（E. Zola, *Ibid.*）。

130. J. Gaillard, *op. cit.*, p. 440.

131. *Ibid.*, p. 439.

132. *Ibid.*, p. 216.

133. *Ibid.*, p. 296.

134. Charles Benoist, *Les ouvrières de l'aiguille à Paris*, p. 115 *sq.*

135. L. Bonnevay, *Les ouvrières lyonnaises travaillant à domicile. Misères et remèdes*, p. 90.

136. 左拉透過《婦女樂園》中的人物丹妮絲・波杜（Denise Baudu）詳細地呈現了這一點。

137. *Réforme sociale*, 1901, t. II, p. 57 *sq.*, d'après Gonnard, *op. cit.*, p. 134.

138. 賽林的《死緩》中對此有令人讚賞的描述，只不過確實是關於男性勞工。

139. 參見普魯斯特作品中關於裁縫師的角色。莫雷爾（Morel）的未婚妻，背心製造商尤皮恩（Jupien）的侄女，被良好的資產階級家庭接納（*La*

102. *Histoire de Lyon et du Lyonnais*, Privat, 1975.

103. 關於里爾。

104. 也就是要求妓女不要聚在一起、不要站著不動，要讓路給行人。

105. P. Pierrard, *op. cit.*, p. 216.

106. J. Gaillard, *op. cit.*, p. 246.

107. 穆法伯爵（Comte Muffat）對娜娜的肉體景象更加著迷，因為在他的環境中，女人不會展示自己的裸體，即便共同生活了二十多年，他「從未見過穆法伯爵夫人穿上吊襪帶的時候」（*Nana*, La Pléiade, p. 1213）。

108. 在這方面，參見《萌芽》（*Germinal*）中的年邁老闆翁納波先生（Hennebeau），對無產階級炫耀性行為的羨慕之情。這種羨慕工人性行為的眼光，可以在《家庭生活》一書的希琵安（Cyprien）身上找到（參見「與貓的獨白」〔le monologue au chat〕）。

109. 參見內文，第六十六頁。

110. Richard Cobb, *La protestation populaire*, p. 220-226.

111. 《淫書作者》（*Le Pornographe*）。

112. Louis-Sébastien Mercier, *Tableau de Paris*, « Matrones ». 作者描述了稱為「準備工」的產婆掮客的活動，她們引誘渴望得到衣服的小資產階級女人和店員到自己家裡，而舞者、女演員、家庭教師、格希瑟特和日用織物工人，已在十八世紀的巴黎為賣淫世界提供人力。

113. J. Simon, *L'ouvrière,* p. 228-229.

114. Docteur O. Commenge, *op. cit.*, p. 337-379.

115. Savioz, « La question du sixième », *Relèvement Social. Supplément*, 15 mars 1906.

116. Docteur Morin, « Le sixième étage et les jeunes domestiques », *Bull. de la société française de prophylaxie sanitaire et morale*, 1912, p. 139.

117. 參見《老情婦》（*Une vieille maîtresse*）中維利尼的女僕。（譯按：多爾維利的小說）

118. 還有什麼比瑪賽爾·普魯斯特（Marcel Proust）作品中描述的作者和家庭之間的關係，更能表現這種親密關係的呢？

119. 參見維克多·瑪格麗特的《娼妓》中，拉烏爾·杜梅斯（Raoul Dumès）偷閒前往蘿絲（Rose）房間的情節。

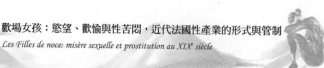

性行為。

87. 參見內文，第二六二至二六五頁。

88. *Op. cit.*, p. 24.

89. 參見內文第一九四頁關於圖爾駐軍的內容，以及菲奧醫生書中（docteur L. Fiaux, *La police des mœurs*, t. II, p. 174）所記載路易・藍杜吉教授（Louis Landouzy）的發言。

90. *Cf.* M. Perrot, colloque Jean Jaurès, communication citée et Y. Lequin, *Les ouvriers de la région lyonnaise, passim.*

91. 關於這方面，米歇爾・羅伯特（Michel Lobrot, *La libération sexuelles, passim*）區分了生殖和色情功能。

92. 于斯曼在《兩難》和《隨波逐流》中，安排了顧客落荒而逃的主題情節，因為同時代的大多數人都把「做愛後的動物性感傷」（animal triste post coitum）這一命題奉為圭臬。

93. 這種模擬誘惑的要求，與博利（Borie, *op. cit.*, p. 52）指出的唐璜神話解體並不矛盾，因為幽會館會客室裡的唐璜，確實是神話的心理病理學要素之一，但只要是針對妓女，誘惑行為就會被貶低。真正的矛盾是在另一個層面上：當科學文獻談到生殖本能的滿足，也就是個人的獸性被滿足的時候，妓女的客人卻要求更多的感情。這是不是言語和行為之間的差異？更簡單地說，我們可以認為，在性生活兩端均因婚姻而受挫的情況下，男人利用妓女來追求他不可實現的雙面假想。

94. J. P. Aron, *Le mangeur au XIXe siècle.*

95. *Op. cit.*, p. 543.

96. Chalmin, *L'officier français de 1815 à 1870*, p. 145.

97. *Cf.* W. Serman, *Les officiers français, 1848-1870*, p. 1071-1079.

98. 還有為各省駐軍的軍官們提供服務的劇院。

99. Docteur L. Fiaux, *L'armée et la police des mœurs, biologie sexuelle du soldat*, p. 116.

100. A. Corbin, « Le péril vénérien: prophylaxie sanitaire et prophylaxie morale », *L'haleine des faubourgs. Recherches*, n° 29, 1977.

101. J. Gaillard, *op. cit.*, p. 528.

73. *Nana*, La Pléiade, p. 1223.

74. 關於這個問題，參見：L. Boltanski, *Prime éducation et morale de classe, passim*.

75. *Cf.* J. Le Yaouanq, « La boutique du IVe arrondissement », communication à l'Institut français d'histoire sociale, 1976.

76. 關於這個「擴散」的類別，皮耶・萊昂（P. Léon, *op. cit.*, p. 117-118）特別寫道：「雇員的數量愈來愈多，他們似乎……是整體演變的受害者，他們從中受益甚少；就原始的財富水準而言，他們代表一個不進反退的群體。」樂甘（Lequin, thèse citée, t. I, p. 187 *sq.*）則強調了這一環境的快速發展，因為一八六六年至一八九一年間，里昂的雇員人數增長了百分之九百三十四。

77. *Cf.* Comte d'Haussonville, « Les non-classées et l'émigration des femmes aux colonies », *Revue des Deux-Mondes*, juin 1898, p. 787 et les évocations romanesques de Charles de Rouvre *(L'Employée, A Deux)*.

78. J. Gaillard, *op. cit.*, p. 221.

79. P. Guillaume, *Bordeaux au XIXe siècle.*

80. *Cf.* J. Borie, *op. cit.*, p. 49.

81. P. Gerbod, *La condition universitaire en France au XIXe siècle.*

82. Stendhal, *La vie d'Henri Brular, La Pléiade,* p. 317, 320 et 322.

83. 例如：于斯曼的《兩難》。

84. 法蘭德朗（J. L. Flandrin, *Amours paysannes*, p. 158）提及與青少年有關的「性生活貧民窟」。

85. 參見內文，第六十六頁。于斯曼（Huysmans, *En ménage*, 10/18, p. 168-169）精彩地描述了中學生與街頭妓女第一次發生關係。

86. 其後，年輕的資產階級婦女更善解人意；*Cf.* M. Prévost, *Les demi-vierges*, M. Proust, *À la recherche du temps perdu (passim)*；或者，關於奧地利資產階級方面，參看穆齊爾的小說《無個性的男人》（*L'homme sans qualités*）中，瓦爾特（Walter）提及與克拉麗斯（Clarisse）訂婚一事的私信。必須指出的是，在法國以外，資產階級的長期婚約，經常引起佛洛伊德所說的訂婚官能症，他與瑪莎・伯尼斯（Martha Bernays）一起經歷過這種情況。但正如澤爾丁所指出，這種做法在法國仍然非常罕見，而這有助於理解這個國家年輕人的

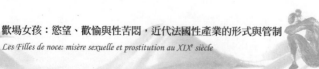

56. Theodore Zeldin, *Ambition, Love and Politics,* p. 291.
57. 參見《對愛情心理學的貢獻》（*Contributions à la psychologie de l'amour*）和博利（Jean Borie, *Le célibataire français*, p. 47）關於這個問題的詳述。
58. *Cf.* Yvonne Knibiehler, « Le discours médical sur la femme, constances et ruptures », *Mythes et représentations de la femme au XIX*[e] *siècle*, p. 45.
59. *Op. cit.*, p. 291. 作者的翻譯。
60. Noami Schor, « Le sourire du sphinx », *Mythes et représentations...*, p. 193.
61. *Op. cit.*, p. 65 *sq.*
62. Th. Zeldin, *op. cit.*, p. 299 *sq.*
63. *Cf.* Yvonne Knibiehler, article cité et « La nature féminine au temps du code civil », *Annales. Économies. Sociétés. Civilisations* juill.-août 1976.
64. Docteur Louis Fiaux, *La femme, le mariage et le divorce. Étude de physiologie et de sociologie*, p. 112 et 94.
65. 參見《婦科期刊》（*Revue de gynécologie*），其文章充斥著關於交媾時應採取何種姿勢的建議。
66. *Cf.* Forel, *La question sexuelle exposée aux adultes cultivés, passim.* 在達西・利尼耶爾（Dassy de Lignières, *op. cit.*, p. 33）看來，當時和他所處的環境中，交媾的平均時間接近於煮熟溏心蛋的時間，即三或四分鐘；另一方面，菲力浦在談到貝爾特和她的皮條客交歡時，認為這是「男人和他妻子之間，一件衛生的好事情，能讓您在入睡前開心消遣十五分鐘」（*Bubu de Montparnasse*, p. 28）。根據西蒙的報告，交媾在我們這個年代是十一分鐘。
67. Docteur L. Fiaux, *La femme, le mariage et le divorce*, p. 198.
68. *Ibid.*, p. 197-198.
69. *Ibid.*, p. 116.
70. *Op. cit.*, p. 303.
71. 米爾博的《女僕日記》中，可以找到一個丈夫因此而被判處禁慾的虛構例子。
72. *Cf.* T. Zeldin, *op. cit.,* p. 292 *sq.*這本書提到了當時要求婦女享有性高潮權利的少數作者的作品，例如：古斯塔夫・德羅茲（Gustave Droz）、達爾蒂格（J.P. Dartigues）、德拜（A. Debay）。

34. *lbid.*

35. *lbid.*

36. Jean Borie, *Le célibataire français, passim.*

37. *lbid.*

38. Lion Murard et Zylberman, *op. cit.*, p. 202.

39. *lbid.*, p. 20.

40. 這是一九七七年二月五日歷史人口學會（Société de démographie historique）會議的結果，特別在下文將提到的吉列、弗雷和傑奎默的發言之後。

41. 家庭化和道德化齊頭並進；這是近幾個月來受到廣泛討論的一個話題。*Cf.* Jacques Donzelot, *La police des familles* et *Recherches* n° 28, *Disciplines à domicile*.

42. Michelle Perrot, communication au colloque Jean Jaurès, novembre 1976.

43. J. Gaillard, *op. cit.*, p. 207.

44. A. Daumard, *Les fortunes…*, p. 149 *sq.*

45. 對這一概念的批判性分析可見：C. Baudelot, R. Establet et J. Malemort, *La petite bourgeoisie en France p. 29 sq.*

46. P. Léon, *op. cit.*, p. 105 *sq.*

47. Cité par J. Gaillard, *op. cit.*, p. 384.

48. *Ibid.*

49. Maurice Lévy-Leboyer, « Le patronat français a-t-il été malthusien ? », *Le Mouvement social*, juill.-sept. 1974, p. 22-28.

50. 關於英國遊客在法國的旅行條件，參見：Sylvaine Marandon, *L'image de la France dans l'Angleterre victorienne*, p. 145 *sq.*

51. 萊昂・密哈（Léon Mirat）正是在一次火車旅行中染上了梅毒，因而自殺（Michel Corday, *Vénus ou les deux risques*）。

52. 參照《索多瑪與蛾摩拉》（*Sodome et Gomorrhe*）中，對諾曼第海岸靠近巴爾貝克（Balbec）的豪華妓院建築的描述。

53. 于斯曼在《兩難》（*Un dilemme*）描述了省城顯貴召妓尋歡。

54. Marguerite Perrot, *Le mode de vie des familles bourgeoises, 1873-1953.*

55. 參見內文有關社會主義對於賣淫的論述，第三〇三頁及其接續頁。

13. Michelle Perrot. « L'éloge de la ménagère dans le discours ouvrier français au XIXe siècle ». *Mythes et représentations de la femme au XIXe siècle*, p. 110.

14. *Op. cit.*, p. 228.

15. A. Daumard, *Les fortunes françaises au XIXe siècle*, p. 152.

16. P. Léon, *Géographie de la fortune et structures sociales à Lyon au XIXe siècle*, p. 120-135. 尤其是絲綢工人的狀況，在一八七〇年後獲得改善：工人「表現出愈來愈明顯的資產階級化傾向」（p. 127）。

17. Yves Lequin, *Les ouvriers de la région lyonnaise (1848-1914)*, t. II. « Les intérêts de classe et la République », p. 92.

18. F. Codaccioni, *De l'inégalité sociale dans une grande ville industrielle. Le drame de Lille de 1850 à 1914*, p. 430.

19. Louis Chevalier, *Classes laborieuses…*, p. 461-462.

20. A. Corbin, « Pour une étude sociologique de la croissance de l'alphabétisation au XIXe siècle », *Revue d'histoire économique et sociale*, 1975, I。在更普遍的範圍內，參見：F. Furet et J. Ozouf, *Lire et écrire*。

21. *The Rebellions Cent Michelle Perrot, Les ouvriers en grève, t. II, p. 586.ury, 1830-1930*, p. 78 *sq*.

22. Michelle Perrot, *Les ouvriers en grève*, t. II, p. 586.

23. *Ibid.*

24. Michelle Perrot, « Délinquance et système pénitentiaire en France au XIXe siècle », *Annales. Économies. Sociétés. Civilisations*, janv.-fév. 1975.

25. M. Foucault, *Surveiller et punir*, *passim.*

26. Michelle Perrot, *Les ouvriers en grève*, t. II, p. 624.

27. 從利穆贊的工人身上，我們能觀察到這種由無數幻想滋生的看法相當持久。

28. 關於礦工，參見：R. Trempé, *Les mineurs de Carmaux*。

29. *Le petit travailleur infatigable,* p. 153.

30. *Ibid.*, p. 198.

31. *Ibid.*, p. 259.

32. *Ibid.*

33. *Ibid.*, p. 202.

第二章 性苦悶與賣淫供給

1. Louis Chevalier, *La formation de la population parisienne au XIXe siècle.*
2. Jeanne Gaillard, *Paris, la ville, 1852-1870*, p. 217 *sq.*
3. *Cf.* Louis Chevalier, *Classes laborieuses...*, p. 380-392. 另外，關於里爾，參見：Pierre Pierrard, *op. cit.*, p. 118-124。
4. 關於家庭結構的演變，參見：J. L. Flandrin et. F. Lebrun, *La vie conjugale sous l'Ancien Régime*。
5. A. Corbin, « Migrations temporaires et société rurale au XIXe siècle : le cas du Limousin », *Revue historique*, n° 500, sept.-déc. 1971 et *Archaïsme et modernité en Limousin*, t. I, p. 218. 關於短期移居者的「不道德」，參見阿貝爾・查特蘭的著作（Abel Chatelain, *Les migrants temporaires en France de 1800 à 1911,* p. 1068-1073）以及幾乎同時由馬伯樂出版社（Maspero）和阿歇特出版社（Hachette）重新出版並由尚－皮耶・里奧（Jean-Pierre Rioux）和莫里斯・阿古龍（Maurice Agulhon）作序的馬丁・納多（Martin Nadaud）的《回憶錄》（*Mémoires*）。
6. J. Gaillard, *op. cit.*, p. 525.
7. 巴爾札克在《煙花女榮辱記》（La Pléiade, p. 671）中，描繪了朗格拉德街（rue de Langlade）與鄰近的街道，「那些不屬於任何世界的奇怪的人來來去去，牆壁上襯著半裸和白色的身形，影子栩栩如生。在牆和路人之間，悄悄穿梭著會走路和說話的錦衣華服」。在這方面，也可參見《巴黎的奧祕》（*Les mystères de Paris*）中對莫特萊利街（rue de la Mortellerie）的描述，以及更晚期的多爾維利（Barbey d'Aurevilly, « La vengeance d'une femme », *Les diaboliques*）對霸斯杜宏帕街（rue Basse-du-Rempart）的描述。
8. 正如引用的加亞爾全部作品所示。
9. J. Gaillard. *op. cit.*, p. 220.
10. 沙特蘭（A. Chatelain, *op. cit.*, p. 1069）指出十九世紀下半葉，婚姻忠誠觀念在臨時移居者之間的進展。
11. Cité par J. Gaillard, *op. cit.*, p. 221.
12. Pierre Pierrard, thèse citée, p. 119 *sq.*

368. 其餘的資料中，有一份涉及一家在各方面都像合法機構一樣經營的非法寬容妓院，另一份則涉及馬賽郊區的一家咖啡館兼餐廳，還有一份涉及一個化妝室（參見內文第一八九頁），剩下九份資料涉及應召妓院，即私娼的出租公寓，而這些場所通常占據了它們所在的整棟大樓。

369. 在報告所涉及的時期內，有四名婦女開設了兩家這樣的機構。

370. 其中，在樓閣街（rue Pavillon）有四家，博物館街有三家，塞納克街、聖費雷奧勒街（rue Saint-Ferréol）和共和國街（rue de la République）各有兩家。

371. 其中一位只是分租戶。

372. 我們知道三十六間公寓中十三間的構造：六間有五個居室，三間有四個居室，其他的分別有三、六、七和八個居室。

373. 誠然，我們對妓院女老闆的研究（同上，第八十五頁）側重於獲准開設妓院的婦女，但這裡的情況恰恰相反，我們面對的是正在被行政部門勒令關閉的機構。

374. 北部省（Nord）、朗德省（Landes）、阿列日省（Ariège）、下庇里牛斯省（Basses-Pyrénées）、上阿爾卑斯省（Hautes-Alpes）和科西嘉省。

375. 需要指出的是，有兩名女老闆自稱是靠利息生活的食利者。

376. 在我們分析的資料中，有四個人的情況就是如此。

377. 五所幽會館以這種做法只在其中一個幽會館出現。這些女孩為特色。

378. 這種做法只在其中一個幽會館出現。

379. 一般來說，員警守候在靠近建築物的街道，有時在建築物的樓梯。某些警員出於敬業精神，住進對面的建築，努力觀察情侶的動態。員警X〇〇首先看到一對情侶在S〇〇女士家接吻，他和同事同時看到情侶脫衣，但他在報告中遺憾地說：「我們沒有辦法證明他們的親密關係，因為從我們所站的地方，我們看不到床。」還有什麼更好的例子可以說明員警繼續關注不受控制的性活動呢？

380. 某些女老闆派掮客在下船處拉客。

381. 三家幽會館為二十五分鐘或半小時，三家為四十五分鐘，兩家為一小時，最後一家則為一個半小時。

382. 其中一個幽會館每天下午接待四位顧客，另外兩個幽會館接待七位，剩下兩個幽會館接待十五到二十位。

345. *Ibid.*, p. 445。這似乎是庫爾蒂亞爾・佩荷（Courtial des Péreires）在《死緩》中經常去的那種場所。

346. Meunier, rapport cité, p. 437.

347. L. Fiaux, *La police des mœurs*, t. I, p. 219.

348. Meunier, rapport cité, p. 448.

349. L.Fiaux, *La police des moeurs…,* t. I, p. 221.

350. *Ibid.*

351. 參見內文，第四〇八頁。

352. *Op. cit.*, p. 32.

353. Coffignon, *op. cit.*, p. 154.

354. Marie-Jeanne Dury, *Flaubert et ses projets inédits*. 關於這方面，參見：Jean-Paul Sartre, *L'idiot de la famille,* t. III, p. 627 *sq.*

355. Turot, *op. cit.*, p. 185.

356. *Op. cit.*, p. 81.

357. Coffignon, *op. cit.*, p. 159.

358. 左拉，《貪欲的角逐》；莫泊桑，《符號》。

359. 參見，例如：André Couvreur, *Les Mancenilles*。

360. 這是個取之不盡的主題，難以在此論述。

361. L. Fiaux, *La police des mœurs*, t. I, p. 219 ; Meunier, rapport cité.

362. Goron, *Les industries de l'amour*, p. 18.

363. *Op. cit.*, p. 229-244.

364. *Ibid.*, p. 236.

365. *Ibid.*, p. 237.

366. Rapport cité p. 439 et L. Fiaux, *La police des moeurs…*, t. I, p. 220.

367. 這些資料集中於隆河口省檔案，參考編號為 M 6 6570（1）和（2）。後面的所有引文都來自這些檔案，故無需重複提及參考編號。在《小普羅旺斯報》（*Le Petit Provençal*）和《馬賽全報》（*Le Tout-Marseille*）發動的新聞攻勢下，省長決定執行一九〇七年七月八日的法令，其中第九條禁止「經營應召站」，第二十條禁止妓女去「淫亂的非法妓院」。這一政策屬於第一次世界大戰前夕加強鎮壓賣淫的範圍。

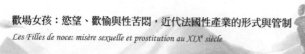

324. *Ibid.*

325. 參見伊貝爾（André Ibels, *La traite des chanteuses*, p. 128 *sq.*）著作中的地圖。

326. Arch. dépt..Meurthe-et-Moselle, M 134.

327. 事實上應該注意，至少在某些地區，合唱或歌劇藝術對工人階級有相當大的吸引力。關於北方的情況，參見：P. Pierrard, *op. cit.*, p. 296-299；關於利穆贊的情況，參見：A. Corbin, *op. cit.*, t. I, p. 412-417。

328. 當然，這也視情況和地區習慣而有所不同；在北部和東北部，「布伊布伊」的老闆經常從婦女的賣淫活動獲取直接利潤。舉例來說，J. B. D.〇〇在隆維經營兩家咖啡館。根據一八九五年的一分報告，他讓顧客付費，並「從藝術家接客的酬勞收取一定的費用」（Arch. dépt. Meurthe-et-Moselle. M 134）。

329. *Op. cit.*, p. 78.

330. 阿貝爾・赫爾曼（Abel Hermant, *Le Cavalier Miserey*, 1886, p. 379-383）描述了盧昂一個「扯嗓咖啡館」中的「募捐—抽獎」及其氛圍。

331. Rapport de Louis Comte, *La répression de la traite des Blanches. Compte rendu du 3e congrès international tenu à Paris,* 1906, p. 226 *sq.*

332. *La répression de la traite des Blanches, congrès de Madrid*..., 1912, p. 145.

333. Docteur Martineau, *op. cit.*, p. 86.

334. Docteur Reuss, *op. cit.*, p. 192。關於杜佛街一所幽會館裡對他造成危害的醜聞，參見：Andrieux, *op. cit.*, t. II. Chap. LIX « L'Affaire de la rue Duphot »。

335. 幽會館的擴張過程，在巴黎和外省之間似乎真的存在某種時序推移。

336. L. Fiaux, *La police des mœurs*..., t. I, p. 219.

337. L. Fiaux, *La femme, le mariage et le divorce*, 1880.

338. 參見內文，第四〇四至四〇五頁。

339. Virmaître, *Trottoirs et lupanars,* p. 101 ; p. 89 *sq.* 該書列出了巴黎的幽會館並提供地址。

340. L. Fiaux, *La police des mœurs*..., t. I, p. 218.

341. *Le prolétariat de l'amour*, p. 175.

342. 參見內文，第四〇八頁。

343. L. Fiaux, *La police des mœurs*..., t. I, p. 219.

344. Meunier, rapport cité, p. 436.

302. Daprès Macé (*op. cit.*, p. 127), Virmaître (*Trottoirs et lupanars…*, p. 273).

303. Docteur Reuss, *op. cit.*, p. 196.

304. Macé, *op. cit.*, p. 136.

305. 十九世紀最後三十年的石窟時尚，值得進行系統性的研究，因為它在歌劇藝術、象徵主義建築風格以及情色殿堂裝飾中均非常重要，也可發現石窟是宗教情感的核心，例如：以盧爾德石窟（Lourdes）為模型而設計的多種版本裝飾，就是證明。

306. Macé, *op. cit.*, p. 141.

307. Docteur Martineau, *op. cit.*, p. 81.

308. Macé, *op. cit.*, p. 142.

309. Coffignon, *op. cit.*, p. 101.

310. Macé, *op. cit.*, p. 199.

311. Huysmans, À rebours, Coll. 10/18, p. 271-274。對德塞森特來說，這些場所「回應了整整一代人的精神狀態，**他也從中得出當代的概括思維**」，是「愚蠢的感傷主義」和「務實的殘忍」的混合體。「那些巴黎青少年，當熱血上湧時……不能勉強自己走進去、消費、付錢和離開……他們還沒有意識到，從造型美的角度來看、從學術態度和必要服飾的角度來看，低等歌舞小酒館的女僕遠遠不如關在豪華沙龍裡的女人！」

312. Maurice Barrès, *Les déracinés*, éd. 1965, p. 113.

313. *Ibid.*, p. 112.

314. *Ibid.*, p. 108.

315. *Ibid.*, p. 105.

316. *Ibid.*, p. 73-74.

317. *Ibid.*, p. 107.

318. H. Hayem, art. cité, p. 252.

319. O. Commenge, *op. cit.*, p. 57.

320. Arch. dépt. Haute-Garonne, M 446.

321. Arch. dépt. Bouches-du-Rhône, M 6 2329.

322. Enquête de 1902, Arch. dépt. Var, 8 M 52.

323. Arch. nat. BB^{18} 2488.

孟莒醫生建立的一萬份被警察總署醫療所醫生確認為染病的私娼檔案，以及米賀醫生對馬賽私娼的調查。此外還有艾蒂安醫生的著作，尤其是維涅隆醫生關於南錫的私娼研究，更不要忘了之前提過的歐摩醫生對於貢捷堡私娼的舊研究。前三位作者做了最多的研究，但很遺憾地採用了不同的樣本；馬提諾醫生的研究無疑是最科學的，因為路西納醫院沒有治療任何私娼，而且這家醫院確實是祕密賣淫的「總部」，但它事實上仍只涉及病人，因此不能完全代表整體。米賀醫生的研究，針對了馬賽掃黃警隊逮捕的妓女，使我們能比對被登記與被釋放的妓女，但被釋放的妓女當然並不代表整個祕密賣淫活動。至於柯孟莒醫生取得的研究樣本（被逮捕並被認定為患病的私娼），不僅包括大多數被立即登記的妓女，也包括少數回歸祕密賣淫的妓女。

291. H. Mireur, *La prostitution à Marseille...*, p. 221. 以及以下各段提供的細節。

292. *Op. cit.*, p. 42 et, pour ce qui suit, p. 302-379.

293. 中央警察局長迪策關於一八七五年和一八七六年被捕的未成年人的報告（Arch. dépt. Bouches-du-Rhône, M 6 3367），大體證實了這個結果。

294. Rapport du chef du service des moeurs. Arch. dépt. Seine-Inférieure, 4 MP 4 565.

295. Professeur G. Étienne, *op. cit.*, p. 13.

296. Docteur Vigneron, *op. cit.*, p. 20.

297. *Op. cit.*, p. 42-66.

298. 還應指出，第二帝國末期回覆歐摩醫生（Homo, *op. cit.*, p. 57）調查的十一名貢捷堡私娼中，有一人聲稱在十二歲時失去貞操，另一人在十三歲，四人在十四歲左右，兩人在十五歲左右，一人大約在十六歲，一人在十七歲左右，而最後一人在十九歲時以處女之身結婚。

299. 除了幽會館的一些女孩以外，但當警察追究時，她們的行動會比較有分寸，並謹慎行事。

300. 例如：Barthélemy et Devillez, « Syphilis et alcool. Les inviteuses », *France médicale*, 1882, p. 302 *sq*.

301. 事實上，這些場所承襲自一八六〇年開始在首都巴黎發展的「低等歌舞小酒館」（caboulots），但一八六一年九月十九日警察總監瑟芬恩・波瓦泰勒（Symphorien Boitelle）的一紙命令，決定了它們的衰落（C. J. Lecour, *La prostitution à Paris...*, p. 226）。

Meunier, rapport cité, p. 171.

265. Docteur Reuss, *op. cit.*, p. 77.

266. Coffignon, *op. cit.*, p. 214.

267. Arch. dépt. Seine-et-Oise, 6 M 7.

268. Carlier, *op. cit.*, p. 218.

269. Arch. dépt. Bouches-du-Rhône, 6 M 3336.

270. Arch. dépt. Nord, M 201/15.

271. Coffignon, *op. cit.*, p. 215.

272. Commenge, *op. cit.*, p. 93.

273. Puibaraud, *op. cit.*, p. 115.

274. *Op. cit.*, p. 94.

275. 一八八四年三月十五日出刊的《婦女權利》（*Droit des femmes*）雜誌聲稱，巴黎已經成立了一個皮條客聯盟。

276. 馬提諾醫生（Martineau, *op. cit.*, p. 121）也如此認為。

277. 參見《蒙帕納斯的布布》中布布和大朱爾（Grand Jules）的情況（*Bubu de Montparnasse*, p. 64 *sq.*）。

278. 關於這方面，可回想路易－斐迪南・賽林（Louis-Ferdinand Céline）《死緩》一書中斐迪南扮演的角色。

279. Rapport du commissaire Dietze, Arch. dépt. Bouches-du- Rhône, M 6 3336.

280. *Ibid.*

281. *Op. cit.*, p. 226-227.

282. *Op. cit.*, p. 94.

283. Rapport du préfet au procureur général, Arch. dépt. Seine-Inférieure, 4 MP 4565.

284. Rapport du 9 décembre 1902, Arch. préfect. de police, BA 1689.

285. *Ibid.*

286. *Cf.*« Exploits de souteneurs », *L'Humanité*, 25 octobre 1906.

287. Arch. préfect. de police, BA 1689.

288. O. Commenge, *op. cit.*, p. 100.

289. Docteur Homo, *op. cit.*, p. 51.

290. 關於這一點，我們有馬提諾醫生對路西納醫院性病婦女所做的研究，還有柯

248. *Ibid.*, p. 91.

249. Ingénieur des Mines, rapport cité.

250. Arch. dépt. Meurthe-et-Moselle, 4 M 134. 當天約有一百二十七個妓女被登記，其中若厄有三十五個，奧梅庫爾二十三個，雅尼（Jarny）十八個，瓦勒魯瓦（Valleroy）一個，蒂克尼約（Tucquegnieux）八個，芒雪勒（Mancieulles）四個，特里約（Trieux）兩個，琵恩（Piennes）大約二十個，蒙邦維萊（Mont-Bonvillers）三個，維勒呂（Villerupt）九個，蒂爾（Thil）四個，克呂訥（Crusnes）三個，隆拉維爾（Longlaville）兩個，隆維（Longwy）一個，賀翁（Réhon）三個。

251. 參見內文，第四一三頁及其接續頁。

252. Arch. nat. BB[18] 2363.

253. 在《女郎艾莉莎》中，正是因為「心上人」士兵太過粗魯急切，所以女郎艾莉莎（Elisa）殺了他。

254. 這正是《瓦塔德姐妹》中塞琳的情況。

255. *Op. cit.*, p. 78.

256. 阿萊克西的短篇小說《露西・佩萊格林的末日》就是這種情況。

257. *Op. cit.*, p. 75-76.

258. L. Puibaraud, *Les malfaiteurs de profession*, p. 97.

259. 關於這方面，參見：Charles-Louis Philippe, *Bubu de Montparnasse*, p. 28。

260. Paul Meunier, rapport cité, p. 173。〈酒吧女人的價格〉（Tarif des gonzesses du rade）這份文件，似乎是從莫貝爾廣場一個皮條客家裡發現的。

261. *Cf.* R. Ricane, *La genèse de la fille Elisa*, p. 172 *sq.* 里卡內（R. Ricane）在書中所運用的，是西堤島拆遷期間在一家妓院發現的信件。

262. Docteur Albert Leblond et Arthur, *Du tatouage chez les prostituées*, 1899. 此處從這部作品中借用了關於紋身的多數細節說明。

263. C. J. Lecour, *La prostitution à Paris*..., p. 207.

264. 所有描述過賣淫現象的作者，都試圖描繪皮條客的形象，特別是：Carlier, *op. cit.*, p. 218-230 ; Reuss, *op. cit.*, p. 75-95 ; Martineau, *op. cit.*, p. 118 *sq.* ; Coffignon, *op. cit.*, p. 212 *sq.* ; Commenge, *op. cit.*, p. 91 *sq.* ; Maxime Du Camp, *op. cit.*, p. 470 *sq.* ; L. Puibaraud, *op. cit.*, p. 90-106 ; Macé, *op. cit.*, p. 111 et

série M, non classé.

229. Docteur Bergeret, art. cité, p. 343.

230. Rapport du sous-préfet de Marennes, 11 avril 1902. Arch. dépt. Charente-Inférieure, 6 M 415.

231. 一九〇二年調查反應圖（Arch. dépt. Hérault, 62 M 8）。

232. Arch. dépt. Var, 8 M 52.

233. 這項調查的結果：Arch. dépt. Var, 8 M 52。

234. *Ibid.*

235. *Ibid.*

236. 然而有這麼一個例子：兩個年齡分別為十八歲和二十一歲的女孩，其中一個是已經成為寡婦的日薪女工，住在吉倫特省（Gironde）康特納克鎮（Cantenac）的瑪岱屋小村（Mathéou），她們賣身給成群結隊至其住所的年輕人。（Rapport de la gendarmerie de Cantenac. Arch. dépt. Gironde, 4 M 337.）

237. *Op. cit.*, p. 15. 賀尼奥醫生（F. Regnault, *L'évolution de la prostitution*, p. 89）表達了同樣的意見。

238. *Ibid.*, p. 17.

239. *Ibid.*, p. 15.

240. 在一九〇七年十一月二十三日的投訴詐騙案中，我們知道住在布夫龍（Bouvron）的已婚日薪農工夏爾・F〇〇經常來圖勒，與二十八歲的妓女席琳・M〇〇「在床邊做買賣」。（Arch. dépt. Meurthe-et-Moselle, M 134）

241. *Cf.* Lion Murard et Zylberman, *op. cit.*

242. Selon le commissaire spécial de Briey, 7 juillet 1908, Arch. dépt. Meurthe-et-Moselle, 4 M 134.

243. 對警察來說，抨擊大眾舞會也是一個用之不竭的主題。

244. *Ibid.*

245. Rapport de l'ingénieur des Mines, 5 juillet 1912. Arch. dépt. Meurthe-et-Moselle, 4 M 134.

246. *Ibid.*

247. Professeur Spillmann, « À propos de la prophylaxie des maladies vénériennes. L'état sanitaire dans le bassin de Briey », *Revue médicale de l'Est*, 1908, p. 77.

1903.

213. 參照赫斯醫生（Reuss, *op. cit.*, p. 277）的描述。

214. 主任醫師德布利（Debrie）和軍醫少校魯德勒（Rudler）認為，一些妓女向貝爾福營地的士兵賣淫，價格為五蘇，有時甚至為兩或四蘇（*Bull. soc. fr. de médecine militaire*, 1909, n° 7 et 8）。

215. Léon Bloy, « La Boue », *Sueurs de sang*, coll. Folio, p. 128.

216. *Ibid.* 另參見羅伯特・穆齊爾（Robert Musil）的小說《沒有個性的人》（*L'Homme sans qualités*），裡頭對穆斯布魯格（Moosbrugger）所殺害的石場妓女有極為生動的描述。

217. 誠然，在其他某些駐軍營地周圍也有類似的監督機制，但沒有如此豐富的系列檔案。因此，自一八八九年開始，布列斯特附近就已經組織了一個市鎮之間的衛生監督系統（Arch. dépt. Finistère, série M, non classé）。

218. Arch. dépt. Meurthe-et-Moselle, 4 M 135.

219. 如一個妓院老闆G〇〇強迫他十九歲的女僕賣淫，為了吸引顧客，女僕必須在晚上爬到酒吧的桌子上，撩起裙子，讓士兵猥褻地觸摸她。為了掩人耳目，G〇〇經常讓女僕去教堂領聖餐。

220. 共有一百五十三起案件，導致一百七十七人被捕。

221. Rapport du commissaire, Arch. dépt. Meurthe-et-Moselle, 4 M 135.

222. 直到一九〇四年八月，拖車一直停在第一五六團和第一六〇團附近的草地。在行政部門施壓後，業主自即日起拒絕允許拖車在其土地上停留。

223. 十九歲的呂西嫣・Ch〇〇於一九〇八年被捕，她宣稱睡在「一家拖船公司的牲口棚」，並在運河邊賣淫。一九〇六年三月被捕時，二十歲的路易絲・B〇〇主要在位於正義林的第三十九炮兵團訓練場和運河岸邊的地區賣淫，她把客戶「帶到被稱為木蘭勒巴（Moulin le-Bas）之地花園裡的木板小屋」。

224. Arch. dépt. Charente-Inférieure, 6 M 415.

225. Docteur Vigneron, *op. cit.*, p. 56.

226. Arch. dépt. Hérault, 62 M 8.

227. Arch. dépt. Gironde, 4 M 337.

228. Rapport du sous-préfet de Brest au préfet, 4 octobre 1876. Arch. dépt. Finistère,

了夫妻房間的範圍，並能被感知一事感到恐懼。

195. 據費福希耶教授說，染了梅毒的南錫咖啡館女僕中，有五分之三的人年齡在二十一歲以下（cité par le docteur Vigneron, *op. cit.*, p. 62）。
196. Arch. dépt. Var, 8 M 52.
197. Arch. nat. BB[18] 2198.
198. *Cf.* PierrePierrard, *La vie ouvrière à Lille sous le Second Empire,* p. 281-289.
199. Professeur H. Leloir, « La syphilis et les cabarets dans la région du Nord ; les brasseurs », *Journal des connaissances médicales*, nov. 1887, p. 371-372.
200. H. Hayem, art. cité, p. 252.
201. Y. Guyot, *op. cit.*, annexes, p. 551.
202. *Ibid.*
203. Arch. dépt. Nord, M 201.
204. H. Hayem, art. cité, p. 253.
205. Reuss, *op. cit.*, p. 424.
206. Professeur G. Étienne, *Études sur la prostitution*, p. 13.
207. Arch. nat. BB[18] 2498.
208. Docteur Bergeret, art. cité, *passim.*
209. Rapport du commissaire central au préfet, Arch. dépt. Hérault, 62 M6.
210. *Ibid.*
211. 關於這些抱怨，波爾多－巴斯蒂德區（Bastide-Bordeaux）的居民，提供了一個特別具有說服力的例子（Arch. dépt. Gironde, 4 M 337）：他們抱怨蒂耶爾大道（avenue Thiers）上五家咖啡館的老闆。經過幾次審訊後，中央警察局長於一八八一年七月十日寫信給省長：「有時看到顧客親吻女僕；還有一次，一個女僕甚至吻了一個年輕人。在其他情況下，人們看到一個消費者在這家咖啡館裡拉著一個女孩坐在他的腿上，另一個人則摟著她的腰。有幾次，女僕和年輕男子一起乘坐敞篷車，抽著菸。我們聽到的談話往往非常隨性，有時是淫穢的。」一個二十六歲的批發商說，他十三歲的小姨子被父親禁止去拜訪朋友，因為她必須經過這些咖啡館。女士也已經不再去圖書館，因為它位於這些咖啡館附近。
212. Arch. dépt. Charente-Inférieure, M 415, rapport du commissaire central, 1er juillet

173. Docteur Reuss, *op. cit.*, p. 203.

174. 左拉在《娜娜》（*Nana*, La Pléiade, p. 1320）一書中提到警方對長租旅館的臨檢。

175. 因此，多爾維利的短篇小說《一個女人的復仇》（*La vengeance d'une femme*）中的男主角，在注意到獅子山公爵夫人的技能時感到十分驚訝。

176. Docteur Reuss, *op. cit.*, p. 422.

177. Arch. dépt. Bouches-du-Rhône, M 6 3336.

178. 關於這方面，參見：Carlier, *op. cit.*, p. 36, Martineau, *op. cit.*, p. 82 et Coffignon, *op. cit.*, p. 80 *sq*.

179. *Op. cit.*, p. 114.

180. Docteur Reuss, *op. cit.*, p. 184.

181. *Cf.* Regnault, *De l'évolution de la prostitution*, p. 114。

182. 關於馬賽的情況，參見內文第二三五頁及其接續頁。

183. Docteur Reuss, *op. cit.*, p. 424 et 404.

184. Martineau, *op. cit.*, p. 97 et Coffignon, *op. cit.*, p. 312.

185. Arch. dépt. Haute-Garonne, M 284.

186. *Op. cit.*, p. 83.

187. Virmaître, *op. cit.*, p. 115.

188. Docteur O. Commenge, *op. cit.*, p. 62. 然而應當指出，作者傾向於誇大對資產階級家庭隱私的所有威脅。

189. Virmaître, *op. cit.*, p. 67.

190. Arch. dépt. Bouches-du-Rhône, M 6 6570 (1). 賀尼奧醫生（Regnault, *L'évolution de la prostitution*, p. 113）提到「公共廁所」的賣淫問題。

191. Arch. dépt. Bouches-du-Rhône, M 6 4817[A].

192. Arch. dépt. Bouches-du-Rhône, M 6 6573.

193. 姚安克（J. Le Yaouanq）指出第四區也有類似的過程。

194. 維涅隆醫生（Vigneron, *La prostitution clandestine à Nancy*, p. 25）談到南錫時，對這些祕密後堂做了精確的描述，這些後堂有時只以簡單的簾子與大廳隔開；他寫道：「我們看到前面大廳的光照進了這些陰暗的小房間，因此很容易看到和聽到在那裡發生的事情。」在此可以感受到，他對於性行為超出

155. Virmaître, *Trottoirs...*, p. 151。莫泊桑在《俊友》(*Bel Ami*)中也提到這一點。

156. Carlier, *op. cit.*, p. 23；特別是：Haussonville, « L'enfance à Paris », *Revue des Deux-Mondes*, 15 juin 1878, p. 898。

157. 鑑於上述情況以及寬容妓院的位置。

158. 這些大眾空間的核心，一般屬於儒日里(J. Rougerie, « Recherche sur le Paris populaire. Espace populaire et espace révolutionnaire : Paris 1870-1871 », *Recherches et Travaux*, Institut d'histoire économique et sociale de l'université de Paris I, no 5, janvier 1977)認為的「警察空間」(espace policier)或「廢棄空間」(espace abandonné)。

159. J. Rougerie, art. cité, p. 82.

160. 除非有人認為放蕩是民眾抗議的基本形式。

161. J. P. Aron, *Le mangeur au XIXe siècle.*

162. J. Gaillard, *Paris, la ville. Passim.*

163. 巴黎大堂和龐畢度中心地區博堡(Beaubourg)繼續存在著大眾型或虐戀式的賣淫活動就是僵固性的證明。

164. Virmaître, *op. cit.*, p. 140.

165. Docteur Patoir, art. cité, p. 421.

166. Léon Bloy, « Barbey d'Aurevilly, espion prussien», *Sueurs de sang*。參見維爾梅特(Virmaître, p. 139)在書中所記載妓女使用的侮辱詞語錄。

167. 科夫格南(Coffignon, *op. cit.*, p. 119)在書中曾提到公共馬車當中的拉客行為。

168. 福樓拜認為：「外省城市的窗戶取代了劇院和散步場所。」(*Madame Bovary*, éd. Garnier, p. 130) 埃德加·琵奇(Edgard Pich, « Littératures et cadres sociaux : l'antiféminisme sous le Second Empire », *Mythes et représentations de la femme*, p. 182, note 7)將此看法更為發揚光大：「賣淫的主題與窗戶的主題緊密相扣……它是妓院和人行道的某種替代品。」

169. Macé, *op. cit.*, p. 78.

170. *Ibid.*

171. *Op. cit.*, p. 502.

172. Coffignon, *op. cit.*, p. 79.

129. Rapport du commissaire spécial, 12 novembre 1885. Arch. dépt. du Nord, M 201/13. 一八八五年，《晨報》專門撰文介紹了這一案件。

130. 參見內文，第三〇六頁。

131. Yves Guyot, *op. cit.*, annexes, p. 552.

132. A. Corbin, *Archaïsme et modernité en Limousin*..., t. I, p. 113.

133. G. Desire-Vuillemin, « Une grève révolutionnaire : les porcelai-niers de Limoges en avril 1905 », *Annales du Midi*, janv.-mars 1971, p. 54 *sq*.

134. Maurice Barrès, *Les déracinés*, éd. 1965, p. 110. 巴爾札克在談到巴黎時已經指出，「罪惡把富人和窮人永遠焊接在一起」（*Splendeurs et misèresmisères*..., p. 826）。

135. 在這方面，于斯曼筆下主角的心態很具啟發性。

136. 基層婦女的心碎痛苦，是于斯曼創作的主題，就像菲力浦一樣。

137. Docteur Homo, *op. cit.*, p. 179.

138. Docteur Reuss, *op. cit.*, p. 413.

139. 參見內文，幽會館，第一八二頁。

140. Docteur H. Mireur, *La prostitution à Marseille*, p. 216.

141. *Op. cit.*, p. 21.

142. Coffignon, *op. cit.*, p. 109 *sq*.

143. E. Richard, *op. cit.*, p. 63.

144. *Nana*, La Pléiade, p. 1312.

145. *Bubu de Montparnasse,* Le Livre de poche, p. 107-109.

146. *L'Assommoir*, La Pléiade, p. 771.

147. Coffignon, *op. cit.*, p. 110 *sq*.

148. Macé, *op. cit.*, p. 58.

149. Coffignon, *op. cit.*, p. 111.

150. *Ibid.*, p. 112.

151. *Ibid.*, p. 115.

152. Martineau, *op. cit.*, p. 81.

153. Virmaître, *Trottoirs et lupanars*, p. 139.

154. D'après le docteur O. Commenge, *op. cit.*, p. 123.

110. 再一次根據多馬爾（Adeline Daumard, thèse citée, p. 250）的觀點。

111. 如龔固爾兄弟在《洛雷特》（*La lorette*）中的描述。（譯按：因為這些交際花大多在洛雷特聖母院〔l'église Notre-Dame-de-Lorette〕附近租房子，故稱為洛雷特。）

112. 在喬安娜．李察森（Joanna Richardson, *Le demi-monde au XIXe siècle en France. Les courtisanes*, 1968）的著作中中可以找到精美的圖片資料。

113. 早期有保羅．加瓦尼（Paul Gavarni）、奧諾雷．杜米埃（Honoré Daumier），然後是馬爾斯（Mars）、史托普（Stop，本名路易．莫爾－雷茲〔Louis Morel-Retz〕）、阿爾弗雷德．格雷萬（Alfred Grévin）的作品。

114. *Nana*, La Pléiade, p. 1165-1195.

115. Macé, *op. cit.*, p. 103 *sq.*

116. Coffignon, *op. cit.*, p. 133.《貪欲的角逐》一書中，馬克沁（Maxime）的年輕情婦西爾維婭（Sylvia），在左拉筆下的世界裡，就是這類交際花的代表。

117. Coffignon, *op. cit.*, p. 127.

118. *Cf.* Léo Taxil, *op. cit.*, p. 211.

119. Macé, *op. cit.*, p. 67.

120. A. Armengaud, *Les populations du Sud-Est aquitain à l'époque contemporaine*, p. 284.

121. 遺憾的是，關於十九世紀，我們沒有像德堡（Depauw, « Amour illégitime et société à Nantes au XVIIIe siècle », *Annales. Économies. Sociétés. Civilisations*, juill.-oct. 1972, p. 1155-1182）對於舊制度時末期那樣，精確探討這種現象。

122. 參見內文，第二七一頁及其接續頁。

123. 于斯曼在《瑪特》（*Marthe*）及《瓦塔德姐妹》（*Les sœurs Vatard*）中對其有精采的描寫。

124. 有幾個月，瑪特的情況也是如此；另一方面，《瓦塔德姐妹》裡的賽普利安（Cyprien）對塞琳（Céline）則更為小氣。

125. L. Puibaraud, *Les malfaiteurs de profession*, p. 112.

126. J. Vidalenc, *Le département de l'Eure sous la Restauration*, p. 494.

127. Docteur Reuss, *op. cit.*, p. 423.

128. *Ibid.*, p. 416.

97. 因此，在以下著作中可以找到生動的詳述。關於第二帝國時期：Carlier, *op. cit.*, 1re partie, chapitre II 以及德爾沃的全部著作；第二帝國之後的時期：Macé, *op. cit.*, passim, Coffignon, *op. cit.*, p. 122 *sq.* Andrieux, *Souvenirs d'un préfet de police*, passim ; Goron, *Les industries de l'amour*, et Virmaître, *Trottoirs et lupanars*, p. 143 *sq.* 在小說作品中，還可以介紹拉諾的《交際花》（*Courtisane*），此書以一篇有趣的序言揭開序幕，還有小仲馬《克列蒙梭事件》（*Affaire Clemenceau*）小說中的女主角伊莎，她是個瞞著丈夫從事性交易的半上流社會女子。

98. 樂庫賀、珍奈醫生和塔克希爾（Léo Taxil, *op. cit.*, p. 211）引用了許多例子。

99. 在拉諾的小說中，貝特・拉皮耶—泰拉德（Berthe de La Pierre-Taillade）是議會主席兼內政部長阿德里安・達布瓦（Adrien Darbois）的情人。

100. 根據多馬爾（Adeline Daumard, these citée, p. 272）對這一用語的說法。

101. Léo Taxil, *op. cit.*, p. 210 *sq.*

102. Docteur Reuss, *op. cit.*, p. 422.

103. 參見內文，第二二七頁及其接續頁。左拉在《貪欲的角逐》中描述的茜東妮・盧貢（Sidonie Rougon）的活動，說明了過渡期的情況。

104. 引用歌戈弘（Goron）相當獨到的書名（譯按：《愛情實業家》〔*Les industries de l'amour*〕）。

105. P. Alexis, *La fin de Lucie Pellegrin.*

106. 拉諾（P. de Lano, *op. cit.*, préface, p. VII）這個對交際花的神聖觀點，奠定了他在文學上的成功。正如獅身人面的斯芬克斯（Sphinx）既是快樂的傳播者，也是冷酷無情者的這個未解之謎，交際花也是女性矛盾的象徵。此外，正如保羅・聖—維克多（Paul de Saint-Victor）所指出的（cité par H. Mitterand, *Nana*, La Pléiade, p. 1689），對資產階級來說，交際花社會是一個出乎意料的世界，可以形容為機遇。

107. 當然，這是在一八八四年後（譯按：一八八四年法國重新恢復離婚制度）。

108. 赫斯醫生（Reuss, *op. cit.*, p. 371）提供了關於這個問題的統計資料。隆河口省檔案館（Bouches-du-Rhône, M 6 2458）收集了一批因道德原因被驅逐的有趣檔案。

109. 這也是赫斯醫生（Reuss, *op. cit.*, p. 169 *sq.*）的觀點。

建議的方法提出的數字。

81. 參見內文，第三十六頁。

82. C. J. Lecour, *La prostitution à Paris et à Londres*..., p. 120. 請注意樂庫賀提出的這個總數包含公娼，即「順從的妓女」。

83. Docteur L. Fiaux, *Rapport au nom de la commission spéciale*..., p. 378.

84. Déclaration à la commission formée par le conseil municipal, 2e séance, p. 25.

85. *Op. cit.*, p. 9.

86. Cité par E. Richard, *op. cit.*, p. 58.

87. Lassar, *Die Prostitution zu Paris, Ein Berichtt*, 1892.

88. *Op. cit.*, p. 60. 同年，米隆（Miron）指出巴黎有兩萬四千名妓女，克里斯蒂安・斯特隆伯格（Christian Strohmberg）則認為有兩萬個（cité par le docteur P. E. Morhardt, *Les maladies vénériennes et la réglementation de la prostitution*, p. 113-114）。

89. Docteur Lutaud, « La prostitution patentée... » *Journal de médecine de Paris*, juin 1903, p. 229.

90. *Bull. de la Soc. fr. de prophylaxie sanit. et morale*, 1905, p. 189.

91. *Bull. de la Soc. fr. de prophylaxie sanit. et morale*, 1908, p. 9.

92. 參見內文，第五〇頁。

93. Op. *cit.*, p. 9. 關於這次調查的條件，參見內文，第五十二頁。

94. Docteur Mireur, *La prostitution à Marseille*, p. 217。古約在一八八一年詢問十六個市鎮關於私娼的統計數字時，這些市鎮回覆的估計數量甚至更加隨意，幾乎沒有任何意義。在這方面應該注意的是，有一半的市政當局認為無法衡量非法賣淫的程度。

雅彥在一九〇三年調查結束後指出，馬賽有兩千名私娼，南錫有一千五百名，格勒諾布爾有一百五十至兩百名（art. cité, p. 254 et 256）。一九〇七年，埃爾米特醫生（E. Hermite, *Prostitution et réglementation sanitaire de la police des mœurs à Grenoble*, p. 9）估計，格勒諾布爾有一千至一千兩百名妓女在工作。

95. 這就是希莎的想法（E. Richard, *op. cit.*, p. 64）。

96. Docteur Martineau, *La prostitution clandestine*, p. 4.

58. 參見書目中引用的生物行為史著作。

59. 例如：參見坎勒（Canler）和卡利耶的證詞。

60. 參見這本碩士論文：M. Callu, *Approche critique du phénomène prostitutionnel parisien dans la seconde moitié du XIXe siècle par le biais d'un ensemble d'images : œuvres de Constantin Guys. Félicien Rops. Gustave Moreau*, Tours, 1977.

61. 在這方面，參見：G. Deleuze, *Présentation de Sacher-Masoch : le froid et le cruel*, 1973.

62. Krafft-Ebing, *Psychopathia sexualis.*

63. Michel Foucault, *La volonté de savoir*, p. 69-99.

64. Docteur Homo, *op. cit.*, p. 70.

65. *Ibid.*, p. 69.

66. H. Turot, *Le prolétariat de l'amour,* p. 181.

67. 由圖洛發表。

68. J. K. Huysmans, *À rebours*, coll. 10-18, 1975, p. 136-140.

69. Carlier, *op. cit.*, p. 20 *sq.*

70. O*p. cit.*, p. 164.

71. *Cf.* A. Dumas fils. Théâtre complet, t. I, préfaces inédites.

72. *Cf.* Coffignon, *op. cit.*, p. 142.

73. *Ibid.*, p. 143.

74. 小仲馬未發表的序言。

75. 例如：decteur Homo, *op. cit.*, p. 52。

76. 他認為妓女是指那些「以性關係為行業和職業」的婦女，即「任何婦女……把自己獻給第一個前來的人，以換取金錢報酬，……除了與數量或多或少的人發生短暫的性關係，沒有其他生存手段」（Richard, *op. cit.*, p. 43-44）。

77. Docteur L. Butte, « Syphilis et prostitution », 1890.

78. 歐摩（Homo, *op. cit.*, p. 52）在呼籲將她們登記入冊後，也認為被包養的女子屬於偽妻，並將她們排除在他的賣淫研究之外。

79. 參見內文，第三十五頁及其接續頁。

80. Richard, *op. cit.*, p. 60. 根據卡利耶醫生（Carlier, « Étude statistique sur la prostitution clandestine », *Annales d'hygiène publique*, 1871, t. XXXVI, p. 302）

44. 這在二十世紀初就已開始使用，參見：Mémoires de Canler, cité par Taxil, *La prostitution contemporaine*, p. 168 *sq*. 某些小城鎮的寬容妓院中也會有這種表演，但很快就會引起軒然大波。一九一一年九月，聖米耶爾衛戍部隊（garnison de Saint-Mihiel）的幾名軍官在女友人的陪同下，來到一家寬容妓院，指定兩名妓女「寬衣解帶，躺在床墊上互相行淫」。這一小群人在妓院裡過了一夜，直到凌晨開了香檳酒才離去（Rapport du procureur général de la Cour de Nancy, 16 septembre 1911, Arch. nat. BB 18 2466）。在調查過程中，引起司法官焦慮的問題，是軍官的女友人是否轉頭不看表演。《女郎艾莉莎》的手稿包含一個女副老闆鞭笞裸體妓女的場景，但這段文字未被正式發表（*cf.* R. Ricatte, *op. cit.*, p. 213-215）。

45. L. Fiaux, *Les maisons de tolérance*..., p. 182-183.

46. 警方報告證實，確有專門為此目的而訓練的狗。*Cf.* Arch. préfect. de police, BA 1689, rapport du 11 oct. 1893 concernant le n° 6 de la rue de Provence.
    布格萊（Bouglé, *Les vices du peuple, Paris*, 1888）詳細地論述人獸交的做法。該著作受到超管制主義的啟發。

47. L. Fiaux, *Les maisons de tolérance*..., p. 165.

48. 塔克希爾（Léo Taxil, *op. cit.*, p. 165）在書中非常精確地描述了妓院妓女從事性交的所有做法；莫尼耶（rapport cité de Paul Meunier, p. 157）細述了鞭笞的工具。

49. L. Fiaux, *Les maisons de tolérance*..., p. 165. 卡利耶（Carlier, *op. cit.*, p. 102）所舉的例子也是如此：長針、綴有針刺的皮帶、打結的繩索；上面全都布滿乾涸的血跡。

50. L. Fiaux, *Les maisons de tolérance*..., p. 166.

51. Léo Taxil, *op. cit.*, p. 167.

52. L. Fiaux, *Les maisons de tolérance..., ibid.*

53. Léo Taxil, *op. cit.*, p. 166.

54. Cité par L.Fiaux, *Les maisons de tolérance*..., p. 162.

55. Léo Taxil, *op. cit.*, p. 165.

56. 杜波瓦醫生引用的證詞。

57. Léo Taxil, *op. cit.*, p. 171.

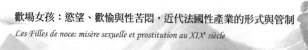

15. 參見內文，第一八九頁及其接續頁。

16. Arch. préfect. de police. BA 1689.

17. *Ibid.*

18. *Ibid.*

19. Arch. dépt. Bouches-du-Rhône, M 6 3336.

20. Arch. dépt. Meurthe-et-Moselle, 4 M 135.

21. 別忘了這是違法的。

22. *Ibid.*

23. Arch. dépt. Meurthe-et-Moselle, 4 M 134.

24. Arch. dépt. Var, 8 M 52.

25. *Ibid.*

26. 有幾部著作肯定了這種烏托邦的持久性，特別是：Charles Richard, *La prostitution devant le philosophe*, 1881。

27. Regnault, « De l'évolution de la prostitution », *La France médicale*, 1892, p. 565.

28. 保羅・杜波瓦（Paul Dubois）在巴黎市議會組織的委員會的發言。

29. A. Champon, art. cité.

30. Arch. dépt. Meurthe-et-Moselle, 4 M 135.

31. L. Fiaux, *Les maisons de tolérance*..., p. 256.

32. *Ibid.,* p. 230.

33. Docteur Regnault, art. cité, p. 547.

34. 例如：莫泊桑在《港口》中對保留區街道活力的喚起。

35. Rapport du sous-préfet au préfet, 4 juillet 1907, Arch. dépt. Hérault, 62 M 8.

36. *Ibid.*

37. *Ibid.*

38. Meunier. Annexes au rapport de Hennequin, rapport, p. 421 *sq.*

39. Meunier, rapport cité, p. 424.

40. *Ibid.*

41. L.Fiaux, *La police des mœurs*, t. I, p. 214.

42. L.Fiaux, *Les maisons de tolérance, leur fermeture*..., p. 179.

43. *Ibid.*, p. 180.

382. Rapport préfectoral, 18 février 1887. Arch. dépt. Seine-Inférieure, 4 M P 4565.

383. Docteur Reuss, *op. cit.*, p. 419.

384. Hennequin, rapport cité, p. 123.

第二部　從監禁到行為監督的過程

第一章　管制主義的失敗，抑或誘惑的假象

1. 以菲奧著作（Fiaux, *Les maisons de tolérance...*, p. 343 *sq.*，特別是*La police des mœurs*, t. II, p. 907-908）中提供的資訊說明製作：他利用恩爾淦收集的檔案編寫了報告。

2. 帕圖瓦醫生（Patoir, art. cité, 1902, p. 379）強調的下降趨勢。他也指出，隨著妓院數量減少，剩餘妓院的工作人員更迭速度更快，里爾的妓院現在甚至「每年約有兩百到兩百二十名妓女來來去去」。

3. Rapport au préfet. Arch. dépt. Finistère. Série M (non classé).

4. 例如：它影響了比利時的大城市，以及俄羅斯帝國的城市。

5. 即里昂、波爾多、盧昂、土魯斯、雷恩、亞眠、利穆贊、第戎和布爾吉。

6. *Cf.* Carlier, *op. cit.*, p. 146 *sq.*

7. 根據一九〇二年的調查資料製作。但要注意布列斯特和蒙佩利爾的指標，與一八七九年調查的指標或菲奧醫生的紀錄都不一致。「寬容妓院」的定義不精確，無疑是造成差異的原因。

8. H. Hayem, art. cité, p. 260-261.

9. 參見內文，第二五一頁及其接續頁。

10. 參見內文，第二二〇頁。

11. Cité par L. Fiaux, *La police des moeurs...*, t. II, p. 213.

12. 這方面請參考：docteur L. Fiaux, *La prostitution cloîtrée*, p. 86.

13. *Cf.* Arch. préfect. de police. B A 1689 et Arch. dépt. Bouchesdu-Rhône, M 6 6574.

14. *Op. cit.*, p. 147.在國家檔案館 F 7 9304-5號檔案夾中，可以找到關於這個問題的相關檔案。

委員會的發言。）

359. Arch. dépt. Bouches-du-Rhône, M 6 1747.

360. Arch. dépt. Bouches-du-Rhône, M 6 3336.

361. 參見內文，第四十頁。一八七七年，中央警察局長強調妓女被關押在其「巢穴」（repaires）的進展（Arch. dépt. Bouches-du-Rhône, M 6 4816）。

362. 關於拘留室的精確描述：docteur Reuss, *op. cit.*, p. 374；Guyot, *op. cit.*, p. 136 *sq.*；Cte d'Haussonville, art. cité, p. 900 *sq.*

363. *Cf.* rapport Guyot, au conseil municipal, 19 octobre 1880.

364. Coffignon, *op. cit.*, p. 246.

365. Cte d'Haussonville, « *Le combat contre le vice* », p. 809.

366. 如果中央警察局長迪策的說法可信的話。Arch. dépt. Bouches-du-Rhône, M 6 3336.

367. Coffignon, *op. cit.*, p. 248.

368. Docteur H. Mireur, *La prostitution à Marseille*, p. 204 *sq.*

369. Rapport du commissaire central, 24 mars 1902.

370. 馬克西姆・杜剛（Maxime Du Camp, *op. cit.*, p. 439 *sq.*）留下了關於審訊妓女的驚人描述。

371. Docteur Reuss, *op. cit.*, p. 373.

372. Cité par L. Fiaux.

373. E. Richard, *op. cit.*, p. 135 et L. Fiaux, rapport cité, p. 389 *sq.*

374. Docteur Reuss, *op. cit.*, p. 376.

375. 她們的確可以用一半的工資，每天在食堂買兩次「歌貝特」（gobette），即咖啡、牛奶或一杯酒（Docteur Reuss, *ibid.*）。

376. 在這方面，古約和希莎（*op. cit.*）也如此認為。

377. E. Richard, *op. cit.*, p. 136.

378. Maxime Du Camp, *op. cit.*, p. 444.

379. 一八七五年的法規。

380. Richard, *op. cit.*, p. 137。根據加洛林・巴侯（Caroline de Barrau）在一八八六年倫敦廢娼大會上的報告。

381. 關於二十世紀的聖拉札監獄問題，參見內文，第四一一頁。

了這段話。

334. *Ibid.*

335. *Ibid.*

336. 例如：喬治・馬丁《巴黎市市政公報》（Georges Martin, *Bulletin municipal de la ville de Paris*, 8 février 1883）的一月二十五日會議紀錄。

337. 在菲奧醫生的著作（L. Fiaux, *La police des moeurs*..., t. I, p. 59 *sq.*）中可以找到一長串列舉。

338. 參見內文，第二九〇頁及其接續頁。

339. 一八八一年三月九日的命令。

340. 以及一八八三年十月二十五日關於家事警察稽查住房的條例第十條。

341. Guyot, *op. cit.*, p. 131.

342. 參見內文，第二八七頁及其接續頁。

343. Docteur Reuss. *op. cit.*, p. 418.

344. *Ibid.*, p. 407.

345. Docteur H. Mireur, *La prostitution à Marseille*, chapitre III.

346. Docteur Reuss, *op. cit.*, p. 377.

347. *Op. cit.*, p. 145.

348. *Cf.* M. Perrot, *Les ouvriers en grève*, t. I, p. 182.

349. 參見內文，第一四八頁。時間上與全國的保守派和天主教反擊運動相吻合。

350. 這種數量減少可以從對工人的壓制情況中看出；*cf.* M. Perrot, *op. cit.*, t. I, p. 182.

351. *Op. cit.*, p. 295.

352. Y. Guyot, *op. cit.*, Annexes, p. 491.

353. Rapport du commissaire central, 1884. Arch. dépt. du Nord, M 201.

354. Arch. dépt. Bouches-du-Rhône, M 6 4817^A^.

355. 但兩萬一千九百四十三名公娼這個數字是錯誤的，因為許多人已經被拘留不只一次。

356. Arch. dépt. Var, 8 M 52.

357. 只有對各省檔案館保存的Y系列監獄登記冊進行系統分析，才有可能確認。

358. L. Fiaux, *La police des moeurs*..., t. II, p. 217.（奧弗萊〔M. Auffret〕對國會外

313. *Ibid.*

314. Art. cité, 1887, 2e partie, p. 53.

315. Rapport du directeur du cours d'accouchement, Arch., dépt. Finistère, série M, non classé.

316. Docteur H. Homo, *op. cit.*, p. 27.

317. Lettre du docteur Viator au professeur Bourneville, *Progrès médical*, 1887, 2e partie, p. 52.

318. *Le Progrès médical*, 1887, 2e partie, p. 69.

319. Docteur Patoir, art. cité, p. 424.

320. Docteur Reuss, *op. cit.*, p. 414.

321. Y. Guyot. *op. cit.*, Annexes, p. 488.

322. Docteur Langlet, art. cité, p. 154.

323. *Le Progrès médical*, 1887, 1re partie, p. 232.

324. Hennequin, rapport cité, p. 115.

325. 其定義在十九世紀持續演變。

326. *Cf.* Vivien, *Études administratives*, t. II, p. 216-219, Batbie, *Traité de droit public et administratif*. Faustin-Hélie, *Théorie du code pénal*, t. III, p. 104.

327. *Le Monsieur*, n° 192, 12 germinal an V.

328. 參見內文，第三九九頁及其接續頁。

329. 參見里昂・雷諾（Léon Renault）一八七二年三月二十八日在巴黎市議會的演講、瓦讚（Voisin）一八七六年十一月三十日的演講，和諾丹（Naudin）一八七九年四月二十八日在掃黃警察委員會的演講。這也是赫斯醫生引用的著作中所發展的論點。

330. 參見一八八四年的法律之前，雅克－克勞德・本尼歐（Jacques-Claude Beugnot, 1814）、亞章（Comte d'Argout, 1833）和克勞德・德隆格勒（Claude Alphonse Delangle, 1859）的政府通函。

331. *Cf.* docteur Reuss. *op. cit.*, p. 353.

332. 雷諾於一八七二年三月二十八日採納此論點，樂庫賀於一八七二年三月二十八日亦然（C.J. Lecour, *La prostitution à Paris...*, p. 40）。

333. 李奧・塔克希爾（Léo Taxil, *La prostitution contemporaine*, p. 397）完整引述

294. Docteur Corlieu, *op. cit.*, p. 70.

295. Docteur Garin, *op. cit.*, p. 40. 一八八八年，亦即改革之後，菲奧指稱有兩百四十四張床位供性病婦女使用，九十二張床位供男子使用（L. Fiaux, *La police des moeurs*... 1888, p. 760）。

296. Docteur Garin, *op. cit.*, p. 31.

297. Docteur H. Mireur, *La prostitution à Marseille*, p. 313.

298. Docteur L. Fiaux, *La police des moeurs*, 1888, p. 760.

299. Docteur H. Mireur, *La prostitution à Marseille*, p. 319.

300. Cité par le Docteur L. Fiaux, *La police des moeurs*, t. I, p. 434.

301. 在巴黎的路西納醫院，囚室一直保留到阿弗雷德・傅尼葉教授將其廢除（L. Fiaux, *La police des moeurs*, 1888, p. 776）。古約的調查卻顯示，一八八二年時，盧昂和瓦朗斯（Valence）的性病婦女得到了良好照顧。當時，前者的平均治療時間為四十二天（Y. Guyot, *op. cit.*, annexes, p. 492-493 et 544）。

302. Professeur Louis Spillmann et J. Benech, *Du refuge à la Maison de Secours*, 1914.

303. 根據艾蒂安醫生（Étienne, *Études sur la prostitution,* Nancy, 1901, p. 14）的說法，從一八八二年到一八八五年，被關押在該院的梅毒婦女平均人數為一百二十二人。

304. Docteur L. Spillmann, *L'évolution de la lutte contre la syphilis*, p. 2-3.

305. *lbid.*, p. 5.

306. *lbid.*, p. 5.

307. Professeur Bourneville, « Quelques notes sur l'hospitalisation des vénériens de province », *Le Progrès médical*, 1887.這篇文章的論證很有啟發性，雖然還是要承認它在雜誌上掀起的辯論，是反教權論戰的一部分；關於這方面，請參看一八八七年三月《醫學領域》（*La Province médicale*）的指控。

308. *Loire médicale*, 1887, n° 4, p. 103.

309. *Ibid.*

310. *La Province médicale*, n° 13, 26 mars 1887, p. 208.

311. M. Perrot, « 1848, révolution et prisons », *Annales historiques de la Révolution française*, juill.-sept., 1977, p. 321.

312. Docteur Bourneville, *art. cit.*, 1887, 1re partie, p. 431.

271. *Cf.* L. Fiaux, rapport cité au conseil municipal de Paris, p. 417 ou E. Richard, *op. cit.*, p. 124.
272. L. Fiaux, *ibid.*
273. Y. Guyot, *op. cit.*, p. 294.
274. Cité par Guyot, *op. cit.*, p. 293.
275. Y. Guyot, *op. cit.*, p. 295 et Pr. A. Fournier, *passim.*
276. 妓女對帽子非常重視，因為在拉客時，法規最常禁止她們戴帽子。
277. Docteur Patoit, art. cit., p. 425.
278. *Cf.* docteur Garin, *op. cit.*
279. 科柳醫生（Corlieu, *La prostitution à Paris*, p. 100 *sq.*）對這個問題有一段揭露內情的記載。
280. 這裡指的是染上梅毒，而不是指奧季亞—圖恆（Auzias-Turenne）教授進行的自願感染梅毒。
281. Arch. dépt. Bouches-du-Rhône, M 6 336.
282. Docteur Maireau, *Syphilis et prostituées*..., p. 78.
283. « Les vénériennes de Saint-Lazare », *Revue de médecine légale*..., 1900, p. 81 *sq.*
284. Professeur Barthélemy, art. cit., *Revue de médecine légale*..., 1900. 所得的結果有待商榷；據巴特雷米教授說，妓女染上梅毒的年紀比一般性病婦女還要晚！（關於這個主題，參見：d'Edmond Fournier, cités p. 389）。
285. *Bulletin de la Société française de prophylaxie sanitaire et morale*, 1909, p. 127.
286. 為朗格醫生著作（Langlet, *Union médicale et scientifique du Nord-Est*, 30 juillet 1905）的文章標題。
287. *Op. cit.*, p. 310 *sq.* 古約列出的用餐時間表似乎將囚犯與病人混為一談。
288. 參見赫斯醫生（Reuss, *op. cit.*, p. 336 *sq.*）提出的詳細說明。
289. Corlieu, *op. cit.*, p. 63. 當然，治療方法因醫院而異；參見古約調查結果裡，關於敦克爾克、瓦朗謝訥（Valenciennes）和聖康坦醫院的詳細情況。
290. *Op. cit.*, p. 312.
291. *Op. cit.*, p. 338.
292. *Op. cit.*, p. 312.
293. *Op. cit.*, p. 69.

251. Docteur Reuss, *op. cit.*, p. 72.

252. 這就是一八六五年醫院調查的結果（Arch. nat., F[20] 282）。

253. 一八八二年（*cf.* Y. Guyot, *op. cit.*, annexes p. 486-555），蒙佩利爾、漢斯、布列斯特、夏隆（Chalon）、南特、尼奧爾（Niort）、聖康坦、波城和特魯瓦的相互救濟協會都實施該排除條款；很多時候，該排除條款也針對酗酒者和鬥毆者。

254. 北非妓女對窺陰器的稱呼。M. Mory « prophylaxie des maladies vénériennes », *Écho médical du Nord,* 17 août 1902, p. 391.

255. Docteur Reuss. *op. cit.*, p. 291.

256. Docteur Jeannel, *op. cit.*, p. 178.

257. 參見Y. Guyot, *op. cit.*, p. 302-303以及菲奧全部著作中多處。左拉在談到娜娜時（La Pléiade, p. 1315），寫道：「健診的椅子使她充滿痛苦和羞愧。」費利西安・羅普斯（Félicien Rops）以一種引人注目的方式，描述這種使用窺器的概念。

258. Docteur H. Mireur, *La prostitution à Marseille*, p. 244.

259. Y. Guyot, *op. cit.*, p. 489.

260. L. Fiaux, *La police des moeurs…*, 1888, p. 184 *sq.* 一八八二年的古約調查顯示，這是最常見的週期。

261. Hennequin, rapport cité, p. 114.

262. Docteur H. Mireur, *La prostitution à Marseille*, p. 243.

263. Rapport du service de santé, Arch. dépt. Finistère, série M, non classé.

264. Docteur H. Mireur, *La prostitution à Marseille*, p. 246.

265. *Ibid.*

266. Hennequin, rapport cité, p. 116 *sq.* 一些城市，例如：格勒諾布爾，住院費用部分也由寬容妓院女老闆繳納的稅款支付。在奧爾良，則是妓女每接受一天治療就必須支付兩法郎（H. Hayem, art. cit., p. 260）。

267. Arch. dépt. Seine-Inférieure, 4 M P 4564.

268. 參見內文，第三十三頁。

269. Docteur H. Mireur, *La prostitution à Marseille*, p. 100 *sq.*

270. Y. Guyot, *op. cit.*, annexes, p. 523.

227. *Cf.* E. de Goncourt, *La fille Elisa*, G. de Maupassant, *L'Ami Patience*.

228. Macé, *op. cit.*, p. 266, docteur Reuss, *op. cit.*, p. 122 *sq.*

229. Docteur Reuss, *op. cit.*, p. 124.

230. L. Fiaux, *La police des moeurs*..., 1888, p. 184.

231. 關於這一點，恩爾淦（Hennequin, rapport cité, p. 112）指出有幾條法規禁止妓院女老闆在七月十四日「張燈結綵」。

232. 不過，在此必須聲明，這在里昂三座妓院的檔案中是極為罕見的（參見前文，第九十六頁，註191）。

233. Arch. nat., BB 385. Cité par Pierre Arches, *Une ville et son maire, Parthenay en 1872*, 1975, p. 34-35.

234. 參見內文，第一二八頁。

235. 參見內文，第四一五頁。

236. G. de Molinari, *La viriculture*, p. 156.

237. Lion Murard et Patrick Zylberman, *Le petit travailleur infatigable*, *passim*.

238. *Op. cit.*, p. 152.

239. Arch. dépt. Var, 8 M 52.

240. 參見內文，第一一七頁及接續頁。

241. L. Fiaux, *Rapport... au conseil municipal*, p. 372.

242. 根據庫埃（Coué）對市政委員會的陳述。

243. Docteur Jeannel, *op. cit.*, p. 203.

244. Arch. dépt. Bouches-du-Rhône, M 6 1747.

245. 該區包括收穫街（rue des Récollettes）、圖巴諾街（rue Thubaneau）、勒梅特街（rue Lemaître）、博物館街（rue du Musée）、無耳咖啡杯街（rue de Mazagran）、法蘭西喜劇院街（rue du Théâtre-Français）和賽納克街（rue Sénac）。

246. Arch. dépt. Bouches-du-Rhône, M 6 3336.

247. Arch. dépt. Bouches-du-Rhône, M 6 4817[A].

248. Arch. dépt. Charente-Inférieure, 6 M 413.

249. Arch. dépt. Meurthe-et-Moselle, 4 M 134.

250. 參看內文第九十六頁，註191中關於里昂的三間妓院。

208. Yves Guyot, *op. cit.*, p. 305.

209. Hennequin, rapport cité, p. 106-107.

210. 其中有些法規精確得令人吃驚；克萊蒙耶羅爾（Clermont-de-l'Hérault）的法規制定的時間較晚，是一九一一年；但法規特別規定，「（妓院的）每個房間門上都有一個號碼，數字至少有七公分高」（第五條），「樓梯的臺階不得超過十七公分高，深度不得少於三十公分」（第二十條）（Arch. dépt. Hérault, 62 M 8）。

211. L. Fiaux, *Les maisons de tolérance*..., p. 238.

212. L. Fiaux, *Rapport... au conseil municipal de Paris*.

213. 龔固爾在《女郎艾莉莎》中，對這些拉客的踱步留下了引人入勝的描述，以至於左拉後來得到很大的啟發。

214. 參見內文，第三三一頁。

215. 帕圖瓦醫生（Patoir, « La prostitution à Lille », *Écho médical du Nord*, 7 septembre 1902, p. 425）強調了里爾妓院女老闆使用窺器（spéculum）和硝酸銀止血筆（crayon de nitrate）的技巧；她們知道如何排空巴多林氏腺（glande de Bartholin）的膿液，或實施「圍巾術」（le coup du foulard），意即讓子宮頸處「頑固和過於黏稠的黏液」消失。

216. Cité par L. Fiaux, *Les maisons de tolérance*..., p. 130.

217. Commissaire de police de La Seyne, Arch. dépt. Var, 8 M 52.

218. 是客戶的數量，不是交媾的數量。L. Fiaux, *Les maisons de tolérance*..., p. 131.

219. *Ibid.*, p. 131.

220. *Op. cit.*, p. 207.

221. L. Fiaux, *Les maisons de tolérance*..., p. 132. 一九〇一年由尚朋確認的證詞，*op. cit.*, p. 156.

222. 參見內文，第一五八頁及其接續頁。

223. *Ibid.*, p. 106.

224. Macé, *op. cit.*, p. 267. 不用說，各省妓院的情況並沒有明顯的不同，讀者們也會記起《女郎艾莉莎》中描述的布樂夢（Bourlemont）妓院寄宿房。

225. L. Fiaux, *Les maisons de tolérance*..., p. 50.

226. *Ibid.*, p. 263.

而貝約和舍維拉的妓院則比較常在里昂招募。

191. 三十人表示不知道自己要去什麼地方，三人（這是極少數）「悄悄失蹤」，十一人聲稱要回故鄉，但我們不知道是哪個地區，九人因為生病被送回，四人因為不遵守行政部門的規定，兩人被關進監獄，一人從登記冊上除名，最後一人在妓院居留期間死亡。

192. 以 Arch. dépt. de la Seine-et-Oise, 6 M 7, du Var, 8 M 52 et des Bouches-du-Rhône, M 6 4817 A.的說明繪製的圖表（參見內文，第一〇〇頁）。

193. Arch. dépt. Finistère, série M, non classé.

194. Arch. dépt. Rhône. Non classé.

195. 我淘汰了其他的停留時間，因為它們持續的時間似乎並不顯著；這種方法使我們能盡量低估一些妓女的實際停留時間（參見內文，第一〇〇頁）。

196. 利用一九〇二年調查的回覆繪製的圖表。Arch. dépt. Seine-et-Oise, 6 M 7, Var, 8 M 52 et Bouches-du-Rhône, M 6 4817[A]（參見內文，第一〇一頁）。

197. Rapport du maire, Arch. dépt. Finistère, série M, non classé.

198. Rapport cité du commissaire central de Toulon, Arch. dépt. Var, 8 M 52.

199. 十八世紀，西蒙・蝶樂薩勒（Simone Delesalle）在〈閱讀名著：曼儂・萊斯庫特〉（Lecture d'un chef-d'oeuvre : Manon Lescaut）強調妓女的這種匿名性。「她從最深不可測的社會陰影中走出來，帶著隱姓埋名的神色」，雨果是這樣介紹芳婷的，她將一直隱姓埋名到墳墓裡（*Les Misérables,* p. 129）。

200. 除非妓院裡的其他妓女已使用這個花名。

201. Arch. dépt. Rhône, non classé.

202. 這個花名的相對頻率，或許也可以從阿爾馮斯・都德（Alphonse Daudet）筆下的女主角身上得到部分解釋。

203. L. Fiaux, *Les maisons de tolérance*..., p. 90.

204. Rapport cité du commissaire central de Toulon, Arch. dépt. Var, 8 M 52.

205. 另一方面，在同一時期的凡爾賽「寬容妓院」，妓女每天只能掙到一法郎或一法郎五角。這證明不同地區的做法有很大差異（Arch. dépt. Seine-et-Oise, 6 M 7）。

206. Arch. nat., BB 18 2359.

207. 參見內文，第一一八頁及其接續頁。

170. Macé, *op. cit.*, p. 258.

171. L. Fiaux, *Les maisons de tolérance*..., p. 49.

172. *Ibid.*

173. *Ibid.*

174. 奧克塔夫・米爾博（Octave Mirbeau, *Journal d'une femme de chambre,* p. 262-263 [éd. Fasquelle, 1968]）絕妙地勾勒了這些職業介紹所等候室裡的氣氛。

175. Y. Guyot. *op. cit.*, p 165.

176. Arch. nat. BB 18 2314.

177. L. Fiaux, *Les maisons de tolérance*..., p. 41-42.

178. Enquête de 1902, Arch. dépt. Seine-et-Oise, 6 M 7.

179. 當這些皮條客招募未成年少女時，為了欺騙行政管理部門，而且還經常是為了欺騙妓院女老闆本人，他們不得不編造假證件。土倫的中央警察局長寫道，為了編造假證件，皮條客會到公共墓地去抄錄已故年輕女孩墓碑上的身分資料，並以看似合理的動機，向其家鄉的市長索取出生證明（Arch. dépt. Var, 8 M 52）。

180. Arch. nat. BB 18 2386 II.

181. Commissaire de police de La Seyne et commissaire central de Toulon, rapports cités, Arch. dépt. Var, 8 M 52.

182. L. Fiaux, *Les maisons de tolérance*..., p. 41.

183. Enquête de 1902. Arch. dépt. Finistère, non classé.

184. *Cf.* L. Fiaux, Rapport... au conseil municipal de Paris, 1883.

185. Cité par L. Fiaux, dans ce rapport, Annexes à l'ouvrage de Léo Taxil, *La prostitution contemporaine*, p. 370, note 1.

186. Docteur Reuss, *op. cit.*, p. 411. 布列斯特市長在一九〇二年三月證實這一網絡的描述（Arch. dépt. Finistère, M non classé）。

187. Rapport du commissaire de police, 1902, Arch. dépt. Var, 8 M 52.

188. Arch. dépt. Rhône. Non classé.

189. 重要的是要知道，這個對於在里昂登記的妓女來歷的研究，不同於對其出生地的研究（參見內文，第三十頁）。

190. 每個妓院女老闆都有自己的習慣，因此，薩爾瓦多的妓院主要在巴黎招聘，

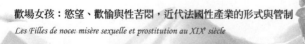

151. Rapport du commissaire de police de La Seyne-sur-Mer, 28 mars 1902, Arch. dépt. Var, 8 M 52.

152. Rapport du maire, Arch. dépt. Finistère, série M, non classé.

153. 根據卡利耶的說法（Carlier, op. cit., p. 175），巴黎有四或五位。

154. 在一九〇二年土倫的「開放式妓院」中，妓女接客的價格在一至兩法郎之間，而宿娼的價格在五至十法郎之間（Arch. dépt. Var, 8 M 52）。一九〇二年，在布列斯特接客的價格是兩法郎，宿娼價格是五法郎（Rapport du maire, Arch. Finistère, série M, non classé） 在凡爾賽也是如此，不過在該地，士兵嫖妓不過夜只需支付一法郎（Rapport du commissaire central, 14 mars 1902, Arch. dépt. Seineet-Oise, 6 M 7）。

155. 一九〇二年在土倫的一間 「封閉式妓院」裡，接客的價格是五法郎，宿娼的費用從十法郎到二十法郎不等，取決於妓女與嫖客的品質（commissaire central, rapport cité）。

156. Rapport du maire, Arch. dépt. Finistère, série M, non classé.

157. 關於這個問題，請參看勒格涵夫人（Mme Legrain）在一九〇一年里昂廢娼大會上的發言。A. de Morsier, *La police des moeurs en France*, p. 184 *sq.*

158. *Ibid.*, p. 187.

159. Champon, *op. cit.*, p. 156.

160. *Ibid.*

161. *Op. cit.*, p. 154.

162. L. Fiaux, *Les maisons de tolérance…*, p. 301.

163. Hennequin, rapport cité, p. 106-110.

164. Macé, *op. cit.*, p. 265.

165. L. Fiaux, *Les maisons de tolérance…*, p. 296.

166. *Les maisons de tolérance…*, p. 113.

167. Docteur Reuss, *op. cit.*, p. 135.

168. 參見內文，第三五四頁。

169. 然而，還是會有新手決定進入「寬容妓院」的情形。所以在一九〇二年布列斯特妓院的妓女當中，「有兩個人離開了她們非自願被安置的修道院」（mairie de Brest, 13 mars 1902, Arch. dépt. Finistère, série M, non classé）。

130. 土倫市長在一九〇二年指出：「在十萬居民中，不時有一萬五千名單身漢，不是在港口，就是在軍營裡」。他認為，如果廢除賣淫，同性戀就會大行其道。（Arch. dépt. Var, 8 M 52）

131. 參見內文，第二六三頁。

132. 布爾熱在《現代愛情生理學》（*Physiologie de l'amour moderne*）中，對於性生活方面被排斥者進行了有趣的研究：在我們剛剛列出的類別之外，他又增加了害羞一項。

133. 參見內文，第一五三頁，一位巴黎妓院老闆的證詞。Arch. préfect. de pol. B A 1689.

134. Bergeret (d'Arbois) : « La prostitution et les maladies vénériennes dans les petites localités », *Annales d'hygiène publique et de médecine légale*, 1866, p. 348.

135. H. Homo, *op. cit.*, p. 179.

136. 在許多情況下，管制主義計畫都可以讓男性經營妓院，但在大多數大城市，只允許婦女經營妓院，也就是可以居住在妓院；雷恩、勒芒、亞眠和馬賽都是如此。

137. Arch. dépt. Bouches-du-Rhône, M 6 6569.

138. 參見內文，第一八六頁。

139. C.-J. Lecour, *De l'étal actuel de la prostitution parisienne*, p. 138.

140. Carlier, *Les deux prostitutions*, p. 177.

141. Arch. Nat. BB^{18} 2314.

142. 我們都知道，通常是法規要求他這麼做。樂庫賀、梅西和菲奧都曾指出這種做法。

143. Carlier, *op. cit.*, p. 153.

144. Macé, *op. cit.*, p. 283.

145. *Op. cit.*, p. 152.

146. Champon, *op. cit.*, p. 156.

147. Rapport du commissaire central de Versailles, Arch. dépt. Seineet-Oise, 6 M 7.

148. Rapport du commissaire central de Toulon. 24 mars 1902. Arch. dépt. Var, 8 M 52.

149. Rapport du 14 mars 1902, Arch. dépt. Finistère, série M, non classé.

150. Arch. dépt. Var, 8 M 52.

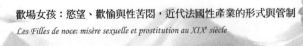

de Morsier, *La police des moeurs en France et la campagne abolitionniste*, Annexes. « Rapport de M. Champon », p. 155.

110. Toulon, rapport du commissaire central, 24 mars 1902, Arch. dépt. Var. 8 M 52.

111. Rapport du maire de Brest au sous-préfet, Arch. dépt. Finistère, série M, non classé.

112. Lardier, *op. cit.*, p. 13.

113. G. de Maupassant. *La maison Tellier*.

114. 參見內文，第一五八頁及其接續頁。

115. 參見內文，第一六二至一六三頁。

116. 大多數記述是關於他們與交際花、被包養的情婦及其他私娼的往來。

117. 唯有在醜聞爆發時，我們才能夠辨別出這種類型的顧客；一八八三年末，亞爾（Arles）爆發了一場轟動的事件；人們很快就發現，該市的一大群知名人士，「公務員、訴訟代理人、律師、市議員、食利者或批發商人」經常光顧狐吉爾（Rougier）女士的妓院，該妓院被指控讓未成年少女賣淫（Rapport du commissaire spécial des chemins de fer, 30 novembre 1883. Arch. dépt. Bouches-du-Rhône, M 6 3336）。

118. Hennequin, rapport cité, p. 108.

119. 不然他們也會找獨自賣淫的公娼或私娼。

120. Paul Bourget, *Physiologie de l'amour moderne*, p. 78.

121. *Ibid.*, p. 79.

122. *Ibid.*, p. 82.

123. 特別是旅遊地區。據伊埃雷（Hyères）的警察局長說，「在冬季，鎮上旅館裡大部分的男服務生都會去那裡，人數眾多」。（Rapport du 16 mars 1902, Arch. dépt. Var, 8 M 52）

124. *Cf.* Homo, *op. cit.*, p. 179 et Lardier, *op. cit.*, p. 6.

125. Fiaux, *Les maisons de tolérance...*, p. 126.

126. Lardier, *op. cit.*, p. 13.

127. L. Fiaux, *Les maisons de tolérance...*, p. 125.

128. Coffignon, *op. cit.*, p. 41.

129. A. Corbin, *Archaisme et modernité en Limousin*, t. I, p. 218.

91. Arch. dépt. Hérault, 62 M 8.

92. Arch. dépt. Bouches-du-Rhône, M 6 6573.

93. Docteur Reuss, *op. cit.*, p. 407.

94. Arch. dépt. Finistère, série M ; non classé.

95. Hennequin, rapport cité, p. 106.

96. Servais et Laurend, *Histoire et dossier de la prostitution*, p. 203.

97. *Cf.* R. Ricatte, *La genèse de « La Fille Élisa »*, p. 120.

98. 參見內文，第一五八頁及其接續頁。

99. 參見菲奧醫生（L. Fiaux, *Les maisons de tolérance, leur fermeture...*, p. 251）的描述。

100. 莫泊桑在小說《友人帕雄斯》（*L'ami Patience*）描寫的房子，客廳有一幅勒達（Léda）躺在天鵝下的壁畫。神話圖案的運用也會出現在「女人經營的啤酒館」這類場合的裝潢，不免令人聯想到被稱為「消防員」（pompiers），技法浮誇的資產階級學院派畫家們運用的潛規則；他們希望呈現賣淫而不冒犯客戶，於是大量運用東方後宮、蠻族酋長搶來的戰利品、奴隸市場的畫面，以及聖安東尼的誘惑，或抹大拉的瑪利亞的畫像。這方面請參考：Alexa Celebonovic, *Peinture kitsch ou réalisme bourgeois. L'art pompier dans le monde.*

101. Maupassant, *L'Ami Patience.*

102. *Cf.* Coffignon, *Paris vivant. La corruption à Paris*, p. 43.

103. Coffignon, *op. cit.*, p. 39.

104. Docteur Jeannel, *op. cit.*, p. 194.

105. 不過要注意的是，大多數外省城市當時禁止妓院女老闆在妓院一樓開設咖啡一酒館及提供飲料；亞眠、盧昂、雷恩、布列斯特、南特和土魯斯都是如此。里昂則允許經營咖啡一酒館。L. Fiaux, *La police des moeurs en France et dans les principaux pays d'Europe*, 1888, p. 184.

106. Ed. de Goncourt, *La fille Élisa*. G. de Maupassant, *La maison Tellier* et *Le port*.

107. 至少目擊者是這麼說；但經驗表明（參見內文第一九三頁關於「軍人的妓女」）只要這些成見沒有經過量化分析，最好持保留態度。

108. G. Macé, *La police parisienne. Gibier de Saint-Lazare*, p. 260.

109. 薩蘭（Salins）市長尚朋明確表示，訥韋爾（Nevers）曾採取這種做法。A.

75. Arch. dépt. Seine-et-Oise, 6 M 7 et Var, 8 M 52.

76. 關於這個問題，參見：Friedlander, *Histoire et psychanalyse*。

77. Docteur L. Fiaux, *La police des moeurs*, t. I, p. 212.

78. 這種類型的主要著作如下列作者：歐摩醫生、樂庫賀、加翰醫生、米賀醫生、梅西、赫斯醫生、菲奧醫生、馬利－法蘭索瓦・戈弘（Marie-François Goron）以及一八七八年巴黎市議會成立的委員會，或國會外道德制度委員會的檔案。

79. 例如：阿里・科菲儂（Ali Coffignon）和查理・維爾梅特（Charles Virmaître）引用的著作。

80. 關於這個問題，請見維爾梅特對菲奧醫生著作的評論（Virmaître, *Trottoirs et lupanars,* p. 28）。

81. 例如：古約的著作即屬於該類型。

82. Arch. dépt. du Rhône. Non classé.（1）一八九六年九月十九日以來由埃斯佩弘斯・薩爾瓦多（Espérance Salvador）持有的妓院之登記冊（自一八八五年九月七日至一九一四年七月二十七日），該妓院有二十二個房間，地址是錢幣街一號之一（1 bis, rue de la Monnaie）；（2）貝約（Beillot）妓院登記冊，自一九〇七年八月二日至一九一四年八月三日；（3）一八七九年七月二十五日以來，由布隆先生（Blanc）未亡人約瑟芬・書維亞（Joséphine Chevillat）持有的妓院之登記冊（自一八九八年十月二十二日至一九一四年七月十八日），該妓院有十個房間，地址是史密斯街二號（2 rue Smith）。

83. Arch. dépt. Bouches-du-Rhône, M 6 6569.

84. Arch. dépt. Bouches-du-Rhône, M 6 6570[1].

85. 雖然有時指的是稍後的檔案。

86. Docteur H. Mireur, *La prostitution à Marseille*, p. 156，以及一八七六年十二月十五日的中央警察局長報告，提到了八十六間 寬容妓院「封閉」（Arch. dépt. Bouches-du-Rhône, M 6 3336）。

87. Yves Guyot, *La prostitution*. Annexes, p. 488.

88. Rapport du maire, 25 mars 1902. Arch. dépt. Var, 8 M 52.

89. Arch. dépt. Var, 8 M 52.

90. 一九二七年前，塞特市（Sète）拼寫為 Cette。

48. H. Homo, *op. cit.*, p. 40.

49. Préfet Delasalle, 18 février 1882, in Th. Roussel, rapport cité, p. 294.

50. 但該注意的是，在因非法賣淫而被當場逮捕，並被行政部門拒絕登記的年幼女孩中，鑑於其年齡，家族既往史的影響更為明顯。在這方面也不能忘記，我在此描述的公娼賣淫，並不能代表全部的性交易。

51. Docteur Homo, *op. cit.*, p. 36.

52. Docteur H. Mireur, *La prostitution à Marseille*, p. 170.

53. Docteur Reuss, *op. cit.*, p. 17.

54. Arch. dépt. Bouches-du-Rhône, M 6 4817^{A}.

55. Arch. dépt. Seine-et-Oise, 6 M 7 et Arch. dépt. Finistère, M (non classé).

56. Docteur Reuss, *op. cit.*, p. 13.

57. Docteur H. Mireur, *La prostitution à Marseille*, p. 166-168.

58. 不包括在阿爾及利亞出生的五十八名妓女。

59. Arch. dépt. Bouches-du-Rhône, M 6 4817^{A}. 土倫的情況是以馬賽模式為基礎。*Cf.* Arch. dépt. Var, 8 M 52.

60. Docteur H. Homo, *op. cit.*, p. 31.

61. 參見內文，第九十四頁及其接續頁。

62. Docteur H. Mireur, *La prostitution à Marseille*, p. 171-173.

63. 不過，表上的「傭人」可能有很大一部分是農村工作者。

64. 參見內文，第一八三頁。

65. Docteur H. Mireur, *La prostitution à Marseille*, p. 176.

66. 參見內文，第二六七至二六八頁。

67. 參見內文，第二二四頁及其接續頁。

68. Docteur Reuss, *op. cit.*, p. 15.

69. Docteur H. Mireur, *La prostitution à Marseille*, p. 174.

70. Arch. dépt. Bouches-du-Rhône, M 6 4817^{A}.

71. Arch. dépt. Seine-et-Oise, 6 M 7.

72. Arch. dépt. Var, 8 M 52.

73. Arch. dépt. Charente-Inférieure, 6 M 415.

74. Arch. dépt. Bouches-du-Rhône, M 6 4817^{A}.

34. *Cf.* docteur A. Després, *op. cit.*, *passim.*

35. 摘自德沛醫生的資料。

36. 雅克・侯秀德（Jacques Rossiaud）對中世紀時期法國南部隆河地區的賣淫結構進行了縝密的研究。*Cf.* « Prostitution, jeunesse et société dans les villes du Sud-Est *au* XVe siècle », *Annales E.S.C.*, mars-avril 1976, p. 289-326.

37. 不過應當注意，公娼在某種程度上滿足的是屬於城市社會外部的性需求（軍人、學生、旅行推銷員、遊客、新來移工和邊緣化人群），而祕密賣淫滿足的對象則是已經融入社會者的需求。這也是祕密賣淫更具威脅性的原因之一。

38. Docteur Reuss, *op. cit.*, p. 19.

39. Docteur H. Mireur, *La prostitution à Marseille*, p. 158. 根據作者說法，很多申請登記的妓女虛報年齡以便順利登記。

40. Professeur Barthélemy, « La prophylaxie des maladies vénériennes chez la femme», *Revue de médecine légale*, 1900, p. 124.

41. 這些結論證實了馬提諾醫生關於暗娼的看法（參見內文，第二一二頁）。貢捷堡的五十二名妓女向歐摩醫生坦白她們初夜的年紀；兩名妓女在十歲前失去童貞，十七名在十歲至十五歲間，二十四名在十五歲至十八歲間，九名在十八歲至二十一歲間。她們破處的平均年齡為十五歲四個月。五十二人中，有四十三人在登記賣淫前曾有過一個孩子。大部分在進入妓院前都曾被包養（docteur Homo, *op. cit.*, p. 45）。就當代來說，這些數字可以與米歇爾・莫爾醫生（Michel Le Moal, *Étude sur la prostitution des mineures*, Paris, 1969）提供的數字進行有趣的比較。

42. 一九〇一年在里昂舉行的廢娼大會上也再次討論了這個問題。

43. Docteur L. Le Pileur, cité par Régnault, *L'évolution de la prostitution*, p. 87-88.

44. Docteur Martineau, *La prostitution clandestine*, p. 42-66.

45. Arch. dépt. Var, 8 M 52 et Arch. dépt. Seine-et-Oise, 6 M 7.

46. 杜克裴修以其為討論賣淫問題的基礎（E. Ducpétiaux, *De la condition physique et morale des jeunes ouvriers et des moyens de l'améliorer*）。還需要提及《悲慘世界》中的芳婷是個私生女嗎？

47. H. Mireur, *La prostitution à Marseille*, p. 169.

courtisanes, p. 677）。

18. Docteur H. Mireur, *La prostitution à Marseille*, p. 201.
19. Hennequin, rapport cité, p. 97.
20. Docteur Reuss, *op. cit.*, p. 261.
21. *Cf.* Annexes au rapport de M. F. Hennequin, rapport de Paul Meunier, p. 392.
22. C.-J. Lecour, *La prostitution à Paris...*, p. 126.
23. Garin, *op. cit.*, tableau hors texte.
24. E. Richard, *La prostitution à Paris*, 1890, p. 50.
25. Docteur A. Després, *La prostitution en France*, 1883.
26. 關於一八七九年二月一日政府通報下令進行的這次「風化統計」調查的詳細紀錄，可以在大多數省政府的檔案中找到。例如：Arch. dépt. Bouches-du-Rhône M 6 2329, Charente-Inférieure 6 M 415, Gironde 4 M 337, Var 8 M 52, Finistère (non classé), Seine-Inférieure 4 M P 4565, Seine-et-Oise 6 M 7。印刷表格的準確性因此得以查核。
27. 我們將在今後的發展中廣泛利用此調查，例如：在以下檔案館中可以找到該調查的重要摘錄：Arch. dépt. Charente-Inférieure 6 M 415, Hérault 62 M 8, Meurthe-et-Moselle 4 M 134, Var 8 M 52, Seine-et-Oise 6 M 7, Finistère M non classé, Bouches-du-Rhône, M 6 4817[A]。
28. 應該將尼斯（Nice）和薩瓦（Savoie）兩省納入國土，與割讓阿爾薩斯—洛林的情況納入考量，因前兩者當地官方允許的賣淫活動還不發達，而後者則相當蓬勃。
29. Rapport du sénateur Théodore Roussel, *Documents parlementaires. Sénat*. Annexe à la séance du 25 juillet 1882. Documents annexes, réponses à la 13e question, p. 291-296.
30. *Cf.* Henri Hayem, art. cité.
31. H. Hayem, art. cité, p. 251.
32. 本表參照註27引用的文獻編纂而成。
33. 土倫的情況可以用一九〇〇年來中央警察局長執行的「禁閉」政策來解釋（*cf.* son rapport, 1902. Arch. dépt. Var, 8 M 52）；一八九九年獨自賣淫的公娼為兩百五十人，一九〇一年為八十九人，一九〇二年為十六人。

第二章　管制主義下的封閉環境

1. 「被『授予墮落之權』（ordonnées au vice）的女孩」是塞納河下游省一位妓院公娼寫信給行政單位，要求將其從妓女名冊中除名時使用的說法（Arch. dépt., Seine-Inférieure, 4 M P 4565）。
2. Règlement Gigot, 15 octobre 1878, I, 2.
3. *Cf.* O. Commenge, *op. cit.*, p. 142-175. 作者列舉了聯繫家屬的例子。
4. 參見內文，第二部第三章。
5. Docteur H. Mireur, *La prostitution à Marseille*, p. 130-151，以及隆河口省檔案館M6系列中的各種文件。
6. 一九〇二年的土倫以一法郎的價格出售健康檢查卡，販賣收益被當作津貼分發給員警（rapport du commissaire central, 24 mars 1902 Arch. dépt., Var. 8 M 52）。
7. 結果見引文附錄，p. 485-555。
8. 國會外道德制度委員會。*Annexes au rapport général présenté par M. F. Hennequin*, p. 41 à 133.
9. *Cf.* Henri Hayem, « Enquête sur la police des moeurs en province », *Revue pénitentiaire*, 1904, p. 251 *sq.*
10. Hennequin, annexes au rapport cité, p. 91.
11. H. Hayem, art. cité, p. 258.
12. Docteur Jeannel, *op. cit.*, p. 236.
13. Docteur H. Mireur, *La prostitution à Marseille*, p. 150.
14. 該表格的繪製依據一九〇二年的調查報告，包括：Arch. dépt., Finistère (série M, non classé), Seine-et-Oise (6 M 7), Charente-Inférieure (6 M 415), Hérault (62 M 8), Meurthe-et-Moselle (4 M 134)。
15. 在這種情況下，我們發現的變化很可能因為樣本的構成而被誇大，而樣本的構成傾向於將法國南部的重要性降到最低。
16. Docteur Louis Fiaux, *La police des moeurs...*, t. I, p. 199.
17. 巴爾札克寫得有些誇大其詞：伊絲帖離開梅納迪夫人（Mme Meynardie）的妓院時，還不到十九歲，要接受兩年的考核期（*Splendeurs et misères des*

128. *Op. cit.*, p. 397.

129. *La prostitution à Marseille*, p. 233.

130. 米賀醫生一一審視這些建議，最後全部不予採納（*La syphilis*..., p. 82-97）。

131. « Suppression de la syphilis. » Paris, 1846, cité par Desprès, *op. cit.*, p. 174.

132. Professeur Diday, *La Gazette médicale*, 1850, p. 198.

133. 米賀醫生（*La syphilis*... p. 82）指出以下人士：海席耶（Ratier）、佩特曼（Pétermann）、雅克彤（Acton）、德松杜維爾（de Sandouville）、貝特宏（Bertherand）及達維拉（Davila）。

134. Docteur Rey, *Congrès médical international de Paris*, 1867, p. 312.

135. Docteur Jeannel, *op. cit.*, p. 377.

136. *Op. cit.*, p. 121.

137. *Ibid.*

138. *Op. cit.*, p. 89.

139. *Ibid.*

140. Docteur Potton. *op. cit.*, t. II, p. 442，轉引自歐摩醫生。

141. *La prostitution à Marseille*, p. 336.

142. *Ibid.*

143. *Ibid.*, p. 337.

144. *Ibid.*, p. 338.

145. *Ibid.*, p. 339.

146. Docteur Bertillon, mémoire sur *L'influence du mariage sur la vie humaine*. Académie de médecine 24 nov. 1874. Publié in *Gazette hebdomadaire*, 1871, n° 43, p. 686 *sq.*

147. Diday, « Assainissement méthodique de la prostitution », p. 492.

148. *Ibid.*

149. 我們知道左拉如何呼應這些遐想；根據他的說法，娜娜「將一切化為繞指柔，她是酵母，是裸體，是臀部，讓我們的社會分崩離析……她是肉慾的焦點」（papiers Zola, Bibliothèque nationalemanuscrits français, nlles acqu. *$* 211-212）。左拉倒是不反對這個社會過程：娜娜頂多只是造成社會分解的一個因素，而非社會的威脅。

l'Académie de médecine, 1888, p. 492.

105. *Op. cit.*, p. 65.

106. *Ibid.*, p. 69.

107. 這反映衛生學影響的進展，也反映了醫學界的關注。早在一八六七年，巴黎國際醫學大會（congrès médical international de Paris）就已將防治性病列入議程。

108. *Cf.* docteur H. Mireur, *La syphilis et la prostitution*..., *passim*. 但應當提及，米賀醫生一八六七年的論文《梅毒遺傳評論》（*Essai sur l'hérédité de la syphilis*）曾致力研究梅毒的遺傳性。

109. Docteur Mougeot, cité par Lecour. *La prostitution*..., p. 13-14.

110. Docteur Homo, *op. cit.*, p. 75.

111. *Ibid.*, p. 75.

112. *Op. cit.*, p. 490.

113. *Ibid.*, p. 458.

114. *Ibid.*, p. 460.

115. Flévy d'Urville, *op. cit.*, p. 26. 作者甚至稱之為「囤貨者」（d'accapareuses）。

116. Maxime Du Camp, *op. cit.*, p. 460.

117. Paul Cère, *op. cit.*, p. 231.

118. Flévy d'Urville, *op. cit.*, p. 40.

119. *Op. cit.*, p. 44.

120. *Op. cit.*, 2e section. Introduction.

121. *La prostitution à Marseille*, p. VIII.

122. Docteurs Crocq et Rollet. *Prophylaxie internationale des maladies vénériennes.* 1869, p. 28.

123. 應當一提，在費城（一八七六年）和日內瓦（一八七七年）的國際醫學大會上，這個問題已不列入議程。

124. J. Garin, *op. cit.*, p. 13.

125. *La prostitution à Marseille*, p. 327.

126. *Ibid.*, p 330.

127. Arch., dépt. Seine-Inférieure, 4 MP 4565.

93. Docteur J. Garin, *op. cit.*, p. 12.

94. *Op. cit.*, p. 424 *sq.*

95. Léon Bloy, *Sueurs de sang*, p. 60.

96. C.-J. Lecour, *La prostitution à Paris*..., p. 338. 保羅・賽爾（Paul Cère）則指出，自巴黎兩次被圍以來，警方對妓女的處理更加嚴格（*Les populations dangereuses et les misères sociales*, 1872, p. 235）。

97. Professeur Mauriac, *Leçons sur les maladies vénériennes professées à l'hôpital du Midi*, 1883, 4e leçon (1875) p. 145.

98. *Op. cit.*, p. 454 *sq.*

99. 弗萊維・迪維爾（Flévy d'Urville, *op. cit.*, p. 155 *sq.*）則表明「痲瘋病正處於高峰」。

100. 卡利耶的《兩種賣淫》（*Les deux prostitutions*）出版於一八八七年，時間較晚，但其實與第二帝國相關。

101. 按照查理・德馬茲（Charles Desmaze, *op. cit.*, p. V）的說法，淫蕩已經無法「量計」。「過去，賣淫只限於某些眾所周知或登記在冊的婦女，她們繫著鍍金腰帶，只在某些地區出沒；而如今在巴黎，賣淫到處蔓延，遍布所有街道，妓女穿著各種剪裁和時尚都可以自行支配的服裝。以前，**淫蕩能以固定的數字量計**，現在她們成群結隊，隊伍與日俱增，工廠、商店和劇院成為賣淫溫床，在這個年齡、性別、巧思、惡習交互混雜的無序之地，**任何道德都能被出賣**。」

102. 根據賽爾（*op. cit.*, p. 229）的說法，交際花和妓女現在被混為一談。此外，只委身於單一情人的格希瑟特已經絕跡了（p. 3）。米赫醫生（*La prostitution à Marseille*, p. 210）有些難以置信地在一八八三年寫道，「風流、品行不端、姘居、賣淫這幾個詞之間，當然還是有些區別的！」並進而提到祕密賣淫，這支「墮落和毀滅的大軍此時緊緊地包圍我們，似乎阻礙了我們生活的所有路徑」（*Ibid.*）。赫斯醫生（*op. cit.*, p. 164）更斷然指出：「一般說來，所有放蕩的婦女都是祕密賣淫者：一個擁有眾多情人的貴婦，與一個在林蔭道上拉客的私娼，在這方面的地位是一樣的。」

103. *Op. cit.*, p. 465.

104. Professeur H. Diday. « Assainissement méthodique de la prostitution », *Bulletin de*

prostitution à Marseille, 1882 et docteur L. Reuss, *La prostitution au point de vue de l'hygiène et de l'administration en France et à l'étranger*, 1889.

80. Yves Guyot. *La prostitution*, 1882.

81. 「男人主要不是為女人造的；女人卻是為男人造的。」〈哥林多前書〉，第十一章，第九節。

82. *Cf.* C.-J. Lecour, *La prostitution à Paris*..., chap. XV, p. 241 *sq.*, Maxime Du Camp, *op. cit.*, p. 428 *sq.*, docteur Jeannel, *op. cit.*, p. 174：「懶惰、貪婪、凌亂、生性放蕩、祕密賣淫、自暴自棄、厭惡工作，這些都是公開賣淫的真正源頭。」Docteur Homo, *op. cit.*, p. 125 *sq.*, docteur H. Mireur, *La prostitution à Marseille*, p. 333-335 ; docteur L. Reuss, *op. cit.*, p. 24-49. 這本著作裡由管制主義者列舉的賣淫原因最為詳盡：作者先後列舉「遺傳本能、早熟和自然的反常」、「懶散、懶惰」、「貧困家庭的下流與濫交」、「私生子」、「父親或母親再婚」、「沒教養」、「開放給婦女的職業僧多粥少」、「教育程度高」、「農村的荒蕪」、「工資的不足」、「工廠和商店的兩性雜處、僕役太多」、「享樂的誘惑、奢侈的品味」、「淫穢書籍及插圖」以及「第一次的誘惑」；他特別指出，「賣淫的原因和社會問題有著密切聯繫」(p. 49)，而「政治革命」、「金融震盪」、「長期以來使工人階級堅強和誠實的宗教原則」消失，這些都具有關鍵作用。

83. 歐摩醫生對如今面臨奢華妓院競爭的昔日簡陋妓院表達的懷念之情，很能說明問題。*Op. cit.*, p. 6-7, p. 70.

84. 《第二十九號病床》(*Lit 29*) 的女主角。

85. Léon Bloy, « Repaire d'amour », *Sueurs de sang*.

86. « L'enfance à Paris », *Revue des Deux-Mondes* (oct., déc. 1876,mars 1877).

87. Docteur Homo, *op. cit.*, p. 70.

88. Docteur J. Garin, *op. cit.*, p. 39.

89. Lecour, *La prostitution à Paris*, p. 137.

90. Docteur H. Mireur, *La prostitution à Marseille*, p. 228.

91. Docteur H. Mireur, *La syphilis et la prostitution dans leurs rapports avec l'hygiène, la morale et la loi*, p. 368.

92. Docteur Reuss, *op. cit.*, p. 97.

66. 參見內文，第二四五頁及其接續頁。

67. *Op. cit.,* t. II, p. 268.

68. *Op. cit., Ibid.*

69. 弗雷傑（*op. cit.*, t. I, p. 181）則更堅決地譴責這些「祕密賣淫的前哨站」。

70. *Op. cit.,* t. I, p. 109.

71. *Op. cit.,* t. I, p. 22.

72. *Op. cit.,* t. I, p. 23.

73. *Op. cit.*, t. I, p. 255 et t. I, p. 23。帕宏—杜夏特雷與阿道夫・凱特勒（Adolphe Quetelet）、安爵維爾伯爵（comte d'Angeville）和杜克裴修都屬於提倡社會統計的社會學家。關於法國統計調查的發展，參見：Bertrand Gille, *Les sources statistiques de l'histoire de France,* 1964。

74. *Op. cit.*, t. I, p. 372 *sq*.

75. *Cf.* remarque de M. Pertot, *Enquêtes sur la condition ouvrière en France au XIX*e *siècle*, p. 33.

76. 在研究巴黎妓女的地理來源時，他還發現了著名的聖瑪洛—日內瓦分隔線（ligne Saint-Malo Genève）。

77. Docteur O. Commenge, *La prostitution clandestine à Paris*.

78. 事實上，帕宏 杜夏特雷醫生的書在一八五七年出了第三版，特別在附錄中收錄了阿道夫・譚比雪（Adolphe Trébuchet）和波哈—杜瓦（Poirat-Duval）的研究。

79. 最主要的著作列舉如下*:* C.J. Lecour, *La prostitution à Paris et à Londres, 1789-1871*, 1872, et *De l'état actuel de la prostitution parisienne*, 1874. Maxime Du Camp, *Paris, ses organes, ses fonctions et sa vie…*, t. III, chap. XVII, « La prostitution », 1872. Docteur Jeannel, *De la prostitution dans les grandes villes au XIX*e *siècle et de l'extinction des maladies vénériennes*, 1868. Docteur Homo, *Étude sur la prostitution dans la ville de Château-Gontier, suivie de considerations sur la prostitution en général*, 1872. Flévy d'Urville, *Les ordures de Paris*, 1874. Charles Desmaze, *Le crime et la débauche à Paris*, 1881. Docteur J. Garin, *Le service sanitaire de Lyon, son organisation médicale et ses résultats pratiques,* 1878. 以下著作雖然較晚出版，但也持同樣的看法 : docteur Mireur, *La*

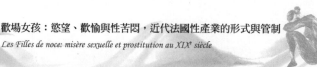

51. Parent-Duchâtelet, *op. cit.*, t. II, p. 250.

52. *Op. cit.*, t. I, p. 308.

53. *Op. cit.*, t. I, p. 292.

54. 貝侯在他的條例草案中特別寫道：「當窗戶打開時，嚴格遵守空氣更新所需的時間，百葉窗和窗簾會恆常保持關閉。這些窗簾採用深色而厚實的織物製成。」（*op. cit.*, t. II, p. 161）

55. *Op. cit.*, t. I, p. 429-430.

56. *Op. cit.*, t. I, p. 292. 管制主義者都要求擴增妓院。*Cf.* Béraud, *op. cit.*, t. I, p. 184-185 ou Potton, *op. cit.*, p. 231.

57. *Op. cit.*, t. II. p. 49.

58. 蓋潘醫生（*op. cit.*, p. 642）早就認為，「只有整頓道德」才能消滅梅毒。弗雷傑（*op. cit.*, t. II, p. 256）則認為，只有醫生和警長有能力改造妓女，因此他要求行政部門鼓勵醫生向妓女提供道德建議。

59. *Op. cit.*, t. II, p. 86.

60. 因為他們經常受到錯誤的指責，需要在此說明，七月王朝時期的管制主義者並不認為性病之惡是種公正的懲罰；恰恰相反，基於大量無辜的受害者，他們熱切希望放棄體罰，並呼籲治療能夠更人性化（*cf.* Béraud, *op. cit.*, t. II, p. 59）。

61. *Op. cit.*, t. II, p. 495. 貝侯不遺餘力地表明「專斷是必要的」（*op. cit.*, t. II, p. 24 *sq.*）。

62. *Op. cit.,* t. II, p. 261.

63. 艾斯奇洛斯聲稱，他堅決反對這種道德重整的收容方式（*op. cit.*, p. 193）。在他看來，應該把妓女納入普通法的管轄（p. 205），停止鄙視她們，也應該把她們當作女人來對待，並把她們集中到改革後的寬容妓院。對妓女來說，這些場所只是單純的過渡居所，而「婚姻終將降臨妓女身上，就像光明降臨黑暗帝國一樣」（p. 233）。

64. *Op. cit.,* t. I, p. 115.

65. *Cf.* Ch. Tilly, « The changing place of collective violence », *Essays in Social and Political History* et E. Shorter et C. Tilly « Le déclin de la grève violente en France de 1890 à 1935 », *Le Mouvement social*, juill.-sept. 1971, p. 95-118.

42. 艾斯奇洛斯寫道：「妓女特別喜歡世界上的三樣東西：陽光、花和她們的頭髮。」以這個主題為主的文學作品，眾所皆知數量極多（*op. cit.*, p 161）。

43. 只有艾斯奇洛斯這位醉心於顱相學的研究者，為妓女描繪了相當精準的典型（*op. cit.*, p. 52 *sq.*）；其中特別提到了以下特徵：「渾厚突出的乳房；豐潤的肩膀與粗脖子相連，有力而強壯的腰部；五官與其說美麗，不如說活潑；前額低矮，鼻孔外掀；狼吞虎嚥的嘴……手肥短而軟弱。」根據他的說法，賣淫傾向與種族之間有一定關聯；因此，「黑人婦女天生就是妓女」（*op. cit.*, p. 54）。

44. *Op. cit.*, tome I, p. 279. 維勒梅醫師的研究也可看到相同的觀察結果。

45. 巴爾札克《煙花女榮辱記》（*Splendeurs et misères des courtisanes*, p. 671）、雨果《悲慘世界》（*Les Misérables*, « La Pléiade », p. 265）及莫泊桑《港口》（*Le port*）都強調過這個特徵。

46. 弗雷傑認為登記賣淫可以讓那些被登記的人知道自己被監控，從而制止她們放縱過度（*op. cit.*, t. I, p. 155）。祕密賣淫最讓人感到困擾的，其實是「可怕的放縱行為」（*op. cit.*, t. I, p. 185）。

47. 如同貝侯所強調，這是管制主義的基本原則。貝侯採取的行動（*op. cit.*, t. I, p. 10）旨在「擊退賣淫」，使善良風俗不再為賣淫所擾；為此，他期望強制限定賣淫只在室內進行（*op. cit.*, t. I, p. 178），以取締公共場合的一切挑逗行為（p. 17）。對「公序良俗」、總體安全和妓院女老闆的興隆生意而言，「有系統而集中的淫樂活動是種進步」。貝侯曾在一八三〇年為警察總監克勞德・孟然（Claude Mangin）執行取締公共場所賣淫的政策，不無成效。
波頓醫生寫道：「將墮落惡習集中管理，是維護道德最可靠的保證。」（*op. cit.*, p. 247）艾斯奇洛斯認為，將妓女集中在實施管制體系的妓院，能使其道德有所進步，有助其更易洗心革面，亦即最終走入婚姻。另外要注意的是，巴爾札克也支持集中管理墮落惡習。*Cf. Splendeurs et misères des courtisanes,* p. 672.

48. *Cf.* Béraud, *op. cit.*, t. I, p. 4. 理察・柯布（Richard Cobb, *La protestation populaire en France, 1789-1820,* p. 221）指出，這是當時員警最了解的職業。

49. *Surveiller et punir*, chap. III. « Le panoptisme », *passim*.

50. 傅柯強調這一點的重要性。

些婦女的背景、社會地位、教育情況、父母道德觀，總之就是關於她們所處環境的詳細資料。」（*op. cit.*, p. 637）他認為這項工作應該由「仁警」（police bienveillante）來完成。

34. 例如：以下這些作者認為貧窮是賣淫的一個原因：布赫（*De la misère des classes laborieuses en Angleterre et en France,* 1840, t. II, p. 251-256）；弗雷傑（*op. cit.*, *passim*）；波頓醫生（*op. cit.*, p. 7 *sq.*）；杜克裴修（*De la condition physique et morale des jeunes ouvriers et des moyens de l'améliorer,* 1843, t. I, p. 325, 330）；艾斯奇洛斯（op. cit., p. 30）。然而，這並不妨礙這些作者繼帕宏—杜夏特雷醫生之後，紛紛指出所有與個人性情有關的原因。在十九世紀下半葉，關於賣淫原因的論述將出現分歧；對於導致年輕女性賣淫諸多過程的詳盡分析再也不復見。

35. *Cf.* Béraud, *op. cit.*, t. II. p. 36. 不過，對這一主題探討最為詳盡的是艾斯奇洛斯。他對顱相學的淵博知識，以及與法蘭索瓦－約瑟夫－維克多・布魯賽（François-Joseph-Victor Broussais）的談話，使他認為妓女一直保持著「童稚狀態」（*op. cit.*, p. 68）。在他看來，這是一個「延續人類童年的婦女階級，存在於我們的社會中……她們仍然處於不發達的原始狀態」（*op. cit.*, p. 69）。十九世紀末（參見內文第三八二頁及接續頁）的犯罪人類學也認同採用這個看法。艾斯奇洛斯也為行政監控提供正當理由：根據布魯賽的看法，女孩的「社會年齡」（*op. cit.*, p. 229）並非意味著她們被奴役，而是被監管著，以使其獲得本身缺乏的自我意識。

36. *Cf.* aussi Alphonse Esquiros, *op. cit.*, p. 37.

37. 在許多人看來，少女賣淫等同於少男流浪（vagabondage）。巴爾札克寫道：「女孩本質是浮動的生命體，能毫無理由地從最茫然的對抗轉為最絕對的信任。在這方面，她們還不如動物。」（*Splendeurs et misères des courtisanes*, p. 682）

38. A. Daumard, *La bourgeoisie parisienne de 1815 à 1848*, p. 211.

39. 弗雷傑（*op. cit.*, t. II, p. 259）呼籲警察局長應努力讓妓女將自己的存款存到儲蓄銀行。

40. *Op. cit.*, tome I, p. 223.

41. 只要有「女食客」（mangeuse）存在，即與被囚禁的妓女分享食物的囚友。

18. 誠然，波頓醫生在專門探討賣淫的著作中，更加堅決地關注性病的危害。然而時人堅信，梅毒的嚴重性已經降低，至少不再繼續蔓延。*Cf.* docteur Guépin, *op. cit.*, p. 644. Cullerier, *Dictionnaire des sciences médicales*, «syphilis»；波頓醫生（*op. cit.*, p. 3）批評這種信念。
19. *Op. cit.*, tome I, p. 4.
20. *Ibid.* 奧諾雷・巴爾札克（Honoré de Balzac）筆下的卡洛斯・埃雷拉（Carlos Herrera）對伊絲帖（Esther）說：「在警方檔案中，你只是社會人之外的一個數字。」（*Splendeurs et misères des courtisanes*, La Pléiade, p. 684）
21. 貝侯採納了這些觀點（*op. cit.*, t. II, p. 34）。然而，對艾斯奇洛斯（*op. cit.*, p. 69）來說，公娼並沒有把自己排除在社會之外，她們只是還沒有進入其中。
22. 艾斯奇洛斯始終受當時流行的有機論主導，他甚至寫道：「一個社會如果讓其成員脫離中心，時間一長，總是會變得危險：正是這些分裂的外在勢力，時機一到就會帶來某些劇烈而徒勞的震盪。賣淫和暴動，是這世上天生的姊妹淘。」（*op. cit.*, p. 201）
23. 早在一八三九年，貝侯就多少應用過某些學術方法，試圖補足帕宏—杜夏特雷的分類，以供己用（*op. cit.*, t. I, p. 54-91）。
24. *Op. cit.*, tome I, p. 153.
25. *Op. cit.*, tome I, p. 180.
26. *Op. cit.*, tome I, p. 188.
27. 但是貝侯指出，他把「妓院女徒」（filles d'amour，譯按：法文原意為「愛情之女」）（指妓院女老闆招收的實質學徒，沒有任何工資）和「妓院公娼」（能收取嫖客支付的部分費用）混為一談是錯誤的（*op. cit.*, t. I. p. 57-60）。
28. 貝侯寫道：「放蕩是一種被推到神志發狂的感官狂熱；它會導致賣淫（或過早死亡），但又不像賣淫如此惡劣可恥和無可救藥。」（*op. cit.*, t. I, p. 42）
29. 貝侯拒絕探討這個問題，因為他的寫作對象是所有大眾。
30. *Op. cit.*, tome I, p. 90.
31. *Op. cit.*, tome I, p. 95.
32. *Op. cit.*, tome I, p. 94.
33. 大家都知道當時的慈善家和實證社會學家，都非常重視環境的影響。蓋潘醫生早在一八三五年就寫到賣淫問題：「我們呼籲那些做統計的人提供關於這

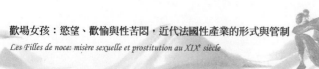

16）。艾斯奇洛斯（*op. cit.*, p. 182 et p. 205）則認為賣淫是種必要之惡，但只是暫時；當文明減輕了這種原始濫交（la promiscuité primitive）的後遺症，它就會消失。與此同時，應將這些女性納入「社會一般秩序」，對其進行暫時性管制。

8. *Op. cit.*, tome II, p. 513.

9. *Op. cit.*, tome II, p. 512.

10. 參見敘瓦利耶（Louis Chevalier, *op. cit.*, p. 30）在這方面的探討。

11. 管制主義派堅持不懈地引證聖奧思定的思想：「肅清妓女，激情將會顛覆世界；讓她們回歸正直女子行列，惡名與恥辱將玷汙宇宙。」（*De ordine*, lib. II, cap. IV, § 12）

12. *Op. cit.*, tome II, p. 41.

13. 與社會主義者不同（參見內文第三〇四頁），他在關於賣淫行為起源的論述中，從未對資產階級婚姻模式提出質疑。

14. 正如他的出版商所指出（*op. cit.*, t. I, p. 3），「貝侯先生的主要目標是廢除祕密賣淫」。至於波頓醫生（*op. cit.*, p. 38）則認為私娼比公娼危險一百倍。弗雷傑（*Des classes dangereuses de la population dans les grandes villes et des moyens de les rendre meilleures, 1840,* t. I, p. 153-154）與貝侯一樣對管制主義持樂觀態度，認為應當減少祕密賣淫。

15. *Op. cit.*, tome II, p. 14.

16. 敘瓦利耶名噪一時的優秀著作《勞工階級與危險階級》（*Classes laborieuses et classes dangereuses*）可能會讓我們忘記這個觀念。對弗雷傑來說，一個人之所以危險，是因為他身上貧窮與邪惡的加乘效果（*op. cit.*, t. I, p. 7）。雖然他不認為「煽動民眾叛亂的人」屬於「危險階級」（*op. cit.*, t. I, p. 13），但他把娼妓、她們的情人、皮條客（souteneurs）和妓院女老闆列入「邪惡階級的危險分子」（*op. cit.*, t. I, p. 44）。最後弗雷傑痛斥這些「遊手好閒、四處遊蕩和邪惡的階級」（p. 7）（這裡我們想到的是流氓無產階級）「都是偏激的」（p. 11），無法納入統計，而且惡習比犯罪更容易被數據忽略（p. 9）。惡習年度統計調查的想法（弗雷傑似乎最關注酗酒）超出了管制主義的方案，但也呈現同樣的執念。

17. *Op. cit.*, tome II, p. 33.

la police qui les régit）一書，即是參考帕宏—杜夏特雷醫生的著作，並且公開承認以一名員警的經歷提供補充。布赫（Buret）、弗雷傑或杜克裴修（Ducpétiaux）也在帕宏—杜夏特雷醫生的著作中，蒐羅了賣淫的量化資料。波頓醫生（Potton）在一八三九年與一八四二年之間撰寫的《賣淫與梅毒在大城市的情況，特別是里昂》（*De la prostitution et de la syphilis dans les grandes villes, dans la ville de Lyon en particulier*）一書，也是期望帕宏—杜夏特雷醫生筆下如此完美的巴黎式管制，能在隆河畔的里昂市實施。唯有阿爾馮斯・艾斯奇洛斯（Alphonse Esquiros）以帕宏—杜夏特雷的著作為靈感，於一八四四年編寫了《愚蠢處女》（*Les vierges folles*）一書，試圖反駁崇尚管制主義的帕宏—杜夏特雷醫生。

3. *Cf.* Louis Chevalier. *Classes laborieuses et classes dangereuses*, p. 29-31.
4. 事實上，貝侯在這一點上是矛盾的。他也拒絕探討「交際花、被包養的女人、淫婦、上流妓女」（*op. cit.*, t. I, p. 18-19）；不同於波頓醫生認為這些行為與性交易相等（*op. cit.*, p. XIV），貝侯承認名媛交際花與一般娼妓有所不同（*op. cit.*, t. I, p. 47）。然而，他對祕密賣淫的執念和擴大員警管控的慾望，使他在著作最後草擬管理規則，打算把各種地位的名媛與交際花劃為公娼（*op. cit.*, t. II, p. 296-298）；他認為這是確保賣淫受到衛生管理的不二法門，也能保護浪蕩嫖客的財富，更重要的是抑制與封鎖這種「公然傷風敗俗的奢靡」。貝侯採取了比帕宏—杜夏特雷醫生更激動、更堅決的道學家口吻，也主張極端的管制主義。
5. 如此漫無止境地延伸時間斷限，尤其是限制選舉君主制與第二共和時期賣淫歷史論著的特色。*Cf.* Sabatier, *Histoire de la législation sur les femmes publiques et les lieux de débauche* (1818). Dufour, *De la prostitution chez tous les peuples* (1832). 貝侯（*op. cit.*, t. I, p. IX-CVIII）與波頓醫生（*op. cit.*, p. 7 *sq.*）都有這種情況。
6. 艾斯奇洛斯（*op. cit.*, p. 19）誤解帕宏—杜夏特雷認為賣淫是種「停滯不前的不變事實，且始終如一」。
7. 當時幾乎所有的作者都異口同聲承認這一點；早在一八三五年，蓋潘醫生（*Nantes au XIXe siècle* , p. 636）就明顯持有某種保留想法。貝侯（*op. cit.*, t. I, p. 15）也認為賣淫是「保護值得我們尊重和敬重的性的主要部分」之前提（p.

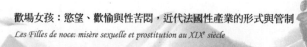

註釋

前言

1. Abraham Flexner, *La prostitution en Europe*, p. 31.
2. 中世紀史學者與近代史學者都已開始探討這個問題，雅克・侯修（Jacques Rossiaud）、布羅尼斯瓦夫・蓋萊梅克（Bronislaw Geremek）、雅克・索利（Jacques Solé）、尚－克勞德・貝羅（Jean-Claude Perrot）的著作，以及艾莉卡・貝納布（Erica Benabou）正在撰寫的論文皆可證明。應當指出，賣淫史的研究論著在某些其他國家已有不少，美國正是如此（參看韋恩・布洛〔Vern L. Bullough〕等人的著作）。
3. 尤其參看：Servais et Laurend, *Histoire et dossier de la prostitution*。
4. 我的方式不同於極少數探討這個主題的作者（參看皮耶・皮耶哈德所引論文，或更晚近的加布里耶爾・德瑟〔Gabriel Désert〕所引論文）。這樣的批判或許也可以指向我撰寫《十九世紀利穆贊的擬古主義與現代性》（*Archaïsme et modernité en Limousin au XIXe siècle*）這部論著的方式。
5. 貝納布即將發表的論著，詳盡分析了管理程序之精進。

第一部　封閉環境與管制主義計畫

第一章　管制主義論述

1. Docteur Parent-Duchâtelet, *De la prostitution dans la ville de Paris considérée sous le rapport de l'hygiène publique, de la morale et de l'administration.*
2. 帕宏—杜夏特雷醫生著作的影響力是立即可見的。貝侯（A. Béraud）於一八三九年出版的《巴黎公娼與負責治理的員警》（*Les filles publiques de Paris, et*

國家圖書館出版品預行編目 (CIP) 資料

歡場女孩：慾望、歡愉與性苦悶，近代法國性產業的形式與管制 / 阿蘭．柯爾本 (Alain Corbin) 著；謝珮琪譯. -- 初版. -- 新北市：臺灣商務印書館股份有限公司，2022.05
面；　公分. -- (從感官史看世界)
譯自：Les filles de noce : misère sexuelle et prostitution au XIXe siècle
ISBN 978-957-05-3401-6(平裝)

1.CST: 特種營業 2.CST: 娼妓 3.CST: 法國

544.767　　111001931

從感官史看世界

歡場女孩

慾望、歡愉與性苦悶，近代法國性產業的形式與管制

Les Filles de noce: misère sexuelle et prostitution au XIXe siècle

作　　者—阿蘭・柯爾本（Alain Corbin）
譯　　者—謝珮琪
發 行 人—王春申
選書顧問—林桶法、陳建守
總 編 輯—張曉蕊
責任編輯—徐鉞、洪偉傑、陳怡潔
助理編輯—廖雅秦
特約編輯—李尚遠、蔡耀緯
封面設計—兒日設計
版型設計—菩薩蠻
營 業 部—蘇魯屏、王建棠、張家舜、謝宜華
出版發行—臺灣商務印書館股份有限公司
231023 新北市新店區民權路 108-3 號 5 樓（同門市地址）
電話：(02)8667-3712　傳真：(02)8667-3709
讀者服務專線：0800056193
郵撥：0000165-1
E-mail：ecptw@cptw.com.tw
網路書店網址：www.cptw.com.tw
Facebook：facebook.com.tw/ecptw

局版北市業字第 993 號
初版一刷：2022 年 05 月
印刷廠：鴻霖印刷傳媒股份有限公司
定價：新台幣 750 元

法律顧問—何一芃律師事務所